本成果受到中国人民大学2023年度"中央高校建设世界一流大学（学科）和特色发展引导专项资金"经费的支持

中国人民大学"统筹支持一流大学和一流学科建设"经费资助

北方民族考古

THE ARCHAEOLOGY OF NORTHERN ETHNICITY

第16辑

中国人民大学北方民族考古研究所
中国人民大学历史学院考古文博系 编

科学出版社
北京

内 容 简 介

《北方民族考古》是由中国人民大学北方民族考古研究所、中国人民大学历史学院考古文博系主办的集刊，迄今已出版十五辑。本辑内容包括考古新发现、研究与探索、墓葬研究、科技考古、北域撷英、书评与译介六个栏目，收录论文27篇，以中国北方地区的考古学探索为重心，也包括一些重要境外考古发现的个案研究，在一定程度上反映了学术界在北方民族考古研究方面的前沿动向和重要成果。以中国北方地区的考古学探索为重心，也包括一些重要境外考古发现的个案研究，在一定程度上反映了学术界在北方民族考古研究方面的前沿动向和重要成果。

本书适合文物考古研究工作者及高等院校师生阅读、参考。

图书在版编目（CIP）数据

北方民族考古. 第 16 辑 / 中国人民大学北方民族考古研究所，中国人民大学历史学院考古文博系编. —北京：科学出版社，2024.5
ISBN 978-7-03-077653-2

Ⅰ . ①北… Ⅱ . ①中… ②中… Ⅲ . ①古代民族 – 民族考古学 – 中国 – 文集 Ⅳ . ① K874-53

中国国家版本馆 CIP 数据核字（2024）第 016709 号

责任编辑：王琳玮 / 责任校对：邹慧卿
责任印制：肖 兴 / 封面设计：张 放

科 学 出 版 社 出版
北京东黄城根北街 16 号
邮政编码：100717
http://www.sciencep.com
北京厚诚则铭印刷科技有限公司印刷
科学出版社发行 各地新华书店经销

*

2024 年 5 月第 一 版 开本：787×1092 1/16
2024 年 5 月第一次印刷 印张：26 3/4 插页：2
字数：634 000
定价：258.00 元
（如有印装质量问题，我社负责调换）

目　　录

山东临淄徐家村东墓地 M347 发掘简报

山东省文物考古研究院　　中国人民大学考古文博系

摘要： 徐家村东墓地位于山东省淄博市临淄区稷下街道。2023 年 4～9 月，为了配合基础设施建设，山东省文物考古研究院联合中国人民大学对徐家村东墓地进行了发掘。共发掘 387 座墓葬，其中的 M347 具有西汉时期鲁北齐地的特点，既有战国齐国传统的延续，出土的青铜带饰体现出了北方文化因素的影响。

关键词： 徐家村东　墓地　西汉

一、墓地概况

徐家村东墓地位于淄博市临淄区稷下街道办事处，西侧紧邻遄台路的蓝溪臻园小区，东至天齐路，北至太公路，南至临淄大道（图一）。2023 年 4～9 月，为了配合基础设施建设，山东省文物考古研究院联合中国人民大学对徐家村东墓地开展了考古发掘工作。本次发掘积石墓、土坑竖穴、砖室墓等多类型墓葬，共计 387 座，出土陶器、铜

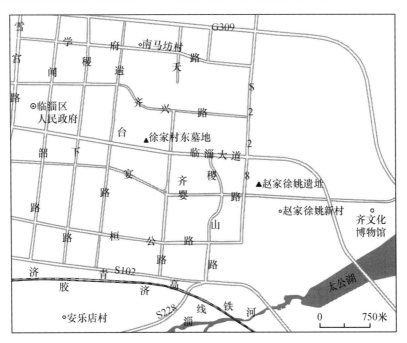

图一　墓地位置示意图

器、漆器等各类器物1000余件。墓地包含战国、两汉和魏晋等多个时期的墓葬。现选取M347作为典型墓葬简报如下。

二、墓 葬 形 制

M347位于徐家村东墓地发掘区北部高地中部偏东，东北部紧邻M359（图二）。发掘前墓口部分被损坏，现墓室未经盗扰，破坏较轻，随葬品保存好。

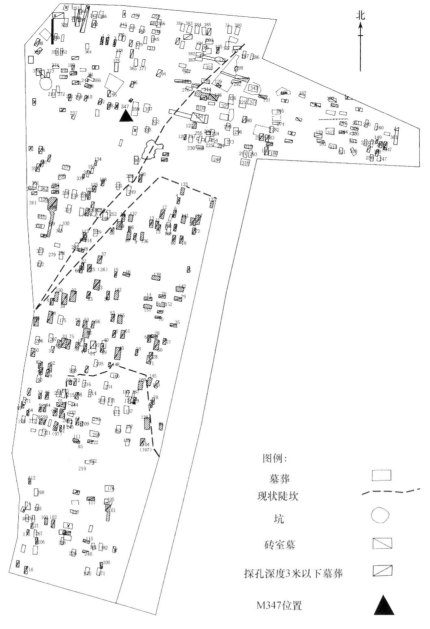

图例：
墓葬
现状陡坎
坑
砖室墓
探孔深度3米以下墓葬
M347位置

图二　M347位置示意图

M347为长方形土坑竖穴积石墓。墓口距地表深约95厘米，口大底略小，平底。墓口南北长300厘米，东西宽140厘米，方向12°。墓底长286厘米，宽130厘米；墓底距墓口深870厘米。

墓内填土为黄褐色花土，土质较软，结构较密。填土之下为河卵石填充层，厚度160厘米。木质单棺，棺已腐烂，仅余板灰。棺位于墓室中部偏北，南北长238厘米，宽82厘米。棺内有人骨1具，头向北，面向不详，仰身直肢。人骨保存情况差，粉质化。

墓室西壁北端有壁龛，长100厘米，高50厘米，进深40厘米。壁龛内放置陶罐1件，紧邻陶罐放置漆盒1具（仅剩漆皮未提取），漆盒内放置兽骨，兽骨种类推测为禽类和家猪。墓室棺内中部偏东出土漆盒1具，内含残断的铜镜和铁刀各1件。紧邻漆盒北部发现海贝21枚。人骨盆骨处发现铜带钩残件1件，墓底中部偏南盆骨右侧出土长方形铜带饰1件。此外，在墓室外积石层中采集铁锸1件（图三）。

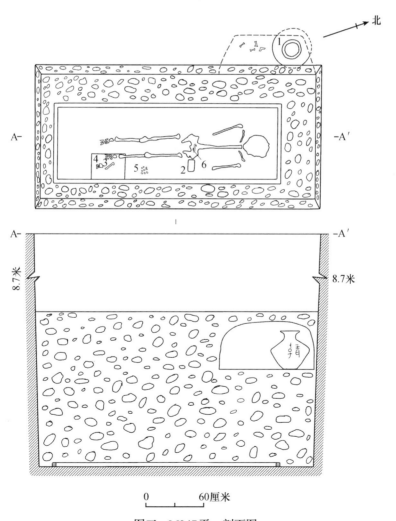

图三　M347平、剖面图

1.陶罐　2.铜带饰　3.铁刀　4.铜镜　5.海贝　6.铜带钩

三、出　土　遗　物

1. 陶器

罐　1件。M347：1，泥质灰陶。直口，外折平沿，直颈，溜肩，折腹，最大径位于中偏下部，下腹斜收，平底。肩部两竖行刻画涂朱小篆，每行2字："王氏十子"四字。口径20厘米，最大腹径42厘米，底径12厘米，高40厘米（图四，1；图版一，1）。

2. 铜器

铜带饰　1件。M347：2，长方形板状，正面浮雕熊、虎噬马图案，熊位于画面最左侧，三指爪，呈蹲坐状，嘴部作噬咬马后肢；虎位于画面中间，紧靠熊，亦为三指爪，两爪置于马躯干之上，嘴部作噬咬马；马位于画面最右侧，首向下低垂，四肢弯曲，后肢向上翻转，作挣扎状。图案上有金箔残余，带饰背部有织物残留。长12厘米，宽6厘米，厚0.4厘米（图四，2；图版一，2、3）。

铜镜　1件。M347：4，镜体薄，蟾蜍形纽，有四乳丁，均匀叠压于圈带上，四周饰柿蒂纹。残径13厘米，厚0.1厘米（图版一，4）。

铜带钩　1件。M347：6，钩体粗长，钩首形状不明，圆纽。残长8.7厘米（图四，3；图版一，5）。

3. 铁器

铁刀　1件。M347：3，窄柄，直背，单面刃。残长10厘米，柄残宽2厘米（图四，4；图版一，6）。

4. 贝饰

海贝　21枚。大小不等，背部皆磨穿成孔。M347：5，长2.5厘米，宽2厘米，厚0.4厘米（图四，5；图版二）。

四、结　　语

（一）墓　葬　年　代

墓内随葬的铜镜、陶罐等均为西汉时期常见随葬品。铜镜镜体较薄，背部较平，蟾蜍形纽，镜背部通体施纹饰，以圆涡状云雷纹为地纹，上铺有动物纹，四枚乳丁均匀叠压于圈带上，纹饰中间被一凹弧面圈带弦断，将纹饰分为相同的四组，乳突周围有

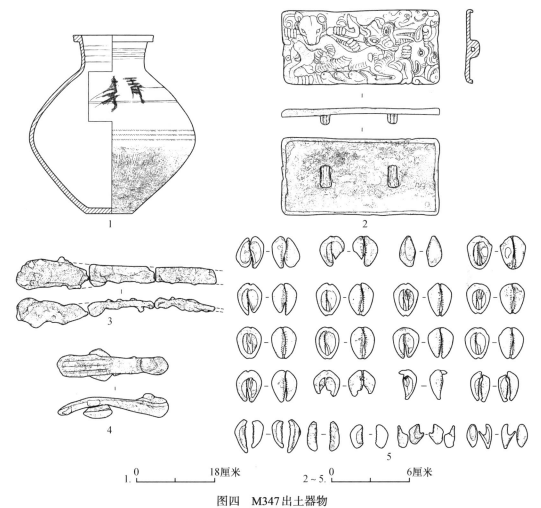

1. 0 _____ 18厘米   2～5. 0 _____ 6厘米

图四　M347出土器物

1. 陶罐（M347：1）　2. 铜带饰（M347：2）　3. 铜带钩（M347：6）　4. 铁刀（M347：3）　5. 海贝（M347：5）

柿蒂纹，与赵家徐姚墓地中西汉早中期的M26出土"四乳猴龙凤镜"形制相近[1]。陶罐为平沿、直口、折腹、平底，最大径位于中部稍下，与临沂金雀山西汉中期M14：3和M33：20陶罐形制相近[2]。由此推断M347的时代属西汉中期。

（二）墓葬文化因素分析

M347为长方形土坑竖穴墓，内有河卵石填充，其葬具为单棺，壁龛中随葬有单件

---

① 淄博市临淄区文物管理局：《山东临淄战国汉代墓葬与出土铜镜研究（Ⅰ）》，文物出版社，2017年，761页。

② 临沂市博物馆：《山东临沂金雀山九座汉代墓葬》，《文物》1989年1期。

陶罐，墓底随葬有单件铜镜，棺内随葬海贝等，与临淄战国中晚期墓葬，如国家村墓地M31[①]、永流墓地M175和M185形制相似[②]；且与临淄西汉早中期墓葬，如范家村墓地M275[③]等形制相似。而此类以河卵石填充墓室、墓壁上掏挖壁龛、随葬陶壶或陶罐形制的墓葬，集中分布于以临淄为中心的鲁北齐地一带，于山东其他地区少见。壁龛内出土陶罐上阴刻文字与临淄地区战国墓葬，如永流墓地战国中晚期M185出土陶豆柄部所刻文字内容"子裴子里得"相近[④]，应是相关习俗的延续。由此这些西汉鲁北齐地的葬俗特点，是战国齐国传统葬俗的延续，具有鲜明的地方特色。

西汉中期，武帝"罢黜百家，独尊儒术"，儒家思想逐渐成为上层的正统思想。宣帝以降，儒家的思想和行为在社会中下层的影响力也日益增强，并在丧葬习俗中多有渗透。《太平御览》卷八百六十桓谭《新论》记载与墓祭相关的内容："孔子，匹夫耳，而卓然名著，至其冢墓，高者牛羊鸡豚而祭之，下及酒脯寒具，致敬而去。"[⑤] M347墓室西壁北侧壁龛出土漆盒中随葬鸡和猪两类兽骨，与《新论》中记载使用"鸡""豚"等动物作为墓祭牺牲的情况相合，且随葬动物骨骼的现象于发掘区内其他墓葬中多有出现，动物骨骼种类以禽类为主，摆放位置亦具有规律性：多以红色漆器收敛，摆放于壁龛或葬具尾箱中。由此看来，M347随葬动物的现象或为一种祭祀行为。

M347的随葬品和葬俗还反映了北方草原文化因素，这主要体现在铜带饰和海贝上。墓中出土的铜带饰正面有动物纹饰，浮雕熊、虎噬马图案，背面素面无纹饰，有两并排的"C"形穿孔。巧合的是，我们在徐州狮子山汉墓中找到了几乎相同纹样的带饰，不同的是狮子山这件带饰质地为黄金，正面浅浮雕图案亦为熊、虎噬马主题，背面无纹饰，带双桥形纽（图五）[⑥]。徐州狮子山汉墓简报推测其形象为熊，邹厚本、韦正等研究者将其解读为不知名兽。我们认为这种桃形尖耳，分指爪，作噬咬状，整体形象与匈奴墓葬如凉城崞县窑子墓地[⑦]所出土带饰上浮雕虎纹非常相似，由此推测"不知名兽"为虎。带饰采用浅浮雕及模铸技法，与西汉时期北方地区如宁夏固原同心倒墩子西汉匈奴墓地[⑧]

① 淄博市临淄区文物管理局：《山东淄博市临淄区国家村战国墓》，《考古》2007年8期。

② 临淄区文物管理局、齐故城遗址博物馆：《淄博市临淄区永流战国墓的发掘》，《海岱考古（第九辑）》，科学出版社，2016年，164～187页。

③ 淄博市临淄区文物局：《山东临淄范家村墓地2012年发掘简报》，《文物》2015年4期。

④ 临淄区文物管理局、齐故城遗址博物馆：《淄博市临淄区永流战国墓的发掘》，《海岱考古（第九辑）》，科学出版社，2016年，164～187页。

⑤ （宋）李昉等：《太平御览》，中华书局，1960年，2425页。

⑥ 邹厚本、韦正：《徐州狮子山西汉墓的金扣腰带》，《文物》1998年8期。

⑦ 内蒙古文物考古研究所：《凉城崞县窑子墓地》，《考古学报》1989年1期。

⑧ 宁夏文物考古研究所、中国社会科学院考古研究所宁夏考古组、同心县文物管理所：《宁夏同心倒墩子匈奴墓地》，《考古学报》1988年3期。

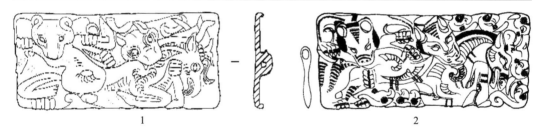

图五　带饰对比

1. 临淄徐家村东（M347：2）　2. 徐州狮子山汉墓出土带饰

出土铜带饰形制相近，与南方地区如广西平乐银山岭汉墓[①]等墓葬所出土带饰形制相近。依据现有考古学材料，此类长方形使用浮雕技艺表现动物相残题材的铜带饰在北方战国晚期墓葬中已有一定数量出土，西汉墓葬中较为常见。而在山东地区少见，蒙古、俄罗斯叶尼塞河流域以及外贝加尔地区的匈奴墓葬中亦未见该类型带饰。推测为战国晚期中国北方地区带绳索纹边框内浮雕动物纹的黄金腰饰牌的继承和发展[②]。而牌饰正面的动物噬咬纹饰或与斯基泰野兽风格的影响有关，图案中翻转的马后肢或受早期阿尔泰游牧文化巴泽雷克时期的翻转动物躯体题材装饰品图案的影响[③]。

墓底漆盒北部，靠近人骨股骨东侧发现的海贝，背部皆磨穿成孔，排列整齐，呈双排平行排列。海贝的品种、加工技术、排列方式与宁夏固原同心倒墩子汉代匈奴墓葬、内蒙古陈巴尔虎旗完工古墓中出土海贝相近，如同心倒墩子西汉匈奴墓地M10，于盆骨下方发现海贝39枚，股骨附近发现9枚，每3枚一组，呈梅花状排列；M13足部发现海贝，呈双排平行排列。海贝摆放位置位于棺与人骨之间，距离人骨较近，且靠近盆骨至股骨一带，发掘者推测其为连缀于衣物上的装饰品[④]。由此推测，M347出土海贝为衣饰，与是时匈奴人使用海贝作服装饰品的风俗特点相近。

（三）墓主人的身份推断

墓主人社会身份推断，主要以墓葬形制和出土器物为依据。就墓葬形制而言，M347为一座西汉中期的土坑竖穴积石墓。通过对比分析，墓圹和墓底尺寸、葬具尺寸、西壁北部壁龛尺寸相对发掘区其他墓葬较大，埋藏深度相对较深，随葬品相对丰富、精

① 广西壮族自治区文物工作队：《平乐银山岭汉墓》，《考古学报》1978年4期。

② 单月英、卢岩：《匈奴腰饰牌及相关问题研究》，《故宫博物院院刊》2008年2期。

③ 杨建华、邵会秋、潘玲：《欧亚草原东部的金属之路——丝绸之路与匈奴联盟的孕育过程》，上海古籍出版社，2017年，353页。

④ 宁夏回族自治区博物馆、同心县文管所、中国社会科学院考古研究所宁夏考古组：《宁夏同心县倒墩子汉代匈奴墓地发掘简报》，《考古》1987年1期。

致，墓葬等级相对较高。此外，M347部分葬俗，如以单棺为葬具，深挖墓坑埋葬死者，墓室以河卵石填充，墓壁掏挖壁龛，随葬单件陶器（一般为陶壶或陶罐），与临淄地区西汉时期土坑竖穴积石墓如范家村墓地M275形制相近①。M275墓主人社会身份，发掘者推测可能是有一定财力的中小地主或官吏，而比M275规模更大的M347的墓主，身份可能会更高。

再看出土器物，以青铜带饰最为引人注目。西汉时期此类长方形浮雕金属带饰，质地主要有黄金、青铜两类，部分青铜带饰还使用鎏金工艺。黄金质地带饰多出土于王侯一级的墓葬，如徐州狮子山楚王陵②、宛朐侯墓③等；经中国科学院罗武干教授团队检测，M347出土带饰为青铜鎏金。而以往青铜鎏金带饰，多见于级别稍低的高等级墓葬，如广西平乐银山岭汉墓④、成都石羊汉墓⑤等。再考虑到M347这件带饰的器型及图案与徐州狮子山汉墓同类器物高度一致，因此M347的墓主很可能也是级别稍低的官吏或者贵族。

总之，M347在墓葬形制方面继承了战国齐国土坑竖穴且深埋的传统特点，新出土的北方民族色彩浓厚的动物纹铜鎏金带饰，则显示了墓主身份的非比寻常，这些都为临淄汉墓研究提供了新的资料、新的线索。

领队：李振光

执笔：张泽楷　　王晓琨　　毕德广

绘图：乌云花

摄影：任晨琪

Excavation Report on M347 at Xujia Village East Cemetery in Linzi, Shandong Province

Shandong Provincial Institute of Cultural Relics and Archaeology

Department of Archaeology Renmin University of China

Abstract: The cemetery of east of Xujia Village is located in Jixia Street, Linzi District, Zibo

---

① 卢岩、单月英：《西汉墓葬出土的动物纹腰饰牌》，《考古与文物》2007年4期。

② 邹厚本、韦正：《徐州狮子山西汉墓的金扣腰带》，《文物》1998年8期。

③ 徐州博物馆：《徐州西汉宛朐侯刘埶墓》，《文物》1997年2期。

④ 广西壮族自治区文物工作队：《平乐银山岭汉墓》，《考古学报》1978年4期。

⑤ 四川文物管理委员会胡昌钰：《成都石羊西汉木椁墓》，《考古与文物》1983年2期。

City, Shandong Province. In 2023, from April to September, the Shandong Provincial Institute of Cultural Relics and Archaeology, jointly with Renmin University of China excavated Xujia Village East Cemetery. A total of 387 tombs were excavated, among which M347 has the characteristics of state of Qi in northern of Shandong in the Western Han Dynasty, both the continuation of the tradition of State of Qi in the Warring States Period and the excavated bronze band ornaments reflect the influence of cultural factors in the northern region.

Keywords: East of Xujia Village; Cemetery; Western Han Dynasty

成都温江区前进社区西周遗址发掘简报

成都文物考古研究院　　温江区文物保护管理所

摘要：2022年11月底至2023年1月初，成都文物考古研究院在成都市温江区前进社区进行考古发掘，地层堆积可以分为4层，遗迹种类有灰坑、墓葬、柱洞等，出土遗物有陶器、石器等，其中陶器种类有矮领罐、敛口罐、侈口罐、簋形器、尖底杯、盆、瓮、尖底盏等。温江区的商周时期遗存此前集中发现于江安河两侧，此次发现的前进社区西周遗址位于杨柳河右岸，更加靠近岷江干流，对于完善温江地区和成都平原先秦时期遗存的时空框架和文化序列，深入研究成都平原先秦时期小型聚落的规模布局、生业形态、丧葬习俗等提供了重要材料。

关键词：温江　西周遗址　简报

温江区地处成都平原腹心地带，东临青羊区，南与双流区交界，西与崇州市接壤，北与郫都区、都江堰市相连，自然地理条件优越，属于亚热带湿润季风气候区，四季分明、无霜期长、雨水充沛、日照较少，非常宜居，自古就是古人繁衍生息的理想之地。

天府欣和里项目位于温江区天府街道前进社区，北临科兴路，南临天府家园小区，中心地理坐标东经103°49′40.39″、北纬30°40′24.48″，海拔526.5米（图一）。为配合该项目建设，受成都美润联合房地产开发有限公司委托，成都市文物考古工作队于2014年11月对该项目用地范围开展了文物勘探工作，发现有商周时期文化堆积。勘探结果表明，遗址周围地势较为平坦，保存状况一般。遗址在红线内分布范围约2500平方米，其中保存较好区域约200平方米。部分区域因存在拆迁房基础和大量渣土而无法进行钻探（图二）。因该公司名称和项目情况变化缘故，项目现场一直不具备考古发掘条件，故发掘工作一直未启动。2022年11月底项目具备进场条件后，成都市文物考古工作队组织人员对项目内的商周遗址开展了发掘工作，至2023年1月初基本发掘完毕，历时月余。共布设10米×10米探方2个，6米×6米探方1个，探方均为南北向，实际发掘面积187平方米（图三），遗址编号"2022CWQT"。现将本次发掘情况简报如下。

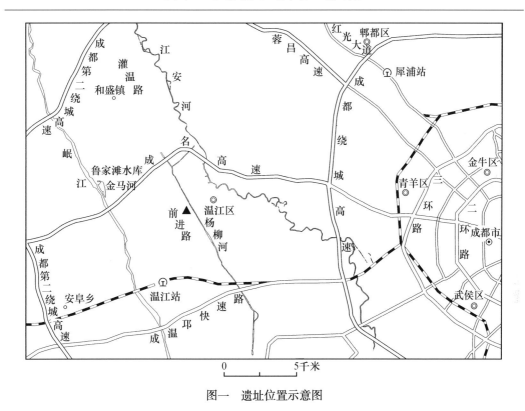

图一　遗址位置示意图

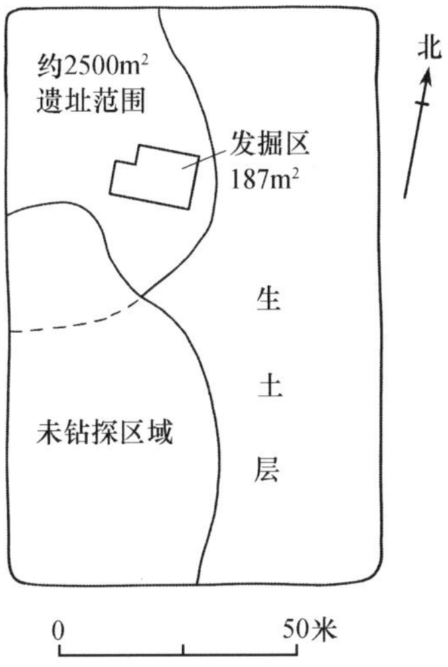

图二　遗址分布和发掘区
　　　位置示意图

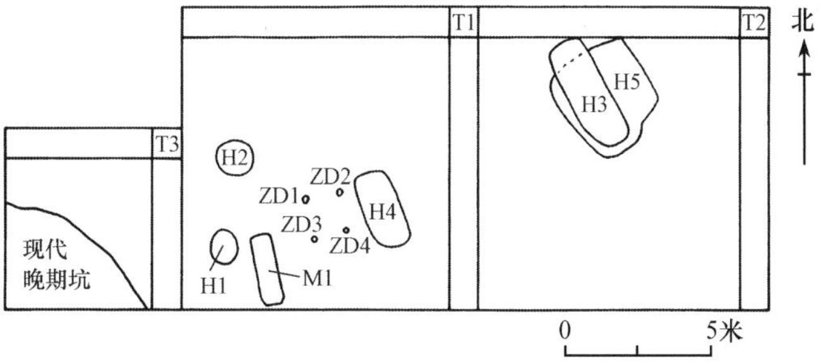

图三　探方、遗迹分布图

一、地层堆积

遗址范围内地层堆积基本一致，可分为4层。以T1南壁为例介绍（图四）。

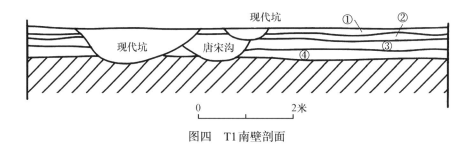

图四　T1南壁剖面

第1层：耕土层，灰黑土，土质较为疏松，堆积呈水平状。厚0.15～0.2米。包含较多现代建筑垃圾和植物根茎。为近现代层。

第2层：灰黄色黏土，夹杂少量褐色斑点，土质紧密，堆积呈水平状。距地表深0.1～0.25米，厚0.05～0.15米。包含物有零星施釉瓷片。推断为唐宋时期地层。

第3层：红褐色土，土质较为紧密，堆积呈水平状，全方分布。距地表深0.25～0.5米，厚0.15～0.25米。出土陶片较少，且破碎严重，可辨器形有侈口罐、敛口罐、圈足罐、矮领罐、簋形器、盆等。为西周时期地层。该层下开口遗迹有H1、H3。

第4层：浅褐色土，夹杂有少量褐色斑点，堆积呈水平状。距地表深0.4～0.65米，厚0.15～0.25米。出土有零星夹砂陶片，可辨器形有簋形器、尖底杯、盆、矮领罐等。为西周时期地层。该层下开口遗迹有H2、H4、H5、M1、ZD1～4。

第4层下为生土。

二、遗　　迹

遗迹发现有灰坑、墓葬、柱洞三类。

（一）灰　　坑

共5个，平面形状有圆形、圆角长方形两种，坑壁都较直，坑底平坦。

1. 圆形灰坑

2个。以H2为例进行介绍。

H2　位于T1西部，近西壁，开口于第4层下。坑口平面近圆形，直壁，平底。坑口直径1.28米，深0.22米（图五）。坑内填土为黑褐色沙土，土质紧密，呈块状。出土陶片少且碎，可辨器型有尖底杯，无法绘图。

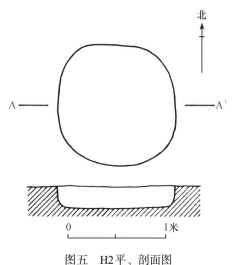

图五　H2平、剖面图

2. 圆角长方形灰坑

3个。以H3和H4为例介绍如下。

H3 位于T2北部，开口于第3层下，打破第4层和H5。坑口平面呈圆角长方形，直壁，平底。长径3.4、短径1.5、深0.3米（图六）。坑内填土呈红褐色，土质较为紧实，夹杂少量褐色斑点。出土有较多夹砂陶片，可辨器形有敛口罐、圈足罐、矮领罐、侈口罐、敞口罐、盆等，另发现有美石1件。

H4 位于T1东南部。开口于第4层下，打破生土。坑口平面呈圆角长方形，斜壁，平底。长径2.6、短径1.3、深0.3米（图七）。坑内填土呈红褐色，土质较为紧实呈块

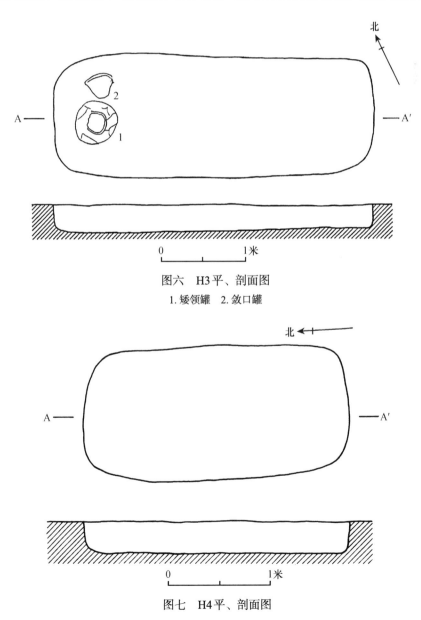

图六 H3平、剖面图
1. 矮领罐 2. 敛口罐

图七 H4平、剖面图

状。包含少量夹砂陶片，未发现可辨器形。

（二）墓　　葬

共1座。

M1　长方形竖穴土坑墓，墓坑规整，直壁，平底。坑长2.3、宽0.7、深0.3米。红褐色土，土质紧密，呈块状。墓向350°。随葬品位于墓葬中部，发现2件矮领罐（其中1件无法修复和绘图）、1件盆。未发现人骨（图八）。

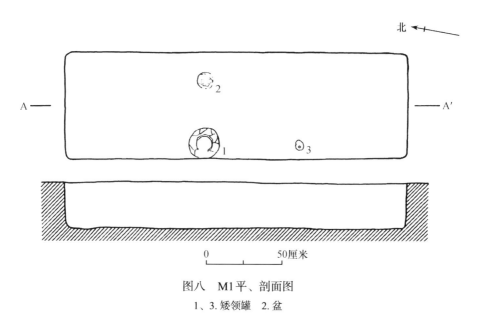

图八　M1平、剖面图

1、3.矮领罐　2.盆

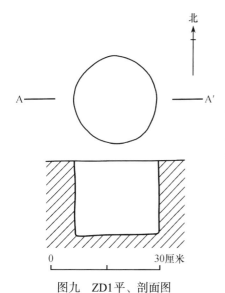

图九　ZD1平、剖面图

（三）柱　　洞

共4个。

位于T1中部，开口于第4层下。形状、大小相似，以ZD1为例介绍。柱洞平面呈圆形，直壁，平底。直径23、深约20厘米（图九）。填土为红褐色，包含有红烧土颗粒。未发现其他包含物。

三、遗　　物

出土遗物以陶器为主，另发现有1件石器。以下分类介绍。

（一）陶　　器

陶器　共52件。陶质以夹砂陶为主，泥质陶极少。陶色以灰褐陶、黑褐陶最多，另见有少量灰陶、红陶。陶器火候不均，致使器表颜色不一，多褐色与黑褐色、褐色与灰褐色相杂。器物以轮制为主，器表留有轮制痕迹，少量采用泥条盘筑法制成，器物内壁一般留有泥条痕迹。陶片大多较碎，可修复的完整器较少，可辨器形有矮领罐、敛口罐、侈口罐、簋形器、尖底杯、盆、瓮、尖底盏等。陶器多为素面，纹饰主要为横向和斜向绳纹（图一〇）。

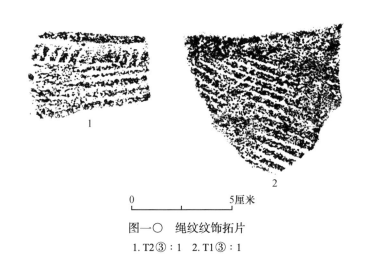

图一〇　绳纹纹饰拓片
1. T2③：1　2. T1③：1

1. 罐

25件。按器物形态差异，可分为五型。

A型　5件。侈口罐，均为夹砂陶，多为素面。T1④：8，夹砂灰白陶，尖圆唇。口径24.2、残高3厘米（图一一，1）。H3：12，夹砂黄褐陶，圆唇。残高4厘米（图一一，2）。H3：9，夹砂红陶，圆唇。残高3.2厘米（图一一，3）。H3：11，夹砂红陶，圆唇，口部外侧一道凹槽。残高4.4厘米（图一一，4）。T1③：10，夹砂灰陶，圆唇，口部下方有一周凸棱纹。残高4.4厘米（图一一，5）。

B型　1件。敞口罐。H3：6，夹砂黄褐陶，素面，圆唇，唇部外翻，溜肩。残高3.6厘米（图一一，6）。

C型　4件。敛口罐，均为夹砂陶。根据唇部特征可分为三个亚型。

Ca型　2件。T3③：1，夹砂黑褐陶，方圆唇，沿面微凹，口沿外侧有一道凹棱，折肩。残高3.8厘米（图一一，7）。H3：2，夹砂灰黄陶，敛口，方圆唇，束颈，溜肩，斜弧腹，平底。口径26.1、腹径27.9、底径9.3、高26.4厘米（图一一，10）。

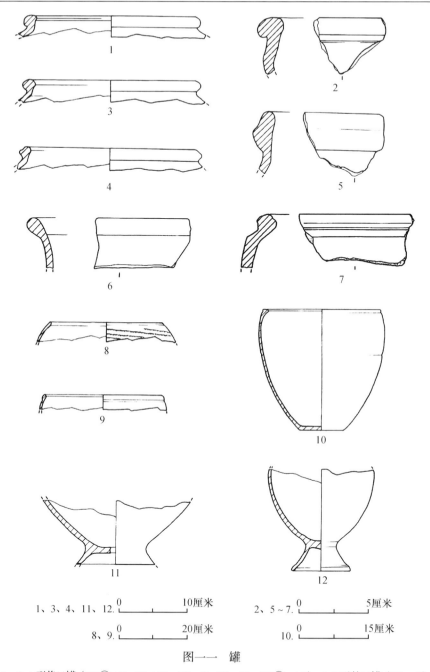

1、3、4、11、12. $\overline{\underset{0\qquad\qquad 10厘米}{}}$　　　2、5~7. $\overline{\underset{0\qquad 5厘米}{}}$

8、9. $\overline{\underset{0\qquad\qquad 20厘米}{}}$　　　10. $\overline{\underset{0\qquad 15厘米}{}}$

图一一　罐

1~5. A型侈口罐（T1④：8、H3：12、H3：9、H3：11、T1③：10）　6. B型敞口罐（H3：6）

7~10. C型敛口罐（T3③：1、T1③：1、T1③：2、H3：2）　11、12. D型圈足罐（H3：14、T1④：1）

Cb型　1件。T1③：1，夹砂黄褐陶，尖圆唇，广肩，肩部压印斜向绳纹。口径34、残高5.8厘米（图一一，8）。

Cc型　1件。T1③：2，夹砂灰陶，圆唇，沿面微凹，溜肩。口径36.4、残高4.4厘米（图一一，9）。

D型　2件。圈足罐。H3：14，夹砂灰黄陶，斜弧腹，下接圈足。圈足径5.7、残高8.9厘米（图一一，11）。T1④：1，夹砂灰黄陶，斜弧腹，圈足较大，足沿内斜，器物内壁可见轮制痕迹。圈足径8.6、残高14.6厘米（图一一，12）。

E型　13件。矮领罐，均为夹砂陶，绝大多数为素面。根据唇部形态差异可分为两个亚型。

Ea型　10件。圆唇或尖圆唇。T1③：6，夹砂灰褐陶。口径19.6、残高3.3厘米（图一二，1）。T2③：14，夹砂红陶，口沿内侧有一周凹槽。残高3.2厘米（图一二，2）。H3：10，夹砂灰陶。残高3.65厘米（图一二，3）。H3：13，夹砂红陶，口沿内侧有一周凹槽。残高3.4厘米（图一二，4）。T2③：5，夹砂红陶。残高3.9厘米（图一二，5）。H3：4，夹砂灰黄陶，唇部外翻，广肩。残高6.6厘米（图一二，6）。T1③：9，夹砂灰白陶，沿面有一道凹痕。残高5.35厘米（图一二，7）。T2③：6，夹砂黄褐陶，口沿内侧有一周浅凹槽。残高3.75厘米（图一二，8）。H1：1，夹砂黄褐陶，口微侈，唇部外翻，领较短，广肩，斜弧腹，下腹内收，底部近平，器物外壁可见数道凹痕。口径16.8、腹径34.4、底径10.4、高32.3厘米（图一三，1）。H3：1，夹砂红褐陶，口微敞，

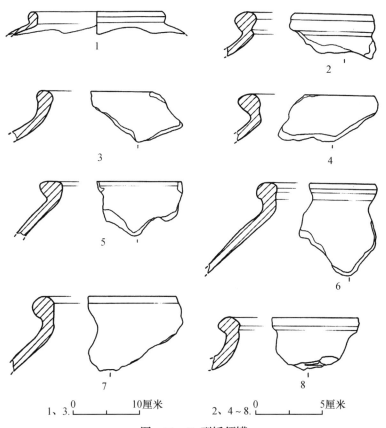

图一二　Ea型矮领罐

1. T1③：6　2. T2③：14　3. H3：10　4. H3：13　5. T2③：5　6. H3：4　7. T1③：9　8. T2③：6

圆唇，唇部外翻，领较短，鼓肩，斜弧腹，底部近平，器物内壁可见数道凹痕。口径23.5、腹径39.6、底径9.6、高40.9厘米（图一三，2）。

Eb型　3件。方圆唇。M1∶1，夹砂灰陶，口微敛近直，领较短，鼓肩，斜弧腹，底部近平。口径13.6、腹径17.6、底径8.2、高15.9厘米（图一三，3）。T1③∶7，夹砂灰褐陶。口沿内侧有一周浅凹槽。残高3.9厘米（图一四，1）。H3∶7，夹砂灰褐陶。口沿内侧有一周凹槽。残高4.1厘米（图一四，2）。

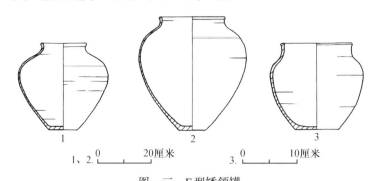

图一三　E型矮领罐
1、2.Ea型（H1∶1、H3∶1）3.Eb型（M1∶1）

2. 簋形器

8件。均为夹砂陶，敛口，斜直腹。素面。T1④∶3，夹砂黄褐陶，圆唇，沿面微凹。残高6.2厘米（图一四，3）。T1③∶3，夹砂红陶，圆唇。残高3.9厘米（图一四，4）。T2③∶2，夹砂红陶，圆唇。残高4.75厘米（图一四，5）。T1④∶6，夹砂灰褐陶，圆唇，沿面微凹。残高7.9厘米（图一四，6）。H3∶3，夹砂灰褐陶，尖圆唇。残高4.4厘米（图一四，7）。H3∶5，夹砂灰褐陶，圆唇。残高4.6厘米（图一四，8）。T1③∶5，夹砂灰白陶，圆唇。残高6厘米（图一四，9）。T1③∶8，夹砂灰陶，圆唇。残高5.6厘米（图一四，10）。

3. 盆

5件。T2③∶13，夹砂灰褐陶。口微敞，圆唇。素面。残高2.35厘米（图一五，1）。T1④∶5，夹砂灰黄陶。敛口，尖圆唇。口沿内侧有一周浅凹槽。素面。残高5.6厘米（图一五，2）。T2③∶1，夹砂灰褐陶。敛口，方唇，腹部近直。口沿以下饰横向细绳纹。残高4.3厘米（图一五，3）。T2③∶3，夹砂灰褐陶，口微敛近直，圆唇，弧腹。素面。残高4.7厘米（图一五，4）。M1∶2，夹砂灰褐陶。敛口，最大径在上腹部，下腹部斜收，平底。素面。口径31、腹径25、底径8.2、高16.2厘米（图一五，5）。

4. 瓮

3件。均为夹砂陶，只保留部分口部及领部，少数保留至肩部。侈口或敞口，唇沿

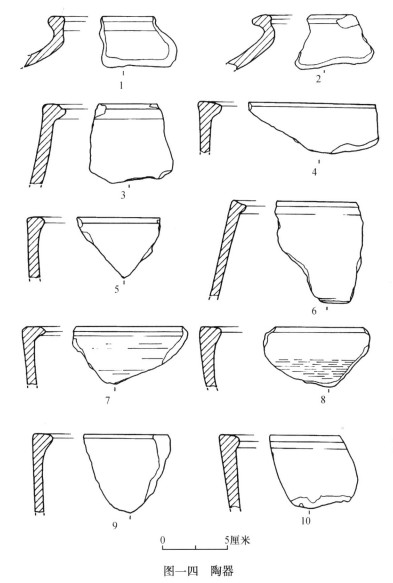

图一四　陶器

1、2. Eb 型矮领罐（T1③：7、H3：7）3～10. 簋形器（T1④：3、T1③：3、
T2③：2、T1④：6、H3：3、H3：5、T1③：5、T1③：8）

加厚，器壁较厚，器型较大。T1③：13，夹砂黑褐陶，圆唇加厚，广肩。素面。残高4.3
厘米（图一六，1）。T1③：22，夹砂黑褐陶，尖圆唇，口沿内部有一周浅凹槽。残高3
厘米（图一六，2）。T1③：21，夹砂灰黄陶，圆唇加厚。残高4.75厘米（图一六，3）。

5. 器盖

1件。T1③：11，夹砂黄褐陶，腹部微外弧，腹较深。底径22、残高4.4厘米
（图一六，4）。

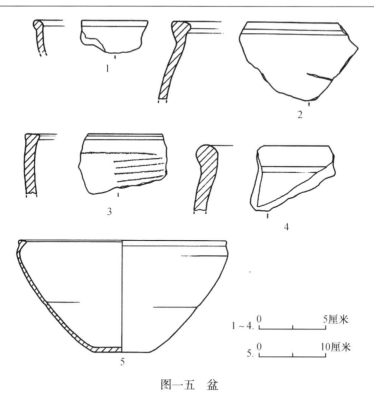

图一五　盆
1. T2③：13　2. T1④：5　3. T2③：1　4. T2③：3　5. M1：2

6. 器底

4件。平底，均为夹砂陶。H3：8，夹砂灰黄陶，斜直壁。底径15.6、残高3.9厘米（图一六，5）。T1③：12，夹砂灰白陶，斜直壁。底径19.4、残高3.8厘米（图一六，6）。T3③：2，夹砂黑褐陶，弧壁。底径15.4、残高2.3厘米（图一六，7）。T1③：18，夹砂灰褐陶，斜直壁。底径18.2、残高2.3厘米（图一六，8）。

7. 圈足

4件。根据圈足高矮可分为二型。

A型　2件。圈足较矮，足径较小。T1③：15，夹砂红陶。圈足径4.6、残高2.7厘米（图一六，9）。T1③：17，夹砂黄褐陶。圈足径4.9、残高3厘米（图一六，10）。

B型　2件。圈足较高，足沿斜直。T1④：4，夹砂黄褐陶。残高3.2厘米（图一六，11）。T2③：7，夹砂灰褐陶。残高3.85厘米（图一六，12）。

8. 尖底盏

1件。T1④：2，夹砂灰褐陶，敛口，圆唇，鼓肩，斜弧腹，下腹部内收，尖底。口径12.2、高5.3厘米（图一六，13）。

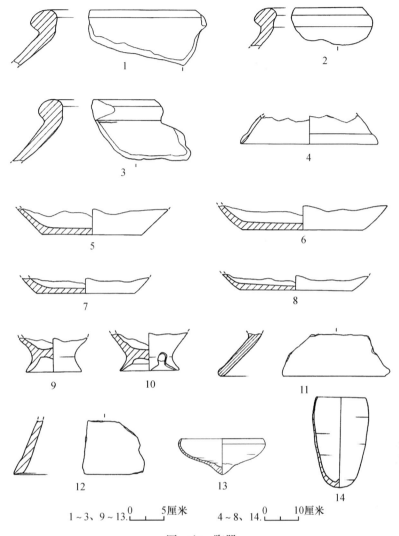

1 ~ 3、9 ~ 13.└─┘5厘米   4 ~ 8、14.└─┘10厘米

图一六　陶器

1 ~ 3.瓮（T1③：13、T1③：22、T1③：21）　4.器盖（T1③：11）　5 ~ 8.器底（H3：8、T1③：12、
T3③：2、T1③：18）　9、10.A型圈足（T1③：15、T1③：17）　11、12.B型圈足（T1④：4、T2③：7）
13.尖底盏（T1④：2）　14.尖底杯（T1④：7）

9.尖底杯

1件。T1④：7，夹细砂灰黄陶，口微敛，圆唇，弧腹，尖底。口径8.2、高14.1厘
米（图一六，14）。

（二）石　　器

美石　1件。H3：1-1，发现于矮领罐（H3：1）内。石质红褐色，通体光滑，断面
规整。长8.1、宽5.9厘米（图一七）。

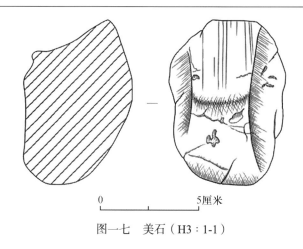

图一七　美石（H3：1-1）

四、年代与认识

此次发掘基本弄清了该遗址的文化面貌，遗迹类型有灰坑、墓葬与柱洞。灰坑分圆形、圆角长方形2种，坑壁较直，坑底平坦。墓葬为长方形竖穴土坑墓。柱洞为圆形，除红烧土颗粒外，未发现陶片等包含物。遗迹间关系较为简单，仅见有一组打破关系，即③→H3→④→H5。遗址出土陶器以夹砂黑褐陶为大宗。纹饰种类和数量极少，仅见有绳纹，素面陶占95%以上。

总体上看，遗址器形以侈口罐、敛口罐、矮领罐、簋形器、盆为主，其次是瓮、圈足罐、尖底盏、尖底杯等，未发现三星堆文化的典型陶器，如小平底罐、高柄豆、瓶、觚、壶、盉、鸟头勺把等，亦未发现新一村文化的典型陶器，如翻沿瓮、釜、喇叭口罐等，参考《成都平原先秦文化初论》[①]一文的分期，初步可将遗址时代定在十二桥文化时期，遗址性质较为单纯。再从具体的器物看，尖底杯（T1④：7）腹部无折棱；尖底盏（T1④：2）敛口、腹部较浅，与金沙遗址的第三期[②]比较一致，年代当在西周早期；簋形器、瓮等与新一村遗址出土的同类器物[③]相近，处于十二桥文化的晚期阶段，约当西周早中期。绳纹纹饰多饰于肩部，绳纹样式为斜向、横向，与《从绳纹演变看成都平原先秦文化变迁》[④]中划分的第四组和第五组相似。综合来看，可将该遗址的时代定为西周早中期，文化性质属于十二桥文化。结合第4层和第4层下遗迹出土器物中发现有尖底盏、尖底杯，且簋形器（T1④：3、6）的腹部与第3层、H3出土的直腹簋形器相

① 江章华、王毅、张擎：《成都平原先秦文化初论》，《考古学报》2002年1期。

② 江章华：《金沙遗址的初步分析》，《文物》2010年2期。

③ 成都市文物考古研究所：《成都十二桥遗址新一村发掘简报》，《成都考古发现》（2002），科学出版社，2004年。

④ 杨占风：《从绳纹演变看成都平原先秦文化变迁》，《四川文物》2014年4期。

比略向外斜、Eb型矮领罐（M1∶1）领部略高，可初步将遗址分为两期，第一期为第4层和其下的H2、H4、H5、M1、ZD1~4，约当西周早期，第二期为第3层和其下的H1和H3，约当西周中期。

本次发掘仅发现1件石器，用途尚不明确，或许与民族志中所见的陶器制作过程中的磨光工艺相关？

温江区的商周时期遗存此前集中发现于江安河两侧，如寿安镇、万春镇、永宁镇、柳城社区和公平社区等。此次发现的前进社区西周遗址位于杨柳河右岸，更加靠近岷江干流，对于完善温江地区和成都平原先秦时期遗存的时空框架和文化序列，深入研究成都平原先秦时期小型聚落的规模布局、生业形态、丧葬习俗等提供了重要材料。

发掘：蒋志军

绘图：张 晶

拓片：彭建辉

执笔：陈 卓 杨 洋 张 晶

Excavation Report on the Western Zhou Site in Qianjin Community, Wenjiang District, Chengdu

Chengdu Institute of Cultural Relics and Archaeology

Wenjiang District Cultural Relics Protection and Management Office

Abstract: From late November 2022 to early January 2023, the Chengdu Institute of Cultural Relics and Archaeology conducted archaeological excavation in the Qianjin community, Wenjiang District, Chengdu. The stratigraphic layers revealed four distinct deposits, containing relics such as ash pits, tombs, and post holes. Unearthed artifacts encompass pottery and stone tools, featuring diverse pottery types like short-necked pots, pursed-mouth pots, flaring-mouth pots, bowl-shaped vessels, pointed-bottom cups, basins, pots, and more. In contrast to the previous concentration of Shang and Zhou period relics along the Jiang'an River, the newly discovered Western Zhou site in the Qianjin community situated on the right bank of the Yangliu River, closer to the main stream of the Minjiang River. This discovery significantly contributes to refining the spatial and cultural framework of pre-Qin period relics in the Wenjiang area and Chengdu Plain. It offers valuable materials for in-depth exploration of the scale layout, industrial forms, and funeral customs of small pre-Qin settlements in the Chengdu Plain.

Keywords: Wenjiang; Western Zhou site; Brief report

北京丰台崔村明代宦官墓发掘简报

北京市考古研究院（北京市文化遗产研究院）

摘要： 2023 年 8 月，北京市考古研究院（北京市文化遗产研究院）在北京市丰台区崔村一里小区西侧发掘了一座明代墓葬，墓室平面呈长方形，青条石砌筑，墓主人头侧墓壁上雕刻石供桌，两壁有壁龛，因早年间被盗掘，仅出土葫芦形铁器 1 件。根据墓葬的形制和出土器物的时代特征判断，该墓葬为明代宦官墓。因墓主人身份特殊，对研究明代丧葬制度具有较重要的价值。

关键词： 宦官墓　明代　丰台

2023 年 8 月，在北京市丰台区崔村一里小区街心公园建设的过程中发现了一处古代墓葬，北京市考古研究院（北京市文化遗产研究院）立即前往勘察并进行了考古发掘。发掘区域位于建设一里、建设三里和崔村一里三个小区之间的三角地带，东距九子河 0.5 千米，海拔约 64 米。本次共发掘明代墓葬 1 座（编号 M1），现将发掘情况报告如下（图一）。

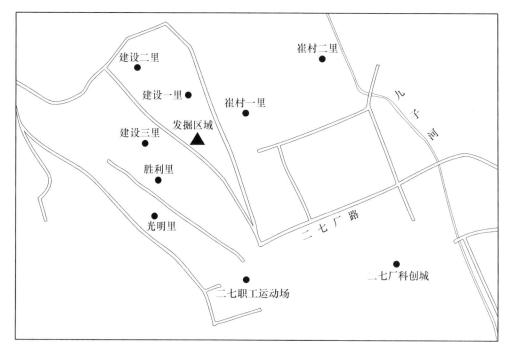

图一　发掘区域位置示意图

一、墓 葬 形 制

M1（图二）为土圹石室墓，方向为163°。墓葬早年被盗，在墓顶东南部青石板上有一个三角形盗洞，盗洞长0.88、宽0.36米。墓口距地表0.35米，距墓底3.74米。墓葬顶部以上破坏严重，在清理墓顶堆土时发现了样式一致的5块石构件。

墓圹平面呈长方形，四壁规整，垂直向下，平底，下半部开凿于岩体之上，南北长4.48、东西宽3.02米。墓圹与墓室之间用三合土填充，墓顶部外围的东、西、北三面用青砖残块平铺，最厚处为三层，宽0.46～0.68米。

墓室平面呈长方形，用青石板砌筑而成。墓室内部长3.15、宽2.2、深3.16米。墓顶为四块石板裁口拼接盖顶，中间两块石板长2.8、宽0.9、厚0.25米；两侧两块石板长2.75、宽0.78、厚0.25米（图版三，1）。

四壁为石板砌筑，四壁之间用榫卯连接。东、西两壁所用石板分为三种规格，自下而上分别用长3.1、宽0.5、厚0.15米的石板立砌，再用长3.1、宽0.36、厚0.1米石板平铺，两者交错砌筑，顶层平砌石板与下部平砌石板长宽一致，仅厚度不同，为0.15米。东、西两壁中部各有一壁龛，形制相同，口部呈长方形，高0.52、宽0.48、进深0.45米，下沿距墓地1.3米。龛口上部为仿屋檐造型，上层雕刻10个筒瓦，下层雕刻9个如意云纹滴水。东壁壁龛檐面长0.7米，西壁壁龛檐面长0.68米。壁龛内部用青砖砌筑，用砖规格为32厘米×15厘米×6厘米。东、西两壁用青砖错缝平砌，东壁用青砖立砌，底部用青砖平铺，顶部用青砖封顶。壁龛口部厚0.05米，内壁下部左、右两侧各有一个长方形门枕，长0.08、宽0.07米，门枕上有门臼，直径0.03米，深0.5厘米。内壁上部左、右两侧有上门臼，直径0.03米，深0.4厘米（图版三，2；图版三，3）。

南、北两壁砌筑方式与东、西两壁一致，石板厚度一致，仅长短不同。南壁石板长2.2米，平直无壁龛。北壁石板长2.24米，中下部有一壁龛。壁龛口部左右两侧为两块相同的石板竖砌，高1.12、宽约0.24米。龛口呈长方形，高1.12、宽1.26、进深0.5米，下沿距墓地0.61米。龛内高1.12、长2.05米，两侧进深0.32米。龛口上部石板上雕刻一排如意云纹。正对龛口的石壁上雕刻一组图案，上层为条案，下层为三条腿的底座，通高0.9米。底座抹角无纹饰，三条腿，长1.56、高0.38、腿高0.28、腿宽0.1米，相邻两腿间距0.6米。条案案面两端翘起，即"翘头案"，每端上方各饰三朵云纹，案面中部上方为祥云捧日图，长1.16、高0.52、腿高0.25、腿宽0.09、两腿间距0.57米（图版三，4）。

墓底为石板平铺，外围一圈裁口拼接，中部两侧为南北向平铺，中间为东西向平铺。石板分三种规格，外围石板长3.24、宽0.38、厚0.1米，中部南北两侧石板长1.5、宽0.36、厚0.1米，中间石板长1.3、宽0.36、厚0.1米。

棺床位于墓底中央，长方形须弥座式，底部四周用石板砌筑，中间为青砖平铺填

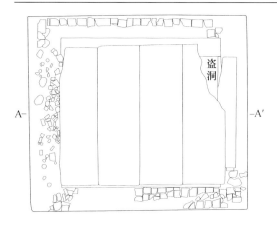

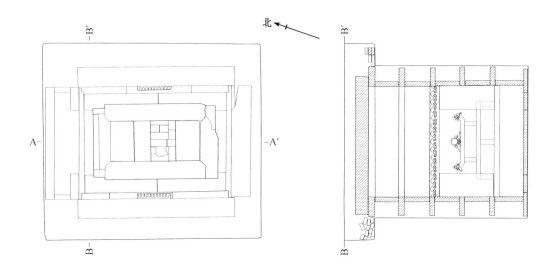

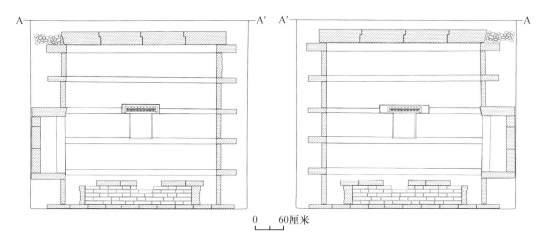

图二　M1平、剖面图

充。床面北端与中部遭破坏，外围一圈石板为榫卯连接，中间石板东西向平铺。残长2.6、宽1.5、高0.28米。在棺床南侧与墓底之间填土中发现一件棺饰和半块金井用的石板（图版四，1；图版四，2）。

二、出 土 器 物

棺饰1件。

M1：1，铁制，锈蚀严重，葫芦形，柄细长呈麻花状，弯曲如藤蔓，底部为一"S"形钉，钉下半部残缺。残长29.8、宽8.7厘米（图三，1；图版四，3）。

石构件5块，大小相似，形制相同。

标本M1：2-1，平面呈扇形，正面为仿屋檐造型，上层雕刻7个筒瓦，下层雕刻6个如意云纹滴水，顶部两侧有两个榫孔，长1.04、宽0.44、高0.22米（图三，2；图版四，4）。

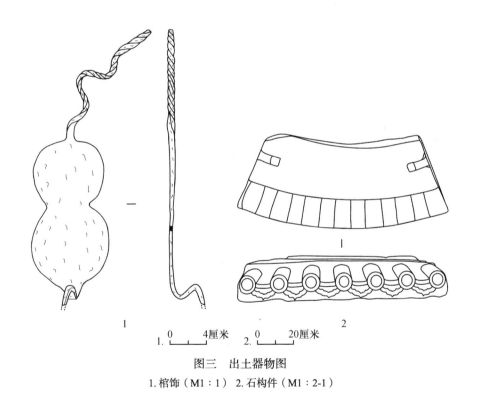

1

0　　4厘米
1. ⊢—⊢—⊢

2

0　　20厘米
2. ⊢—⊢—⊢

图三　出土器物图

1.棺饰（M1：1）　2.石构件（M1：2-1）

三、结　语

本次发掘的墓葬因盗扰严重，并未出土带准确文字纪年的器物，仅可从出土器物特征和墓葬形制判断其年代。

墓葬中出土的葫芦形棺饰与北京射击场明代墓①以及北京朝阳常营乡明代墓②出土的铁棺饰一致。北京射击场出土铁棺饰的墓葬内还出土了"万历通宝"和"天启通宝"等器物，因此墓葬年代应属明代晚期③。石室墓是北京地区明清时期中高等级宦官墓的主要形式，经发掘的宦官墓葬大量分布于北京西部的海淀、丰台和石景山区④。本次发掘墓葬规模较大，结构较为考究，应是一座明代晚期的中高等级宦官墓。

发掘：戢　征　谢　威　孙双举

绘图：谢　威　戢　征

摄影：孙双举

执笔：卜彦博　戢征

The Excavation of the Tomb, a Eunuch of the Ming Dynasty, in Cui Village, Fengtai, Beijing

Beijing Institute of Archaeology (Beijing Institute of Cultural Heritage)

Abstract: In August 2023, Beijing Institute of Archaeology (Beijing Institute of Cultural Heritage) conducted an archaeological excavation of a tomb found in Cui Village, Fengtai,

---

① 北京市文物研究所：《北京射击场工程考古发掘报告》，《北京奥运场馆考古发掘报告》，科学出版社，2007年，639页。

② 北京市文物研究所：《常营乡剩余建设用地土地储备项目1号地块考古发掘报告》，《单店与黑庄户——朝阳区考古发掘报告集》，上海古籍出版社，2021年，110页。

③ 北京市文物研究所：《北京射击场工程考古发掘报告》，《北京奥运场馆考古发掘报告》，科学出版社，2007年，519、521、530页。

④ 北京市文物研究所：《明代太监墓》，知识产权出版社，2005年；北京市考古研究院（北京市文化遗产研究院）：《何家坟墓地考古报告》，科学出版社，2023年；郁金城：《北京香山明太监刘忠墓》，《文物》1986年9期，42～47页；北京市文物研究所等：《北京丰台甓厂村明代宦官墓考古发掘简报》，《中国国家博物馆馆刊》2022年2期，50～59页；北京市考古研究院（北京市文化遗产研究院）：《北京海淀玲珑巷明代宦官马永成墓发掘简报》，《文物》2022年12期，30～41页；北京市考古研究院（北京市文化遗产研究院）等：《北京海淀明御马监太监周臣墓发掘简报》，《文物》2023年9期，20～38页。

Beijing. The rectangular tomb was constructed with striped stones. There was a offering table carved on the wall adjacent to the tomb owner's head, and there were alcoves on both walls. Due to earlier grave-robbing, only one gourd-shaped ironware was discovered in the tomb. Based on the structure of the tomb and the unearthed cultural relics, the tomb was a Ming Dynasty eunuch's tomb. The excavation has certain reference significance for the study of the burial system in the Ming Dynasty.

Keywords: Eunuch; Ming Dynasty; Fengtai

红山文化房址初步研究

侯佳岐　　王春雪

（吉林大学考古学院，长春，130012）

摘要： 红山文化在文化发展过程中，上承兴隆洼文化、赵宝沟文化，下启小河沿文化，是辽西地区一支独具特色的灿烂史前文化，既往研究中对红山文化房址的研究相对薄弱。本文在梳理既往考古发掘与相关研究资料的基础上，依据房址与灶坑的平面形态，对红山文化房址的分期和类型、红山文化典型聚落的空间分布和其受环境因素的影响等问题进行了初步研究。结合房址出土陶器的类型学分析等，将红山文化房址的演变趋势划分为三个不同的发展阶段。并且认为这一时期经济形态以农业为主，采集渔猎为辅。房址的选址不仅是由生业模式决定的，同时也受到所处自然环境的制约。房址作为聚落形态的微观体现，在不同时期，也呈现出不同的发展趋势和区域差异。

关键词： 红山文化　房址　环境因素　区域特征

与红山文化墓葬、祭祀遗址、玉器等遗存类型相比，聚落及房址的研究相对滞后。本文拟在已有的研究基础上，对红山文化典型聚落进行分析，对房址的类型与分期进行初步探讨，以期为红山文化聚落人口等社会复杂化问题的研究奠定基础。

一、典型聚落分析

就目前的考古发掘和调查材料来看，共发现有红山文化遗址970余处，考古发现的红山文化房址有200余座，主要有：内蒙古赤峰魏家窝铺114座[①]、内蒙古赤峰西水泉3座[②]、

---

①　内蒙古自治区文物考古研究所编：《考古揽胜——内蒙古自治区文物考古研究所60年重大考古发现》，文物出版社，2014年，34~41页。

②　中国社会科学院考古研究所内蒙古工作队：《赤峰西水泉红山文化遗址》，《考古学报》1982年2期。

内蒙古林西白音长汗17座①、内蒙古林西水泉1座②、内蒙古林西井沟子1座③、内蒙古林西柳树林20座④、内蒙古敖汉旗西台17座⑤、内蒙古翁牛特旗老牛槽沟7座⑥、内蒙古翁牛特旗二道窝铺3座⑦、内蒙古巴林左旗二道梁15座⑧、内蒙古巴林右旗转子山1座⑨、内蒙古克什克腾旗南台子1座⑩、辽宁建平牛河梁遗址第1地点女神庙⑪、辽宁建平牛河梁遗址第16地点1座⑫、辽宁喀左东山嘴1座⑬、辽宁朝阳小东山10座⑭、辽宁凌源三官甸子城子山1座⑮、内蒙古巴林左旗南杨家营子4座⑯、内蒙古敖汉旗兴隆洼2座⑰、内蒙古赤峰元宝山哈

①　内蒙古自治区文物考古研究所：《白音长汗：新石器时代遗址发掘报告》，科学出版社，2004年。

②　内蒙古文物考古研究所：《内蒙古林西县水泉遗址发掘简报》，《考古》2005年11期。

③　内蒙古自治区文物考古研究所、吉林大学边疆考古研究中心：《林西井沟子——晚期青铜时代墓地的发掘与综合研究》，科学出版社，2010年。

④　内蒙古文物考古研究所：《林西县柳树林红山文化遗址》，《中国考古学年鉴（2012）》，文物出版社，2013年。

⑤　杨虎、林秀贞：《内蒙古敖汉旗红山文化西台类型遗址简述》，《北方文物》2010年3期。

⑥　内蒙古文物考古研究所：《翁牛特旗老牛槽沟红山文化遗址发掘简报》，《内蒙古文物考古文集（第四辑）》，科学出版社，2013年。

⑦　内蒙古自治区文物考古研究所、赤峰市博物馆、翁牛特旗博物馆：《翁牛特旗二道窝铺遗址发掘简报》，《内蒙古文物考古文集（第四辑）》，科学出版社，2013年。

⑧　内蒙古文物考古研究所：《巴林左旗友好村二道梁红山文化遗址发掘简报》，《内蒙古文物考古文集（第一辑）》，中国大百科全书出版社，1994年。

⑨　内蒙古文物考古研究所、赤峰市博物馆、巴林右旗博物馆：《查干诺尔新石器时代遗址调查简报》，《内蒙古文物考古》2000年2期。

⑩　内蒙古文物考古研究所：《克什克腾旗南台子遗址发掘简报》，《内蒙古文物考古文集（第一辑）》，中国大百科全书出版社，1994年。

⑪　辽宁省文物考古研究所：《辽宁牛河梁红山文化"女神庙"与积石冢群发掘简报》，《文物》1986年8期。

⑫　辽宁省文物考古研究所：《牛河梁——红山文化遗址发掘报告（1983—2003年度）》，文物出版社，2012年。

⑬　郭大顺、张克举：《辽宁省喀左县东山嘴红山文化建筑群址发掘简报》，《文物》1984年11期。

⑭　辽宁省文物考古研究所、朝阳市博物馆、朝阳县文物管理所：《朝阳小东山新石器至汉代遗址发掘报告》，《辽宁省道路建设考古报告集（2003）》，辽宁民族出版社，2004年。

⑮　李恭笃：《辽宁凌源县三官甸子城子山遗址试掘报告》，《考古》1986年6期。

⑯　中国社会科学院考古研究所：《红山文化的发现》，《新中国的考古发现与研究》，文物出版社，1984年。

⑰　刘国祥：《红山文化研究》，科学出版社，2015年。

喇海沟8座[①]、内蒙古敖汉旗兴隆沟2座[②]、内蒙古敖汉旗七家10座[③]。红山文化聚落及房址材料十分丰富，下面就以典型聚落为例，从地理环境、整体布局、聚落形态等方面对红山文化聚落加以论述。本文将红山文化典型聚落分为定居性聚落和典型祭祀遗址两部分加以论述。

（一）定居性聚落

红山文化典型定居性聚落包括：魏家窝铺遗址、哈喇海沟遗址、白音长汗遗址（第四期）和西台遗址。魏家窝铺是迄今为止内蒙古地区发现规模最大、保存最完整、发掘面积最大的红山文化聚落；哈喇海沟是红山文化中期一处保存完整且发表资料丰富的聚落；白音长汗是多种文化共存的大型聚落；西台是具有两处环壕的代表性聚落。以上聚落在定居性聚落中具有代表性。

（二）典型祭祀遗址

在红山文化早、中期，祭祀区和定居性聚落共存，分布在居住区附近。到了红山文化晚期，祭祀区和居住区的功能性差别逐渐清晰起来，祭祀区远离居住区而独立于海拔较高、不便于生产和生活的地区。红山文化晚期，在兴隆沟第二地点、东山嘴、牛河梁第一地点、牛河梁第五地点和草帽山均发现了祭祀礼仪遗存。其中，兴隆沟第二地点属聚落内部祭祀礼仪遗存，其他几个地点属独立祭祀区。本文涉及的典型祭祀遗迹主要是红山文化晚期的牛河梁遗址。

二、房址的类型学分析

上述考古发现的红山文化聚落中所见房址，均为半地穴式，按房址的建筑结构可分为双联间式和单间式两类。

（一）双联间式房址

双联间式房址主要见于敖汉旗七家遗址，共发现3座。房址均为西南向，由前、后

---

①　内蒙古文物考古研究所、赤峰市博物馆：《元宝山哈喇海沟新石器时代遗址发掘报告》，《内蒙古文物考古》2008年1期。

②　刘国祥：《红山文化研究》，科学出版社，2015年。

③　赤峰市博物馆、敖汉旗博物馆：《赤峰市敖汉旗七家红山文化遗址发掘报告》，《草原文物》2015年1期。

两居室组成，平面呈吕字形，中间有通道连接。前、后居室是在生土中挖成坑穴，穴壁较直，平面均呈圆角方形。室内居住面踩踏而成。后室前部居中有一个或两个灶坑，呈方形或瓢形。在前室靠近通道处均有一个长方形坑。在前室南壁中部设门道，平面呈方形，前端圆弧，底呈斜坡状（图一）。

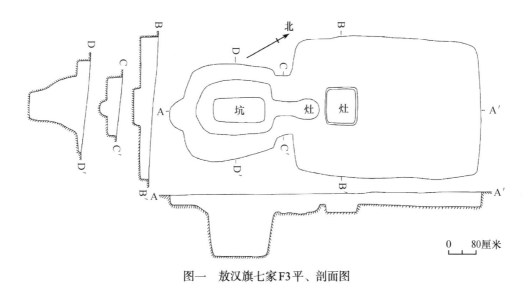

图一　敖汉旗七家F3平、剖面图

（二）单间式房址

单间式房址是指只有一个居室的半地穴房址，为红山文化最常见的房址类型。按其居室的平面形态，可分为圆形（A型）、方形或圆角方形（B型）与梯形（C型）三个类型。

1. A型房址

A型为圆形房址，也包括平面近似圆形的房址。此型房址数量较少，主要见于朝阳小东山遗址，包括F7、F8、F9、F10等，均为圆形直壁半地穴式建筑，依据其是否存在灶坑与门道，可将之分为两个亚型。

Aa型　带门道，居住面上未发现灶坑，代表房址为F8（图二，1）。

Ab型　不带门道，在居住面的北部或南部有一个椭圆形或圆形灶坑，代表房址为F7、F9（图二，2）、F10。F7灶坑发现一些排列无规律的散乱石块，F10灶址的周壁则有单层垒砌的石块。

2. B型房址

B型为方形房址，在平面上包括方形、长方形、圆角方形、圆角长方形与近方形等

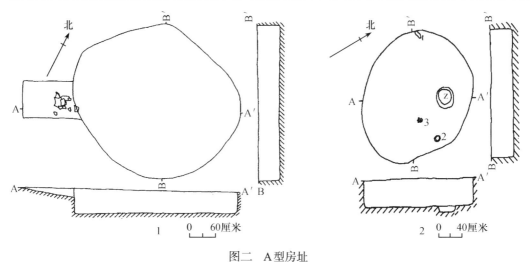

图二　A型房址

1. 小东山遗址 F8　2. 小东山遗址 F9

不同形态，数量最多。按其门道、灶址的有无或形态，可分为九个亚型。

　　Ba型　无门道，无灶坑，如小东山遗址 F4、F5（图三，1）、F6。

　　Bb型　无门道，圆形或椭圆形灶，包括小东山遗址 F1、F2（图三，2）、F11，兴隆沟遗址第二地点 F4，柳树遗址 F11 等。

　　Bc型　无门道，方形灶坑，代表房址为水泉遗址 F19（图三，3）。

　　Bd型　有门道，椭圆形灶坑，房址平面呈凸字形，包括白音长汗遗址 BF58（图三，4），哈喇海沟遗址 F3、F4，西台遗址 F202，柳树遗址 F3 等。

　　二道梁 F5 门道偏于东北部，平面呈刀把形，仅发现此一例。

　　Be型　有门道，圆形灶坑，平面亦呈凸字形，房址数量较多，包括白音长汗 BF46、BF57，兴隆沟遗址第二地点 F8，老牛槽沟 F1（图三，5）、F3、F4，哈民忙哈 F2、F11、F13、F17、F21、F45 等。

　　Bf型　有门道，瓢形灶坑，平面亦呈凸字形，代表房址有哈喇海沟 F2、F7（图三，6），西水泉 F17，二道窝铺 F2，白音长汗 AF45、AF81、AF84、BF54，西台 F202 等。

　　Bg型　有门道，方形灶坑，平面亦呈凸字形，代表房址有南台子 F26（图三，7）、二道窝铺 F1 等。

　　Bh型　有门道，圆形与椭圆形双灶坑，平面亦呈凸字形，代表房址为白音长汗 BF67（图三，8）。

　　Bi型　有门道，圆角梯形灶坑，平面呈凸字形，代表房址有兴隆洼遗址 F133、七家 F5（图三，9）等。

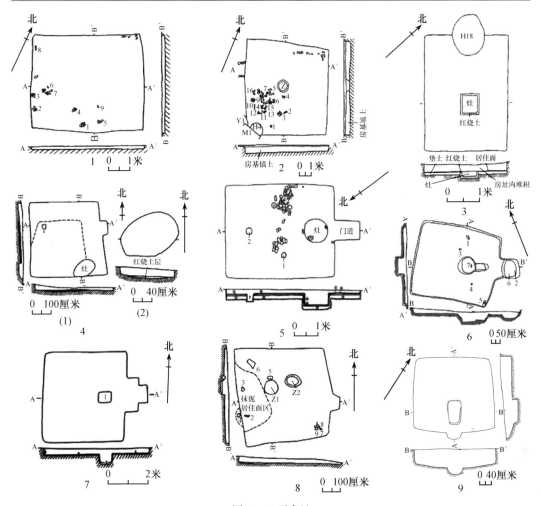

图三　B型房址

1.Ba型（小东山遗址F5）　2.Bb型（小东山遗址F2）　3.Bc型（水泉遗址F19）
4.Bd型（白音长汗遗址BF58）　5.Be型（老牛槽沟遗址F1）　6.Bf型（哈喇海沟遗址F7）
7.Bg型（南台子遗址F26）　8.Bh型（白音长汗遗址BF67）　9.Bi型（七家F5）

3. C 型房址

C型房址为平面呈梯形的房址，主要包括柳树林遗址F2、F8、F10、F19等，老牛槽沟遗址F2、F5和哈喇海沟遗址F1、F5、F6、F8等，在其发掘报告中被称为圆角方形，但从其平面图来看，均接近梯形。按其有无门道与灶坑平面形态可分为三个亚型。

Ca型　无门道，圆形灶坑，代表为柳树林F19（图四，1）。

Cb型　有门道，圆形与椭圆形灶坑，代表为柳树林F8（图四，2）、F10，老牛槽沟F2（图四，3）。

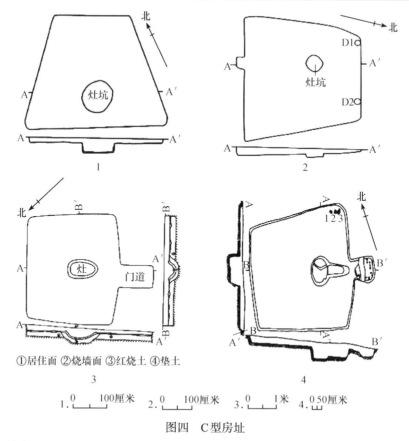

①居住面 ②烧墙面 ③红烧土 ④垫土

1. ⊢0____100厘米⊣　2. ⊢0____100厘米⊣　3. ⊢0____1米⊣　4. ⊢0__50厘米⊣

图四　C型房址

1. Ca型（柳树林遗址F19）　2、3. Cb型（柳树林遗址F8、老牛槽沟遗址F2）　4. Cc型（哈喇海沟遗址F1）

Cc型　有门道，瓢形灶坑，代表为哈喇海沟F1（图四，4）、F5、F6、F8。

老牛槽沟F5有一圆形灶，但房址前半部被破坏，难以判断是否存在门道。柳树林F2带有门道，但房址东北角压在隔梁下未发掘，也难以判断是否存在灶址。

三、红山文化房址的分期

关于红山文化的分期，学界已有很多学者做了这方面的研究。目前比较有代表性的观点有两期说、三期说和四期说等。两期说以高美璇、李恭笃[①]和赵宾福[②]的观点为代表。两期说观点将红山文化分为早、晚两个时期，绝对年代大致为公元前4500～前3500年和公元前3500～前3000年。第二种观点是三期说，以杨虎和张星德的观点为代

①　高美璇、李恭笃：《辽宁凌源县三官甸子城子山红山文化遗存分期探索》，《考古》1986年6期，531～534页。

②　赵宾福：《东北石器时代考古》，吉林大学出版社，2003年。

表。杨虎首先将红山文化分为3个不同类型，然后进行论证这3种类型分属于红山文化
不同发展阶段，将红山文化分为早、中、晚三期[①]。张星德从已发掘的红山文化有层位
关系可考的遗址入手，将常见器物进行排比分析，从而总结出阶段性变化，将红山文化
分为早、中、晚三期[②]。顾罡对出土陶器进行分析对比，将红山文化分为"三期四段"，
即将红山文化分为早、中、晚三期，早期又分为两段[③]。薛振华以地层学为依托，通过
陶器的共存关系和陶器形态特征比较，将红山文化分为早、中、晚三个发展阶段，在红
山文化延续的1500年间，每个发展阶段大致持续500年时间[④]。四期说以索秀芬、李少
兵和朱延平为代表，索秀芬和李少兵又将第四期分为早、晚两段，即将红山文化分为
"四期五段"。朱延平将红山文化分为四期，认为红山文化一、二期应该相当于老官台文
化和半坡之间到半坡文化晚期；红山文化第三期应包含赤峰西水泉和蜘蛛山等还在大量
使用夹砂陶筒形罐、但泥质陶数量显著增多的遗址；而牛河梁、东山嘴、城子山和胡头
沟等与祭祀有关的遗址应属红山文化第四期[⑤]。

由于目前经过发掘的红山文化遗址中比较明确的层位关系较少，特征明显的器物组
合单位又极其少见，对红山文化进行分期研究仍面临很大困难，因此，本文采用前人研
究成果对红山文化房址进行分期，采用苏秉琦先生的观点作为主要分期依据，将红山文
化分为早、中、晚三期（表一）。

表一 红山文化主要遗址分期表

	兴隆洼	白音长汗	南台子	魏家窝铺	林西水泉	西台	哈喇海沟	柳树林	东山嘴	城子山	哈民忙哈	牛河梁
早	○	○	○	○								
中				○	○	○	○	○				○
晚									○	○	○	○

注：○代表存在。

---

① 杨虎：《关于红山文化的几个问题》，《庆祝苏秉琦考古五十周年论文集》，文物出版社，1989年；
杨虎：《辽西地区新石器——铜石并用时代考古学文化序列与分期》，《文物》1994年5期。

② 张星德：《红山文化分期初探》，《考古》1991年8期；张星德：《牛河梁玉器墓的文化属性在考察》，
《边疆考古研究（第4辑）》，科学出版社，2006年，70~75页。

③ 顾罡：《红山文化陶器分期研究》，《四川大学考古专业创建四十周年暨冯汉骥教授百年诞辰纪念
文集》，四川大学出版社，2001年。

④ 薛振华：《以陶器为视角的红山文化发展阶段研究》，吉林大学硕士研究生学位论文，2011年；赵
宾福、薛振华：《以陶器为视角的红山文化发展阶段研究》，《考古学报》2012年1期，1~22页。

⑤ 朱延平：《辽西区新石器时代考古学文化纵横》，《内蒙古东部区考古学文化研究》，海洋出版社，
1991年，9~14页。

考古发现的红山文化房址贯穿于红山文化的早、中、晚期，在整个红山文化分布区域内都有发现。红山文化房址存续时间长，分布范围广，但相互之间的叠压打破关系极少。目前只有几组层位关系可为红山文化房址的分期提供线索。

第一组层位关系是朝阳小东山遗址F7、F9打破F10。"提供了红山文化早期晚段和中期早段之间的层位关系"[①]。小东山遗址还存在其他遗迹与遗迹之间的层位叠压打破关系，再结合出土陶器的共存关系与形态比较分析，小东山遗址的10座房址分别属于红山文化早期早段（F1、F4、F5）、早期晚段（F2、F8、F10）和中期（F6、F7、F9、F11）[②]。

敖汉旗西台遗址提供了F3→F4→F8和F16→F17，其中F4、F3分别属于红山文化中期和晚期遗存，因此成为划分红山文化中、晚期的重要线索[③]。F3属于红山文化晚期的"东山嘴类型"，F4属于中期的"西水泉类型"[④]。

赤峰市魏家窝铺遗址G3与房址之间的叠压打破提供了一些层位关系，其中F45、F58、F66、F94叠压在G3第1层上，F87则被G3第1层打破。另外，房址内发现的灶坑可分为深坑灶和浅盘灶，深坑灶大多数分布在遗址中部，浅盘灶则大多数集中分布在G3两侧，且叠压在G3上的房址的灶址均为浅盘灶。房址方向多为东南向和西南向，东南向房址多分布在遗址中部至G3两侧，而西南向房址主要分布在远离G3的遗址中部[⑤]。上述层位关系和布局关系也可为红山文化房址的分期提供线索。

白音长汗遗址AF45下层的瓢形灶被其上层的圆形灶打破，表明瓢形灶早于圆形灶，则瓢形灶房址（AF26、AF29、AF80、AF81、AF84、AF85、AF45、BF7）应早于圆形灶房址（BF33、BF46、BF49、BF54、BF57、BF58、BF67、BF86）[⑥]。瓢形灶房址属于红山文化中期，相当于"西水泉类型"时期，圆形灶房址属于红山文化晚期[⑦]。

根据以上层位关系，再结合房址出土器物的组合、形制及纹饰的演变序列，将红山文化房址分为三期（表二）。

① 刘国祥：《红山文化研究》，中国社会科学院研究生院博士学位论文，2015年，13页。

② 刘国祥：《红山文化研究》，中国社会科学院研究生院博士学位论文，2015年，199页。

③ 刘国祥：《红山文化研究》，中国社会科学院研究生院博士学位论文，2015年，13页。

④ 杨虎：《关于红山文化的几个问题》，《草原文化研究资料选编（第1辑）》，内蒙古教育出版社，2005年，162页。

⑤ 成璟瑭等：《内蒙古赤峰魏家窝铺新石器时代遗址的发现与认识》，《文物》2014年11期。

⑥ 内蒙古自治区文物考古研究所：《白音长汗：新石器时代遗址发掘报告》，科学出版社，2004年，473页。

⑦ 内蒙古自治区文物考古研究所：《白音长汗：新石器时代遗址发掘报告》，科学出版社，2004年，502页。

表二　红山文化房址分期表

分期		房址
早期	早段	小东山F1、F4、F5，兴隆洼F133
	晚段	小东山F2、F8、F10
中期	早段	小东山F6、F7、F9、F11，魏家窝铺F29、F30、F32、F38、F46、F48、F50、F53、F54、F57、F61、F62、F65、F67、F70、F72、F73、F75、F82、F9，白音长汗AF26、AF29、AF80、AF81、AF84、AF85、AF45、BF7，西台F202、F4，二道窝铺F1、F2，哈喇海沟F1、F2、F5、F6、F7、F8，西水泉F13、F17，南台子F26，水泉F19，七家F3
	晚段	白音长汗BF33、BF46、BF49、BF54、BF57、BF58、BF67、BF86，西台F13，二道梁F5、F15，柳树林F2、F3、F8、F10、F19、F11，老牛槽沟F1、F2、F3、F4、F5，七家F1、F2、F4、F5、F7
晚期		东山嘴遗址F1，西台F3，哈民忙哈F2、F11、F13、F17、F21、F32、F40、F47、F54等

注：卵状瓢形灶早于圆形灶，故带瓢形灶的房址（西台F202、F4，二道窝铺F2，哈喇海沟F1、F2、F5、F6、F7、F8，西水泉F13、F17）都放在与白音长汗AF45同组的红山文化中期早段。西水泉F13为瓢形灶与方形灶并存，故方形灶房址（二道窝铺F1、南台子F26，水泉F19）也属于红山文化中期早段。

四、红山文化房址的区域特征

目前考古发现的红山文化房址200余座，但一些红山文化房址未见发表详细资料，难以确定其具体形制，上文仅对红山文化房址分型时所列举的典型房址进行统计，将其按所处不同区域及特点分类，可得到下表（表三）。

表三　红山文化房址各类型的区域分布表

聚落区	代表性遗址	房址类型（数量）
Ⅰ区（老哈河上游区）	西水泉、哈喇海沟、魏家窝铺、转山子	Bd（2）、Bf（3）、Cc（4）
Ⅱ区（教来河上游—大凌河流域区）	小东山、兴隆沟、兴隆洼、西台、七家、牛河梁、东山嘴	双联间式（3） 单间式：Aa（1）、Ab（3） Ba（3）、Bb（4）、Be（1）、Bf（1）、Bi（2）
Ⅲ区（西拉木伦河上游区）	白音长汗、老牛槽沟、二道窝铺、二道梁、柳树林、水泉、南台子	Bb（1）、Bc（1）、Bd（3）、Be（5）、Bf（5）、Bg（2）、Bi（1）、Ca（1）、Cb（5）
Ⅳ区（西辽河干流区）	哈民忙哈	Be（6）

从表三可以看出，红山文化房址主要发现于老哈河上游地区、大凌河流域和西拉木伦河上游地区，其他地区鲜有分布。

（一）老哈河上游房址的区域特征

老哈河上游地区流行Bd、Bf、Cc三种类型的房址，可见该区房址的特征是：以带门道的凸字形半地穴房址为主，居室平面形态分方形和梯形两种，居室内灶址包括瓢形和椭圆形两种。设瓢形灶的房址有两型（Bf型与Cc型），在Ⅰ区都有发现，且Cc型（带门道瓢形灶坑的梯形房址）只在老哈河上游区有分布。可以说，老哈河上游区（Ⅰ区）是瓢形灶的主要分布区。

瓢形灶坑是红山文化一个很显著的特征，在老哈河上游、大凌河流域和西拉木伦河上游都有发现。如果进一步细分的话，瓢形灶也有两种不同的形态：一种呈卵状，主要分布在西拉木伦河上游地区，大凌河流域也有分布；一种为带把手的瓢状，主要分布在老哈河上游地区。老哈河上游和西拉木伦河上游都是瓢形灶的主要分布区域，但前者瓢形灶呈卵状，后者瓢形灶带把手，说明二者存在着密切联系，也各有特点，显示出各自鲜明的地域性。

（二）教来河上游—大凌河流域房址的区域特征

教来河上游—大凌河流域区流行的房址类型较多，主要有Aa、Ab、Ba、Bb、Be、Bf、Bi型等。

该区房址的特征是：该区存在规格较高的双联间式房址，这是其他三区所不具备的。既流行单间式的方形半地穴房址，也存在单间式的圆形半地穴房址，圆形是其他三个区所不存在的房址类型。该区在牛河梁遗址还发现一座石砌的房址，为其他三区所不见。圆形与方形房址有的带门道，有的则不带门道，不带门道的圆形与方形房址是该区的显著特色。存在相当数量不带灶坑的房址，灶址多圆形，少量为卵状的瓢形灶，表明大凌河流域地区和西拉木伦河上游地区之间可能存在某种联系。

（三）西拉木伦河上游房址的区域特征

西拉木伦河上游地区流行的房址类型最多，但均为单间式半地穴建筑，居室平面包括方形与梯形两种。有的房址带门道，有的则不带门道。灶址形态多样，有圆形、椭圆形、方形和圆角梯形等。流行梯形房址是该区的一个显著特点，与老哈河上游地区的梯形房址流行瓢形灶不同，该区梯形房址的灶坑均为圆形或椭圆形。

（四）西辽河干流房址的区域特征

西辽河干流区流行Be类型的房址，可见该区房址的特征是：以带门道的凸字形半地穴式房址为主，居室平面形态亦呈凸字形，居室内灶址主要为圆形。代表性房址有哈民忙哈F2、F11、F13、F17、F21和F45。

综上所述，红山文化聚落四个分布区的房址相互之间既有联系，也各有特点。从房址结构、类型与灶坑形态的数量丰寡来看，大凌河流域区在红山文化四个聚落遗址区中占据重要地位。西拉木伦河上游区因为其自然地形地貌的多样性，使得该区房址及其灶址形态显得丰富多样。老哈河上游地区和西辽河地区的自然环境相对单一，尤其西辽河地区，所以这两个聚落区的房址形态相对比较简单。

五、余　　论

红山文化典型聚落的空间分布受环境因素影响。大多分布于河谷地带、河流沿岸的坡岗地带、低海拔的丘陵之上等。不过，也有一些红山文化聚落以河流为纽带成群分布，而河与河之间的分水岭又很难见到聚落的分布，因此形成了一些大小不等的条状空白隔离带，聚落整体成条带状靠河流分布。

已发现的红山文化房址有200余座，发现房址数量较多的遗址有赤峰魏家窝铺、林西白音长汗、巴林左旗二道梁等。红山文化房址分布地域较广，形态比较丰富，但目前尚未有人对红山文化房址进行系统的类型学分析。

本文仅依据房址与灶坑的平面形态对其进行初步分类，从居室平面形态来分，红山文化房址包括圆形、方形和梯形三个类型，每一类型都存在带门道和不带门道的两种房址。再结合灶坑的平面形态，又可以将这三个类型细分为不同的亚型。另外，红山文化存在极少量的双联间式房址，此类房址的功能应该比较特殊。

至于房址的分期，本文参照苏秉琦先生的分期成果，将红山文化房址分为早、中、晚三期。尤其是前两期，每期内是否可以再细分为早、晚两段，仍有待讨论。

红山文化房址的不同类型之间和同一型内房址之间是否可以排出发展序列，仍需要进一步地分析和探讨。从已发表的红山文化发掘报告提供的少量地层叠压打破关系出发，结合房址出土陶器的类型学分析等，可将红山文化房址的发展划分为三期。

结合上述关于红山文化房址的类型划分与分期，可以总结出红山文化房址的整体发展趋势：

第一，早期早段的红山文化房址以无门道、无灶坑的方形或弧边方形房址为主，个别房址带椭圆形灶坑。到早期晚段，出现圆形房址，有的带门道、无灶坑，有的则无门道、有圆形灶坑。方形无门道房址内开始出现圆形灶坑。

第二，中期早段的红山文化房址，无门道、无灶坑的方形房址与无门道的圆形房址继续存在。开始大量出现带门道、瓢形灶坑的方形与梯形房址。另外，还出现少量的带方形灶坑的方形房址，有的带门道，有的不带门道。带门道的方形或梯形房址大量出现，遂成为红山文化房址的主要形态。这一时期灶坑显然以瓢形灶为主，但瓢形灶存在不同形态，具有鲜明的地域特点。中期晚段，早期的无门道、带圆形灶坑的方形房址仍有发现，但圆形房址消失不见。中期早段的瓢形灶房址消失不见。开始大量出现的是带门道、带圆形或椭圆形灶坑的方形与梯形房址。另外，出现不带门道的梯形房址与双联间式房址。

第三，晚期房址基本以带门道、圆形灶坑的方形房址为主，整体呈凸字形，而且门道明显加长。梯形房址消失。出现个别的石砌房址，其功能应该比较特殊。

红山文化在空间上隶属于以长城地带为重心的北方地区[①]，在文化发展过程中，上承兴隆洼文化、赵宝沟文化，下启小河沿文化，是辽西地区一支独具特色的灿烂史前文化。本文通过对红山文化房址的研究，认为这一时期经济形态以农业为主，采集渔猎为辅。聚落选址不仅是由生业模式决定的，同时也受到所处自然环境的制约。红山文化先民在建设聚落时，不但充分考虑资源开发与利用等因素，充分利用高度、坡度、坡向与光照等自然条件，使其生活能达到最大限度的便捷与舒适，另外还出于祭祀、防御等特殊需要，在高海拔、远离河谷及人群、缺乏生存所需动植物及岩石等资源的地方建筑聚落。

房址作为聚落的微观体现，在不同时期，也呈现出不同的发展趋势和区域差异。总体来看，红山文化房址以方形房址为主，贯穿红山文化始终，圆形与梯形房址只存在于个别时间段内。门道与灶坑的设置逐渐由部分房址有到全部房址都有，且门道由短而长，灶坑则由圆形、方形、梯形与瓢形并存，到以圆形为主。

红山文化四个分布区的房址相互之间既有联系，也各有特点。从房址结构、类型与灶坑形态的数量丰寡来看，大凌河流域在红山文化四个分布区中占据重要地位。西拉木伦河上游因为其自然地形地貌的多样性，使得该区房址及其灶址形态显得丰富多样。老哈河上游地区和西辽河地区的自然环境相对单一，尤其西辽河地区，所以这两个聚落区的房址形态相对比较简单。

附记：本文是国家社科基金重大项目"东北区域环境史资料收集、整理与研究"（项目编号：18ZDA174）的阶段性研究成果；并得到教育部人文社会科学重点研究基地重大项目（项目编号：22JJD780008）的资助。

本文在写作过程中得到中国人民大学历史学院考古文博系吕学明教授的悉心指导，在此致以诚挚的谢意！

Preliminary Study on Houses of the Hongshan Culture

Hou Jiaqi　　Wang Chunxue

Abstract: In the process of cultural development, Hongshan Culture inherits Xinglongwa

---

① 苏秉琦、殷玮璋：《关于考古学文化的区系类型问题》，《文物》1981年5期。

Culture and Zhaobaogou Culture, and extends Xiaoheyan Culture, which is a brilliant prehistoric culture with unique characteristics in western Liaoning region. Previous studies on houses of Hongshan Culture are relatively weak. On the basis of sorting out the previous archaeological excavations and related research data, this paper makes a preliminary study on the stages and types of Hongshan culture houses, the spatial distribution of typical settlements of Hongshan Culture, and their influence by environmental factors. Based on the typology analysis of potteries unearthed in the houses, the evolution trend of houses in Hongshan Culture can be divided into three different stages. Besides, the economic pattern of this period was dominated by agriculture, supplemented by gathering, fishing and hunting. The location of the house is not only determined by the livelihood, but also restricted by the natural environment. As the micro embodiment of settlement pattern, the house also presents distinct development trends and regional differences in various period.

Keywords: Hongshan Culture; Houses; Environmental factors; Regional characteristics

荥阳楚湾传统制陶技术的考古学观察

朱静宜　王　涵

（首都师范大学，北京，100089）

摘要： 陶器作为新石器时代重要的历史信息载体，围绕其展开的考古学民族调查，为考古发现的陶器提供更加科学丰富的研究路径。本文围绕中原地区荥阳楚湾仰韶遗址周边村落现存的制陶工匠和相关遗迹遗物开展传统陶器民族考古调查，为研究新石器时代的陶器与社会发展提供参考。

关键词： 民族考古　制陶工艺　操作链　楚湾盆窑村

新石器时代众多的遗址发掘中，陶器的出土数量最多，并且成为考古学最重要的研究对象之一。依托类型学研究方法，在众多的出土陶器中，找到了一系列科学的断代、文化分类方法，通过比较研究，科学推断出不同地区文化交流的现象和年代更迭的顺序。但陶器的制作、使用和废弃过程所包含的信息并不能单从类型学中提取，不少学者尝试借助民族学和实验考古等研究方法，深入探究器物身上所包含的人类信息。

随着现代化进程的推进和市场需求的不断扩大，传统的制陶作坊和工艺已无法满足人们的生活需求和审美标准。以荥阳盆窑等地为例，传统制陶工艺在20世纪80年代已逐步退出历史舞台，如今所能探寻到的只有当时遗留下的部分器物和年近八旬的制陶师傅的珍贵记忆。传统快轮制陶工艺在20世纪及更早时代均有着广泛的市场需求，农村地区陶器制作工坊不同于大型的制陶工业区，拥有较为原始和简单的生产组织形式和有限的销售渠道，这为我们研究新石器时期的制陶工业和产业布局提供富有价值的参考。

一、民族考古学研究概况

民族学资料在考古学中的应用，为考古资料的解释提供了新的参考依据。民族考古学的底层逻辑是学者们将古今材料以类比的方式进行记录。类比是用来表示特定类型的推理论证，试图在人类学的观点中，寻找到事物之间相互作用的一般规律。类比就是两个事物之间或者一个物品与另一个物品之间的相似属性，这种相似性并非它们自身分属两物，而是多个属性、环境和效果的相似。类比经常被用来表示相似或者本质相似，但具体表现在事物关系的相似上，从而区分了实例论证与类比论证。一般情况下，实例论证关注两个事物的相似性来论证，类比论证从它们关系的相似性进行论证……生物学上——不同器官之间功能上的相互协作关系，用于区别同源性；逻辑上——推理的一种形式，如两个或以上的事物在一个或多个方面具有一致性，那么可能在其他方面也会一致。逻辑的推理依靠概率的程度[①]。那么利用民族志来类比考古材料，可以有效还原材料的使用情境，但需要随时注意区分两者之间的背景关系。J·德斯蒙德·克拉克等在《埃塞俄比亚现代制革与考古学解释的相关性研究》[②]中将埃塞俄比亚中部发现的黑曜石刮刀在制革过程中的使用与西部发现的考古材料进行对比研究。为解释史前时代埃塞俄比亚石器和之后铁器时期器物使用模式和社会关系提供一般规律。当然，民族学对于考古学材料研究并非简单的嵌套，需要克服不同自然环境、文化背景的差异，很多常用的类比是不恰当的，因为是学者基于当代社会的世界观、互动模式，让古代社会材料适应现代逻辑过程的。皮特·N·佩里格林在《民族学与民族志类比：考古学解释中常见困惑》[③]中回顾了考古学家应用民族志类比的一些方法，并结合乔治·彼得·默多克发展和时间的人种学方法，尝试构建将民族志信息应用于考古学的系统方法。

　　在国内，民族考古学也不断为史前考古材料提供新的研究思路。汪宁生先生编写的《民族考古学论集》中记载了他创造性地利用民族志资料探索中国考古学和古史中的重大学术问题，并将自己几十年的田野调查经验写成《文化人类学调查——正确认识社会的方法》一书[④]。陶器的民族考古学研究也不断发展，国际上，1991年出版的《陶瓷民族考古学》集结了"陶瓷变化性的社会及行为来源"研讨会的论文，推动民族志在陶器研究中的系统化发展。陶瓷的民族考古学发展为考古陶器材料提供社会—文化情景研究背景，更好探讨了陶器变化性和主体能动性，了解陶器装饰的考古学内涵，分析陶器的制作与流通和更换频率、使用寿命等[⑤]。汪宁生先生对云南傣族制陶的民族考古学研究不断深入，探寻陶器与社会互动之间的关系，在他的调查中，除了一般性地参与观察、与制陶者访问交谈外，还注意观察制造点、窑址、买卖陶器的集市等处地面陶片的

①　Lewis R. Binford. Smudge Pits and Hide Smoking: The Use of Analogy in Archaeological Reasoning [J]. *American Antiquity*. 1967, 32(1): 1-12.

②　J. Desmond Clark and Hiro Kurashina. A Study of the Work of a Modern Tanner in Ethiopia and Its Relevance for Archaeological Interpretation [A]. In Richard A. Gould and Michael B. Schiffer (Eds). *Modern Material Culture* [C]. 1981, 303-321.

③　Peter N. Peregrine. Ethnology Versus Ethnographic Analogy：A Common Confusion in Archaeological Interpretation [A]. Lawrence University Cross-Cultural Research. 1996.

④　孔令远：《汪宁生于中国民族考古学》，《考古》2015年2期，114~120页。

⑤　杜辉、郑禄红：《差异、变化性于陶瓷研究——〈陶瓷民族考古学〉述评》，《南方文物》2013年4期，152~156、159页。

分布情况、陶器制作者和使用者家中器物之差异、新产品或新技术的传入及其影响等[①]。付永旭、杨莉、郭梦等学者纷纷将民族志探索加入了对陶器的研究中，古今类比，更好地解释陶器在原始社会中承担的角色和包含的信息[②]。

　　本文对河南省荥阳市崔庙镇盆窑村传统制陶工艺进行调查和记录，希望为民族考古学提供更为充分的类比材料。陶器的生产和流通与社会系统紧密相连，通过对荥阳地区传统制陶工艺在生产和流通方面开展陶器操作链视角的调查，希望更好理清人地关系、人与人的关系和整个社会系统之间的关系，为中原地区新石器时代陶器研究提供民族学资料。

二、盆窑村概况

（一）地 理 概 况

　　崔庙镇盆窑村，位于郑州东，荥阳市的西南处，西南临近G234和G310国道。东临丁沟村，南临崔庙村，西临索坡村，北临项沟村。古河道索河在村中经过，向北汇入贾鲁河。村落位于万山南麓，多为半山地、半丘陵地形，沟壑纵横，平地散布。

　　盆窑村总面积约为8.6万平方千米，总人口约3600人，为汉族、回族混合村落。盆窑村村民分为丁庄、法堂、法堂岗、盆西、盆东、黄窑、楚湾、前坡、长方地、梁庄、胡顶、胡寨、王楼等13个小组。本次调查访问从盆西、盆东、楚湾和黄窑几个村民小组入手，作为对比素材，我们还对向西5千米的刘河镇架子沟村进行了访问（图一）。

　　盆窑村及其附近地区具有丰富的矿产资源。其中煤矿西接巩义的新中矿区，自刘河经崔庙至贾峪，分炭煤和黄煤两种，为当时的陶器生产提供丰富的燃烧热能。除此之外，当地断崖多暴露出大量黄土，为第四纪黄土，是烧制砖瓦的主要原料。第四纪黄土下部为风成三趾马红土（也称风成红土），土壤色调偏红，当地人多称之为"红黏土"。红黏土以亲水性较弱的高岭石和石英为主，活动性较低，有铁质胶结的红色黏性土，作为制陶的主要原料，所含杂质少，可塑性强。

　　由于河流改道和自然灾害等多种原因影响，盆窑村现在居住地点与20世纪末并不相同。均向高坡移动，之前住的窑洞多被废弃，改为平房居住，迁移多为就地搬迁，离原居址直线距离约500米。20世纪制陶地点多在居住窑洞附近，选择被荒废的，或自己再造窑洞，前有平地，可用于露天制作，窑洞方便陶器放置和烧造。盆窑村之前有河道经过，制作地点距离河道近，方便取水。制作地点相对固定，窑洞的使用周期较长，不会经常变迁。

---

① 汪宁生：《云南傣族制陶的民族考古学研究》，《考古学报》2003年2期，241~262页。
② 付永旭：《陶器专业化大生产的民族考古学调查与研究》，《中原文物》2022年3期；付永旭：《广西宾阳县新窑村的现代制陶技术》，《中原文物》2011年6期。

图一　盆窑村调查范围

（二）社 会 背 景

在20世纪60年代特殊的历史背景下，盆窑村的传统制陶业发生了不同程度的生产模式变动。60年代以前，从事陶器生产的人很多，盆窑村得名就是从制作陶盆而来。1953～1956年，农村开始进行农业合作化生产。盆窑村陶器生产形式为共同合营，从采土和泥开始，到拉坯、烧制和最后的分销，均为集体分工完成。在此期间，所有生产资料归属公用，所生产的产品和收入直接挂钩，多劳多得，少劳少得。如盆窑村一个生产队有10户人家，其中有2户有善于制陶拉坯的陶工，围绕这2户陶工分别形成较为稳定的生产单位。其中约有3户参与工作，男性为主要劳动力，分别承担原料采集、陶土晾晒、陶泥制作和最后的运输、销售工作，而具有技术要求的拉坯和烧窑，是由陶工主持进行。其间参与工作的工人家属（妇女）承担生活供给，或做简单搬运工作。此时的陶器制作多在农闲时多个家庭共同参与进行生产和销售，并按照工作时长和劳动强度进行收入分配。一年中进行陶器生产的月份多集中在11～1月、3～5月这六个月份中。

1960年后慢慢恢复个人生产。原有的生产合作单位逐步瓦解，更多的人将时间精力用于农业生产或外出务工上。善于技艺的陶工有的流散外地，有的转行，少数工匠继续制陶工作。此时形成的生产单位，多是以家庭为中心的，形成了善制陶的工艺之家，其一年中，陶工大部分时间用于陶器制作，在需要时辅助家人进行农业生产。到八九十年代，传统制陶工艺被市场废弃，越来越多的年轻人放弃制陶工作，选择外出务工。当时的制陶老师傅也从全职陶工转变身份，从事单一的农业生产。

三、盆窑村陶器生产

（一）原料的获取与处理

当地制陶用土多为三趾马红土，俗称红黏土。原料单一，无需其他羼合料。原料采集简单，红土多暴露在地表，采集处土质纯净，杂质较少。采集过程通常是两人共同，去最近的采土点，挑担取土。在走访过程中发现，盆东和盆西的制陶者在选择采土地点时优先考虑的是土质的好坏，其次才是路途的远近。

取土后回到陶器生产作坊（多在距家近的河边或地势相对较低的窑洞前），把红土平铺在土地上，进行碾碎晾晒，即晒土。晒土时长约为一周，需要将土中的水分完全晾晒蒸发。在晾晒的过程中进行翻动，挑选出杂质（料姜石），用脚踩碎土块。之后加水开始和泥。

和泥的过程多找亲友辅助，需消耗大量体力。和泥需要借助木制榔头（图二），榔头长约1米，将泥和水充分混合，加水过程与陶土的揉捻过程是相伴的，通常需要分三次完成加水，随后工人需光脚在陶泥上反复踩踏、折叠泥料，进行七八次重复工作之后，用榔头敲打成方形。最后用铁丝一层层进行剥离从而过滤细小的杂质，使陶泥更加细腻。原料处理通常需要一天时间，后将处理好的陶料放入窑洞或地窖中保存，使用时用铁锹剜取。

（二）制 陶 工 具

盆窑及其周围调查地区的制坯工艺相对简单，都是快轮拉坯成型。在制作过程中需要的工具也较为简单。有陶轮、陶盘和陶车，修整时用的刮子、卵石、榔头等。

陶车（图三）：由三部分组成，分别为转轴、底座和轮盘。轮盘和底座可以拆卸，转轴固定在深约30厘米的坑洞中，是一根顶部安装有铁片的木棍。底座是由木头和水

图二 木制榔头

图三 陶车

泥共同制作，木头中心被凿空，周边用水泥涂抹，降低转轴与木桶内壁的摩擦，减少磨损。顶部有贴片制成的凸起，与转轴顶部铁皮接触，形成转轮中心支点。靠近轴承的地方有一孔洞，方便在使用时添加润滑剂，减小摩擦阻力。底座高约50厘米，约30厘米处，围绕中轴环绕十二根宽约4、长40厘米的木棍。每根木棍最外侧有一根铁钉，用来缠绕麻绳，同时与转盘周围的十二个孔洞用绳子或铁丝固定。缠绕的麻绳上，用草拌泥将其包裹，形成宽约10厘米的圆环盘，中部中空，从而加大旋转惯性，让轮子更快转动。轮车底座与转轴结合，在使用时，其圆环盘高出地面约10厘米，方便陶工用脚蹬轮盘转动。转盘距离地面约30厘米，转盘上放置小的木制圆盘，是最终的操作台，也有用泥烧制成的圆盘，大小各异。陶车是快轮制陶最重要的工具，使用时先用脚转动圆环盘，后用木棍大力搅动轮盘，使其快速转动。

修整工具：依据不同用途，分为修壁器和修底器。修壁器有卵石（图四）和泥质刮子两种。卵石大小正好被手掌包裹，一侧有明显的磨损痕迹。可作为器物内壁平整工具，具有一定弧度，也可用于器物外壁的磨光。其使用时间长，陶工会长期使用，不轻易更换顺手卵石工具。刮子是用泥料手制烧造出。经走访了解有两种形制的刮子，用于陶器成型过程中，辅助成型并修整器物外壁。Ⅰ型刮子为月牙型（图五），长约13、宽6厘米，厚不足1厘米，其中间有两个直径不足两厘米的圆孔，方便食指与中指放入。Ⅱ型刮子为铲型（图六），长约15厘米，手把长7厘米，厚不足1厘米。手把前端有一直径不足2厘米的圆孔，使用时多用于穿过拇指

图四　卵石

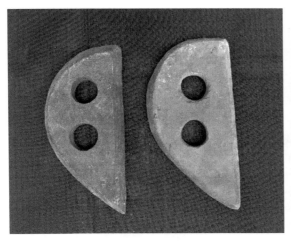

图五　月牙型刮子

图六　铲型刮子

固定。刮子使用时长不定，如有磨损磕碰，可随时制作烧成。修底器为短把木制榔头（图二）。木把长约20厘米，榔头前端直径17厘米，后端12厘米。木把与榔头之间有约100°的倾角，方便对器物内底面的平整。长木板，宽约20厘米，长度不一，用于放置和搬运陶坯，将成型的陶坯及时转移到阴凉处阴干。之后将阴干的陶坯搬至陶窑内烧制。

（三）成 型 过 程

盆窑村陶器成型的方法主要是快轮拉坯。陶工将制备好的陶泥取出后放置泥质轮盘上，陶车旁放一水桶，用于手指蘸水和泥料成型。陶泥放置陶盘上后，用手拍打成圆饼状，后在中心按压出凹槽。随后用脚蹬底座上的环形轮盘，使陶车转动，后用木棍插入环形轮盘上的孔洞，用胳膊搅动木棍，带动陶车快速转动。之后进入拉坯阶段，用手蘸水，双手一内一外匀速将陶泥在快速旋转的轮盘上拉起，并通过内外施力不同，带动陶泥形成不同形制的器物。在制作过程中手制的在器物内外都会留下螺旋式的指印痕迹。器物形制确定后便用修正工具进行内外壁和口沿的平整，口沿处多用手指蘸水修整。待陶车停止转动后，一些器物（如盆），口径和底径均较大，会用上文所述的短榔头进行敲打平整。最后，用铁丝将成型的陶器从轮盘上切割下来。切割过程中需要保证陶车转动，防止器物底部变形，通过这一过程会在器底留下偏心涡纹（图七），这也是常被考古学家认为快轮制陶的标志特征。

图七　锅盖器底带偏心涡纹

在走访中，我们了解到盆窑村西5千米的架子沟村也有传统制陶工艺，由于器物种类不同，成型过程也有差异。架子沟村除了标准的瓦罐和瓦盆生产外，还与密县学习了制缸技术。缸体积较大，成型过程除了拉坯成型外还会有泥条盘筑的工艺。拉坯成型到器物四五十厘米后，会用泥条盘筑继续提高缸的高度，之后在轮盘上进行成型与修整。

（四）装 饰 工 艺

对器物的装饰多体现在个别器形上，主要发现现存器物有花盆和香炉两类。其他器物少有装饰，偶见凸弦纹，一些器物的鋬上会有花边纹饰，多是起到搬运防滑的效果，在实用的基础上增添了美观。香炉与花盆上的纹饰大致分为以下四类。

1. 手指按压纹饰

多数花盆口沿外都会有用手指按、挑形成的花边纹。纹饰较为简单，均匀连续分布在口沿处（图八、图九），是陶工用食指或拇指外侧，蘸水按压形成。不见指纹，多用手蘸水进行修正平滑。

图八　手指按压纹饰与花草纹饰　　　　　图九　手指按压纹饰与刻划符号

2. 刻划纹饰

刻划纹饰多出现在花盆上。花盆为直腹罐，刻划纹出现在器壁中央。刻画工具为梳子齿，齿缝较密，多有四齿。花纹多为花草（图八），或一些由直线和弧线共同构成的类似戏曲中出现的符号（图九）。刻画后器物表面会出现不平整的痕迹，需要在陶轮上再次修正。

3. 压印纹饰

这类纹饰多见于香炉口沿和颈部（图一〇）。形状为连续的三角形纹饰。这类花纹是由破碎的三角形碗片作为制作工具，陶工以同样的力度，连续不断压印出的一圈纹饰。压印纹外常伴随一圈凸弦纹。

图一〇　压印纹饰与泥刻印花

4. 泥刻印花

在黄窑走访中发现两个制作精美的香炉，鼓腹处印有两类、四组花纹，分别是由花朵和叶片组成的花团图案，以及单只的蝴蝶图案（图一〇）。其中蝴蝶、花朵、叶片三个图案元素分别是由三枚直径约1.5厘米的泥质章，呈一定规律组合，压印在未干的器腹部。每一枚印章内容不一，根据制作者的喜好形成不同纹饰，再经过简单组合，均匀分布在器物表面。

（五）阴　　干

阴干多有专用的窑洞。在器物成型后，将其放在长木板上，由陶工家属（妇女）将其搬至窑洞中。也有些陶器在天气适宜的情况下放置室外背阴处阴干。阴干大约需要花费三至五天的时间。

（六）烧　　制

由于盆窑村传统制陶工艺将近消失，陶窑已被废弃多年。伴随城市建设和自然灾害，多数的陶窑已经坍塌毁坏，无法进行实地观察，只能通过口述史的方法，结合其他村落一致的陶窑形状进行复原。

烧窑的窑洞多与阴干陶器的窑洞相邻，减少运输过程中对器物的损耗和人力的浪费。窑洞大小约10平方米，一次烧制大小陶器约400余件。盆窑地区窑室有火道，窑室内不见明火，火道位于窑室下。位于架子沟的陶窑，火与器物之间没有阻断，均在窑室中，器物成月牙形沿墙壁均次叠放，火位于中间稍低洼地中。两种窑洞在烧制时均用砖头将洞口封堵，留下约40厘米×30厘米的窗口，用于观察器物的烧成情况和燃料燃烧情况。窑室下侧均匀分布四个出烟孔，并在窑室顶汇聚成一个或两个烟道，向上排出。

烧窑时用到的燃料多是煤炭，但两地略有不同。盆窑村拥有丰富的煤炭资源，20世纪六七十年代时，百斤煤约六七毛钱，对于烧陶具有天然的能源优势。架子沟村多是来楚湾等地买煤，或是用黄煤，其自然优势相对较弱，有时用树枝代替煤炭作为主要燃料，盆窑制作的陶器在最初形成时呈蓝色，是由于在快烧造完成时，用柏树枝进行熏蒸上色。对于柏树枝的使用历史暂无考证，只知道其获取并非自己采集砍伐，而是由专人售卖。

烧窑一次用到的燃料约一千五百斤煤和三四百斤柏枝。烧窑所需的时间为一天一夜，从装窑到烧成再到冷却出窑所用时间有三到四天。

四、盆窑村陶器生产组织形式与流通

20世纪60年代我国正经历着农业社合作社的农村生产背景，当地的陶器生产销售情况也在不同时代中出现不同的表现。大集体生产时村民听从生产大队安排，共同参与陶器生产和销售工作，形成以陶工为中心，以生产大队为单位的生产组织。参与工作者多时超过十人，负责拉坯成型和烧窑的师傅有二到三人，其他工作者分布于生产链的各个环节。工作中有男有女，但负责拉坯成型和烧窑的陶工只有男性，女性多负责和泥、搬运陶器和摆放入窑等简单工作。合作社下的制陶作坊具有松散性和灵活性，对参与生产和销售的人专业性要求不高，陶工拉坯之外，也会在工作中将制陶技术传授给有意愿学习、并具有天赋的工作者，从而培养新的陶工。陶器成型过程中不会夹杂陶工过多的主观性意愿，选择耗时最少、误差最低的器形进行生产，所以标准化程度高。即使是不同陶工，生产出来的同种器物也没有明显区别。

除去集体化生产的时代背景，当地多是围绕陶工家庭进行的小作坊生产，参与生产的有三到四人，以一到两个家庭为生产单位。小生产组织内具有明确分工，收成分得提前商议清楚。脱离集体化生产后，产生了单一依靠制陶卖陶进行生产生活的家庭。伴随集体生产的瓦解，善于制陶者在和家人的合理分工后，形成了专门陶器生产者，其全年无休，一直经营陶器生意。此时更有陶工带着技术去往外地进行教学和陶器制作，少见外来陶工来盆窑村进行陶器生产。

无论是在哪种生产模式下，陶器的交换与分配都可以分为以下三种模式：

一是答谢型赠与。多见于日常生活办事、就医问候等。如盆西一户从医人家，祖上至今从未有人参与陶器生产，但家里存有大量精美陶器，由参与生产者赠予，表达对医生的感谢。

二是亲友互惠。在制作过程中，会有亲友帮忙做活，为表答谢，器物烧成后会优先让其选取，这类交换都是以日常实用器为主。

三是市场售卖。这是多数器物的分配形式。盆窑制陶标准化程度很高，集中在不同型号的盆、瓦坛、毛罐等器物的大批量生产上。在出窑冷却后，由陶工以及合伙人（生产与销售相同）挑担去集市或周边县区售卖。最远可步行去约十千米外的郑州市区，常在附近的道路上或周边村镇定期开展的集会出售器物。一般情况下，一窑烧成的器物有瓦坛、毛罐、不同尺寸的盆，以及有时会制作灯台（无实物）等小器物进行出售，大概整体产出器物400件左右，当时售价约两百人民币。

五、使用与废弃

盆窑村生产的器物种类较多，多为实用器。如各种大小型号的盆、承装粮食的瓦盆（图一一）、带有把手的锅盖（图七）、用于放置并搬运物品的灰落（图一二）、符合当地习俗的豆芽盆，还有用于浇地的水壶（图一三），当时煤油灯用的灯台等。这些丰富的器物使用环境不同，使用频次不同，所以器物寿命和更换频率不同。走访中了解，许多器物在开裂或碰损的情况下，如果经修补不影响其正常使用，那么多数人，即使是陶工也不会轻易抛弃更换（图一二）。但用于仪式性的豆芽盆（用于刚生产时，种豆芽祈福母子平安，祈愿孩子如豆芽苗壮成长）和香炉（礼仪性烧香），一旦破损就不会继续使用。作为地方性特色的豆芽盆表达和寄托着对新生儿成长的美好祝福，其多出现在有子嗣诞生的家庭中。由于盆窑村制陶工艺已经废弃许久，难以完全还原当时的陶器使用情况，可供我们观

图一一　瓦盆

图一二　灰落（修补痕迹）

图一三　水壶

察的更多是不被使用或废弃的陶器，它们的摆放位置对我们考古遗址发掘的器物情景理解具有启示意义。

　　这里以走访中三个家庭废弃陶器的摆放状况为例：

　　案例一：盆东一村民，老人并非传统制陶工匠，未参加过陶器生产工作，但其叔父在取消集体化生产后成为了专职陶工。家中摆放有四组、八个大号瓦盆、小号瓦盆若干、豆芽盆一个、水壶一个、花盆四个、单鋬瓦罐（图一四）一个、双耳瓦罐（图一五）一个、锅盖若干。在可被观察的器物中，大型瓦盆被放置在后院角落，叠压摆放，豆芽盆也被放置在后院墙边，与小号瓦盆无序叠放。水壶和瓦坛被放置在楼梯下杂物处，长久无使用痕迹。瓦罐被放置在近门口水管处下，倒扣，上放置水盆，用于垫高。除此之外还在其家中阁楼上发现废弃的部分陶车，被大量灰尘覆盖。

　　案例二：盆东一村民，老人并非传统制陶工匠，参加过陶器生产工作，未听闻其直系亲属是陶工。村民经历过住家搬迁，由于自然灾害，从原来的窑洞搬向地势更高的平

图一四　单錾瓦罐　　　　　　　　　　　　图一五　双耳瓦罐

房中。新家与旧址相距较近。走访中看到有一大号瓦罐放置在院内石凳下，布满灰尘，常年未用。在村民带领下，前往之前住所（窑洞），放置大量未经售卖的瓦坛，堆放在窑洞内（图一六），随着窑洞的废弃而废弃，除此之外还有陶车也被废弃至此。此窑洞废弃前为家庭居所，并非专业放置成型陶器的作坊。

图一六　瓦坛废弃情况

　　案例三：盆东一村民，老人为陶工，从事制陶约30年的时间。经历过房屋搬迁，现居所是停止制陶工作后入住。老人家位于坡地半腰，有鸡圈在院内，鸡圈旁放置废弃瓦罐，落满灰尘，常年不再使用。除此之外，在院墙角落放置三个泥质刮子（图四、图五），为当时制陶时留下的修整工具。

由上述案例归纳推测，废弃器物放置位置多是房屋角落或不常打理的地方。并且伴随着搬迁，器物所处空间并不能与其属性一一对应，如放有大量废弃瓦坛的窑洞，废弃前并未作为专业陶器生产作坊使用。

对器物的使用寿命与废弃原因的研究，通过走访推测，在相近的人口承载量的家庭中（家庭人均占地面积），家中用于盛放粮食的瓦罐或大号瓦盆越多，越能展示其家庭富足的情况。但伴随着新材料新产品的出现，占有更多生产资源的家庭会优先抛弃陶器制品，更换为耐用和精美的器物。生产资料相对匮乏的家庭，会保持传统器物的使用，并接受他人过气工具馈赠，生活用具更新较缓。这也提醒我们，在面对考古遗迹时，不能单从器物遗留的多寡判断家庭生产资料占有的多寡，要进一步讨论社会是否存在一定的技术革新。

六、结　语

以上是笔者在楚湾盆窑村和相邻架子沟村的调查所得。由于两地传统制陶工艺在20世纪八九十年代几乎消亡，所以多通过口述史的方式还原当时的生产生活。通过此次调查走访，了解到该地陶器操作链的全过程，从选土到制作再到之后的使用与废弃。分析一个技术在社会上被淘汰时会出现的特征，为我们考古材料的解读提供民族学视角。

在制陶过程中我们了解到的陶工多为年轻男性，不见女性制作者，女性多是辅助生产过程中，片段性加入劳动，不参与器物销售环节。同时，我们发现陶器很少显示陶工的个人风格，即使是器物装饰，也是常见的图像母体，包括刻划纹中的花草纹、戏剧符号纹，压印纹中的蝴蝶、树叶和花朵等，少见创新成分。器物标准化生产就是对陶工特性的淡化，高效生产需要熟练的同尺寸器物成型过程，不能留有陶工的"个人信息"。少数陶工之间的标准化程度（器物尺寸、器形要求和厚薄等）是相互共通的，集体的机械性习惯和技术所存在的变异程度很小，标准化生产是为了更大程度上压缩时间成本，降低器物失败可能，是削弱成本的最好方法[①]。

在盆窑村，基本的盈利手段是农业生产，并且产业结构单一。陶工多不是一年四季均从事陶器生产的，而是在农闲时期，即十月之后到第二年五月，约有六个月的时间进行陶器生产活动。

通过盆窑村陶器调查而发现，在陶工完成对陶器的平滑修整后，表面并不会留下工匠指纹痕迹。在搬运过程中，协助搬运的工人会在器物未干时将自己的指纹信息留在器物，我们推测，考古材料中发现陶器上的指纹可能并非陶工所留，而可能是参与生产活

---

① 付永旭：《陶器专业化大生产的民族考古学调查与研究》，《中原文物》2022年3期，67～77、91页。

动者在搬运过程中留下的痕迹，在盆窑村，多表现为陶工家属妇女。

盆窑村传统制陶操作链的调查，展示了陶器生产、制作、销售、废弃等不同阶段与所处社会系统互动的形式，为我们系统性地分析陶器在原始社会中与人的关系提供了视角和类比对象（附表）。从生态环境、经济发展、陶工惯习、社会习俗、大众审美等各种因素了解人与陶器的关系，可以更好地将考古发掘中的陶器材料与整个系统社会联系在一起，从各层面去提取历史信息和人的发展状况。

附表　盆窑村陶器制作操作链

盆窑村陶器制作操作链	广度（技术、工具、能源、惯习）		
深度（环境、经济与生计、社会组织、政治组织、文化信仰、技术知识）		操作链	说明
	原料获取	工作者/地点	非工匠工作者/家庭单位或以工匠为中心的生产组织（前者稳定性强，后者稳定性弱）/采集点固定，人工搬运，距工作点距离约1~3千米
	原料处理	工作者/地点/周期	非工匠工作者/陶器制作工坊，需要有平坦且无遮挡的平地/晾晒一周，和泥一天后放入窑洞
	制作过程	拉坯成型	工匠/快轮拉坯成型/器物种类较为固定/标准化程度高
		修整	工匠/慢轮修正，借助工具（泥刮子、榔头、毛巾等）平整器物
		装饰	工匠/修正时成型，包括花边纹饰、刻划纹饰、压印纹饰等/具有个人特色，且不同器形有不同装饰范式
		烧制	工匠/运输过程中会有家庭成员（妇女）参与/陶窑形制、烧制燃料和温度、烧成时间、闷烧上色、熄火降温，最后出窑，放置于固定窑洞
	分配与流通	陶器流通于社会组织及行为之间的关系	交通优势、销售渠道、人口规模、发达程度；流通形式（答谢赠予、亲友互惠、市场交换），跨区域流通程度
	使用	使用生命	家庭中器物数量、从制作到不可修复的破损；食物加工技术、家庭规模、陶器的储存、经济专门化、生产技术水平、周边环境、制作者与使用者的美感等
	维修再利用		技术创新、器物用途、家庭生产结构；审美的改变、流行的转变；废弃器物赠与或低价卖出
	废弃		坏损、技术更迭、审美、搬家等因素

附记：感谢支持此次民族考古调查项目的所有老师、同学和村民们。感谢整个团队的支持，导师王涛老师在思路上的指引；感谢盆窑村民楚东献全程陪同、协调沟通。衷心感谢崔庙镇盆窑村文化委员王崇支持，还有受访的各位村民，让我和团队有了此次丰硕的收获和温暖的体验。最后感谢与我进行讨论，并提醒、指正我错误推断的朋友毛玉菁，推动和鼓励我继续在学术研究上深耕。

Archaeological Observation on the Traditional Pottery-making Techniques of Chuwan, Xingyang

Zhu Jingyi   Wang Han

Abstract: As an essential carrier of historical information in the Neolithic, an archaeological ethnographic survey around it provides a more scientifically enriched research path for archaeologically discovered pottery. This paper focuses on the ethnoarchaeological investigation of traditional pottery around the surviving pottery craftsmen and related relics from villages around the Yangshao site of Chuwan, Xingyang in the Central Plains, providing a reference for the study of pottery and social development in Neolithic.

Keywords: Ethnoarchaeology; Pottery-making techniques; Operation chain; Chuwan Penyao Village

卡约文化动物纹装饰研究

陈　晨　包曙光

（黑龙江大学黑龙江流域文明研究中心，哈尔滨，150080）

摘要：本文系统梳理了卡约文化动物纹装饰，根据其造型进行了分类研究。同时，将卡约文化动物纹装饰大体划分为三期，并按照东部和西部两个区域讨论了其区域性特征。在此基础上，对卡约文化动物纹装饰的来源与流向进行了探究，进而阐明了中国北方地区与欧亚草原地区存在着审美认同与交流互动的历史过程。

关键词：青海地区　卡约文化　动物纹装饰　文化交流

动物纹是青铜时代至早期铁器时代在中国北方地区与欧亚草原地区常见的一种艺术装饰，特别是作为斯基泰三要素中最具代表性的特点，具有重要的标识性意义。在此广大的区域内，不同地区动物纹在风格上表现出地域性特征[①]。卡约文化是目前青海古代文化遗存中发现数量最多、分布范围最广、延续时间最长的一支考古学文化，其动物纹装饰造型和风格具有鲜明的独特性，以往学者的研究主要集中于铜器之上动物纹及动物纹的内涵[②]，对其他材质器物上的动物纹装饰关注较少。本文拟对卡约文化动物纹装饰进行全面研究，以期能够对该文化的研究提供新的视角。不当之处，敬请方家斧正。

一、考古发现与分类研究

卡约文化地处黄河上游及其支流湟水流域，东起甘青交界，西至青海湖沿岸，北入祁连山南麓及大通河流域，南达同仁、同德一线。卡约文化动物纹装饰器物包括19

---

① 乌恩：《论我国北方古代动物纹饰的渊源》，《考古与文物》1984年4期，46～58页。

② 张文立：《卡约文化铜器动物纹初探》，《草原文物》2016年2期，84～92页；乔虹：《浅析青海地区卡约文化的动物造型艺术》，《青海师范大学学报（哲学社会科学版）》2005年1期，75～78页；赵晓明：《青海彩陶动物纹装饰及图腾的研究》，《青海社会科学》1994年5期，70～73页。

件铜器、8件骨器和6件陶器，这些器物主要出土于大通县上孙家寨墓地^①、黄家寨墓地^②、湟源县大华中庄墓地^③、莫布拉遗址^④，化隆县上半主洼墓地^⑤，循化县阿哈特拉山墓地^⑥，以及在湟源县、大通县的采集和征集品^⑦。根据装饰的动物种类和数量，可分为单体动物题材和多体动物题材两大类。

（一）单体动物题材装饰

该类型的器物共12件，根据动物种类可细分为5个类型。

A型，鸟禽装饰，共5件。其中4件为权杖首。湟源县大华中庄M87出土1件鸠形铜杖首^⑧（图一，1），残碎，与沸海乡巴燕峡征集的同类器物相似。大通县黄家寨出土1件鸟形杖首（M16：5）^⑨，圆雕，器作鸟形，颈部细长，尾部羽毛作散开状（图一，2）。湟源县上寺村征集的鸟禽杖首^⑩，圆雕，器作鸟形，颈细长，尾部羽毛做聚合状。尾部下端及后腹部微残（图一，3）。上孙家寨出土1件鸟形铜牌饰（M746：10）^⑪，造型似翅膀上翘的鹰，下部划斜线表示鸟禽尾部（图一，4）。

---

① 青海省文物考古研究所：《大通上孙家寨史前时期墓地》，《再现文明——青海省基本建设考古重要发现》，文物出版社，2013年，78页；马兰：《青海文物精品图集》，中国文联出版公司，1999年，65页；许新国：《青海省考古五十年述要》，《西陲之地与东西方文明》，北京燕山出版社，2006年，16页。

② 青海省文物考古研究所、吉林大学考古学系：《青海大通县黄家寨墓地发掘报告》，《考古》1994年3期，193~206页。

③ 青海省湟源县博物馆、青海省文物考古队、青海省社会科学历史研究室：《青海湟源县大华中庄卡约文化墓地发掘简报》，《考古与文物》1985年5期，11~34页。

④ 高东陆、许淑珍：《青海湟源莫布拉卡约文化遗址发掘简报》，《考古》1990年11期，1011~1016页。

⑤ 青海省文物考古研究所：《青海化隆县上半主洼卡约文化墓地第二次发掘考古》，《考古》1998年1期，51~64、101~104页。

⑥ 许新国：《循化阿哈特拉山卡约文化墓地初探》，《青海社会科学》1983年5期，92~95页。

⑦ 李汉才：《青海湟中县发现古代双马铜钺和铜镜》，《文物》1992年2期，16、104页。

⑧ 青海省湟源县博物馆、青海省文物考古队、青海省社会科学历史研究室：《青海湟源县大华中庄卡约文化墓地发掘简报》，《考古与文物》1985年5期，11~34页。

⑨ 青海省文物考古研究所、吉林大学考古学系：《青海大通县黄家寨墓地发掘报告》，《考古》1994年3期，193~206页。

⑩ 马兰：《青海文物精品图集》，中国文联出版公司，1999年，68页。

⑪ 马兰：《青海文物精品图集》，中国文联出版公司，1999年，66页。

图一　单体动物题材装饰

1.湟源县大华中庄　2.大通县黄家寨　3.湟源县上寺村　4～7、9～11.大通县上孙家寨　8.大通县下治泉村

　　B型，蛇纹装饰，共3件。皆为上孙家寨出土的铜铃①。M855：5，铃身外侧表面饰蛇纹，头部呈尖三角形，双目凸出，体呈反弓形弯曲，体表有鳞（图一，5）。M448：3，铃身外侧表面饰有盘卷状变形蛇纹（图一，6）。M971：4，铃身外侧表面饰有盘卷状变形蛇纹（图一，7）。

　　C型，羊纹装饰，共2件。1件为下治泉村采集的管銎戈②，在銎管上以圆雕手法装饰一大角羊，羊呈直立状，目视前方，羊角弯曲呈环形（图一，8）。另1件为上孙家寨出土的亚腰形牌（M723：9）③，平面呈亚腰形，在牌饰正面中部空白处近左端为1只平

①　刘宝山：《青海"史前"的铜铃》，《文物季刊》1995年2期，43～47页。

②　许新国：《青海省考古五十年述要》，《西陲之地与东西方文明》，北京燕山出版社，2006年，16页。

③　青海省文物考古研究所：《大通上孙家寨史前时期墓地》，《再现文明——青海省基本建设考古重要发现》，文物出版社，2013年，78页。

卧的侧羊，羊角凸出，表现手法比较抽象（图一，9）。

D型，狗形饰，共1件。出土于上孙家寨墓地[①]，圆雕，静立状，昂头，目视前方，尾部下垂（图一，10）。

E型，兽面饰，共1件。出土于上孙家寨墓地[②]，透雕，正面似一狐狸面，上宽下窄，顶端中央有一弧形外凸，兽面上部圆窝状双眼（图一，11）。

（二）多体动物题材装饰

该类型器物共计21件，根据具体题材可再分为2个类型。

A型，同种多体动物装饰器物，共16件。根据动物种类，分为6个亚型。

Aa型，鸟禽装饰，共5件。其中上孙家寨墓地的鹰纹骨管有4件[③]。1支骨管刻划7只飞鹰形象，头向右，用复线刻画鹰的形态（图二，1）。2支骨管刻有5只飞鹰形象，头向右，其中1支保存完好的骨管以单线表现鹰的形态，在两翼和尾部以单斜线填空（图二，2）。另1支有损坏，其图案用单线刻划（图二，3）。此外，还有1支刻有2只飞鹰的骨管，鹰纹图案刻于骨管下部，头向左，张翅，尾部呈三角形，在两翼和尾部以单线填空（图二，4）。化隆县上半主洼遗址还出土1件鹰纹陶罐[④]，以两耳为界，颈部各饰一只飞鹰，头扭向一侧，双翅张开，尾部呈倒"V"形，与骨器上的鹰纹有一定区别，较抽象（图二，12）。

Ab型，蛇纹装饰，共3件。铜镜1件，为大通县采集[⑤]，背面围绕桥形纽，饰两条头部相对的盘蛇。蛇头均呈三角状，蛇身以短线表示鳞片（图二，14）。上孙家寨遗址出土2件铜镯[⑥]，M971：15，为条形铜片弯成圆圈状，铜片两端，各饰蛇的头部，蛇头相对（图二，15）。M912：3，铜片两端，各饰变形蛇头，头部相对，蛇的头部和眼部简略刻画（图二，16）。

---

① 青海省文物考古研究所：《大通上孙家寨史前时期墓地》，《再现文明——青海省基本建设考古重要发现》，文物出版社，2013年，81页。

② 马兰：《青海文物精品图集》，中国文联出版公司，1999年，63页。

③ 许新国：《青海省考古五十年述要》，《西陲之地与东西方文明》，北京燕山出版社，2006年，19页；青海省文物考古研究所：《大通上孙家寨史前时期墓地》，《再现文明——青海省基本建设考古重要发现》，文物出版社，2013年，82页。

④ 青海省文物考古研究所：《青海化隆县上半主洼卡约文化墓地第二次发掘考古》，《考古》1998年1期，51～64、101～104页。

⑤ 许新国：《青海省考古五十年述要》，《西陲之地与东西方文明》，北京燕山出版社，2006年，16页。

⑥ 刘宝山：《青海青铜时代的铜管和铜环》，《文物季刊》1997年1期；马兰：《青海文物精品图集》，中国文联出版公司，1999年，62页。

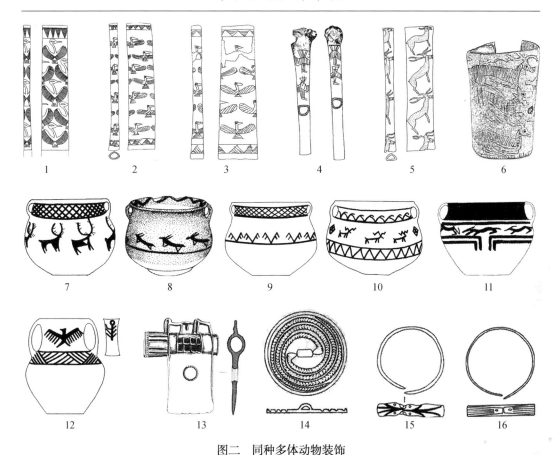

图二　同种多体动物装饰
1~4、6、11、15、16. 大通县上孙家寨　5. 大通县黄家寨　7~10. 循化县阿哈特拉山
12. 化隆县上半主洼　13. 湟中县前营村　14. 大通县

　　Ac型，鹿纹装饰，共5件。其中3件为陶罐，均出土于循化县阿哈特拉山遗址[①]，鹿纹作伫立状或奔跑状，呈连续形式排列在陶器的主要部位。伫立状，在陶器腹部饰7只伫立的大角鹿，鹿角凸出似树杈（图二，7）。奔跑状鹿纹，四肢和角皆用两笔勾勒（图二，8）。另有1件以鹿角纹装饰的陶罐，黑彩，器物腹部以简单的折线纹绘制变形鹿角纹（图二，9）。还有2件鹿纹骨管，1件为大通县上孙家寨遗址出土，在管身上用阴线从上向下依次刻划出3只鹿的造型。位于骨管最上端和下端的鹿纹皆呈半卧状，中间的鹿纹呈奔跑状，鹿身中下部纹饰已脱落（图二，6）。另1件出土自黄家寨遗址，管身上用阴线刻划出4只鹿的造型。鹿纹呈站立状，抬头向前，鹿角凸出，鹿身以圆点填充（图二，5）。

　　Ad型，羊纹装饰，共1件。阿哈特拉山出土的大角盘羊纹彩陶罐[②]，羊纹饰在腹部，呈伫立状，突出羊角（图二，10）。

①　许新国：《循化阿哈特拉山卡约文化墓地初探》，《青海社会科学》1983年5期，92~95页。

②　许新国：《循化阿哈特拉山卡约文化墓地初探》，《青海社会科学》1983年5期，92~95页。

Ae型，犬纹装饰，共1件。出土于大通县上孙家寨遗址①，陶罐肩腹部用弧线饰犬纹（图二，11）。

Af型，马纹装饰，共1件。湟中县前营村征集的管銎斧②，銎管上以圆雕饰一对立马，一匹头部缺失。体呈静立状，头部前伸低垂，尾部下垂（图二，13）。

B型，不同种动物相斗场景装饰器物，共5件。根据题材内容，分为3个亚型。

Ba型，鹰蛇结合装饰，1件。为出自上孙家寨遗址的骨管③，中间饰鹰、蛇纹。骨面上共刻4只飞鹰及4条蛇，以单线刻画，鹰纹自上而下交错排列，鹰头偏向一侧，皆用嘴衔蛇尾（图三，1）。

Bb型，虎逐兽装饰，2件。上孙家寨出土一块铜牌饰（M66：12）④，牌饰的一面装饰3只动物，偏下居中处为虎，呈行走状；右上角是角向前伸出的牛；左上角另有一鹿形动物，做奔跑状。牌饰的另一面饰有一排飞翔的鹰（图三，2）。湟源县莫布拉遗址出土1件骨饰⑤，饰有虎追逐群兽的图案。画面下部磨损（图三，3）。

Bc型，牛犬对峙装饰，共2件。皆为青海湟源县大华中庄M87出土的鸠首牛犬铜杖首⑥，銎为圆筒形，上为鸠头，嘴端承托一犬，鸠首承托一母牛，母牛作与犬决斗状，下一小牛作饮乳状（图三，4）。

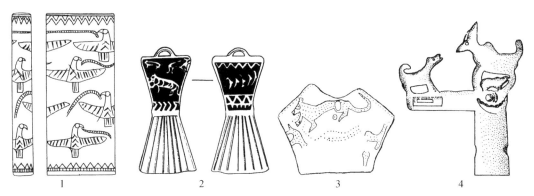

图三　不同种动物相斗场景装饰
1、2.大通县上孙家寨　3.湟源县莫布拉　4.湟源县大华中庄

① 许新国：《青海省考古五十年述要》，《西陲之地与东西方文明》，北京燕山出版社，2006年，15页。

② 李汉才：《青海湟中县发现古代双马铜钺和铜镜》，《文物》1992年2期，16、104页。

③ 马兰：《青海文物精品图集》，中国文联出版公司，1999年，91页。

④ 青海省文物考古研究所：《大通上孙家寨史前时期墓地》，《再现文明——青海省基本建设考古重要发现》，文物出版社，2013年，81页。

⑤ 高东陆、许淑珍：《青海湟源莫布拉卡约文化遗址发掘简报》，《考古》1990年11期。

⑥ 青海省湟源县博物馆、青海省文物考古队、青海省社会科学历史研究室：《青海湟源县大华中庄卡约文化墓地发掘简报》，《考古与文物》1985年5期，11～34页。

综上，卡约文化动物纹装饰题材多为现实存在的动物。动物造型生动逼真，以全身静态形象为主，少有奔跑、搏斗状形象。装饰风格以写实性为主，也有一小部分的抽象者。有学者认为有些器物可能是萨满举行某种仪式时用的法器，如骨管、铜镜、铜铃等，在器表刻划具有神力的动物形象，像鹿、鹰、蛇及羊等动物，帮助萨满顺利地完成通天通神的特殊使命[①]。还有饰动物搏斗或追逐主题的牌饰和骨饰，这种主题在青海地区的岩画上也有发现，是一种表现萨满教二元对立思维的典型艺术形式，与现实场景无关[②]。故这种牌饰和骨饰可能具有辟邪和护佑的功能，而不是简单的日常装饰品。

二、卡约文化动物纹装饰的时空特征

卡约文化存续时间长，分布范围广，包括动物纹装饰在内的文化面貌在时间和空间上表现出了较明显的特点。

（一）阶段性特征

在前人研究的基础上[③]，本文根据对动物纹装饰位置、方式、造型和风格等方面进行分析，将卡约文化动物纹装饰分为三期（图四）。

早期动物纹装饰主要出现在陶器上，这一时期还可分为两段。第一段纹饰为同种多体动物Ac型鹿纹，动物纹图案占据几乎整个器腹，整个器物图案以动物纹装饰为主；动物纹主题为同种类的多体动物，且表现为静止的完整动物形象。第二段动物纹样简化，由写实转向抽象风格，发现有同种多体动物Ad型羊纹和Ac型鹿纹；重点突出了动物的部分特征，如"角"，甚至以角代替动物本体；动物图案位置上移，处于器腹偏上位置，并且在整个器物图案中的占比变小。

中期动物纹装饰开始在铜器上出现，主要见于管銎斧、管銎戈等武器及铜镜、陶罐等生活用品之上；种类有单体动物C型羊纹，同种多体动物Ab型蛇纹、Ae型犬纹、Af型马纹等。陶器上的动物纹装饰在器腹上部，占比较小，纹饰偏向抽象风格，动物形象由静态变为动态。由写实风格发展到抽象风格，是一个由繁至简的过程，也体现了当地

---

① 乔虹：《浅析青海地区卡约文化的动物造型艺术》，《青海师范大学学报（哲学社会科学版）》2005年1期。

② 汤惠生、张文华：《青海岩画——史前艺术中二元对立思维及其观念的研究》，科学出版社，2001年，97页。

③ 水涛：《甘青地区青铜时代的文化结构和经济形态研究》，《中国西北部青铜时代考古论集》，科学出版社，2001年，229～243页；三宅俊彦：《卡约文化青铜器初步研究》，《考古》2005年5期。

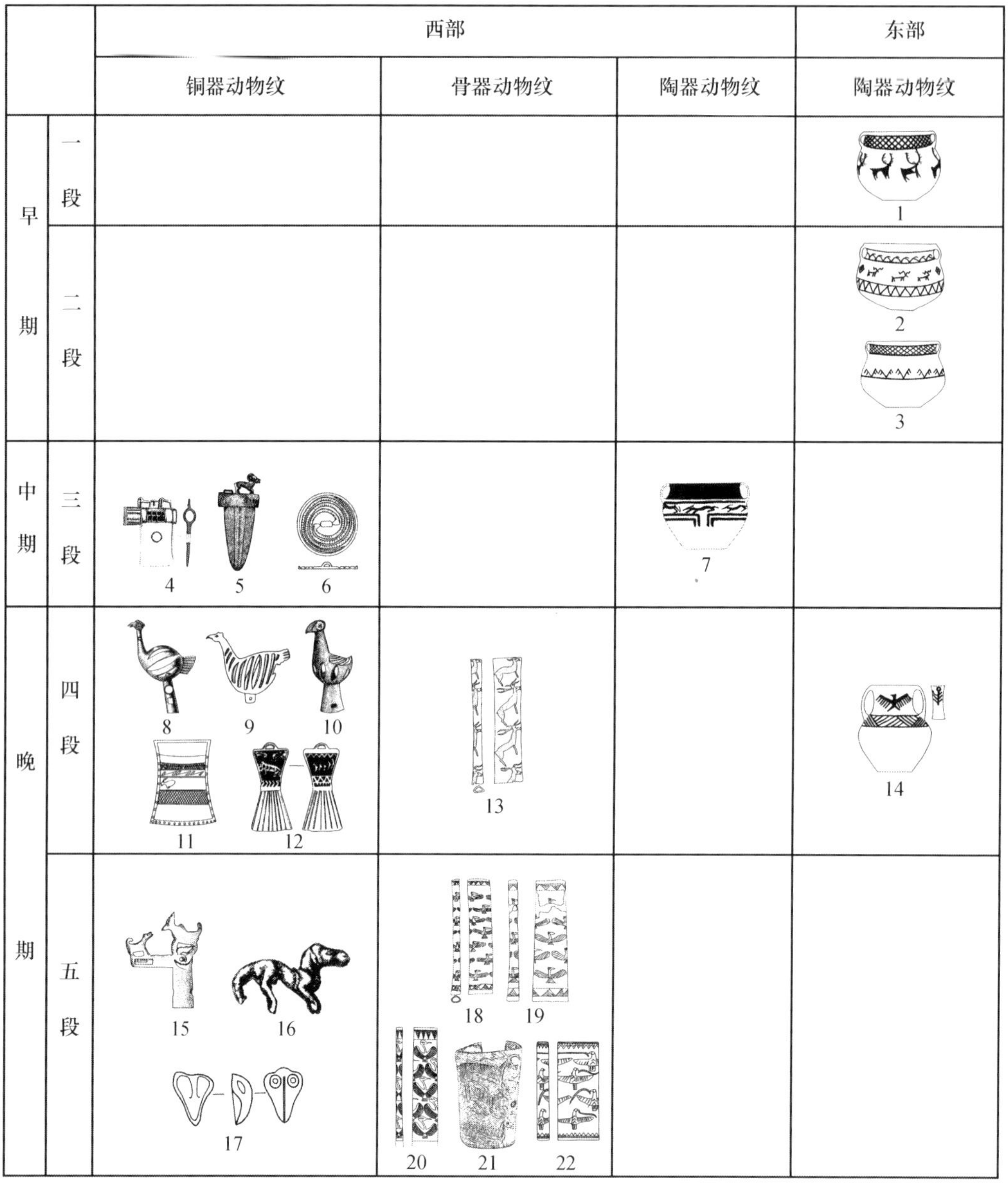

		西部			东部
		铜器动物纹	骨器动物纹	陶器动物纹	陶器动物纹
早期	一段				1
	二段				2 3
中期	三段	4　5　6		7	
晚期	四段	8　9　10 11　12	13		14
	五段	15　16 17	18　19 20　21　22		

图四　卡约文化动物纹装饰分期、分区图

先民思维由形象到抽象的演变过程①。铜器的图案主题为静态完整的动物形象；从装饰风格上看，均属写实性风格；装饰手法有圆雕和浮雕等。

晚期动物纹装饰在骨器上开始出现，该时期还可分为两段。第一段动物种类增多，以单体动物 A 型鸟禽造型为主，还有同种多体动物 Aa 型鹰纹、Ac 型鹿纹，不同种动物 Bb 型虎逐兽造型，且主要是铜器的动物纹种类增多，动物纹主要见于杖首、兽面饰、

① 赵晓明：《青海彩陶动物纹装饰及图腾的研究》，《青海社会科学》1994 年 5 期。

牌饰、动物形饰等装饰类器物之上，武器及生活用品仅有零星发现。铜器的种类有杖首、牌饰，图案主题有了动态奔跑、飞翔的群体动物形象；装饰风格出现了抽象风格；还出现了新的透雕装饰手法。骨器为骨管，装饰方式为阴刻，纹饰为静态伫立的鹿纹，装饰风格为写实风格。陶器上动物纹装饰依旧为抽象风格，纹饰位置上移到颈部，动物整体数量较前期变少，整个彩陶的装饰风格更简洁。第二段动物纹装饰骨器数量增多，铜器数量略减，陶器上动物纹装饰已不见。动物纹铜器较上一阶段变化不大，种类有杖首、动物形饰；纹饰种类为单体动物D型狗形饰、E型兽面饰及不同种动物的Bc型牛犬对峙装饰；装饰手法以圆雕为主，风格写实。这时期骨器的形制依旧是骨管，但动物图案种类增多，有同种多体动物Aa型鸟禽装饰、Ac型鹿纹装饰及不同种动物Ba型鹰蛇结合装饰；装饰手法仍为阴刻，装饰风格仍为写实，动物形象以动态为主。

　　由此可以看出卡约文化动物纹装饰的整体变化趋势，动物纹装饰器物种类由仅存在于陶器，发展到陶器、铜器并存，晚期骨上也开始饰有动物纹装饰。从装饰的器物功能看，由生活用具发展到武器类，最后出现了仅具有装饰功能的动物形器物。动物纹题材在早期比较单一，中晚期逐渐丰富。在装饰手法上，早期是彩绘图案，中期有圆雕、浮雕、阴刻，晚期出现透雕技法。本文认为卡约文化动物纹在中期和晚期呈现出了多样性和复杂性，是该文化动物纹装饰发展的重要时期。

（二）区域性特征

　　根据考古发现和动物纹特征，卡约文化动物纹装饰可分为东部和西部。

　　东部发现的动物纹器物均为陶器，从器物数量、动物种类、制作工艺等方面都要胜于西部。该区域的动物纹彩陶罐，陶质较细，器表打磨光滑；侈口，短颈，圆鼓腹，高圈足，小双耳；且口沿及颈下部饰波折纹或网格纹。卡约文化的彩陶在器型及彩陶纹样上表现出与齐家文化的相似性。故卡约文化的动物纹彩陶可能源于齐家文化，反映了卡约文化对甘青地区土著传统文化的继承。早期动物纹装饰目前只发现于东部。中期西北部也有动物纹陶器的发现，这应该是东南部动物纹彩陶扩大发展的结果。晚期仅在东南部发现少量动物纹陶罐，且陶器上装饰的动物数量减少，整个陶器上绘彩比例也相对缩小，这与晚期卡约文化固有的纹饰及陶器在两地趋于简化[①]的发展趋势相符。

　　西部在中期开始出现动物纹装饰，并表现出较明显的区域性特征。在该地区铜器、骨器、陶器上都发现有动物纹装饰，其中数量最多的是铜器，且卡约文化铜器动物纹目前只集中发现在西部，其造型特征及装饰手法更多的表现出与中国北方地区与欧亚草原地区的相似性。因此相对于东部在本地区的继承发展，西部更多的表现为与其他文化之间的交流互动。

---

① 　乔虹：《浅析卡约文化陶器与周边地区的文化交流》，《四川文物》2013年3期。

综上，动物纹彩陶主要发现于东部，动物纹铜器和骨器集中发现在西部。并且无论从种类还是数量上来看，西部的动物纹装饰远比东部丰富。这种区域性的差异与两地的自然地理环境有关，东部的地势、土壤、气候、水热等条件更好，因此东部农业经济占比较大，西部畜牧业比重较大。西部所处的地理位置与欧亚草原东部地区相对较近，且两地具有相似的畜牧经济生产方式，故该地区的动物纹装饰受到了欧亚草原东部地区的影响。而东部靠近黄河流域，受彩陶文化影响较深，故其动物纹装饰不流行且只存在陶器上。

三、比较视野下的卡约文化动物纹装饰

结合上述分类特征和时空特点，卡约文化动物纹装饰大体表现出三种文化因素。

（一）甘青地区的文化传统

鹿纹是早期卡约文化陶器上的主要动物纹装饰之一。在齐家文化时期，甘青地区就出现有鹿主题的彩陶，主题内容有鹿纹以及人物驯鹿（图五，1、2）；辛店文化也发现有立鹿、鸣鹿等形象的彩陶[①]（图五，3~5），这些彩陶的装饰风格皆偏向写实；在卢山岩画[②]中鹿也是极具特色的形象（图五，6）。这些丰富多样的鹿纹形象体现了古代先民们与鹿关系密切，因此陶器上的彩绘鹿纹应该是甘青地区的一种装饰特色。值得注意的是，根据目前发表的资料，新石器时代甘青地区彩陶图案中并未发现有鹿纹装饰，本文认为鹿纹装饰很可能是青铜时代才开始出现在甘青地区。

（二）中国北方地区的文化互动

甘青地区位于中国北方地区的西段，是中国北方文化带的重要组成部分。卡约文化动物纹装饰与中国北方其他地区的相似性表现在上孙家寨遗址出土的铜镯上蛇头相对的形象（图六，10、11）与流行于中国北方地区的剑首装饰对吻动物形象[③]（图六，22、23）吻合。狐狸纹兽面饰（图六，1）与桃红巴拉墓地[④]及柴湾岗墓地[⑤]（图六，14、15）

---

① 马兰：《青海文物精品图集》，中国文联出版公司，1999年，50、51、53页。

② 汤惠生、张文华：《青海岩画——史前艺术中二元对立思维及其观念的研究》，科学出版社，2001年，97页。

③ 邵会秋、侯知军：《百兽率舞：商周时期中国北方动物纹装饰综合研究》，上海古籍出版社，2020年，16~23页。

④ 田广金：《桃红巴拉的匈奴墓》，《考古学报》1976年1期，131~144、169~172页。

⑤ 甘肃省文物考古研究所：《永昌西岗柴湾岗——沙井文化墓葬发掘报告》，甘肃人民出版社，2001年，177页。

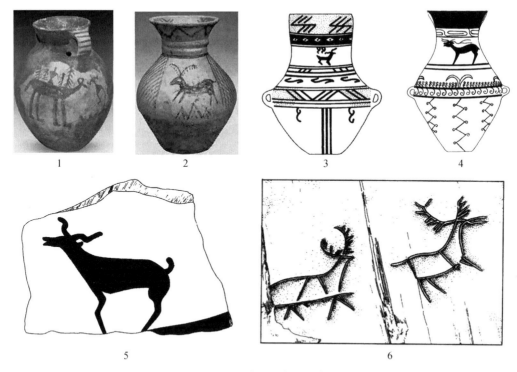

图五　甘青地区鹿纹形象

1、3.青海民和县　2.甘肃广河齐家坪　4、5.青海乐都县双二东坪　6.青海卢山岩画

出土的兽面饰相似。同样出土于上孙家寨墓地的骨管（图六，2、3），其上刻画的鹰形象，也与宁城南山根[①]出土的鸟形饰件（图六，16）形似。青海地区多见的鸟禽类杖首（图六，7~9）在中国北方其他地区有零星发现，其器物造型与禽类形象与卡约文化鸟禽类杖首纹饰非常接近（图六，20、21），但在中国北方地区所见动物纹杖首中以兽类杖首为主。拟禽类动物造型牌饰在中国北方地区也有零星发现（图六，17~19），稍晚阶段的中国北方其他地区的铜牌饰以长方形牌饰、"P"形牌饰为主。因此卡约文化的禽类杖首和拟禽类动物造型牌饰可能是青海地区地域性特点之一[②]，中国北方其他地区发现的这些器物应是受到卡约文化的影响。

（三）欧亚草原地区的文化因素

类似于前营村管銎斧和下治泉村管銎戈在銎背上，以圆雕手法装饰全身动物纹的做

---

① 辽宁省昭乌达盟文物工作站、中国科学院考古研究所东北工作队：《宁城县南山根的石椁墓》，《考古学报》1973年2期，27~39、148~159页。

② 张文立：《卡约文化铜器动物纹初探》，《草原文物》2016年2期，84~92页。

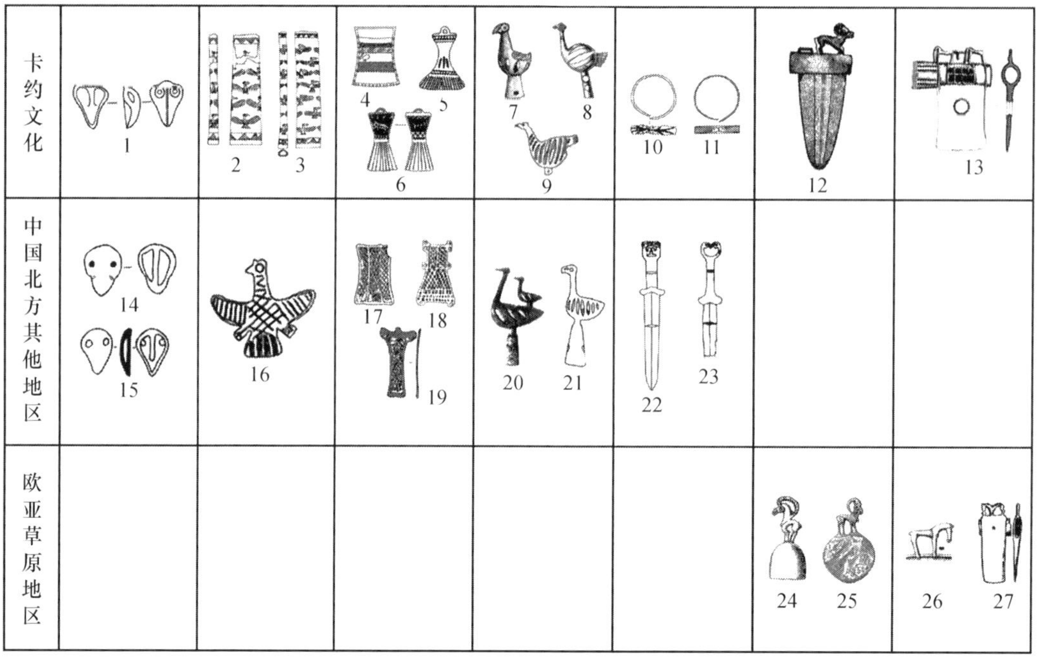

图六　卡约文化与其他地区动物纹对比

1～13.卡约文化动物纹装饰　14～23.中国北方其他地区动物纹装饰　24～27.塔加尔文化动物纹装饰

法在中国北方地区仅发现有零星几件器物①。这一时期的动物纹多为青铜短剑、刀等器物上的动物的头部形象②。以动物全身形象装饰管銎斧的做法，应是受到了欧亚草原地区的影响。早在公元前2100～前1800年的巴克特里亚—马尔吉亚那建筑群就出土此种装饰风格的管銎斧③；在塞伊玛墓地、图尔宾诺墓地随葬的铜刀柄端也可看到全身形象的动物纹装饰④；年代更晚的哈尔希塔特文化⑤与塔加尔文化⑥的管銎斧上，也有类似的做法。并且下治泉村发现的管銎戈上大角羊的形象（图六，12）与塔加尔文化常见的大角羊装饰形象相似，大角羊呈站立状，羊角发达向后弯曲，羊头平视（图六，24、25）。在前营村征集的管銎斧上的立马形象（图六，13）与也塔加尔文化装饰在饰牌和器物柄首

① 李约瑟：《中国科学技术史》（第一卷），科学出版社，1990年，165页；北京市文物管理处：《北京市新征集的商周青铜器》，《文物资料丛刊》（2），文物出版社，1978年，14～21页；田广金、郭素新：《鄂尔多斯式青铜器》，文物出版社，1986年，21页。

② 田广金：《桃红巴拉的匈奴墓》，《考古学报》1976年1期，11～48页。

③ 张礼艳等译，大卫·安东尼著：《马、车轮和语言：欧亚草原青铜时代的骑马者如何塑造了现代世界》，中国社会科学出版社，2016年，435页。

④ 田广金：《桃红巴拉的匈奴墓》，《考古学报》1976年1期，211页。

⑤ 李约瑟：《中国科学技术史》（第一卷），科学出版社，1990年，165页。

⑥ 田广金：《桃红巴拉的匈奴墓》，《考古学报》1976年1期，233页。

的马的形象极其相似,马瘦长,呈站立状,头部向下俯视,尾巴下垂(图六,26、27)。

与彩陶上绘饰的鹿纹形象不同,卡约文化骨器上出现了一种角呈波浪状,吻部很长,呈鸟喙形,四肢蜷屈的鹿的形象。这种卧鹿的形象是斯基泰—西伯利亚野兽纹的主要题材之一,在整个欧亚草原地区广为流行①。西伯利亚森林和东北森林地区盛产虎,在北方草原青铜器艺术和岩画中,虎也是常见的主题②。卡约文化的动物装饰以及岩画中都出现了虎的形象,故虎纹与斯基泰—西伯利亚卧鹿纹一样应该也是来自欧亚草原文化的因素。

卡约文化中期出现的铜器动物纹装饰表现出了成熟的状态,根据其地理位置及形制造型等方面推测,有可能是经由新疆地区传入。新疆地区动物纹装饰并不发达,出现时间较晚,甚至有些动物纹装饰器物是由中国北方地区输入③,并且卡约文化的蛇纹铜镜有可能来自于中原地区④。因此卡约文化铜器动物纹装饰的传入路径还需进一步研究。

卡约文化装饰动物纹的铜镜、铜铃、铜镯、铜牌饰、杖首、兽面饰、动物形饰等器物;鹿、羊、马、鹰、鸟、狗、蛇等动物纹题材以及圆雕、透雕、阴刻等装饰手法皆常见于中国北方地区及欧亚草原地区(图六)。而卡约文化铜器动物纹最主要的写实风格也是中国北方地区及欧亚草原地区动物纹的重要装饰风格之一。这表明卡约文化铜器动物纹应与中国北方地区与欧亚草原地区动物纹同属草原风格的动物装饰系统⑤。

四、结 语

综上所述,卡约文化动物纹以写实风格为主,且多为多体动物装饰。卡约文化动物纹装饰最初承袭了本地区传统的装饰风格,而后受到来自欧亚草原地区的影响,并明显地影响了其后中国北方其他地区该类题材的装饰艺术。同时,卡约文化动物纹装饰也存在地域的差异性,东南部的动物纹装饰主要对当地传统的继续,表现出的主要是继承

---

① 李晓红:《试论北方草原古代艺术中的鹿形象》,《考古与文物》2002年5期,60～63、67页。

② 汤惠生、张文华:《青海岩画——史前艺术中二元对立思维及其观念的研究》,科学出版社,2001年,102页。

③ 邵会秋、侯知军:《百兽率舞:商周时期中国北方动物纹装饰综合研究》,上海古籍出版社,2020年,183页。

④ 李约瑟:《中国科学技术史》(第一卷),科学出版社,1990年,165页;北京市文物管理处:《北京市新征集的商周青铜器》,《文物资料丛刊》(2),文物出版社,1978年,14～21页;田广金、郭素新:《鄂尔多斯式青铜器》,文物出版社,1986年,21页。

⑤ 李约瑟:《中国科学技术史》(第一卷),科学出版社,1990年,165页;北京市文物管理处:《北京市新征集的商周青铜器》,《文物资料丛刊》(2),文物出版社,1978年,14～21页;田广金、郭素新:《鄂尔多斯式青铜器》,文物出版社,1986年,21页。

性；而西北部的纹饰更多的是在与各地区的交流中进行发展，表现为对外的开放性。值得注意的是，卡约文化墓葬中殉牲现象与其动物纹装饰的发展趋势相同，通过殉牲材料反映出卡约文化处于中国北方地区即将要过渡到专业化游牧业的关键时期，是中国北方地区生业模式的转变和历史演进的过程承上启下的重要阶段①。因此动物纹装饰的发展也反映着当地经济方式正在发生转变，畜牧业的重要性在不断增加。

Research on Animal Style Decoration in Kayue Culture

Chen Chen　　Bao Shuguang

Abstract: In this paper, we have systematically sorted out and classified the animal style decoration in the Kayue Culture, and in this way, divided them into three periods in two regions(the east and west regions). Finally, the two different regional characteristics are discussed. On this basis, the source and course of the animal style in the Kayue Culture are explored, and then the historical process of aesthetic identification and cultural exchange between northern China and Eurasian steppe region is expounded.

Keywords: Qinghai region; Kayue Culture; The animal style decoration; Cultural exchange

---

① 　包曙光：《中国北方地区夏至战国时期的殉牲研究》，科学出版社，2016年，49、356页。

再论两周时期太湖杭州湾的分期与年代

——两周时期东南沿海的分期与年代框架构建之一

吴 桐

（中国人民大学历史学院，北京，100872）

摘要： 两周时期东南沿海分期与年代框架的构建是深化地区文化与社会研究的基础，可进而从海疆角度理解统一中国的形成。本文为此系列分期文章的第一篇，以太湖杭州湾为主要研究对象，统合东南沿海考古材料，进行全面而细致的类型学分析，将其重新划分为十期十三段，并以西周时期北方出土原始瓷与硬陶的所有单位、东周时期苏浙皖赣的所有铜器墓作为对比材料，综合判断太湖杭州湾各段的绝对年代范围。

关键词： 两周时期 东南沿海 太湖杭州湾 十期十三段 绝对年代范围

我国东部沿海存在一个半月形文化传播带，主要分布着夷越文化。其在共享大量因素的同时，也大致以长江为界，在文化与社会方面表现出明显的南北差异[1]。在西周封建的过程中，长江以北逐渐被纳入中原王朝的政治控制与文化体系，而东南沿海长期被排除在"九州之外"[2]，进入"中华一统"要迟至秦并天下才初步实现。目前学界多以"中原中心"为主要研究视角，于长江以北着力较多，对东南沿海关注不足。而事实上，后者进入"中华一统"的过程与方式为理解统一中国的形成提供着重要的边疆视角，其学术价值不宜低估。

东南沿海，具体指长江以南、茅山—天目山—武夷山以东、五岭以南、融江—柳江—黔江以东[3]。该地区的考古工作起步于20世纪30年代，但受制于沿海的破碎地形、

---

[1] 吴桐：《试论中国东部沿海半月形文化传播带》，《中国南方先秦考古学术研讨会论文集》，文物出版社，2019年，79~113页。

[2] 唐晓峰：《中国古代王朝正统性的地理认同》，《新增人文地理随笔》，生活·读书·新知 三联书店，2018年，117~124页。

[3] 韦江：《广西先秦考古述评》，《广西考古文集（第2辑）》，科学出版社，2006年，48~59页。

历史发展的不平衡性以及材料发现发表的实际情况，相关研究成果对区域性差异及文化与社会变动的复杂性仍然认识不足，对社会发展的综合研究仍较缺乏，其主要原因之一是在于两周时期东南沿海的统一分期与年代框架尚未构建。只有进行全面、细致的类型学研究才能有效解决这一问题[①]。

原始瓷、硬陶是商周时期东南沿海的主要遗存，据此可将其大致分为太湖杭州湾、浙南闽北、粤东闽南与岭南四区[②]，随年代发展又逐渐形成"太湖杭州湾—浙南闽北"与"岭南—粤东闽南"两大文化圈。其中，太湖杭州湾的考古发现与发表情况最佳，研究成果最丰，距离中原最近，可供比对的断代材料最多，故可以此作为两周时期东南沿海分期与年代框架构建之先行。

尽管自1978年"江南地区印纹陶问题学术研讨会"以来，两周时期太湖杭州湾的分期与年代多为学界所论及，成果相当丰硕[③]，但一方面，其具体结论仍有细化补充与调整修正的必要；另一方面，分型定式的结果也需统合东南沿海的全部材料。故本文拟对两周时期太湖杭州湾的分期与年代再做讨论。

一、器物的类型学研究

东南沿海原始瓷、硬陶所见纹饰种类多样。但与彩陶[④]不同，其几何印纹的发展规律并不清晰，相应的类型学研究需以器形为主。分型定式包括器类划分与型式划分，前者部分地等同于器类命名。东南沿海地域广大，各地区对碗杯盅、罐瓿、坛瓮等的命名未尽统一，混乱现象不胜枚举[⑤]。为实现合理命名，可适当放宽命名尺度，不详细划分

---

① 吴桐：《浙江地区两周时期玉器的兴衰及相关问题》，《考古》2022年1期，109～120页；余静：《再论关于两广地区米字纹陶类型遗存和广州汉墓的年代》，《江汉考古》2014年2期，78～89页。

② 李伯谦：《我国南方几何形印纹陶遗存的分区、分期及其有关问题》，《北京大学学报（哲学社会科学版）》1981年1期，38～56页。

③ 蒋赞初：《关于长江下游地区的几何印纹陶问题》，《文物集刊》（3），文物出版社，1981年，52～61页；邹厚本：《江苏南部土墩墓》，《文物资料丛刊》（6），文物出版社，1982年，66～72页；刘建国：《论土墩墓分期》，《东南文化》1989年4、5合期，96～115页；杨楠：《江南土墩遗存研究》，民族出版社，1998年，57～83页；陈元甫：《论浙江地区土墩墓分期》，《纪念浙江省文物考古研究所建所二十周年论文集（1979～1999）》，西泠印社，1999年，123～136页；付琳：《江南地区周代墓葬的分期分区及相关问题》，《考古学报》2019年3期，327～358页。

④ 李水城：《半山与马厂彩陶研究》，北京大学出版社，1998年。

⑤ 如萧山柴岭山D4M3所出碗D4：70与D4M1所出杯D4：3、D35M1所出豆D35M1：22与德清独仓山所出碗D7M1：16相比，无论形制、尺寸皆无明显差别。又如金坛晒土场所出瓿2005JXYD1M3：13与长兴七女墩所出罐M7：5，形制、尺寸几乎完全相同。再如始兴白石坪山所出坛与上（转下页）

碗杯盅、罐瓿，而统称为"碗（杯盅）类""罐（瓿）类"，在器类内部再做分型处理；也可以考虑根据具体器形差异自定命名内涵，如坛瓿可据体宽程度加以区分，宽体者称瓿，窄体者称坛。如此可消除混乱命名导致的诸多弊病，重新整合材料。

具体到太湖杭州湾，其两周界限已较清晰。从后马桥文化面貌[①]与西周初年长子口墓原始瓷豆[②]的特征来看，可以圜底坛、瓿、直口矮圈足豆的出现作为此地进入商末周初的标志，其下限可以秦式折肩大口罐[③]的出现为准。此地区遗物丰富，本文仅选择数量较多、变化较快、串联单位较广的典型陶瓷器进行类型学研究。至于青铜器，有明确共存关系者甚少，分期意义有限，故暂不涉及。

（一）原　始　瓷

1. 豆[④]

根据口部特征可分四型。

A型　侈口。分三亚型。Ab、Ac型主要见于岭南，太湖杭州湾仅见Aa型。

Aa型　大口，体不甚高。分五式[⑤]（图一，1~5）：

Ⅰ式　口稍侈，上腹极浅，下腹较深，圈足较高。标本德清独仓山D1M1：11[⑥]。

Ⅱ式　口较侈，近折腹，上腹浅于下腹。标本独仓山D1M1：20[⑦]。

Ⅲ式　体略矮，侈口折腹，上、下腹等深，圈足略宽稍矮。标本金坛牻牛墩

（接上页）虞严村所出杯M152：29，形制、尺寸极为相似，仅底部特征略有差异，相比太湖杭州湾长期流行的坛如长兴便山D408：13，则毫无相似之处，后者又与湖州堂子山所出瓿D211M2：15无明显区别。可知其器类命名之混乱。

① 罗汝鹏：《公元前20至前9世纪中国东南地区考古学文化研究——以闽浙赣交界地区为中心》，北京大学博士学位论文，2014年，160~170页。

② 河南省文物考古研究所等：《鹿邑太清宫长子口墓》，中州古籍出版社，2000年，55页。

③ 杨哲峰：《文化变迁中的器形与质地——关于江东地区战国秦汉之际墓葬所见陶瓷器组合的初步考察》，《文物》2012年4期，50~63页；杨哲峰：《江苏合丰小城2014SFFM80的年代与江东"秦墓"的甄别》，《中国文物报》2016年8月26日6版。

④ 除原始瓷豆外，太湖杭州湾还有一定数量的硬陶豆，与原始瓷豆形制几乎完全相同。因其数量较少，且演变规律与原始瓷豆一致，本文暂不对其另做类型划分。原始瓷碗（杯盅）类亦然。

⑤ 为明各式之别，亦为行文之变，各式特征描述中，与前式相因者，不复赘言，而仅论新现之特征；各式标本列举中，仅于遗址首次出现时，详述其行政单位，后续出现省略此称。

⑥ 浙江省文物考古研究所等：《独仓山与南王山——土墩墓发掘报告》，科学出版社，2007年，36页。

⑦ 浙江省文物考古研究所等：《独仓山与南王山——土墩墓发掘报告》，科学出版社，2007年，36页。

M1：57[①]

　　Ⅳ式　体更矮，侈口近无，腹起折棱，矮圈足较宽。标本湖州堂子山D212：12[②]。

　　Ⅴ式　矮体，上腹深于下腹，圈足近无。标本宜兴百合09YBD2①：1[③]。

　　B型　敞口。分四式（图一，6～9）：

　　Ⅰ式　高体，口径小于腹径，上腹极浅于下腹，圈足较高。标本常熟西岭D3：24[④]。

　　Ⅱ式　口径接近腹径，上腹略浅或等深于下腹。标本独仓山D8M2：4[⑤]。

　　Ⅲ式　体较矮，口径等于腹径，上、下腹等深，矮圈足。标本长兴便山D406②：23[⑥]。

　　Ⅳ式　矮体，腹起折棱，圈足甚矮。标本余姚石屋山M1：6[⑦]。

　　C型　敛口。分两亚型。Cb型仅见于岭南，太湖杭州湾仅见Ca型。

　　Ca型　下腹斜直。分五式（图一，10～14）：

　　Ⅰ式　沿内凹槽微起榫，上腹极浅于下腹，圈足较高。标本慈溪Ⅰ墩M3：9[⑧]。

　　Ⅱ式　折敛口，上腹较浅于下腹。标本萧山柴岭山D24M1：3[⑨]。

　　Ⅲ式　上腹稍浅或等深于下腹。标本长兴石狮D2M1：2[⑩]。

　　Ⅳ式　体变矮，敛口弧折，上、下腹等深，圈足较矮。标本余姚老虎山D1M18：1[⑪]。

①　南京博物院等：《江苏金坛茅东村牯牛墩土墩墓发掘报告》，《东南文化》2019年1期，63页。

②　湖州市文物保护管理所：《浙江湖州堂子山土墩墓发掘报告》，《东方博物（第11辑）》，浙江大学出版社，2004年，21页。

③　南京博物院等：《宜兴百合村土墩墓群D1～D4发掘报告》，《穿越宜溧山地——宁杭高铁江苏段考古发掘报告》，科学出版社，2013年，113页。

④　苏州博物馆等：《江苏常熟市虞山西岭石室土墩的发掘》，《考古》2001年9期，27页。

⑤　浙江省文物考古研究所等：《独仓山与南王山——土墩墓发掘报告》，科学出版社，2007年，76页。

⑥　浙江省文物考古研究所：《浙江长兴县便山土墩墓发掘报告》，《浙江省文物考古研究所学刊：建所十周年纪念（1980—1990）》，科学出版社，1993年，136页。

⑦　叶树望：《余姚市低塘石屋山古墓葬发掘简报》，《姚江问学稿》，浙江古籍出版社，2012年，175页。

⑧　浙江省文物考古研究所：《慈溪市彭东、东安的土墩墓与土墩石室墓》，《浙江省文物考古研究所学刊：建所十周年纪念（1980—1990）》，科学出版社，1993年，192页。

⑨　杭州市文物考古研究所等：《萧山柴岭山土墩墓》，文物出版社，2013年，205页。

⑩　浙江省文物考古研究所：《浙江长兴县石狮土墩墓发掘简报》，《浙江省文物考古研究所学刊：建所十周年纪念（1980—1990）》，科学出版社，1993年，175页。

⑪　浙江省文物考古研究所：《余姚老虎山一号墩发掘》，《沪杭甬高速公路考古报告》，文物出版社，2002年，63页。

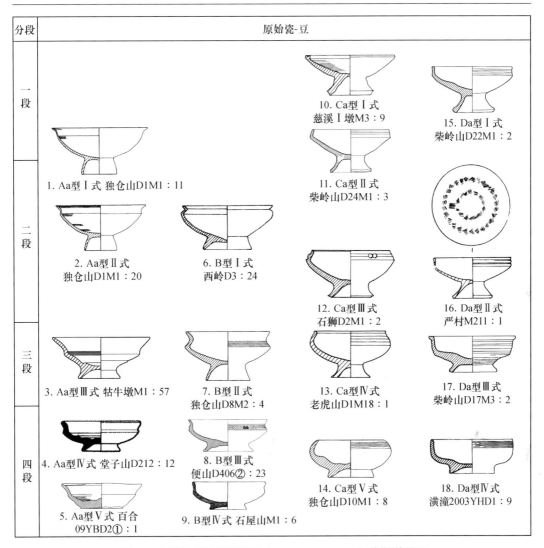

图一 太湖杭州湾原始瓷豆（Aa、B、Ca、Da）分期谱系图

Ⅴ式 矮体，弧敛口，矮圈足较宽。标本独仓山 D10M1∶8[①]。

D型 直口，分两亚型。Db 型仅见于岭南，太湖杭州湾仅见 Da 型。

Da型 下腹斜直。分四式（图一，15～18）：

Ⅰ式 折腹，上腹稍浅于下腹，圈足较高。标本柴岭山 D22M1∶2[②]。

Ⅱ式 上、下腹基本等深。标本上虞严村 M211∶1[③]。

① 浙江省文物考古研究所等：《独仓山与南王山——土墩墓发掘报告》，科学出版社，2007年，91页。

② 杭州市文物考古研究所等：《萧山柴岭山土墩墓》，文物出版社，2013年，198页。

③ 浙江省文物考古研究所等：《浙江上虞凤凰山古墓葬发掘报告》，《浙江省文物考古研究所学刊：建所十周年纪念（1980—1990）》，科学出版社，1993年，209页。

Ⅲ式　体较矮，折腹稍显，上腹深于下腹，圈足较宽矮。标本柴岭山D17 M3∶2[①]。

Ⅳ式　矮体，腹弧折略鼓，矮圈足较宽。标本宜兴潢潼2003YHD1∶9[②]。

2. 罐

根据口部特征可分两型。

A型　敞口。分五式（图二，1～5）：

Ⅰ式　卷沿较短，最大腹径位于上腹，略圆鼓。标本独仓山D6M2∶20[③]。

Ⅱ式　短折沿，沿下折棱稍显，最大腹径在中腹，稍弧鼓。标本石狮D4M6∶21[④]。

Ⅲ式　折沿稍长，沿下折棱明显。标本百合09YBD1Q2∶1[⑤]。

Ⅳ式　折沿较长，沿下折棱起小平台，最大腹径上移至折棱。标本德清火烧山ⅡT0304⑨∶5[⑥]。

Ⅴ式　折沿消失略起榫，沿下折棱略弧起小平台。标本火烧山ⅡT0303⑥∶22[⑦]。

B型　盘口。分四式。Ⅰ式仅见于浙南闽北，太湖杭州湾仅见Ⅱ～Ⅳ式（图二，6～8）：

Ⅱ式　高体，盘口高大，向上翻折，深腹较鼓。标本独仓山D2M1∶2[⑧]。

Ⅲ式　盘口略小，向上弧出，深腹外鼓更甚。标本西岭D1∶47[⑨]。

Ⅳ式　矮体，浅腹略圆鼓。标本火烧山ⅠT0505⑤∶5[⑩]。

3. 碗（杯盅）类

根据口部特征可分两型。

A型　敞口。分两亚型。

① 杭州市文物考古研究所等：《萧山柴岭山土墩墓》，文物出版社，2013年，198页。

② 南京博物院等：《宜兴潢潼土墩墓群发掘报告》，《东南文化》2006年6期，23页。

③ 浙江省文物考古研究所等：《独仓山与南王山——土墩墓发掘报告》，科学出版社，2007年，61页。

④ 浙江省文物考古研究所：《浙江长兴县石狮土墩墓发掘简报》，《浙江省文物考古研究所学刊：建所十周年纪念（1980—1990）》，科学出版社，1993年，178页。

⑤ 南京博物院等：《宜兴百合村土墩墓群D1～D4发掘报告》，《穿越宜溧山地——宁杭高铁江苏段考古发掘报告》，科学出版社，2013年，92页。

⑥ 浙江省文物考古研究所等：《德清火烧山：原始瓷窑址发掘报告》，文物出版社，2008年，114页。

⑦ 浙江省文物考古研究所等：《德清火烧山：原始瓷窑址发掘报告》，文物出版社，2008年，97页。

⑧ 浙江省文物考古研究所等：《独仓山与南王山——土墩墓发掘报告》，科学出版社，2007年，41页。

⑨ 苏州博物馆等：《江苏常熟市虞山西岭石室土墩的发掘》，《考古》2001年9期，29页。

⑩ 浙江省文物考古研究所等：《德清火烧山：原始瓷窑址发掘报告》，文物出版社，2008年，36页。

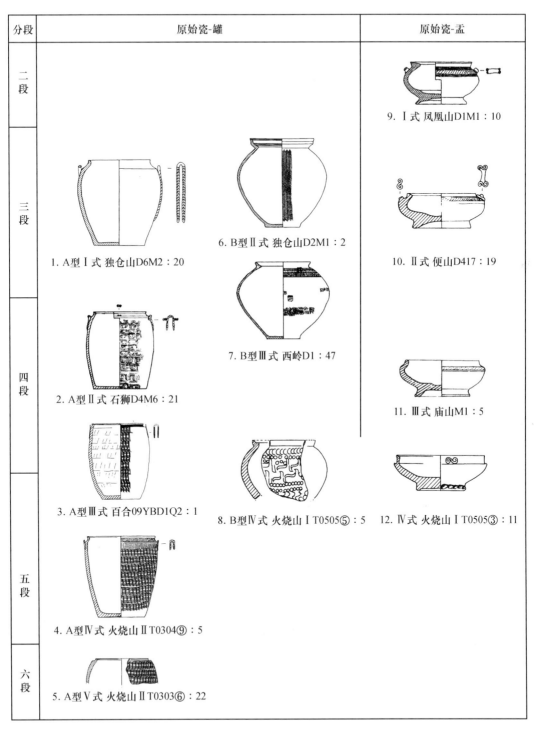

分段	原始瓷-罐	原始瓷-盂
二段		9. Ⅰ式 凤凰山D1M1：10
三段	1. A型Ⅰ式 独仓山D6M2：20 6. B型Ⅱ式 独仓山D2M1：2 7. B型Ⅲ式 西岭D1：47	10. Ⅱ式 便山D417：19
四段	2. A型Ⅱ式 石狮D4M6：21	11. Ⅲ式 庙山M1：5
五段	3. A型Ⅲ式 百合09YBD1Q2：1 8. B型Ⅳ式 火烧山ⅠT0505⑤：5 4. A型Ⅳ式 火烧山ⅡT0304⑨：5	12. Ⅳ式 火烧山ⅠT0505③：11
六段	5. A型Ⅴ式 火烧山ⅡT0303⑥：22	

图二　太湖杭州湾原始瓷罐（A、B）、盂分期谱系图

Aa型　折沿，腹较直。分十二式（图三，1～12）：

Ⅰ式　平折沿，上腹壁斜直，圈足较宽矮。标本独仓山 D2M1：10①。

Ⅱ式　折沿稍斜，矮圈足较宽。标本独仓山 D2M1：21②。

Ⅲ式　斜折沿，上腹较直略鼓，圈足甚矮近无。标本火烧山Ⅱ T0304⑫b：17③。

Ⅳ式　上腹较直，下腹斜直，平底。标本柴岭山 D19M2：34④。

Ⅴ式　折沿下翻，上、下腹斜直，平底稍内凹。标本火烧山Ⅱ T0304⑩：12⑤。

Ⅵ式　折沿变窄，上腹外倾稍内弧，腹略鼓凸。标本便山 D406①：6⑥。

Ⅶ式　折沿消失，上腹内倾弧收，腹鼓凸，假圈足。标本溧阳水西 D3M3：1⑦。

Ⅷ式　体较高，折腹斜直内弧，稍鼓，假圈足较高。标本柴岭山 D37M4：9⑧。

Ⅸ式　折腹斜直。标本安吉三官 M1：6⑨。

Ⅹ式　沿内凹槽，腹斜直，假圈足略低。标本便山 D497：6⑩。

Ⅺ式　高体，凹槽消失，腹较深，斜直外弧鼓。标本嵊州小黄山 SXM13：7⑪。

Ⅻ式　深腹斜直，部分内倾，平底。标本安吉龙山 D141M1Q：98⑫。

Ab型　无沿，腹斜弧。分四式。Ⅳ式仅见于岭南，太湖杭州湾仅见Ⅰ～Ⅲ式（图三，13～15）：

Ⅰ式　敞口，浅腹，矮圈足或假圈足。标本慈溪Ⅰ墩 M5：4⑬。

---

① 浙江省文物考古研究所等：《独仓山与南王山——土墩墓发掘报告》，科学出版社，2007年，44页。

② 浙江省文物考古研究所等：《独仓山与南王山——土墩墓发掘报告》，科学出版社，2007年，44页。

③ 浙江省文物考古研究所等：《德清火烧山：原始瓷窑址发掘报告》，文物出版社，2008年，75页。

④ 杭州市文物考古研究所等：《萧山柴岭山土墩墓》，文物出版社，2013年，177页。

⑤ 浙江省文物考古研究所等：《德清火烧山：原始瓷窑址发掘报告》，文物出版社，2008年，77页。

⑥ 浙江省文物考古研究所：《浙江长兴县石狮土墩墓发掘简报》，《浙江省文物考古研究所学刊：建所十周年纪念（1980—1990）》，科学出版社，1993年，136页。

⑦ 常州博物馆：《溧阳水西土墩墓群发掘简报》，《穿越宜溧山地——宁杭高铁江苏段考古发掘报告》，科学出版社，2013年，73页。

⑧ 杭州市文物考古研究所等：《萧山柴岭山土墩墓》，文物出版社，2013年，310页。

⑨ 浙江省文物考古研究所：《安吉三官土墩墓发掘简报》，《东方博物（第36辑）》，浙江大学出版社，2010年，82页。

⑩ 浙江省文物考古研究所：《浙江长兴县石狮土墩墓发掘简报》，《浙江省文物考古研究所学刊：建所十周年纪念（1980—1990）》，科学出版社，1993年，130页。

⑪ 浙江省文物考古研究所等：《绍兴越墓》，文物出版社，2016年，137页。

⑫ 浙江省文物考古研究所等：《浙江安吉龙山越国贵族墓》，《南方文物》2008年3期，55页。

⑬ 浙江省文物考古研究所：《慈溪市彭东、东安的土墩墓与土墩石室墓》，《浙江省文物考古研究所学刊：建所十周年纪念（1980—1990）》，科学出版社，1993年，192页。

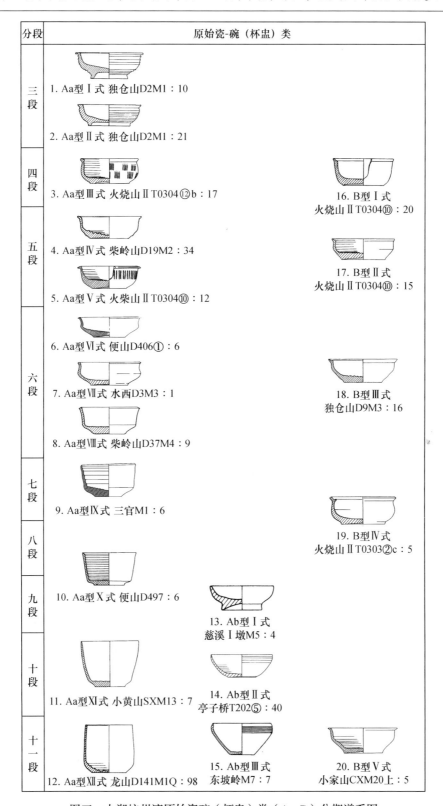

图三 太湖杭州湾原始瓷碗（杯盅）类（A、B）分期谱系图

Ⅱ式　直口微敛，腹略深，平底。标本德清亭子桥 T202⑤：40①。

Ⅲ式　敛口，深腹。标本德清东坡岭 M7：7②。

B型　近盘口。分五式（图三，16～20）：

Ⅰ式　沿内凹槽近盘口，腹斜直较深。标本火烧山Ⅱ T0304⑩：20③。

Ⅱ式　斜折沿稍宽，折腹，上腹较直略浅于下腹。标本火烧山Ⅱ T0304⑩：15④。

Ⅲ式　沿内凹槽起榫，折腹或鼓腹，上、下腹等深。标本独仓山 D9M3：16⑤。

Ⅳ式　斜折沿较宽，沿内凹槽起高榫，腹鼓凸。标本火烧山Ⅱ T0303②c：5⑥。

Ⅴ式　平折沿无凹槽，腹略鼓，下腹斜弧明显。标本平水小家山 CXM20上：5⑦。

4. 盂

分五式。Ⅴ式仅见于浙南闽北，太湖杭州湾仅见Ⅰ～Ⅳ式（图二，9～12）：

Ⅰ式　敞口，斜折沿较宽内凸明显，最大腹径在中腹，宽圈足。标本上虞凤凰山 D1M1：10⑧。

Ⅱ式　敞口近直口，折沿较短略内凸，最大腹径稍上移。标本便山 D417：19⑨。

Ⅲ式　折沿部分内凸，最大腹径上移明显，圈足略窄。标本无锡庙山 M1：5⑩。

Ⅳ式　直口甚长，沿下折棱明显，圈足较窄。标本火烧山Ⅰ T0505③：11⑪。

（二）硬　　陶

1. 罐（瓿）类

根据口、錾及底部特征可分五型。C型仅见于浙南闽北，D、E型仅见于岭南与粤

① 浙江省文物考古研究所等：《德清亭子桥战国原始瓷窑址发掘报告》，文物出版社，2011年，107页。

② 浙江省文物考古研究所：《浙江德清东坡岭战国墓发掘简报》，《东南文化》2018年5期，53页。

③ 浙江省文物考古研究所等：《德清火烧山：原始瓷窑址发掘报告》，文物出版社，2008年，87页。

④ 浙江省文物考古研究所等：《德清火烧山：原始瓷窑址发掘报告》，文物出版社，2008年，87页。

⑤ 浙江省文物考古研究所等：《独仓山与南王山——土墩墓发掘报告》，科学出版社，2007年，85页。

⑥ 浙江省文物考古研究所等：《德清火烧山：原始瓷窑址发掘报告》，文物出版社，2008年，90页。

⑦ 浙江省文物考古研究所等：《绍兴越墓》，文物出版社，2016年，101页。

⑧ 浙江省文物考古研究所等：《浙江上虞驿亭凤凰山西周土墩墓》，《南方文物》2005年4期，9页。

⑨ 浙江省文物考古研究所：《浙江长兴县石狮土墩墓发掘简报》，《浙江省文物考古研究所学刊：建所十周年纪念（1980—1990）》，科学出版社，1993年，140页。

⑩ 无锡市博物馆：《无锡庙山石室土墩墓》，《考古与文物》1984年3期，23页。

⑪ 浙江省文物考古研究所等：《德清火烧山：原始瓷窑址发掘报告》，文物出版社，2008年，30页。

东闽南，太湖杭州湾仅见A、B型。

A型　敞口或直口，无錾，平底。分六亚型。Ae型仅见于浙南闽北，Af型仅见于岭南，太湖杭州湾仅见Aa至Ad型。

Aa型　窄沿，腹多扁鼓。分十一式（图四，1~7；图五，1~4）：

Ⅰ式　窄沿，溜肩，扁腹鼓凸，最大腹径近中腹。标本独仓山D7M1：20[①]。

Ⅱ式　沿稍长微凸，肩稍耸，鼓凸腹较深，最大腹径上移。标本独仓山D1M1：8[②]。

Ⅲ式　长沿近直领，微凸，腹稍深略鼓。标本便山D417：2[③]。

Ⅳ式　卷沿较长，耸肩，扁腹略鼓。标本苏州馒首山D1M2：29[④]。

Ⅴ式　耸肩起小平台，扁腹略圆鼓。标本便山D418：1[⑤]。

Ⅵ式　长卷沿，肩部略圆鼓，最大腹径下移，扁鼓腹。标本金坛高庄D1M9：2[⑥]。

Ⅶ式　卷沿略短，鼓肩，最大腹径下移。标本妙西独山头D1M6：1[⑦]。

Ⅷ式　深腹，下腹斜收稍显。标本金坛三星墩91JLDⅢM1：15[⑧]。

Ⅸ式　折沿较短，宽斜肩较长，最大腹径下移。标本独山头D1M4：1[⑨]。

Ⅹ式　短折沿，斜肩稍短，腹稍浅。标本湖州杨家埠D1M1（缺号）[⑩]。

Ⅺ式　折沿近乎消失，短斜肩，扁腹较浅。标本安吉笔架山D131M4Q：8[⑪]。

① 浙江省文物考古研究所等：《独仓山与南王山——土墩墓发掘报告》，科学出版社，2007年，67页。

② 浙江省文物考古研究所等：《独仓山与南王山——土墩墓发掘报告》，科学出版社，2007年，38页。

③ 浙江省文物考古研究所：《浙江长兴县石狮土墩墓发掘简报》，《浙江省文物考古研究所学刊：建所十周年纪念（1980—1990）》，科学出版社，1993年，146页。

④ 苏州市考古研究所等：《江苏苏州高新区东渚馒首山土墩墓发掘简报》，《东南文化》2013年5期，49页。

⑤ 浙江省文物考古研究所：《浙江长兴县石狮土墩墓发掘简报》，《浙江省文物考古研究所学刊：建所十周年纪念（1980—1990）》，科学出版社，1993年，146页。

⑥ 南京博物院等：《江苏金坛高庄土墩墓D1发掘简报》，《东南文化》2018年5期，41页。

⑦ 浙江省文物考古研究所等：《湖州妙西独山头土墩墓发掘简报》，《东方博物（第36辑）》，浙江大学出版社，2010年，75页。

⑧ 南京博物馆等：《江苏金坛连山土墩墓发掘报告》，《考古学集刊（第10集）》，地质出版社，1996年，191页。

⑨ 浙江省文物考古研究所等：《湖州妙西独山头土墩墓发掘简报》，《东方博物（第36辑）》，浙江大学出版社，2010年，75页。

⑩ 浙江省文物考古研究所等：《浙江省湖州市杨家埠古墓发掘报告》，《浙江省文物考古研究所学刊（第7辑）》，浙江印刷集团，2005年，160页。

⑪ 浙江省文物考古研究所等：《浙江安吉笔架山春秋战国墓发掘简报》，《东南文化》2009年1期，53页。

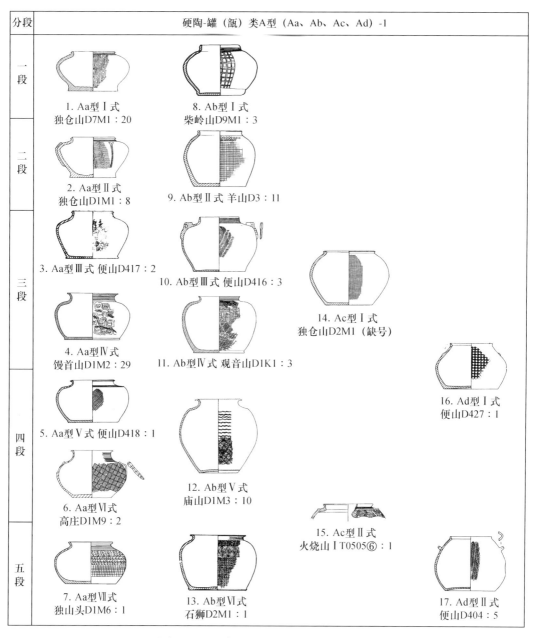

图四　太湖杭州湾硬陶罐（瓿）类（A）分期谱系图（一）

　　Ab型　宽沿，深鼓腹。分十三式。Ⅻ、Ⅻ 式仅见于岭南，太湖杭州湾仅见 I ~ Ⅺ 式（图四，8 ~ 13；图五，5 ~ 10）：

　　Ⅰ式　直口，溜肩，腹略扁鼓，最大腹径近中腹。标本柴岭山 D9M1：3[①]。

————————

①　杭州市文物考古研究所等：《萧山柴岭山土墩墓》，文物出版社，2013年，120页。

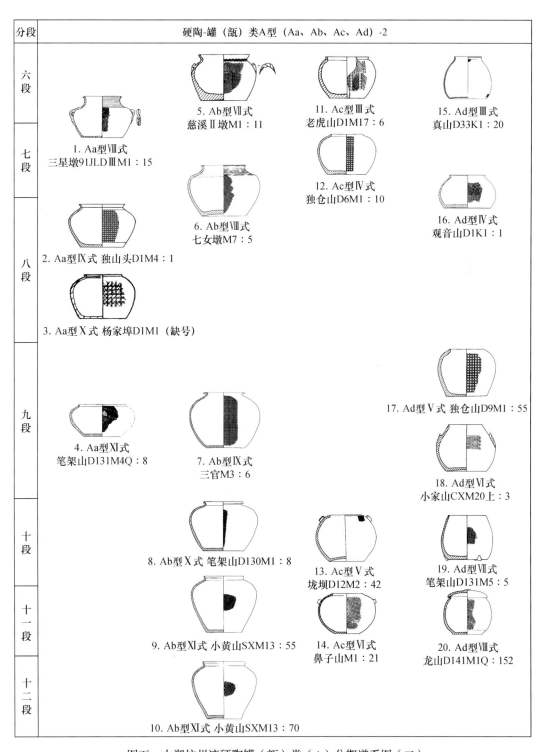

图五 太湖杭州湾硬陶罐（瓿）类（A）分期谱系图（二）

Ⅱ式　溜肩较长，腹较深，略鼓。标本上虞羊山 D3：11[1]。

Ⅲ式　肩部略耸，最大腹径上移。标本便山 D416：3[2]。

Ⅳ式　敞口，卷沿，耸肩，最大腹径上移。标本苏州观音山 D1K1：3[3]。

Ⅴ式　最大腹径下移至中腹。标本溧阳天目湖庙山 D1M3：10[4]。

Ⅵ式　肩略鼓，下腹斜收较缓。标本石狮 D2M1：1[5]。

Ⅶ式　鼓肩，下腹斜收明显。标本慈溪Ⅱ墩 M1：11[6]。

Ⅷ式　鼓肩稍斜，部分起小平台，最大腹径下移。标本长兴七女墩 M7：5[7]。

Ⅸ式　卷沿变短，宽斜肩较长，最大腹径下移。标本三官 M3：6[8]。

Ⅹ式　斜肩略短，最大腹径稍上移。标本笔架山 D130M1：8[9]。

Ⅺ式　斜直沿较短，斜肩较短。标本小黄山 SXM13：55、70[10]。

Ac型　窄沿，圆鼓腹。分六式（图四，14～15；图五，11～14）：

Ⅰ式　折沿甚短，内凸，溜肩较长，最大腹径近中腹，腹鼓出明显，口径约等于底径。标本独仓山 D2M1（缺号）[11]。

Ⅱ式　折沿较长，沿下起小平台，耸肩。标本火烧山ⅠT0505⑥：1[12]。

Ⅲ式　短折沿，沿下平台消失，耸肩甚短，最大腹径在中腹偏上，腹圆鼓，口径小

① 浙江省文物考古研究所等：《上虞羊山古墓群发掘》，《沪杭甬高速公路考古报告》，文物出版社，2002年，107页。

② 浙江省文物考古研究所：《浙江长兴县石狮土墩墓发掘简报》，《浙江省文物考古研究所学刊：建所十周年纪念（1980—1990）》，科学出版社，1993年，144页。

③ 苏州市考古研究所：《江苏苏州观音山东周石室土墩墓 D1M1 发掘简报》，《东南文化》2015年5期，44页。

④ 南京博物院等：《溧阳天目湖庙山土墩墓发掘报告》，《印记与重塑：镇江博物馆考古报告集（2001～2009）》，江苏大学出版社，2010年，116页。

⑤ 浙江省文物考古研究所：《浙江长兴县石狮土墩墓发掘简报》，《浙江省文物考古研究所学刊：建所十周年纪念（1980—1990）》，科学出版社，1993年，177页。

⑥ 浙江省文物考古研究所：《慈溪市彭东、东安的土墩墓与土墩石室墓》，《浙江省文物考古研究所学刊：建所十周年纪念（1980—1990）》，科学出版社，1993年，192页。

⑦ 胡秋凉：《长兴七女墩墓葬群清理简报》，《东方博物（第43辑）》，浙江大学出版社，2012年，26页。

⑧ 浙江省文物考古研究所：《安吉三官土墩墓发掘简报》，《东方博物（第36辑）》，浙江大学出版社，2010年，83页。

⑨ 浙江省文物考古研究所等：《浙江安吉笔架山春秋战国墓发掘简报》，《东南文化》2009年1期，53页。

⑩ 浙江省文物考古研究所等：《绍兴越墓》，文物出版社，2016年，144、146页。

⑪ 浙江省文物考古研究所等：《独仓山与南王山——土墩墓发掘报告》，科学出版社，2007年，44页。

⑫ 浙江省文物考古研究所等：《德清火烧山：原始瓷窑址发掘报告》，文物出版社，2008年，65页。

于底径。标本老虎山D1M17：6[①]。

  Ⅳ式 沿甚短近无，斜肩，最大腹径上移，腹圆鼓略凸。标本独仓山D6M1：10[②]。

  Ⅴ式 斜肩不显，最大腹径下移近中腹，略圆鼓。标本安吉垅坝D12M2：42[③]。

  Ⅵ式 无明显肩部，最大腹径下移至中腹，圆鼓腹似球状，口径等于底径。标本长兴鼻子山M1：21[④]。

  Ad型 窄沿，垂腹。分八式（图四，16、17；图五，15～20）：

  Ⅰ式 窄折沿，腹圆鼓略凸，最大腹径近中腹。标本便山D427：1[⑤]。

  Ⅱ式 圆鼓腹较深，最大腹径下移。标本便山D404：5[⑥]。

  Ⅲ式 宽折沿，深腹略弧鼓，最大腹径近器底。标本苏州真山D33K1：20[⑦]。

  Ⅳ式 窄折沿，弧鼓腹较浅，最大腹径稍上移。标本观音山D1K1：1[⑧]。

  Ⅴ式 直口微敛，无沿，弧鼓腹较深，最大腹径近中腹。标本独仓山D9M1：55[⑨]。

  Ⅵ式 口变小，上腹壁内倾明显。标本小家山CXM20上：3[⑩]。

  Ⅶ式 口较小，上腹壁稍内倾，斜弧腹稍浅。标本笔架山D131M5：5[⑪]。

  Ⅷ式 小口，圆弧腹较浅，最大腹径在中腹。标本龙山D141M1Q：152[⑫]。

  B型 敛口，无錾，平底。分四亚型。Bc、Bd型仅见于岭南与粤东闽南，太湖杭

① 浙江省文物考古研究所：《余姚老虎山一号墩发掘》，《沪杭甬高速公路考古报告》，文物出版社，2002年，67页。

② 杨哲峰：《文化变迁中的器形与质地——关于江东地区战国秦汉之际墓葬所见陶瓷器组合的初步考察》，《文物》2012年4期，50～63页；杨哲峰：《江苏合丰小城2014SFFM80的年代与江东"秦墓"的甄别》，《中国文物报》2016年8月26日6版，57页。

③ 浙江省安吉县博物馆：《浙江安吉垅坝D12土墩墓发掘简报》，《南方文物》2003年3期，29页。

④ 浙江省文物考古研究所等：《浙江长兴鼻子山越国贵族墓》，《文物》2007年1期，7页。

⑤ 浙江省文物考古研究所：《浙江长兴县便山土墩墓发掘报告》，《浙江省文物考古研究所学刊：建所十周年纪念（1980—1990）》，科学出版社，1993年，144页。

⑥ 浙江省文物考古研究所：《浙江长兴县便山土墩墓发掘报告》，《浙江省文物考古研究所学刊：建所十周年纪念（1980—1990）》，科学出版社，1993年，144页。

⑦ 苏州市考古研究所：《江苏苏州真山土墩墓（D33）发掘简报》，《文物》2016年5期，6页。

⑧ 苏州市考古研究所：《江苏苏州观音山东周石室土墩墓D1M1发掘简报》，《东南文化》2015年5期，44页。

⑨ 浙江省文物考古研究所等：《独仓山与南王山——土墩墓发掘报告》，科学出版社，2007年，80页。

⑩ 浙江省文物考古研究所等：《绍兴越墓》，文物出版社，2016年，102页。

⑪ 浙江省文物考古研究所等：《浙江安吉笔架山春秋战国墓发掘简报》，《东南文化》2009年1期，52页。

⑫ 浙江省文物考古研究所等：《浙江安吉龙山越国贵族墓》，《南方文物》2008年3期，57页。

州湾仅见Ba、Bb型。

Ba型　无领，扁腹。分七式（图六，1、2；图八，1~6）：

Ⅰ式　扁腹较宽，圆鼓，最大腹径高于中腹。标本杨家埠D5Y1：19[①]。

Ⅱ式　最大腹径下至中腹。标本老虎山D1M17：1[②]、杨家埠D14M8（缺号）[③]。

Ⅲ式　扁腹圆鼓略凸。标本笔架山D131M6：1[④]。

Ⅳ式　腹较深，稍窄，腹鼓凸略弧折。标本上虞白马湖畔D5：3[⑤]。

Ⅴ式　腹弧鼓近球形。标本笔架山D130M1：9[⑥]。

Ⅵ式　敛口程度变小，腹弧鼓程度变小。标本上虞牛头山D2：2[⑦]。

Ⅶ式　小敛口近敞口，腹略弧鼓。标本小家山CXM17Q：39[⑧]。

Bb型　有领，深腹。分五式。Ⅰ式仅见于浙南闽北，太湖杭州湾仅见Ⅱ~Ⅴ式（图六，3~6）：

Ⅱ式　领较长，耸肩，最大腹径在肩部。标本柴岭山D8M1：8[⑨]。

Ⅲ式　肩略耸较鼓，最大腹径稍下移。标本德清南王山D1M1：10[⑩]。

Ⅳ式　领稍短，鼓肩，最大腹径下移，腹较圆鼓。标本柴岭山D29M1：37[⑪]。

Ⅴ式　宽斜肩较长，最大腹径下移，腹鼓凸。标本慈溪彭东M3：3[⑫]。

---

① 浙江省文物考古研究所等：《浙江省湖州市杨家埠古墓发掘报告》，《浙江省文物考古研究所学刊（第7辑）》，浙江印刷集团，2005年，155页。

② 浙江省文物考古研究所：《余姚老虎山一号墩发掘》，《沪杭甬高速公路考古报告》，文物出版社，2002年，67页。

③ 浙江省文物考古研究所等：《浙江省湖州市杨家埠古墓发掘报告》，《浙江省文物考古研究所学刊（第7辑）》，浙江印刷集团，2005年，274页。

④ 浙江省文物考古研究所等：《浙江安吉笔架山春秋战国墓发掘简报》，《东南文化》2009年1期，52页。

⑤ 王晓红：《上虞白马湖畔石室土墩墓发掘简报》，《东方博物（第29辑）》，浙江大学出版社，2008年，33页。

⑥ 除原始瓷豆外，太湖杭州湾还有一定数量的硬陶豆，与原始瓷豆形制几乎完全相同。因其数量较少，且演变规律与原始瓷豆一致，本文暂不对其另做类型划分。原始瓷碗（杯盏）类亦然。

⑦ 浙江省文物考古研究所：《上虞牛头山古墓群发掘》，《沪杭甬高速公路考古报告》，文物出版社，2002年，132页。

⑧ 浙江省文物考古研究所等：《绍兴越墓》，文物出版社，2016年，94页。

⑨ 杭州市文物考古研究所等：《萧山柴岭山土墩墓》，文物出版社，2013年，112页。

⑩ 浙江省文物考古研究所等：《独仓山与南王山——土墩墓发掘报告》，科学出版社，2007年，98页。

⑪ 杭州市文物考古研究所等：《萧山柴岭山土墩墓》，文物出版社，2013年，231页。

⑫ 浙江省文物考古研究所：《慈溪市彭东、东安的土墩墓与土墩石室墓》，《浙江省文物考古研究所学刊：建所十周年纪念（1980—1990）》，科学出版社，1993年，195页。

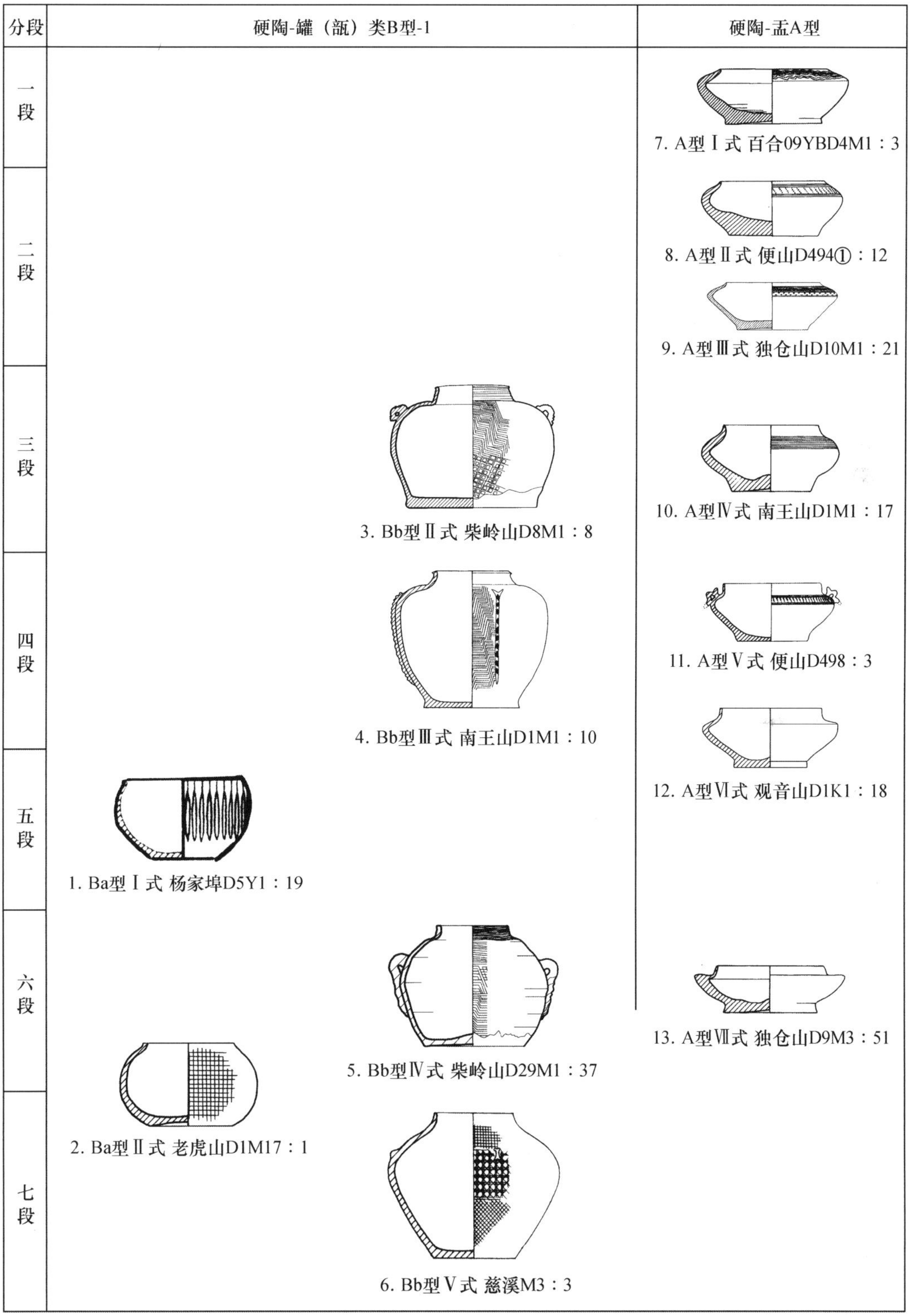

分段	硬陶-罐（瓿）类B型-1	硬陶-盂A型
一段		 7. A型Ⅰ式 百合09YBD4M1：3
二段		 8. A型Ⅱ式 便山D494①：12 9. A型Ⅲ式 独仓山D10M1：21
三段	 3. Bb型Ⅱ式 柴岭山D8M1：8	 10. A型Ⅳ式 南王山D1M1：17
四段	 4. Bb型Ⅲ式 南王山D1M1：10	 11. A型Ⅴ式 便山D498：3
五段	 1. Ba型Ⅰ式 杨家埠D5Y1：19	 12. A型Ⅵ式 观音山D1K1：18
六段		
	 2. Ba型Ⅱ式 老虎山D1M17：1	 5. Bb型Ⅳ式 柴岭山D29M1：37 13. A型Ⅶ式 独仓山D9M3：51
七段	 6. Bb型Ⅴ式 慈溪M3：3	

图六　太湖杭州湾硬陶罐（瓿）类（B）、盂（A）分期谱系图

2. 坛

根据领部特征可分两型：

A型　矮领。分十六式。ⅩⅥ式仅见于岭南，太湖杭州湾仅见Ⅰ～ⅩⅤ式（图七，1～10；图八，7～11）：

Ⅰ式　卷沿，溜肩较长，腹近直筒状，最大腹径不显，圜平底，口径小于底径。标本百合09YBD2Q1：1[①]。

Ⅱ式　耸肩略鼓较短，近领处微下凹，最大腹径不显，下腹略斜弧收。标本薛埠上水D2M1：10[②]。

Ⅲ式　近领处部分微下凹，最大腹径在肩部，腹鼓凸，平底。标本便山D404：1[③]。

Ⅳ式　耸肩较平较短，最大腹径稍下移，腹略鼓。标本独仓山D10M1：9[④]。

Ⅴ式　肩略鼓较短，最大腹径稍下移。标本独仓山D7M2：24[⑤]。

Ⅵ式　最大腹径下移至中腹。标本金坛晒土场D1Q5：2[⑥]。

Ⅶ式　鼓肩较长，最大腹径稍上移。标本便山D435：1[⑦]。

Ⅷ式　最大腹径上移近肩部。标本七女墩M7：2[⑧]。

Ⅸ式　宽斜肩较长，领部甚短，领肩相接处略弧折，最大腹径略下移，腹略鼓凸。标本便山D497：2[⑨]。

Ⅹ式　宽斜肩甚长，最大腹径下移，腹鼓凸。标本七女墩M7：1[⑩]。

ⅩⅠ式　卷折沿，领肩相接处折棱锐利，最大腹径稍上移，腹鼓凸明显，口径略等于

① 　南京博物院等：《宜兴百合村土墩墓群D1～D4发掘报告》，《穿越宜溧山地——宁杭高铁江苏段考古发掘报告》，科学出版社，2013年，110页。

② 　南京博物院考古研究所：《江苏金坛县薛埠镇上水土墩墓群二号墩发掘简报》，《考古》2008年2期，34页。

③ 　浙江省文物考古研究所：《浙江长兴县便山土墩墓发掘报告》，《浙江省文物考古研究所学刊：建所十周年纪念（1980—1990）》，科学出版社，1993年，146页。

④ 　浙江省文物考古研究所等：《独仓山与南王山——土墩墓发掘报告》，科学出版社，2007年，92页。

⑤ 　浙江省文物考古研究所等：《独仓山与南王山——土墩墓发掘报告》，科学出版社，2007年，71页。

⑥ 　南京博物院：《江苏金坛裕巷土墩墓群一号墩的发掘》，《考古学报》2009年3期，419页。

⑦ 　浙江省文物考古研究所：《浙江长兴县便山土墩墓发掘报告》，《浙江省文物考古研究所学刊：建所十周年纪念（1980—1990）》，科学出版社，1993年，144页。

⑧ 　胡秋凉：《长兴七女墩墓葬群清理简报》，《东方博物（第43辑）》，浙江大学出版社，2012年，26页。

⑨ 　浙江省文物考古研究所：《浙江长兴县便山土墩墓发掘报告》，《浙江省文物考古研究所学刊：建所十周年纪念（1980—1990）》，科学出版社，1993年，130页。

⑩ 　胡秋凉：《长兴七女墩墓葬群清理简报》，《东方博物（第43辑）》，浙江大学出版社，2012年，26页。

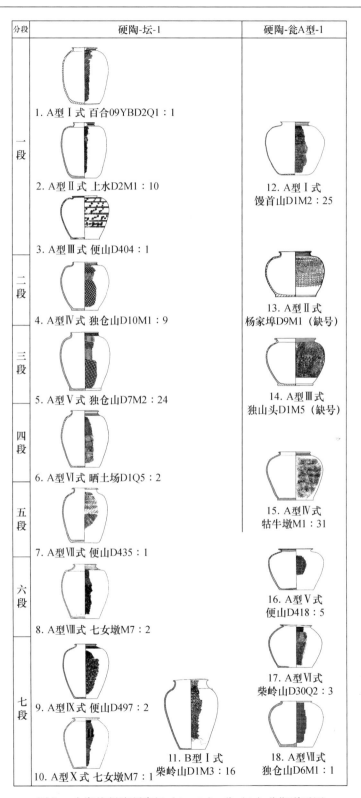

图七　太湖杭州湾硬陶坛（A、B）、瓮（A）分期谱系图

底径。标本独仓山 D5M1 : 12①。

　　XII式　折肩，最大腹径稍上移，腹外凸明显，口径等于或略大于底径。标本笔架山 D131M6 : 4②。

　　XIII式　最大腹径上移，平底较小，口径略大于底径。标本小黄山 SXM3 : 7③。

　　XIV式　最大腹径略下移，小平底，口径大于底径。标本龙山 D141M1Q : 105④。

　　XV式　宽斜肩甚长，最大腹径下移至中腹，腹外凸甚显。标本青浦庄泾港 M1 : 7⑤。

　　B型，高领。分八式（图七，11；图八，12～18）：

　　I式　卷沿，直领内凹，领肩相接处略弧卷，鼓肩略耸，最大腹径在肩部，口径多小于底径。标本柴岭山 D1M3 : 16⑥。

　　II式　肩部更耸，略折。标本萧山前山 T1④ : 20⑦。

　　III式　耸肩起小平台，最大腹径稍下移，腹鼓。标本江阴曹家墩 JZD3M1 : 3⑧。

　　IV式　平折沿甚短，直领较短，领肩相接处略弧折，鼓肩较短，最大腹径近肩部。标本堂子山 D211M1 : 5⑨。

　　V式　领肩相接处近折，宽斜肩略长，最大腹径稍下移，口径略等于底径。标本小黄山 SXM13 : 109⑩。

　　VI式　无沿，直领较短，领肩相接处折棱明显，宽斜肩较长，最大腹径下移，弧折腹。标本小黄山 SXM13 : 62⑪。

　　VII式　折肩较长，折腹，口径等于或略大于底径。标本平水祝家山 CZM1 : 29⑫。

　　VIII式　折肩甚长，最大腹径下移，口径大于底径。标本庄泾港 M1 : 5⑬。

①　浙江省文物考古研究所等：《独仓山与南王山——土墩墓发掘报告》，科学出版社，2007年，53页。

②　浙江省文物考古研究所等：《浙江安吉笔架山春秋战国墓发掘简报》，《东南文化》2009年1期，52页。

③　浙江省文物考古研究所等：《绍兴越墓》，文物出版社，2016年，116页。

④　浙江省文物考古研究所等：《浙江安吉龙山越国贵族墓》，《南方文物》2008年3期，55页。

⑤　上海市文物保管委员会：《上海青浦县重固战国墓》，《考古》1988年8期，692页。

⑥　杭州市文物考古研究所等：《萧山柴岭山土墩墓》，文物出版社，2013年，76页。

⑦　浙江省文物考古研究所等：《浙江萧山前山窑址发掘简报》，《文物》2005年5期，10页。

⑧　周庄土墩墓联合考古队：《江苏江阴周庄 JZD3东周土墩墓》，《文物》2010年11期，9页。

⑨　湖州市文物保护管理所：《浙江湖州堂子山土墩墓发掘报告》，《东方博物（第11辑）》，浙江大学出版社，2004年，20页。

⑩　浙江省文物考古研究所等：《绍兴越墓》，文物出版社，2016年，130页。

⑪　浙江省文物考古研究所等：《绍兴越墓》，文物出版社，2016年，142页。

⑫　浙江省文物考古研究所等：《绍兴越墓》，文物出版社，2016年，68页。

⑬　上海市文物保管委员会：《上海青浦县重固战国墓》，《考古》1988年8期，689页。

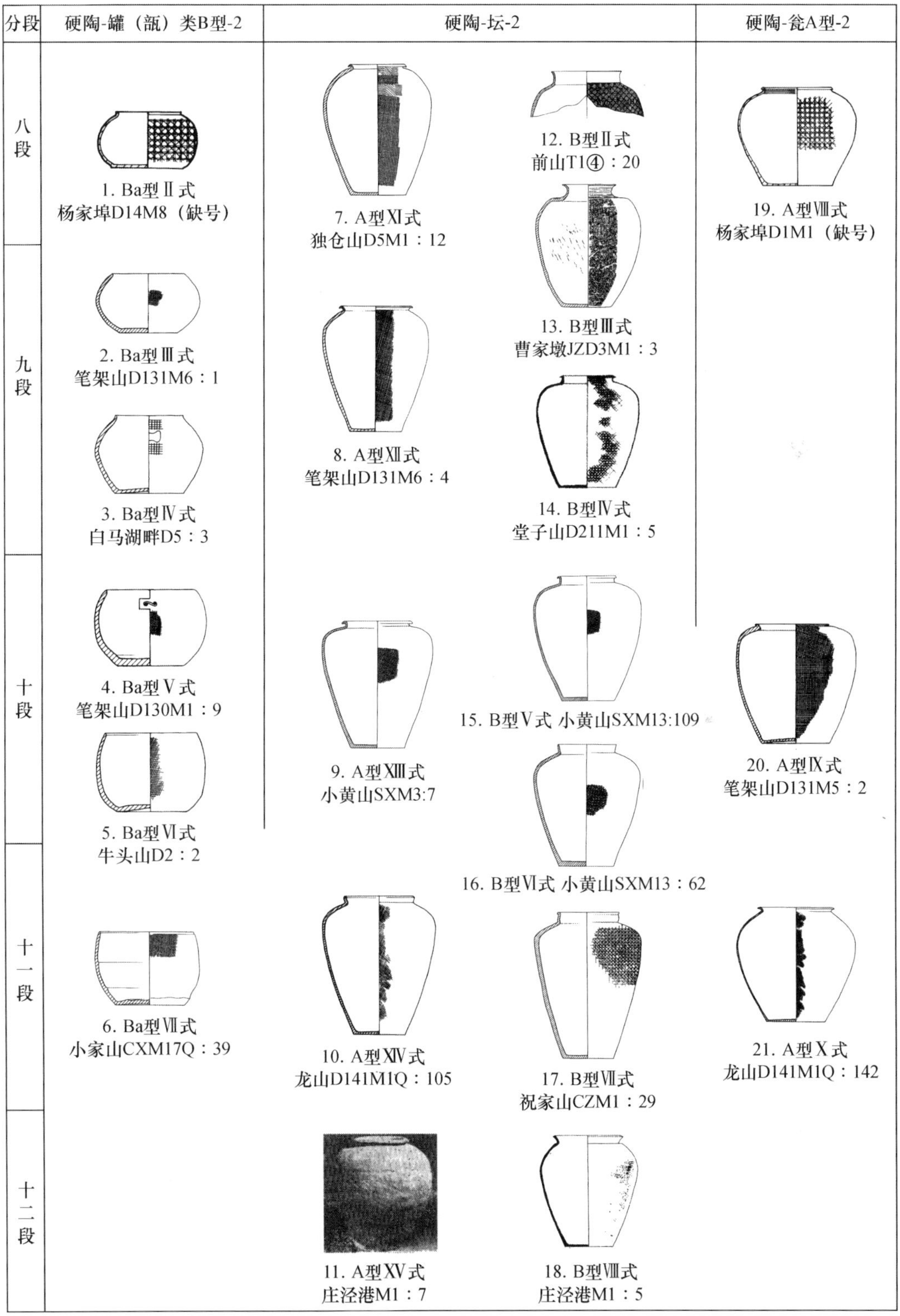

分段	硬陶-罐（瓿）类B型-2	硬陶-坛-2		硬陶-瓮A型-2
八段	1. Ba型Ⅱ式 杨家埠D14M8（缺号）	7. A型Ⅺ式 独仓山D5M1：12	12. B型Ⅱ式 前山T1④：20 13. B型Ⅲ式 曹家墩JZD3M1：3	19. A型Ⅷ式 杨家埠D1M1（缺号）
九段	2. Ba型Ⅲ式 笔架山D131M6：1 3. Ba型Ⅳ式 白马湖畔D5：3	8. A型Ⅻ式 笔架山D131M6：4	14. B型Ⅳ式 堂子山D211M1：5	
十段	4. Ba型Ⅴ式 笔架山D130M1：9 5. Ba型Ⅵ式 牛头山D2：2	9. A型ⅩⅢ式 小黄山SXM3：7	15. B型Ⅴ式 小黄山SXM13：109 16. B型Ⅵ式 小黄山SXM13：62	20. A型Ⅸ式 笔架山D131M5：2
十一段	6. Ba型Ⅶ式 小家山CXM17Q：39	10. A型ⅩⅣ式 龙山D141M1Q：105	17. B型Ⅶ式 祝家山CZM1：29	21. A型Ⅹ式 龙山D141M1Q：142
十二段		11. A型ⅩⅤ式 庄泾港M1：7	18. B型Ⅷ式 庄泾港M1：5	

图八　太湖杭州湾硬陶罐（瓿）类（Ba型）、坛（A、B）、瓮（A）分期谱系图

3. 瓮

根据沿、底特征可分两型。B型仅见于岭南与粤东闽南，太湖杭州湾仅见A型。

A型　沿较短，平底。分十二式。Ⅺ、Ⅻ式仅见于岭南与粤东闽南，太湖杭州湾仅见Ⅰ～Ⅹ式（图七，12～18；图八，19～21）：

Ⅰ式　口较小，卷沿较短，直领，领肩相接处略弧卷，耸肩，深腹，最大腹径近肩部，外鼓凸明显，宽体，圈平底，口径小于底径。标本馒首山D1M2：25[①]。

Ⅱ式　耸肩，平底。标本杨家埠D9M1（缺号）[②]。

Ⅲ式　大口，直领稍倾，鼓肩，最大腹径稍下移。标本独山头D1M5（缺号）[③]。

Ⅳ式　直领外倾，鼓肩较长，最大腹径下移。标本牯牛墩M1：31[④]。

Ⅴ式　卷折沿较长，外倾明显，领基本消失，沿肩相接处略弧折，宽斜肩较长，最大腹径稍下移。标本便山D418：5[⑤]。

Ⅵ式　无领，沿肩相接处折棱明显，宽斜肩甚长，最大腹径下移至中腹。标本柴岭山D30Q2：3[⑥]。

Ⅶ式　口较大，卷折沿甚短，宽斜肩较长略鼓，最大腹径略上移，腹鼓凸程度降低，体稍窄。标本独仓山D6M1：1[⑦]。

Ⅷ式　沿甚短似榫，弧折肩略鼓，最大腹径略上移，腹略鼓凸，平底较小，口径小于或略等于底径。标本杨家埠D1M1（缺号）[⑧]。

Ⅸ式　弧折肩较短，最大腹径上移近肩部，腹外凸不显，窄体，小平底，口径等于或略大于底径。标本笔架山D131M5：2[⑨]。

Ⅹ式　卷折沿外倾，弧折肩甚长，最大腹径下移，外鼓凸略显，体略宽，口径大于

① 苏州市考古研究所等：《江苏苏州高新区东渚馒首山土墩墓发掘简报》，《东南文化》2013年5期，48页。

② 浙江省文物考古研究所等：《浙江省湖州市杨家埠古墓发掘报告》，《浙江省文物考古研究所学刊（第7辑）》，浙江印刷集团，2005年，249页。

③ 浙江省文物考古研究所等：《湖州妙西独山头土墩墓发掘简报》，《东方博物（第36辑）》，浙江大学出版社，2010年，74页。

④ 南京博物院等：《江苏金坛茅东村牯牛墩土墩墓发掘报告》，《东南文化》2019年1期，61页。

⑤ 浙江省文物考古研究所：《浙江长兴县便山土墩墓发掘报告》，《浙江省文物考古研究所学刊：建所十周年纪念（1980—1990）》，科学出版社，1993年，139页。

⑥ 杭州市文物考古研究所等：《萧山柴岭山土墩墓》，文物出版社，2013年，243页。

⑦ 浙江省文物考古研究所等：《独仓山与南王山——土墩墓发掘报告》，科学出版社，2007年，57页。

⑧ 浙江省文物考古研究所等：《浙江省湖州市杨家埠古墓发掘报告》，《浙江省文物考古研究所学刊（第7辑）》，浙江印刷集团，2005年，160页。

⑨ 浙江省文物考古研究所等：《浙江安吉笔架山春秋战国墓发掘简报》，《东南文化》2009年1期，53页。

底径。标本龙山D141M1Q：142[①]。

4. 盂

根据腹部特征可分两型。B型仅见于岭南与粤东闽南，太湖杭州湾仅见A型。

A型　折腹，较浅。分七式（图六，7～13）：

Ⅰ式　敛口，无领，腹弧折外凸，上腹稍浅于下腹。标本百合09YBD4M1：3[②]。

Ⅱ式　微起领，最大腹径下移。标本便山D494①：12[③]。

Ⅲ式　短领。标本独仓山D10M1：21[④]。

Ⅳ式　直口微敛，领较长，腹鼓凸，上、下腹等深。标本南王山D1M1：17[⑤]。

Ⅴ式　长领，领腹相接处略折，上腹再度浅于下腹。标本便山D498：3[⑥]。

Ⅵ式　腹弧折外凸，上腹浅于下腹。标本观音山D1K1：18[⑦]。

Ⅶ式　敛口，领腹交界处折棱明显，折腹外凸。标本独仓山D9M3：51[⑧]。

（三）泥　质　陶

1. 豆

分四式（图九，1～4）：

Ⅰ式　敞口，盘较浅，高柄，圈足较高，近底内收明显。标本苏州大墩M1：17[⑨]。

Ⅱ式　敞口或直口，柄较高，圈足近底无内收。标本垅坝D12M2：25[⑩]。

---

① 浙江省文物考古研究所等：《浙江安吉龙山越国贵族墓》，《南方文物》2008年3期，57页。

② 南京博物院等：《宜兴百合村土墩墓群D1～D4发掘报告》，《穿越宜溧山地——宁杭高铁江苏段考古发掘报告》，科学出版社，2013年，130页。

③ 浙江省文物考古研究所：《浙江长兴县便山土墩墓发掘报告》，《浙江省文物考古研究所学刊：建所十周年纪念（1980—1990）》，科学出版社，1993年，134页。

④ 浙江省文物考古研究所等：《独仓山与南王山——土墩墓发掘报告》，科学出版社，2007年，92页。

⑤ 浙江省文物考古研究所等：《独仓山与南王山——土墩墓发掘报告》，科学出版社，2007年，98页。

⑥ 浙江省文物考古研究所：《浙江长兴县便山土墩墓发掘报告》，《浙江省文物考古研究所学刊：建所十周年纪念（1980—1990）》，科学出版社，1993年，146页。

⑦ 苏州市考古研究所：《江苏苏州观音山东周石室土墩墓D1M1发掘简报》，《东南文化》2015年5期，43页。

⑧ 浙江省文物考古研究所等：《独仓山与南王山——土墩墓发掘报告》，科学出版社，2007年，86页。

⑨ 苏州市考古研究所：《江苏苏州高新区大墩土墩遗存抢救性考古发掘报告》，《东南文化》2015年5期，33页。

⑩ 浙江省安吉县博物馆：《浙江安吉垅坝D12土墩墓发掘简报》，《南方文物》2003年3期，29页。

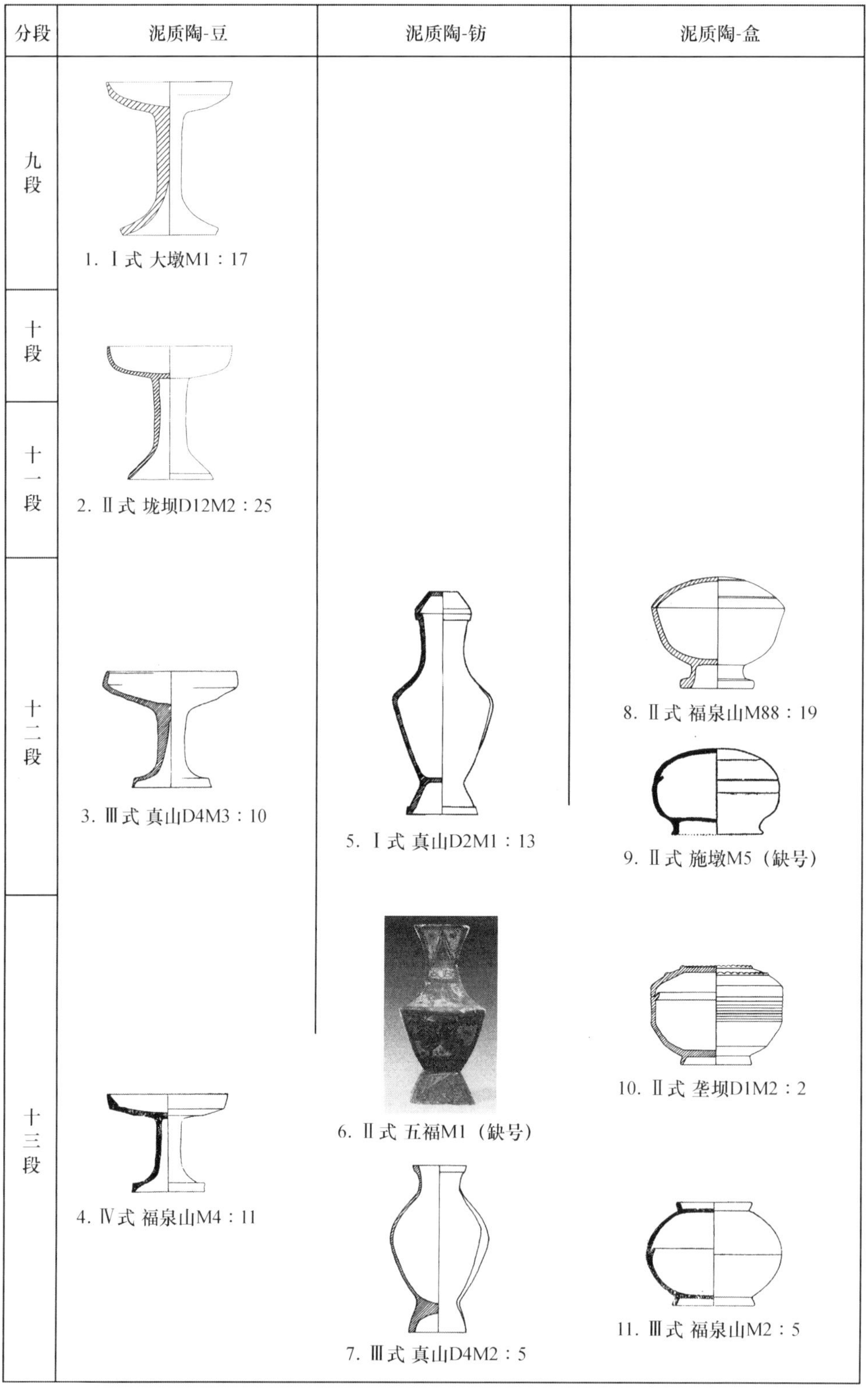

分段	泥质陶-豆	泥质陶-钫	泥质陶-盒
九段	1. Ⅰ式 大墩M1：17		
十段	2. Ⅱ式 垅坝D12M2：25		
十一段			
十二段	3. Ⅲ式 真山D4M3：10	5. Ⅰ式 真山D2M1：13	8. Ⅱ式 福泉山M88：19 9. Ⅱ式 施墩M5（缺号）
十三段	4. Ⅳ式 福泉山M4：11	6. Ⅱ式 五福M1（缺号） 7. Ⅲ式 真山D4M2：5	10. Ⅱ式 垄坝D1M2：2 11. Ⅲ式 福泉山M2：5

图九　太湖杭州湾泥质陶豆、钫、盒分期谱系图

Ⅲ式　直口，深盘，柄稍矮，圈足稍矮，下接小平台。标本真山D4M3：10[①]。

Ⅳ式　浅盘。标本青浦福泉山M4：11[②]。

2. 钫

分三式（图九，5~7）：

Ⅰ式　体瘦高，长颈稍内弧，肩部较长，肩腹相接处弧折略鼓，圈足斜直。标本真山D2M1：13[③]。

Ⅱ式　体高宽，长颈内弧明显，与肩连为一体，肩腹相接处折棱锐利。标本安吉五福M1（缺号）[④]。

Ⅲ式　体粗矮，短颈斜直外敞稍内弧，长肩，肩腹相接处外鼓明显，圈足略外鼓。标本真山D4M2：5[⑤]。

3. 盒

分三式（图九，8~11）：

Ⅰ式　高体，器盖浅于器身，高圈足外撇。标本福泉山M88：19[⑥]。

Ⅱ式　体略矮，器盖稍浅于器身，部分子母口，矮圈足斜直外倾。标本垄坝D1M2：2[⑦]、无锡施墩M5（缺号）[⑧]。

Ⅲ式　器盖与器身等深。标本福泉山M2：5[⑨]。

二、分组、分段与分期

以上述11类器物为主，以其他共存器类为辅，可以串联两周时期太湖杭州湾遗迹单位共530个，并将其划分为十三组。本文选择共存关系较好、器类型式典型的98个单位列入"单位分组统计表"（表一）。

表中所见各型式器物，在此十三组中呈现出一致序列。其间叠压打破关系虽较少，

---

① 苏州博物馆：《苏州真山四号墩发掘报告》，《东南文化》2001年7期，11页。

② 上海市文物保管委员会：《上海青浦县重固战国墓》，《考古》1988年8期，689页。

③ 苏州博物馆：《真山东周墓地：吴越贵族墓地的发掘与研究》，文物出版社，1999年，43页。

④ 浙江省文物考古研究所等：《浙江安吉五福楚墓》，《文物》2007年7期，63页。

⑤ 上海市文物保管委员会：《上海青浦县重固战国墓》，《考古》1988年8期，689页。

⑥ 周丽娟：《上海青浦福泉山发现一座战国墓》，《考古》2003年11期，95页。

⑦ 金翔：《浙江安吉县垄坝村发现一座战国楚墓》，《考古》2001年7期，92页。

⑧ 谢春祝：《无锡施墩第五号墓》，《文物参考资料》1956年6期，46页。

⑨ 上海市文物保管委员会：《上海青浦县重固战国墓》，《考古》1988年8期，689页。

表一　太湖杭州湾

分组	单位	原始瓷									盉
		豆				罐		碗（杯盅）类			
		Aa	B	Ca	Da	A	B	Aa	Ab	B	
一	杨家埠 D4M13										
	便山 D408										
	便山 D412										
	便山 D495										
	柴岭山 D22M1				I1						
二	慈溪 I 墩 M3			I1、II3	II1						
	独仓山 D1M1	I1、II5、III7									
	柴岭山 D17M4				I1、II6						
	杨家埠 D9M1			II1							
	石狮 D1M6			III1							
	紫云山 D1Q1										
	柴岭山 D18M1			III1	II2						
三	独仓山 D2M1			IV8	III2		II2	I3、II1			
	凤凰山 D1M1			II1、IV3							I2
	柴岭山 D8M1			IV3	III6		II1				
	柴岭山 D17M3				III1						II2
	南王山 D1M1	III3、IV1	I1	IV2							
	独仓山 D7M2	III6	II4								
	柴岭山 D23M1			IV3	II2、III1		III1				
	杨家埠 D5M7			IV4							
	便山 D416（一）										
	石狮 D1M5				III3						
	老虎山 D1M6	III2									
	石狮 D1M2	III3									
四	便山 D406②	IV1	III1		IV1		III1				I1、III3
	七女墩 M8										
	火烧山 I -19										
	牯牛墩 M1	III41		V7							
	火烧山 II -27						IV1				IV1

单位分组统计表

硬陶										泥质陶		
罐（瓴）类						坛		瓮	盂	豆	钵	盒
Aa	Ab	Ac	Ad	Ba	Bb	A	B	A	A			
						I 1		I 1				
						II 1						
									I 1			
						III 1						
II 4	I 2					IV 2						
IV 2												
								II 1				
IV 1						I 2						
									III 1			
III 1						IV 1						
			I 1									
III 1									II 1			
III 3	I 1				III 1				II 1、III 2、IV 2			
IV 1	IV 1					V 2						
IV 1												
								III 1				
III 1								IV 1				
			I 1									
						VI 1			II 3			
	V 1											
			I 1						V 1、VI 1			
		II 1										
					III 4	VI 4		IV 1				

分组	单位	原始瓷									盂
		豆				罐		碗（杯盏）类			
		Aa	B	Ca	Da	A	B	Aa	Ab	B	
四	柴岭山 D31Ml	IV1	III1、IV1	V16	IV46		III2				II6、III1、IV3
	便山 D435										
	老虎山 D1M3			V2							
	柴岭山 D26Ml		IV1	V11	IV9						III3、IV3
	独仓山 D6M2	IV3				I1					
	天目湖庙山 DlQ5										
	堂子山 D211M1（二）	V1		V1	III1						
	火烧山II-26					II1		III1		I2	
	火烧山I-17					III1	IV1				
五	火烧山I-7							IV1			
	火烧山II-18					IV4	IV2	IV4、V1		I1、II2	
	堂子山 D212	IV1	IV1								
	潢潼 D3										
	石狮 D4M6					II1					
	天目湖庙山 D1M1										
六	柴岭山 D29Ml（一）							IV1、V4、VI1			IV1
	堂子山 D216（二）							VII3			
	便山 D418							VII5			
	石狮 D4M3										
	独仓山 D9M3				IV8					III3	
	火烧山II-12			IV1				V1、VII1		III1	
	火烧山II-1			V1				VI、VII4		I1	
	庙山 Ml							VII2、VIII1			III3
	真山 D33K2							VIII3、IX1			
七	三星墩 D3M1									III1	
	杨家埠 D5Y1										
	柴岭山 D29Ml（二）							IV1、V3、IX3			

续表

硬陶										泥质陶		
罐（瓿）类						坛		瓮	盂	豆	钫	盒
Aa	Ab	Ac	Ad	Ba	Bb	A	B	A	A			
IV2												
VI2						VII1						
VI1												
					III1							
IV4												
VI2	V1											
		II1										
			II1									
VI1、VII3	VI1					VII1						
	VII2					VII3		IV1				
VIII1						VI1						
		IV1		II5	IV1							
	VII1					VIII1						
V2、VIII1								V1				
						VIII1						
	IV1								III1、VII1			
									VI1			
	VII1		III2									
VIII2						VIII2						
				I2				VI1				
	VIII2					IX1						

分组	单位	原始瓷									盂
		豆				罐		碗（杯盏）类			
		Aa	B	Ca	Da	A	B	Aa	Ab	B	
七	西岭D3	Ⅲ5	Ⅰ1								
	独仓山D6M1							Ⅷ4、Ⅸ1			
	七女墩M7										
	潢潼D1				Ⅳ1			Ⅸ1			
	老虎山D1M17										
	慈溪M3										
	便山D497南北							Ⅹ3			
	火烧山Ⅱ-10					Ⅴ1		Ⅶ6、Ⅹ1		Ⅰ1、Ⅳ1	
八	进化前山T1⑤							Ⅸ2、Ⅹ1			
	柴岭山D1M3							Ⅹ7			Ⅳ1
	便山D406①（二）							Ⅹ5			
	晒土场D1M3									Ⅳ1	
	杨家埠D1M1										
	独仓山D8M1							Ⅸ2、Ⅹ3			
九	安吉三官M3							Ⅹ5			
	进化前山T1①							Ⅸ1			
	独仓山D9M1							Ⅹ5			
	笔架山D131M4（Q）										
	笔架山D131M6							Ⅺ1			
	上虞D5							Ⅸ1	Ⅰ1		
	大墩M1							Ⅹ10			
	慈溪M8下							Ⅸ2	Ⅰ1		
	牛头山D1M4							Ⅹ1、Ⅺ1			
十	笔架山D131M5										
	笔架山D130M1										
	真山D16M1							Ⅹ17			

续表

硬陶										泥质陶		
罐（瓿）类						坛		瓮	盂	豆	钵	盒
Aa	Ab	Ac	Ad	Ba	Bb	A	B	A	A			
	Ⅷ1					Ⅸ1			Ⅳ1、Ⅴ3、Ⅵ1			
	Ⅷ1	Ⅳ1						Ⅶ1				
	Ⅷ1		Ⅰ1			Ⅷ1、Ⅹ1						
Ⅶ2、Ⅷ3						Ⅶ1、Ⅷ1、Ⅹ1						
		Ⅲ1	Ⅳ1	Ⅱ1								
	Ⅷ1				Ⅴ1		Ⅰ1					
						Ⅸ1		Ⅴ1				
							Ⅱ2					
			Ⅳ2				Ⅰ1					
	Ⅷ3		Ⅱ1				Ⅺ2					
Ⅸ1	Ⅶ1、Ⅷ1											
Ⅹ1								Ⅷ2				
					Ⅱ3	Ⅺ2						
	Ⅸ1											
	Ⅸ1						Ⅱ1					
			Ⅴ1	Ⅱ1		Ⅺ1	Ⅲ1					
Ⅺ1			Ⅵ1			Ⅻ1						
			Ⅲ1			Ⅻ2						
			Ⅳ1									
										Ⅰ1		
	Ⅷ1						Ⅳ1					
			Ⅵ1、Ⅶ1	Ⅳ1		Ⅻ1			Ⅸ2			
	Ⅹ1			Ⅴ1		ⅩⅢ1						
	Ⅹ1											

分组	单位	原始瓷									盉
		豆				罐		碗（杯盅）类			
		Aa	B	Ca	Da	A	B	Aa	Ab	B	
十	亭子桥T202①							X12	II2		
	垅坝D12M2							X19			
	小黄山M13							XI45、XII7			
十一	小家山M17（Q）							XI4、XII7			
	长兴鼻子山M1								II11		
	小家山M20								II3、III1		V1
	祝家山M1								II11、III7		
	龙山D141M1（Q）							XII32			
十二	周家山M42							XII1	III1		
	周家山M40										
	福泉山M88										
	福泉山M1										
	青浦庄泾港M1								III1		
十三	安吉五福M1										
	福泉山M2										
	老虎山D1M1										

硬陶										泥质陶		
罐（瓿）类						坛		瓮	盂	豆	钵	盒
Aa	Ab	Ac	Ad	Ba	Bb	A	B	A	A			
							V1					
	X1	V2		VI4		XIII11				II5		
	X1、XI17			VI11		XIII1	V2、V13			II15		
	XI3	VI3		VII4		XIV1						
		VI1										
	VIII1、XI3	IV1	VI1	VII3		XIV2	VI1					
						XIV1	VII7					
			VIII4			XIV25		X18				
	XI1					XV1						
	XI1						VIII1					
										III2	I2	I2
										III2		II2
						XV2	VIII2					
										IV6	II6	II4
										III1、IV1		III2
										III3		

但仍有如下地层关系可循：柴岭山D17M4、石狮D1M6（第二组）早于柴岭山D17M3、石狮D1M5（第三组）；老虎山D1M6（第三组）早于老虎山D1M3（第四组）；火烧山Ⅰ-19、17，火烧山Ⅱ-27、26①（第四组）早于火烧山Ⅰ-7、火烧山Ⅱ-18（第五组）；火烧山Ⅰ-7、火烧山Ⅱ-18，石狮D4M6（第五组）早于火烧山Ⅱ-12、11，石狮D4M3（第六组）；柴岭山D29M1（一）②，火烧山Ⅱ-12、11（第六组）早于柴岭山D29M1（二）、火烧山Ⅱ-10（第七组）；便山D406②（第四组）早于便山D406①（二）（第八组）；前山T1⑤（第八组）早于前山T1①（第九组）。照此，可在层位关系上规定十三组的先后顺序只能是由第一组至第十三组，并将两周时期的太湖杭州湾划分为十三段。

综合各段的器物形制、数量比例、器类组合、纹饰及其变化情况来看，第二段与第三段、第五段与第六段、第七段与第八段的联系较密切，其他段之间则有明显区别（表二、表三）。如此可将此十三段整合为十期。

表二　太湖杭州湾原始瓷纹饰统计

分段	原始瓷纹饰								
	篦齿纹	粗弦纹	曲折纹	梳篦纹	锥刺纹	素面	锥点纹	对称弧形纹	勾连纹
一									
二	1.56%	10.94%	1.56%	57.81%	1.56%	9.38%			
三	1.54%	35.90%	0.51%	24.62%	2.05%	10.26%	1.03%		
四	0.12%	0.71%	0.59%	9.66%	9.07%	32.16%	0.12%	1.06%	1.53%
五				0.74%	2.21%	33.82%		6.62%	2.21%
六				2.41%	1.20%	44.58%		1.81%	
七		0.42%		2.08%	0.42%	84.17%		1.25%	
八						82.79%		0.47%	
九				2.17%		85.87%			
十		2.29%		1.15%	0.76%	57.82%			
十一		2.53%			0.51%	51.58%			
十二						50.00%			

① 火烧山Ⅰ区文化层东薄西厚，Ⅱ区堆积从早到晚从东北向西南倾斜，发掘者对其进行通层处理，并在报告中详细列出通层情况，Ⅰ区共23层，Ⅱ区共28层。本文即根据通层结果进行单位统计。如Ⅱ区第27层，即包括ⅡT0303⑩、ⅡT0304⑬、ⅡT0305⑨，本文将之编号为Ⅱ-27。其他单位亦然。

② 柴岭山D29M1为石室土墩，其随葬品明显可分为前后两组，前者为23～35，后者为1～22、36～45，组内随葬品分布集中，组间有明显间隔，且二者年代有明显差异，应分属不同墓葬。本文从前到后将其分别命名为柴岭山D29M1（二）、D29M1（一）。

续表

分段	原始瓷纹饰							
	水波纹	斜划纹	"S"形纹	直棱纹	"C"形纹	卷云纹	叶脉纹	总数
一								2
二								64
三								195
四	2.83%	0.47%	2.59%					849
五	15.44%	0.74%	1.47%					136
六	2.41%	1.20%						166
七	1.67%	0.42%						240
八	1.40%	0.47%						215
九				2.17%	1.09%			92
十	2.67%	3.82%	2.67%	11.26%	1.72%	15.65%	0.19%	524
十一	7.86%	16.35%	5.45%	2.41%	28.64%	2.66%	4.18%	789
十二			8.33%	8.33%		33.33%		12

表三　太湖杭州湾硬陶纹饰统计

分段	硬陶纹饰									
	回字纹	曲折纹	水波纹	席纹	云雷纹	菱格纹	锥点纹	锥刺纹	叶脉纹	素面
一	22.22%	27.78%	5.56%	11.11%	22.22%	11.11%	5.56%	5.56%		
二	49.32%	49.32%	2.74%	1.37%	10.96%	4.11%			5.48%	23.29%
三	40.00%	52.17%	7.83%	0.87%	11.30%	1.74%	0.87%		3.48%	26.09%
四	28.07%	36.40%	9.65%	6.14%	4.82%	7.02%	1.75%		2.19%	35.09%
五	7.04%	9.86%	5.63%	15.49%					9.86%	36.62%
六	6.62%	11.26%	12.58%	21.85%	1.32%		1.32%	2.65%	9.27%	27.81%
七	2.04%	1.70%	6.12%	14.97%			0.68%		2.72%	33.67%
八	0.49%	0.99%	4.43%	10.84%	0.99%	0.49%			2.96%	28.08%
九			1.09%	3.26%	1.09%				3.26%	35.87%
十										50.44%
十一			11.12%	0.11%	0.11%				0.45%	33.94%
十二										21.74%
十三										

分段	硬陶纹饰							
	方格交叉纹	方格纹	粗弦纹	米筛纹	菱格填线纹	箆齿纹	直棱纹	"C"形纹	总数
一									18
二									73
三	0.87%	7.83%							115

续表

分段	硬陶纹饰								
	方格交叉纹	方格纹	粗弦纹	米筛纹	菱格填线纹	篦齿纹	直棱纹	"C"形纹	总数
四	2.19%	6.58%	2.19%	0.44%	1.32%				228
五	4.23%	28.17%	11.27%	4.23%	14.08%				71
六	9.27%	27.81%	2.65%	6.62%	1.99%	1.32%			151
七	7.82%	35.37%	2.38%	14.29%	5.10%				294
八	6.40%	25.62%	2.46%	18.23%	0.49%				203
九	20.65%	42.39%	3.26%	15.22%	3.26%				92
十	21.68%	30.09%	1.77%						226
十一	2.04%	28.72%	1.02%					2.16%	9.08%	881
十二	13.04%	13.04%	4.35%						23
十三	100.00%								4

现概括各期的主要特征如下（各段流行器类详见表一，纹饰统计详见表二、表三）：

第一期（第一段） 原始瓷豆上腹多较浅，圈足较高。硬陶以溜肩为主，部分耸肩，圜底或平底下有小平台或裙边。

原始瓷纹饰无明显特征，硬陶纹饰种类较多，部分为组合纹样，以回字纹、曲折纹、云雷纹最多，席纹与菱格纹次之，另有重菱格凸块纹、锥刺纹与锥点纹。

第二期（第二段、第三段） 原始瓷豆上腹渐深至与下腹相等，贴塑以"∞"形为主，晚段出现横"S"形，部分圈足开始变矮。硬陶以耸肩为主，大平底多有小裙边。

原始瓷纹饰种类增多，以饰于豆盘内壁的梳篦纹类最多，粗弦纹次之，其他纹饰比例皆较小。硬陶纹饰种类略有变化，以回字纹与曲折纹最多，云雷纹、席纹与菱格纹比例下降明显，锥刺纹消失，新出现叶脉纹、素面、方格交叉纹与方格纹，组合纹样较为流行。

第三期（第四段） 原始瓷豆上腹多与下腹等深，贴塑以横"S"形为主，多矮圈足。硬陶肩部多略鼓，部分耸肩，平底为主，小裙边少见。

原始瓷纹饰以素面为主，纹饰种类明显增加，新出现对称弧形纹、勾连纹、水波纹、斜划纹与"S"形纹，梳篦纹比例锐减，粗弦纹几近消失。硬陶基本承接前期，以曲折纹最多，素面次之，回字纹再次，云雷纹比例进一步减少，席纹比例则有明显上升，新出现粗弦纹、米筛纹及菱格填线纹，流行组合纹样。

第四期（第五段、第六段） 原始瓷豆、盂不复流行而以碗（杯盅）类为主，圈足消失，晚段多下起小平台。硬陶多鼓肩，腹部亦多弧鼓。

原始瓷纹饰仍以素面为主，水波纹次之，篦齿纹、粗弦纹、曲折纹与锥点纹不见，晚段时勾连纹与"S"形纹消失。硬陶纹饰种类亦略有变化，曲折纹与回字纹比例锐减，以素面为主，方格纹次之，席纹再次，锥刺纹重现，云雷纹与菱格纹近乎消失，流行组合纹样。

第五期（第七段、第八段）　原始瓷罐消失，硬陶以斜肩为主。

原始瓷纹饰变化较明显，素面比例锐增至80%以上，其他纹饰比例明显下降，且未出现新的纹饰。硬陶纹饰中，以方格纹与素面为主，米筛纹次之，回字纹与曲折纹比例近乎消失，组合纹样流行程度降低。

第六期（第九段）　泥质陶数量开始增加，种类较多。硬陶多斜肩近弧折，部分折肩。

原始瓷纹饰仍以素面为主，新出现直棱纹与"C"形纹。硬陶纹饰开始以方格纹为主，素面次之，方格交叉纹再次，通体单一纹饰开始流行，组合纹样锐减。

第七期（第十段）　泥质陶数量进一步增加。硬陶以折肩为主，底径变小，口径多等于或略大于底径。

原始瓷纹饰中重新出现粗弦纹、锥刺纹及"S"形纹，并新出现卷云纹与叶脉纹，虽仍以素面最多，但比例已不足60%，其次为卷云纹，直棱纹再次。硬陶纹饰种类明显减少，复以素面为主，方格纹次之，方格交叉纹再次，米筛纹及菱格填线纹消失，流行单一纹饰。

第八期（第十一段）　泥质陶数量继续增加。硬陶以折肩为主，口径大于底径。

原始瓷纹饰种类与前期基本相同，因仿铜礼乐器的出现，"C"形纹比例激增，仅次于素面，斜划纹再次。硬陶纹饰中新增直棱纹与"C"形纹，应是仿自原始瓷，比例较低，仍以素面为主，方格纹次之，水波纹再次，方格交叉纹比例锐减。

第九期（第十二段）　硬陶与原始瓷数量锐减，多见泥质陶。

原始瓷纹饰种类锐减，仅有素面、"S"形纹、直棱纹与卷云纹四种。硬陶纹饰同样明显减少，仅见素面、方格交叉纹、方格纹与粗弦纹。

第十期（第十三段）　以泥质陶为主。原始瓷未见。硬陶纹饰仅见方格交叉纹。

三、各段的年代范围判断

以往对于两周时期太湖杭州湾的分期断代，大多以少数墓例推定各期年代，对比材料也多以本地区的早期研究为主。但一方面，以少数墓例的年代推定所属期段的年代，实为以点代面，且事实上暗含着东南沿海与中原腹心历史同步演进、文化同步变化的这一虚假假设，其结论自然不能反映历史的真实情况；另一方面，本地区早期的断代研究确实取得了丰硕的成果，其结论也大致无误，但若以此为后续断代的依据，则难脱窠臼，且重复了其中可能存在的错误。因此，本文进行年代判断时，将尽量系联更多单位，以归纳得出各期段的年代范围，即其上限与下限，并直接系联对比单位，以避免过度桥联所可能导致的年代偏误。

　　具体地，本文将以西周时期北方出土原始瓷与硬陶的所有单位、东周时期苏浙皖赣的所有铜器墓作为对比材料，将其所见陶瓷器与太湖杭州湾进行比对，并参考铜器的分期断代结论，综合判断各期段的年代范围。

　　第一段的相关材料较少，仅长子口 M1 原始瓷豆 M1∶99、罐 M1∶31 与原始瓷豆 Da 型 I 式、罐 B 型 I 式特征吻合。此段应为西周早期早段[①]，约在公元前 1050～前 1010 年。

　　第二段流行的原始瓷豆多广见于中原，B 型 I 式如平顶山 M232∶0111，Ca 型 II 式如平顶山 M230∶6、M232∶072，III 式如平顶山 M49∶1、绛县横水 M2158∶128，Da 型 II 式如平顶山 M86∶0184、张家坡 M152∶131。这些墓葬中，平顶山 M230 不晚于昭王，M232 在西周早期晚段至中期早段，M49 在穆王早期，M86 在穆王晚期[②]，张家坡 M512 在穆恭之时[③]，横水 M2158 约在西周中期早段[④]。故此段应为西周早期晚段至中期早段，约在公元前 1010～前 930 年。

　　第三段流行的原始瓷豆 Aa 型 III 式见于晋侯墓地如 M33∶152，Ca 型 IV 式见于黄堆老堡子如 95FHM55∶24。另张家坡硬陶罍 M165∶35 与屯溪 M3∶54[⑤]颇为相似，后者亦多见与原始瓷豆 Ca 型 IV 式共存。晋侯墓地 M33 在孝夷之时[⑥]，张家坡 M165 在夷厉共和之时[⑦]，老堡子 M55 为懿孝至西周晚期[⑧]。综合可知，此段应为西周中期晚段至晚期早段，约在公元前 930～前 830 年。

　　第四段流行的原始瓷罐 B 型 III 式与潜山黄岭[⑨]陶罐形制近同，另有召陈原始瓷折腹罐 T165（3A）∶4，与昙石山 96T1507②A∶16[⑩]形似，后者与原始瓷豆 B 型 III 式共存。简报以前者为西周晚期早段[⑪]，但典型单位 G1①实为 3C 层，叠压于 3A 层下，并间隔 3B 层，3A 层年代应稍晚至西周晚期晚段为宜。潜山黄岭则在春秋初期偏早[⑫]。此段应属西周晚期晚段至春秋初期偏早，约在公元前 830～前 730 年。

① 河南省文物考古研究所等：《鹿邑太清宫长子口墓》，中州古籍出版社，2000 年，199～209 页。

② 河南省文物考古研究所等：《平顶山应国墓地 I》，大象出版社，2012 年，68～563 页。

③ 中国社会科学院考古研究所：《张家坡西周墓地》，中国大百科全书出版社，1999 年，368 页。

④ 山西省考古研究所等：《山西绛县横水西周墓地 M2158 发掘简报》，《考古》2019 年 1 期，15～59 页。

⑤ 李国梁：《屯溪土墩墓发掘报告》，安徽人民出版社，2006 年，30 页。

⑥ 北京大学考古学系等：《天马—曲村遗址北赵晋侯墓地第五次发掘》，《文物》1995 年 7 期，4～39 页。

⑦ 中国社会科学院考古研究所：《张家坡西周墓地》，中国大百科全书出版社，1999 年，368 页。

⑧ 周原博物馆：《1995 年扶风黄堆老堡子西周墓清理简报》，《文物》2005 年 4 期，4～25 页。

⑨ 潜山县文物局：《潜山黄岭春秋墓》，《文物研究（第 13 辑）》，黄山书社，2001 年，125～127 页。

⑩ 福建博物院：《闽侯县石山遗址：第八次发掘报告》，科学出版社，2004 年，104 页。

⑪ 陕西周原考古队：《扶风召陈西周建筑群基址发掘简报》，《文物》1981 年 3 期，10～22 页。

⑫ 路国权：《东周青铜容器谱系研究》，上海古籍出版社，2019 年，692、693 页。

　　第五段流行的硬陶坛A型Ⅶ式见于舒城河口M1：5，共出原始瓷盉M1：9也与火烧山Ⅱ T0304⑨：1①基本相似②。此段亦应归属春秋初期，上限或稍晚，约在公元前730～前680年。

　　第六段时，乔涧子M2：11、M2：13③与三星墩硬陶罐D2Q3：3、D2Q3：1④甚似，六安燕山⑤、青阳龙岗M2⑥、溧水宽广墩⑦罐也与火烧山Ⅱ T0304⑦：3⑧、便山D404：5⑨近同，且六安燕山、溧水宽广墩分见有此段流行的原始瓷碗B型Ⅲ式、硬陶坛A型Ⅷ式。此四墓年代皆为春秋早期。常见于此段及第七段的原始瓷碗（杯盅）类Aa型Ⅶ式亦见于邳州九女墩⑩，其年代在春秋中期⑪。故此段大致相当于春秋早期，下限或进入春秋中期，约在公元前680～前600年。

　　第七段亦见流行的原始瓷碗（杯盅）类Aa型Ⅶ式见于邳州九女墩⑫，硬陶坛A型Ⅸ、Ⅹ式则见于钟离君柏墓⑬，丹徒青龙山⑭硬陶罐M1：114则与第八段鳖墩M2：4⑮颇似，硬陶坛的形制也符合A型Ⅹ式特征。这些墓葬皆属春秋中期⑯。至于第八段、第九段流行的原始碗（杯盅）类Aa型Ⅹ式、硬陶坛A型Ⅺ式则发现于春秋晚期的靖安李洲坳⑰、

① 浙江省文物考古研究所等：《德清火烧山：原始瓷窑址发掘报告》，文物出版社，2008年，98页。

② 安徽省文物考古研究所：《安徽舒城县河口春秋墓》，《文物》1990年6期，58～66页。

③ 安徽省文物考古研究所等：《安徽凤阳乔涧子春秋钟离国贵族墓葬发掘简报》，《江汉考古》2015年2期，12～20页。

④ 南京博物馆等：《江苏金坛连山土墩墓发掘报告》，《考古学集刊（第10集）》，地质出版社，1996年，175页。

⑤ 安徽省博物馆等：《安徽六安县发现一座春秋时期墓葬》，《考古》1993年7期，656、657页。

⑥ 青阳县文物管理所：《安徽青阳县龙岗春秋墓的发掘》，《考古》1998年2期，18～24页。

⑦ 刘建国、吴大林：《江苏溧水宽广墩墓出土器物》，《文物》1985年12期，23～25页。

⑧ 浙江省文物考古研究所等：《德清火烧山：原始瓷窑址发掘报告》，文物出版社，2008年，96页。

⑨ 浙江省文物考古研究所：《浙江长兴县石狮土墩墓发掘简报》，《浙江省文物考古研究所学刊：建所十周年纪念（1980—1990）》，科学出版社，1993年，144页。

⑩ 徐州博物馆等：《江苏邳州市九女墩春秋墓发掘简报》，《考古》2003年9期，13～24页。

⑪ 路国权：《东周青铜容器谱系研究》，上海古籍出版社，2019年，698～701页。

⑫ 徐州博物馆等：《江苏邳州市九女墩春秋墓发掘简报》，《考古》2003年9期，13～24页。

⑬ 安徽省文物考古研究所等：《钟离君柏墓》，文物出版社，2013年，355～365页。

⑭ 丹徒考古队：《丹徒青龙山春秋大墓及附葬墓发掘报告》，《东方文明之韵——吴文化国际学术研讨会论文集》，岭南美术出版社，2000年，10～37页。

⑮ 镇江市博物馆等：《江苏金坛鳖墩西周墓》，《考古》1978年3期，152页。

⑯ 路国权：《东周青铜容器谱系研究》，上海古籍出版社，2019年，698～701页。

⑰ 江西省文物考古研究所等：《江西靖安李洲坳东周墓发掘简报》，《文物》2009年2期，4～17页。

九女墩二号墩[①]。故综合来看，第七段、第八段主要对应春秋中期，或分属其早晚段，下限有进入春秋晚期的可能，约在公元前600～前520年[②]。

第九段流行的硬陶坛A型XII式见于谏壁王家山[③]与固始侯古堆[④]，后者亦见泥质陶豆 I 式如M1：55，硬陶罐（瓿）类Aa型XI式、Ab型IX式见于六合程桥一号墓[⑤]与青阳龙岗[⑥]，樟树观上[⑦]原始瓷碗（杯盅）类的形制也与本段流行的Ab型 I 式基本接近仅圈足略矮。另有青阳龙岗豆M1：16、丹徒北山顶[⑧]陶盆MX：2与大墩M1：4、M2：5[⑨]形制相近。这些墓葬皆属春秋晚期[⑩]。故此段应为春秋晚期，约在公元前520～前453年。

第十段流行的硬陶罐（瓿）类Ab型X式见于六合和仁[⑪]，后者所见小罐亦与笔架山D48M1：1[⑫]近同。此墓属战国早期[⑬]。故此段应为战国早期，约在公元前453～前370年。

第十一段流行的原始瓷碗（杯盅）类Aa型XII式，Ab型 II 、III 式见于高安太阳墟[⑭]，原始瓷碗（杯盅）类Ab型 III 式、硬陶罐（瓿）类Ad型VIII式、坛A型XIV式见于淮阴高庄[⑮]，寿县双桥[⑯]陶盒与江山大夫第：3[⑰]基本接近。这些墓葬年代皆在战国中期[⑱]。且本段

① 南京博物院等：《江苏邳州市九女墩二号墩发掘简报》，《考古》1999年11期，28～34页。

② 鳌墩M2虽然有碳十四测年数据距今2820±105年，树轮校正为公元前985年，但前辈学者多有讨论，认为明显早于该墓的实际年代（杨楠：《江南土墩遗存研究》，81页），故非本文断代之反例。

③ 镇江博物馆：《江苏镇江谏壁王家山东周墓》，《文物》1987年12期，24～37页。

④ 河南省文物考古研究所：《固始侯古堆一号墓》，大象出版社，2004年，99页。

⑤ 江苏省文物管理委员会等：《江苏六合程桥东周墓》，《考古》1965年3期，105～115页。

⑥ 青阳县文物管理所：《安徽青阳县龙岗春秋墓的发掘》，《考古》1998年2期，18～24页。

⑦ 樟树市博物馆：《江西樟树观上春秋墓》，《南方文物》1997年2期，46～48页。

⑧ 江苏省丹徒考古队：《江苏丹徒北山顶春秋墓发掘报告》，《东南文化》1988年3、4期，13～43页。

⑨ 苏州市考古研究所：《江苏苏州高新区大墩土墩遗存抢救性考古发掘报告》，《东南文化》2015年5期，36页。

⑩ 路国权：《东周青铜容器谱系研究》，上海古籍出版社，2019年，702、703、746、747、750、751页。

⑪ 吴山菁：《江苏六合县和仁东周墓》，《考古》1977年5期，298～301页。

⑫ 浙江省文物考古研究所等：《浙江安吉笔架山春秋战国墓发掘简报》，《东南文化》2009年1期，53页。

⑬ 路国权：《东周青铜容器谱系研究》，上海古籍出版社，2019年，746、747页。

⑭ 江西省文物工作队等：《高安太阳墟春秋墓》，《南方文物》1986年2期，26～28页。

⑮ 淮阴市博物馆：《淮阴高庄战国墓》，《考古学报》1988年2期，189～232页。

⑯ 寿县博物馆：《寿县双桥战国墓调查》，《文物研究》1986年2期，11～13页。

⑰ 毛兆廷：《浙江省江山县发现战国墓》，《文物》1985年6期，23页。

⑱ 路国权：《东周青铜容器谱系研究》，上海古籍出版社，2019年，702、703、746～750页。

绍兴凤凰山M1~M3兼具典型越、楚文化因素，应早于公元前306年楚怀王亡越。故此段应集中于战国中期，下限或稍早，约在公元前370~前300年。

第十二段流行的泥质陶豆Ⅲ式、盒Ⅱ式见于舒城秦家桥M1[①]，部分漆质。六安白鹭洲[②]陶鼎M585：58、M585：78及武进孟河[③]铜鼎与福泉山M88：15[④]甚为相似。这些墓葬皆属战国晚期[⑤]。另真山D1M1墓主或为春申君黄歇[⑥]，卒于公元前238年。故此段主要在战国晚期，约在公元前300~前235年。

第十三段流行的泥质陶豆Ⅳ式与潜山公山Ⅳ阶段所见基本接近，后者年代在战国末期[⑦]。另如前所述，本段嘉定外岗等单位可能已入秦纪年。故此段应为战国末期至秦汉之际，约在公元前235~前202年。

On the Staging and Chronology of the Taihu Lake - Hangzhou Bay in the Dynasties of Western Zhou and Eastern Zhou

——The Stages and Chronology Framework Construction of the Southeast Coast during the dynasties of Western Zhou and Eastern Zhou

Wu Tong

Abstract: The construction of stages and chronological framework for the Southeast Coast of China during the dynasties of Western Zhou and Eastern Zhou is the foundation for deepening the study of regional cultural and social research, which can be used to understand the formation of unified China from the perspective of the sea border. This article is the first of a

---

① 舒城县文物管理所：《舒城县秦家桥战国楚墓清理简报》，《文物研究（第6辑）》，黄山书社，1990年，139页。

② 安徽省文物考古研究所等：《安徽六安市白鹭洲战国墓M585的发掘》，《考古》2012年11期，23~32页。

③ 镇江市博物馆：《江苏武进孟河战国墓》，《考古》1984年2期，135~137页。

④ 周丽娟：《上海青浦福泉山发现一座战国墓》，《考古》2003年11期，95页。

⑤ 路国权：《东周青铜容器谱系研究》，上海古籍出版社，2019年，704~707、748~751页。

⑥ 苏州博物馆：《真山东周墓地：吴楚贵族墓地的发掘与研究》，文物出版社，1999年，69~73页。

⑦ 安徽省文物考古研究所等：《安徽潜山公山岗战国墓发掘报告》，《考古学报》2002年1期，95~124页。

series of articles. It takes Taihu Lake - Hangzhou Bay as the main research object, integrating the archaeological materials of the Southeast Coast, carrying out a comprehensive and detailed typological analysis, and re-dividing it into ten phases and thirteen segments. With all units of primitive porcelain and hard pottery unearthed in the north of the Western Zhou Dynasty, and all bronze tombs in Jiangsu, Zhejiang, Anhui and Jiangxi during the Eastern Zhou Dynasty as comparative materials, to make comprehensively judgment on the absolute chronological ranges of the various segments of Taihu Lake - Hangzhou Bay.

Keywords: The Zhou period; Southeastern coast of China; Taihu Lake - Hangzhou Bay; Ten periods and thirteen sections; Absolute chronological range

齐长城起点相关考古遗存的考察

张 冲 么 彬 王 滨

（淄博市博物馆，淄博，255035）

摘要： 齐长城是我国现存有准确遗迹可考、年代最早的长城，具有重要的历史文化和科学研究价值。齐长城起点处作为齐长城的重要组成部分，既存在诸如平阴城、防门、堑壕、石门、巫山、湄湖等遗存，也发生了诸多战事，可谓意义重大，但历代文献对于齐长城起点相关地点的描述存在一些差异。本文拟对文献进行重新梳理，并结合最新调查勘探资料对上述地点进行重新考察，力图使其更加符合史实。对齐长城起点相关考古遗存的重新考察，有助于我们探寻齐长城西段端点附近的遗存，对推进齐长城的研究也大有裨益。

关键词： 齐长城 平阴城 防门 堑壕 湄湖

齐长城是我国现存有准确遗迹可考、年代最早的长城，具有重要的历史文化和科学研究价值。对齐长城的研究自明末清初的顾炎武[①]开始，已经有三百多年的历史，也取得了丰硕的研究成果。近年来，学界加强了对齐长城的实地调查，如1991年山东省文物考古研究所组织调查队对济南、潍坊、临沂、日照、青岛等地进行了调查[②]；1996年至1997年，泰安市五位退休老人组成齐长城考察队对齐长城沿线各段进行了调查[③]；2008年至2009年，山东省文物局组成齐长城资源调查工作队组织实施齐长城全线系统调查[④]。通过实地调查，齐长城的起点已经比较明确，其位于今济南市长清区孝里镇广里村东侧。齐长城起点处作为齐长城的重要组成部分，既存在诸如平阴城、防门、堑壕、石门、巫山、湄湖等遗存（图一），也发生了诸多战事，可谓意义重大，但历代文献对于齐长城起点相关遗存等地点的描述存在一些差异，本文拟对文献进行重新梳理，并结合最新的调查勘探资料对上述地点进行重新考察，力图更加符合史实。

---

① 顾炎武著：《山东考古录》，山东书局重刊，清光绪八年（1882年），19页。

② 罗勋章、王站琴、张忠：《齐长城考略》，《海岱考古（第四辑）》，科学出版社，2011年，513～530页。

③ 路宗元主编：《齐长城》，山东友谊出版社，1999年。

④ 山东省文物局等编著：《齐长城资源调查工作报告》，文物出版社，2017年。

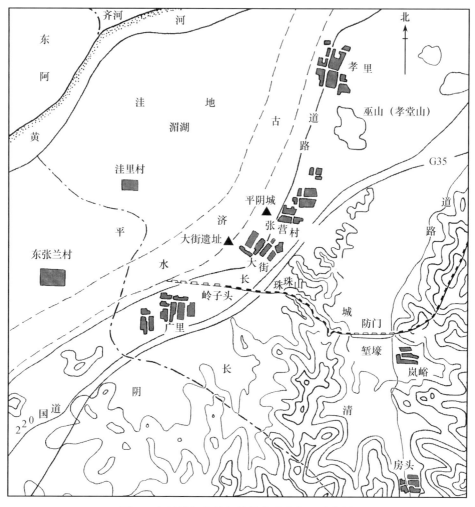

图一　齐长城起点处相关考古遗存位置示意图

一、平　阴　城

　　平阴是齐国的重要城邑，是齐国西南防御的重要要塞和齐国连接中原的咽喉要道，也是齐国对外防御的最前沿，对齐长城的考察离不开平阴城。平阴城位于古济水东侧，位于古济水东北流的要冲之上，东侧便是高耸的泰沂山系，正好位于古济水和泰山形成的狭长走廊中的最窄处，可谓扼住了齐国西南边境的咽喉，时至今日，这里仍是一条非常重要的交通要道，G220、G25等多条国道、高速、铁路经过此地。

　　"平阴"一地在历史文献中曾多次出现，在《水经注》等地理书籍中也多有提及，我们简要介绍如下：

　　《左传·襄公十八年》中记载："冬十月，会于鲁济，寻溴梁之言，同伐齐。齐侯御诸平阴，堑防门而守之广里……齐侯登巫山以望晋师，晋人使司马斥山泽之险……齐侯见之，畏其众也，乃脱归。"①杜预注曰："（平阴）其城南有防，防有门。于门外作堑，横行广一里。"

《左传·昭公二十三年》记载："丁未，晋师在平阴，王师在泽邑。"②

《后汉书》记载："济北国卢有平阴城，汉晋时其址犹存也。"

《后汉书·郡国志三》济北国卢县条："卢有平阴城。有防门。有光里。有景兹山。有敖山。有清亭。有长城至东海。"

《旧唐书》记载："卢县汉旧。隋置济北郡。武德四年，改济州，领卢、平阴、长清、东阿、阳谷、范六县。"

对平阴城记载较为详细的文献出自《水经注》卷八，其记载："济水又北迳平阴城西……平阴城南有长城，东至海，西至济，河道所由，名防门，去平阴三里……今防门北有光里，齐人言广，音与光同……又云：巫山在平阴东北……今巫山之上有石室，世谓之孝子堂。济水右迤，遏为湄湖，方四十余里。"

"济水东北与湄沟合，水上承湄湖，北流注济。《尔雅》曰：水草交曰湄，通谷者微。……《释名》曰：湄，眉也，临水如眉临目也。济水又迳卢县故城北，济北郡治也。"

清代《肥城县志古迹志》："春秋传齐遇晋师于平阴。杜预注在济北卢县东北，以道里考之，当在今广里北。"

除传世文献中有较多"平阴"的记载之外，出土文献中也有相关记载。如1928年至1931年间出土于洛阳金村古墓，现藏于加拿大多伦多安大略博物馆的骉氏编钟，其铭文曰"唯廿又再祀，骉羌乍戎厥辟韩宗，敲遾征秦□齐，入长城。先会于平阴，武侄寺力，□敓楚京。赏于韩宗，令于晋公，昭于天子，用明则之于铭。武文咸（烈），永世毋忘。"③另外在《小校经阁金文拓本》中有一件平阴剑，其铭文为"平阴"，反映了当时在此地的战事频繁。

从上述文献可知，平阴位于古济水东侧，所谓"济水又北迳平阴城西"。平阴城又位于卢县故城西南，杜预认为平阴在卢县东北，刚好把两者的方向混淆了，卢县故城应在东北，平阴城应在西南。

根据长清当地人王守学的介绍，在今孝里镇张营村西约500米处，20世纪时地表仍有突出的墙体，地势较高，可能为平阴城。2022年，山东省文物考古研究院对此地进行了调查和部分勘探，证明此处即为平阴城，西城墙呈东北—西南走向，地表墙体已消失殆尽，地下夯土墙长约445、宽约10～25、底部距地表约0.5～1.55米，南墙整体较为破碎，不甚连续，已探南墙墙体总长约70、宽约10～15、底部距地表约0.3～1.3米，另外还在西墙附近勘探出一处夯土面，其与平阴城城墙的关联还有待进

① 杨伯峻编著：《春秋左传注（修订本）》，中华书局，2021年，1140、1141页。

② 杨伯峻编著：《春秋左传注（修订本）》，中华书局，2021年，1602页。

③ 中国社会科学院考古研究所：《殷周金文集成（修订增补本）》，中华书局，2007年，157～161页。

一步研究①。

　　近些年来，在平阴城附近发现了许多战国大墓以及相关的手工业作坊，充分说明了此地作为齐长城起点的重要性，也反映了此地作为齐国防御前沿的重要性。

　　2004年5月，在平阴城附近的长清四街发现一座大墓M18，墓葬年代为战国早期偏晚或战国中期偏早，墓主被认为可能是驻守平阴的齐国将领。M18呈"甲"字形，斜坡式墓道，墓口朝西南侧，开口近方形，四壁斜直，墓口北壁长12.6、东壁长12.36、西壁长13、南壁长12.4米，墓底北壁长11.82、东壁长11.4、西壁长12.75、南壁长11.6米。在北侧二层台面中间有一只殉狗，狗颈部套有一串骨珠，其形态看似捆绑殉葬；东侧二层台的南端有一陪葬坑K1，约一米见方，深约1米左右，直壁平底，内有残存的宽约90厘米的木箱板痕，残高15厘米，其内放置有21件泥质的狗、猪、马、虎、人俑及小冥器等，大多已经残碎。出土遗物有陶器、石器、骨器、贝器以及少量的玉器、铜器等。铜器仅发现2件，为残铜戈、残铜剑。陶器有鼎、豆、壶、簋等，大多施有红色彩绘。对椁室内所有的淤泥土进行水洗筛选发现大量骨质管件、铜泡及少量玛瑙珠、环等②。

　　1975年，在平阴城东北约20千米处曾发现一处战国大墓——岗辛战国墓，墓葬地面上原有高6.8、底径约60米左右的封土，当地群众称之为"土塚"，墓葬为大型土坑竖穴墓，墓室东西长47、南北宽38.4、深7.5米，出土包括四鼎四豆二壶等铜器、铅明器、帷架构件等器物，被认为是战国晚期的齐国大墓③。此外，这一区域内还分布着诸如金村墓群、广里店墓群、潘庄墓群等春秋战国墓葬。这些墓葬应该与平阴城有密切联系，反映了当时此地极其重要的战略地位。

　　另外在平阴城南侧、齐长城北侧大街村附近发现了一处长约2100、宽约300米，面积约54万平方米的南北向条带状遗址，被认为是一处大型手工作坊遗址和墓地的综合体。其中发现了不少陶窑，有10余座之多④。2005年，山东省文物考古研究所、长清区文物管理所联合组队发掘，发掘区位于大街村西北、四街村西，发现战国、唐、宋元时期的灰坑、沟、陶窑、井等遗迹190多个，其中战国陶窑一座，陶窑为横穴式，仅存窑室、火膛的底部，窑室呈圆角方形，窑壁残存不足10厘米，底部有烧结的光滑红烧土平面，火膛位于窑室的西下方，瓢形，近直壁、平底，壁面烧成青黑色，其内堆满残陶器，主要器形为圈足器和直口折腹盆形器，还有豆等。大街遗址被认为是一处大型手

①　材料引自山东省文物考古研究院2022年度田野考古交流会张溯先生的《齐长城调查勘探项工作汇报》。

②　王永波、王守功编：《时代的脉动与文明的记忆南水北调东线一期工程山东段文物保护卷》，文物出版社，2022年，229、230页。

③　山东省博物馆、长清县文化馆：《山东长清岗辛战国墓》，《考古》1980年4期。

④　任相宏：《齐长城源头建置考》，《东方考古（第1集）》，2004年，263~275页。

工作坊，除生产日常陶器外，还生产筒瓦、板瓦等建筑材料和垫托、陶拍、范模制陶工具，甚至还有少量石范等铸器范件。由此可见，大街遗址与当时的军事重镇——平阴有非常重要的联系，可能是专门供给平阴城陶器的专业性手工作坊。

总之，不论是平阴附近的大墓还是大街手工作坊，都与平阴城和齐长城有很大联系，而且与平阴要塞及长城修筑和卫戍有关。

二、卢　　邑

如上所述，卢邑在平阴城东北方向，春秋时期为卢邑，西汉时成为卢县。卢邑是齐国边地的一个重要城邑，应该是因卢人聚集而得名，后来齐国上卿高傒被封在卢邑，唐代《元和姓纂》记载"姜太公之后，至文公子高，高孙傒，食采于卢，今卢县也，因姓卢氏。秦有博士卢敖，汉有燕王卢绾。"

《左传·隐公三年》记载"冬，齐、郑盟于石门，寻卢之盟也"，杜预注"卢，齐地，今济北卢县故城"。可知，卢邑到汉代成为了济北国的卢县故城。经过文物部门的勘探，卢县故城城址基本呈方形，边长在2000米左右，20世纪60年代时城墙尚存，由于地势低洼，城内黄河淤土较厚，文化层厚度不详，80年代在城内打井时，发现过汉代的砖瓦等建筑材料。卢县故城虽然早已荡然无存，但轮廓仍旧清晰可见，其地理位置非常清晰，即位于长清归德镇褚集村南300米。

三、湄　　湖

现存的齐长城起点位于长清区孝里镇广里村东侧，而在齐长城西侧有一大片洼地，当地人称之为"水里铺"，根据文献记载，此处应是"湄湖"所在地。

湄湖是平阴城西侧的一个大湖泊，虽然先秦典籍中没有记载，但在北魏郦道元《水经注》济水流经道里中有详细记载。《水经注》载"（济水）又北过临邑县东……济水右迤，遏为湄湖，方四十余里"，"（济水）又东北过卢县北，济水东北与湄沟合，水上承湄湖，北流注济。"[1] 由此可见，是因为古济水向右弯曲的缘故形成了方圆四十余里的湄湖，济水继续向东北流，又与从湄湖出来的湄沟相交，湄沟的水从湄湖流进了古济水。

"湄"字从水、眉声，《释名》解释"湄，眉也，临水如眉临目也"，《说文》解释"水草交为湄"，《诗·秦风·蒹葭》"所谓伊人，在水之湄"，结合济水与湄湖的位置，恰如眉毛与眼睛的关系。

《元和郡县图志》记载"湄湖泊在长清县西南五里，东西三十里，南北二十五里，水族生焉，数州取给"，可见当时的湄湖在长清县西南五里，东西达三十里，南北达

---

① 郦道元著：《水经注》，巴蜀书社，1985年。

二十五里，水草茂盛，熊会贞与杨守敬的《水经注疏》记载"（湄湖）在今县西南，已湮"，说明清朝末年时湄湖早已湮灭不存。根据其位置和大小，湄湖与现在的孝里洼十分吻合，孝里洼至今仍是一片洼地，地势较低、积水严重，曾被称为"水里铺"。《左传·定公九年》记载"齐侯致禚、媚、杏于卫"，"禚""媚""杏"都是齐国边邑，齐侯把这三个城邑送给了卫国，这其中的"媚"可能就在湄湖附近。

综合来看，湄湖即为今天的孝里洼，"临水如眉临目也"，水源补给自济水，湄湖水通过湄沟又注入古济水，平阴城和齐长城都位于湄湖东侧。

四、巫　　山

公元前555年，晋国、鲁国等十二国攻打齐国，双方在平阴附近交战，称为"平阴之战"，《左传·襄公十八年》记载"齐侯登巫山以望晋师，晋人使司马斥山泽之险，虽所不至，必旗而疏阵之。使乘车者左实右伪，以旗先，舆曳柴而从之。齐侯见之，畏其众也，乃脱归"。《太平寰宇记》记载"巫山一名孝堂山"，可知巫山又名孝堂山，因山上有孝堂山郭氏墓石祠而得名，郭氏墓石祠创建于东汉初年，春秋时期此山被称为巫山，《水经注》记载"（济水）又北过临邑县东……又云：巫山在平阴东北，昔齐侯登望晋军，畏众而归。师旷、邢伯闻鸟乌之声，知齐师潜遁。人物咸沦，地理昭著，贤于杜氏东北之证矣。今巫山之上有石室，世谓之孝子堂。"

由此可知，巫山在平阴城东北方向，是平阴之战的发生地，而巫山之上有孝子堂，故巫山即孝堂山，位于孝里镇孝里铺村东南，平阴城的东北方，卢邑西北方，古济水的东侧。

五、防　　门

防门是考察齐长城起点处的一处重要遗址，《左传·襄公十八年》记载公元前555年，晋、鲁、宋、卫、莒等十二国伐齐，"齐侯御诸平阴。堑防门而守之广里……诸侯之士门焉，齐人多死"，杜预注曰："（平阴）其城南有防，防有门。于门外作堑，横行广一里"，晋代京相璠曰："平阴齐地，在济北卢县故城西南十里。南有长城，东至海，西至济。河道所由名防门，去平阴三里。齐侯堑防门，即此也。"由此可知，防门是齐灵公防御体系的重要一环，采用的是"堑"的方式，也就是挖深壕，长度在一里左右，北距平阴城三里。

以往学术界对于平阴城的"堑防门"讨论较多，如王献唐、罗勋章、任相宏、王永波等学者都有所研究，多认为防门的位置在齐长城的起点处，随着近些年齐长城调查勘探的进行，我们对防门有了一些新的认识。2008年至2009年，山东省文物局组织实施的齐长城资源调查在长清岚峪附近发现了一条东西向的壕沟，这条沟不同于山谷地带的自然冲沟，明显有人为迹象，沟宽20多米，深10多米，沟的东西与山脊相连接，根据长清当地村民介绍，在沟的北侧20世纪六七十年代仍保存着很高的土墙，目前已消失不见，当时调查队初步判断应该是墙体外的堑壕[1]。2022年，山东省文物考古研究院对这一地点消失段的齐长城进行了勘探，勘探地点位于岚峪村西北部，起点位于珠珠山东部山脚，墙体破坏严重，消失段西端地表可见夯土墙剖面，中部被河谷隔断，中东部被民居与农场阻断。经勘探，现存地下夯土墙总长约1136、宽约10~20、距现地表深约0.2~3.4米，夯土内包含少量石块、炭屑、烧土颗粒[2]（图二）。

图二　齐长城起点处人工堑壕现状图

总之，通过文物部门的调查和勘探，我们基本可以确定位于岚峪的壕沟内侧城墙应该就是齐灵公时的防门，门外侧堑壕沟，内侧城墙现已消失不存。防门和堑壕位于平阴城南侧，京相璠记载防门据平阴三里，现在来看，距离记载不是很准确，应在六里左右。杜预记载堑壕"横行广一里"，现在看距离也不准确，应该在二里左右，不仅如此，杜预可能是把《左传》中"堑防门而守之广里"的"广里"错解成了"广一里"。

此外，在位于岚峪壕沟南侧不足3千米的地方现有一名为房头的村庄，"防头"在清光绪年间的《肥城县志》中有"左右皆崇山，中为门以通往来……防门即今之防头"的记载，其认为防门就是防头，这是不准确的。防头，按照字面意思解释就是防御的开始处，现在的防头村恰好位于防门之南不足3千米之处，左右皆山，再往南就是著名的陶山，所谓"齐地南至陶阴，西至济，北至河"，因而今天的房头就是春秋时防门之头，防头与房头音相同，后来慢慢演化成了房头。

---

① 　山东省文物局等编著：《齐长城资源调查工作报告》，文物出版社，2017年。
② 　材料引自山东省文物考古研究院2022年度田野考古交流会张溯先生的《齐长城调查勘探项工作汇报》。

六、广　　里

"广里"一词也出现在《左传》中，其记载"齐侯御诸平阴，堑防门而守之广里"[①]，意思是说，齐灵公在平阴城防御晋军，堑防门，在广里进行防守。杜预注曰："（平阴）其城南有防，防有门。于门外作堑，横行广一里"。《水经注》和《水经注疏》中也对广里有所记载，郦道元在《水经注》中记载"今防门北有光里，齐人言广，音与光同，即《春秋》所谓守之广里者也"，杨守敬在《水经注疏》记载"守敬按：《通鉴》，梁中大通六年，魏齐州刺史侯渊出走，行及广里，则亦以广为名，况又有光里相证，则郦说是也"。

如前所述，杜预认为堑壕的长度"广一里"，这种认识是错误的，广里应该是平阴附近的一个地点，杨守敬引用《资治通鉴》中"魏齐州刺史侯渊出走，行及广里"也认为广里就是一个地名，而今天在齐长城起点处南侧，仍有一名为广里村的村庄。既然确定了广里是一个地名，那今天的广里村是否就是春秋战国时期的广里呢？我们来看广里村与齐长城的相对位置，今天的广里村位于齐长城南侧，也就是齐长城外侧，如果齐灵公要进行防御的话，应该在齐长城内侧。由此可知，今天的广里村与春秋战国时期的广里不是一个地点，可能是后来人们聚集而形成的村庄，借用了广里的名字并称之为广里村。

七、小　　结

通过以上的梳理，我们对齐长城起点相关考古遗存进行了重新考察，这有助于我们探寻齐长城西段端点附近的遗存，对推进齐长城的研究也大有裨益。齐长城起源于今济南市长清区孝里镇广里村东侧。平阴城位于古济水东侧，现位于孝里镇张营村西约500米处，平阴附近的大墓和大街手工作坊，与平阴城和齐长城有很大联系，而且与平阴要塞及长城修筑和卫戍有关。卢邑在平阴城东北方向，春秋时期为卢邑，西汉时成为卢县。湄湖为今天的孝里洼，巫山在平阴城东北方向。位于岚峪的壕沟内侧城墙应该就是齐灵公时的防门，门外侧堑壕沟，内侧城墙现已消失不存，防门和堑壕恰位于平阴城南侧。现在的广里村与春秋战国时期的广里不是一个地点，可能是后来人们聚集而形成的村庄，借用了广里的名字并称之为广里村。

附记：本文为2022年度山东省文化和旅游研究课题"齐长城修筑问题再研究"［项目编号：22WL（Z）50］的阶段性成果。

---

① 孔颖达：《春秋左传正义》，中华书局，1980年，1965页。

Investigation of Archaeological Remains Related to the Starting Point of the Qi Great Wall

Zhang Chong　　Yao Bin　　Wang Bin

Abstract: The Qi Great Wall is the earliest extant Great Wall in China with accurate remains and has important historical, cultural, and scientific research value. As an important part of the Qi Great Wall, the starting point of the Qi Great Wall is of great significance because of the relics, such as Pingyin City, Fangmen, Trenches, Shimen, Wushan, and Meihu, as well as the many battles that took place there. However, there are some arguments about the descriptions of the locations of the starting point of the Qi Great Wall in the historical literature. This article intends to sort out the literature, and re-examine the above locations in conjunction with the latest survey and exploration data, in an effort to be more consistent with historical facts. Through the review of the archaeological remains related to the starting point of the Qi Great Wall, it will help us to explore the remains near the end of the western section of the Qi Great Wall, which is also beneficial to promoting the research of the Qi Great Wall.

Keywords: The Qi Great Wall; Pingyin City; Fangmen; Trenches; Meihu

蒙古国德勒山唐麟德二年汉文题记考

徐 弛

（西北大学丝绸之路考古合作研究中心，西安，400799）

摘要： 唐代麟德二年的汉文题记，发现于蒙古国中戈壁省南部的鄂勒济特苏木境内德勒山中的一处崖壁上。虽然只有寥寥二十一字，但其内容与位置所蕴含的信息丰富。题记中明确提到传世史料中未载的一个折冲府——灵州辅贤府。题记中人物驻扎在此，与此时唐与漠北铁勒九姓关系以及唐高宗时期的重要史事——封禅泰山有密切关联。

关键词： 德勒山　铁勒　唐高宗　封禅

2001年，蒙古国考古学家巴特图勒嘎（Ц.Баттулга）、图尔巴特（Ц. Төрбат）以及甘奇莫格（Б. Ганчимэг）三人发表了《德勒山新发现的汉文题记》（*Дэл уулаас шинээр олдсон хятад бичээс*）一文，研究了他们在蒙古国德勒山的岩壁上发现的中文题记。留在岩壁上的题记保存完好，文字清晰可辨（图一）。内容为：

图一　德勒山汉文题记

1. 靈州輔賢府校尉程憲
2. 劉文智
3. 麟德二年
4. 六月廿九日①

---

① Ц. Баттулга, Ц. Төрбат, Б. Ганчимэг. Дэл уулаас шинээр олдсон хятад бичээс. *МСЭШБ. МУИС. МСС. Боть XVII (169).* Улаанбаатар, 2001, p.103; 铃木宏节：《ゴビの防人—モンゴル発見の唐代漢文銘文初探》，《史滴》37号，2015年，64页。几位蒙古学者将 "賢" 释读为 "资"，将 "廿" 释读为 "甘"，日本学者铃木宏节将其释为 "翼"，均有误，笔者将在后文考证。另外，第二列最后一字蒙古学者没有释读成功，铃木宏节释读为 "智"，笔者赞同铃木宏节的意见。

　　岩壁上题记的内容一目了然，意思是灵州辅贤府校尉程宪、刘文智于麟德二年（665年）六月廿九日在此题写。发现题记的德勒山（Дэл уулаас），位于蒙古国中戈壁省（Дундговь аймаг）的鄂勒济特苏木（Өлзийт сумын）南部（图二）。该山海拔较低，东西绵延60千米[①]。Дэл在蒙语中意为"马鬃"，因此德勒山又可意译为马鬃山。德勒山山区水草丰美，其南边不远处，即为横亘在内、外蒙古之间的戈壁沙漠。

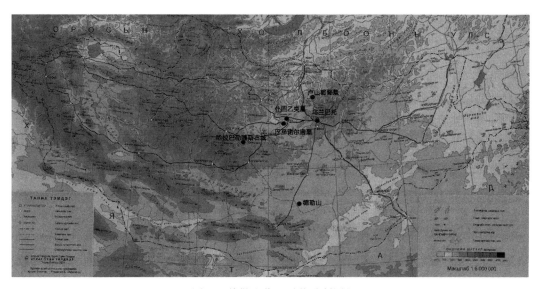

图二　德勒山位置（徐弛制图）

　　该题记虽然只有寥寥数字，但可从多角度进行研究。特别是对研究唐朝在漠北地区的羁縻统治有重要意义，因此，本文将对题记文字进行研究，请方家指正。

一、"灵州辅贤府校尉"考

　　该题记保存十分完好，且其中几乎没有难以理解的汉字。其中，"灵州辅贤府校尉"应为折冲府校尉。

　　根据《新唐书》记载，校尉品级为从七品下[②]。校尉由折冲都尉掌领，"诸府折冲都尉之职，掌领五校之属。以备宿卫，以从师役，总其戎具、资粮、差点、教习之法令……凡兵马在府，每岁季冬，折冲都尉率五校之属以教其军阵战斗之法。"[③]

　　但关于折冲府中校尉的数量和校尉管辖的兵团人数，《唐六典》与《新唐书》各处所述有别。《唐六典》记载，折冲府中有五名校尉，每名校尉掌管三百名卫士。"诸府折

---

①　Цэндийн Баттулга. *Монголын руни бичгийн бага дурсгалууд*. Улаанбаатар, 2005, p. 141.

②　《新唐书》卷四十九上《百官四上》，中华书局，1975年，1288页。

③　《唐六典》卷二十五《诸卫折冲都尉府》，中华书局，1992年，644页。

冲都尉之职，掌领五校之属……凡卫士三百人为一团，以校尉领之。"①《新唐书·百官志》记载，校尉共五人②，但《新唐书·兵志》记载，校尉有六人，每名校尉掌管三百名卫士。"府置折冲都尉一人，左右果毅都尉各一人，长史、兵曹、别将各一人，校尉六人。士以三百人为团，团有校尉。"但同处记载中又说"太宗贞观十年，更号统军为折冲都尉，别将为果毅都尉，诸府总曰折冲府。凡天下十道，置府六百三十四，皆有名号，而关内二百六十有一，皆以隶诸卫。凡府三等：兵千二百人为上，千人为中，八百人为下。"③若上府一千二百人，六位校尉，则每人掌管的士兵人数应为二百人，依次类推可知中府共五名校尉，共一千人。下府四名校尉，共八百人。就此问题，唐长孺先生认为，"六典不明言校尉若干人，即因多少诸府不同。然数言五校，则亦以最多不过五也。独通典卷二十九武官折冲条亦云校尉六人，与兵志合。然兵志其下亦云折冲都尉率五校云云，未免粗率，此五校为实数非泛称也。今考三百人为团，校尉领之，使其有六校尉则当一千八百人，千二百之数仍异，疑上府实不止此数，否则三百人为团当是二百人之误。"④谷霁光先生对此问题亦进行过考证，他认为，特等府以三百人为一团，一般府以二百人为一团。三百人为团相当于战时的统，原系武后在洛阳附近增设军府的建制。由于团的人数可以有所变动，所以《新唐书》《通典》《邺侯家传》都说每团三百人，实际上是团的另一种编制。比较普遍的是二百人为团，上府六团，中府五团，下府四团，分别有六、五、四个校尉，不足四团的只有三个校尉⑤。

笔者认为，这一问题可从府兵制的衰落这一角度切入。据《唐六典》记载，"垂拱中，以千二百人为上府，千人为中府，八百人为下府。"⑥由此可知，"垂拱中"是一个很重要的时间节点，将折冲府分为上、中、下三等这一制度，很可能是自垂拱年间开始实行的。此后情况如谷霁光所述，上府六团，中府五团，下府四团，分别有六、五、四个校尉，每团二百人。而每个折冲府中有五校尉率领五团，每团三百人，则为垂拱以前的情况。折冲府兵团中卫士数量的大幅减少，也是府兵制走向衰落的体现。

关于校尉的职责，校尉平时需要率领府兵番上，驻防戍守，冬季负责练兵，在战时带兵出征，执行军事任务。"诸府折冲都尉之职，掌领五校之属。以备宿卫，以从师役，总其戎具、资粮、差点、教习之法令……凡兵马在府，每岁季冬，折冲都尉率五校之属以教其军阵战斗之法。"⑦带兵出征是折冲府校尉重要的任务，例如贞观二十

① 《唐六典》卷二十五《诸卫折冲都尉府》，中华书局，1992年，644页。

② 《新唐书》卷四十九上《百官四上》，中华书局，1975年，1288页。

③ 《新唐书》卷五十《兵志》，中华书局，1975年，1325页。

④ 唐长孺：《唐书兵志笺证》，科学出版社，1957年，12页。

⑤ 谷霁光：《府兵制度考释》，上海人民出版社，1962年，162、163页。

⑥ 《唐六典》卷二十五《诸卫折冲都尉府》，中华书局，1992年，645页。

⑦ 《唐六典》卷二十五《诸卫折冲都尉府》，中华书局，1992年，644页。

年（646年）《韦怀德墓志》记载，"（韦怀德）大唐转任右武卫贵安府校尉。东征西讨，亟树勋庸。"①

德勒山的题记是麟德二年所写，此时在垂拱之前，因此每个兵团中应有三百名卫士。题记中有程宪、刘文智两位校尉，故来到此地的应该还有两位校尉率领的两个兵团，共六百名卫士。该题记位于漠北，而题记中的折冲府来自灵州（今宁夏回族自治区吴忠市），说明两位来自灵州的校尉应是率领兵团出征至此，执行军事任务。那么，题记上所写字，是铃木宏节猜测的"辅翼府"，还是"辅贤府"？笔者找到了关键证据，可证其为辅贤府。

《新唐书》记载，全国共有折冲府六百三十四个，各有名号。此处题记中的"灵州辅贤府"应为其中的一个。虽然史料中没有将所有折冲府的名号记录下来，幸运的是，墓志碑刻等新史料上，也记载了很多与折冲府名号有关的信息。有赖于学者们的努力，笔者查到了关于辅贤府的情况②。王其祎在《唐折冲府考补遗三条》一文中提到，1984年高陵出土的武则天长寿三年《冯师训碑》中，提到了辅贤府。"（冯师训）显庆五年（660年）除游击将军，守左武侯（卫）辅贤府左果毅都尉。"③在该碑文中，并未提到辅贤府的归属。在蒙古国发现的题记中，明确提到辅贤府属灵州，可据此补阙。但《冯师训碑》的记载使我们得知，辅贤府是附属于左武侯卫的折冲府。

左武侯卫即左金吾卫，龙朔二年（662年），左右武侯卫改为左右金吾卫。左右金吾卫大将军各一人，将军各二人④。《唐六典》记载，"兵曹掌五府、外府之武官职员，

---

① 胡戟、荣新江主编：《大唐西市博物馆藏墓志》，北京大学出版社，2012年，81页。

② 有许多学者对折冲府的名号进行了研究，20世纪上半叶，劳经原即撰写了《唐折冲府考》，罗振玉撰有《唐折神府考补》《唐折冲府考补拾遗》，以及谷霁光《唐折冲府考校补》等，使唐折冲府之名目逐渐全面地展现在世人眼前。地不爱宝，改革开放后，更多全新的墓志资料展现在我们眼前，又有许多学者在前人基础上对折冲府的名号进行了新的汇总。例如武伯纶在《唐京兆郡折冲府考逸》一文中，增补了若干个京兆府境内的折冲府；李方在其所著的《唐折冲府增考》中又增补了18个。之后还有学者进行了一些爬梳工作。如宋英的《唐折冲府补考》；王其祎的《唐折冲府考补遗三条》；周晓薇、王其祎的《唐折冲府考校补拾遗》《唐折冲府考校补拾遗再续》《唐折冲府考校补拾遗三续》；杜文玉的《唐京兆府内折冲府考逸》；张沛的《唐折冲府汇考》等。其中张沛的《唐折冲府汇考》一书可谓是集大成之作。进入21世纪，又有一批学者依据新材料对唐代折冲府名号问题进行了研究。刘思怡《唐折冲府新考》将唐代折冲府数量提升至737个之多；客洪刚《唐折冲府补考》在前述学者研究基础上，又增补了十个新的折冲府。此外，近年来还有刘志华的《隋兵府、唐折冲府补遗——以〈大唐西市博物馆藏墓志〉为例》等文章。这些研究，使得唐朝"各有名号"的诸折冲府情况较为详尽地展现在我们眼前。

③ 王其祎：《唐折冲府考补遗三条》，《中国历史地理论丛》1992年4期，104页。

④ 《唐六典》卷二十五《诸卫折冲都尉府》，中华书局，1992年，638页。

凡番第上下，簿书名数，皆受而过大将军以配焉。"①由此可知，无论是大将军还是将军，都负责管理外府的武官、职员，以及府兵的番第上下，簿书名数。德勒山发现题记的主人公，两位"灵州辅贤府校尉"，是在左金吾卫大将军以及左金吾卫将军的统领之下的，此时的左金吾卫将军延陀梯真或庞同善。其全称应为"左金吾（卫）灵州辅贤府校尉"。

此外，根据《军防令》，"差兵十人以上，并需铜鱼敕书勘同，始合差发。"②根据唐代的鱼符制度，"一曰铜鱼符，所以起军旅，易守长。……大事兼敕书，小事但降符，函封遣使合而行之。"③可见，唐代诸卫虽然与折冲府有统属关系，但只是在府兵卫士番上时"各配所职"，并不会指挥卫士出征。题记中提及的灵州辅贤府府兵出现在漠北地区，应该是中央直接下达的命令。

二、麟德二年唐与铁勒关系

德勒山的题记还提供了时间信息，即麟德二年六月廿九日，此时正是唐朝与漠北铁勒诸部关系的紧张时期。显庆五年至龙朔三年，唐与铁勒的关系出现重大危机。

> 显庆五年（660年），（张胫）又□卢山道总管④。
> 显庆五年八月壬午，左武卫大将军郑仁泰将兵讨思结、拔也固、仆骨、同罗四部，三战皆捷，追奔百馀里，斩其首长而还。
> 龙朔元年（661年）十月，回纥酋长婆闰卒，侄比粟毒代领其众，与同罗、仆固犯边。诏左武卫大将军郑仁泰为铁勒道行军大总管，燕然都护刘审礼、左武卫将军薛仁贵为副，鸿胪卿萧嗣业为仙萼道行军总管，右屯卫将军孙仁师为副，将兵讨之⑤。

从《资治通鉴》的记载我们发现，铁勒诸部此时与唐朝的关系非常紧张。而其原因，则与唐朝肆意征发铁勒士兵有关。例如《旧唐书》记载，"永徽二年（651年），贺鲁破北庭，诏将军梁建方、契苾何力领兵二万，取回纥五万骑，大破贺鲁，收复北

① 《唐六典》卷二十四《左右卫》，中华书局，1992年，618页。

② 仁井田陞：《唐令拾遗》，东京大学出版社，1997年，371页。

③ 《旧唐书》卷四三《职官志二》，中华书局，1975年，1847页。

④ 《张胫墓志》，见赵文成、赵君平编选：《新出唐墓志百种》，西泠印社出版社，2010年，36页。笔者注：卢山为思结部居地。《资治通鉴》卷一九八："太宗为置六府七州……思结为卢山府。"

⑤ 《资治通鉴》卷二百，中华书局，1956年，6322、6326页。

庭。"① 又根据乙突墓志得知，唐朝先发仆固部士兵西征阿史那贺鲁、又东征靺鞨、西讨吐蕃，普通的仆固部士兵自然十分疲惫，这导致了思结、拔野固、回纥、同罗、仆固等部接连造反。

铁勒部的造反导致了唐朝的镇压。龙朔三年（663年），郑仁泰、薛仁贵等人大败铁勒诸部于漠北地区的天山，铁勒余众请降，但薛仁贵却坑杀铁勒降卒。

> 铁勒九姓闻唐兵将至，合众十余万以拒之，选骁健者数十人挑战。薛仁贵发三矢，杀三人，馀皆下马请降。仁贵悉坑之，度碛北，击其余众，获叶护兄弟三人而还。军中歌之曰："将军三箭定天山，壮士长歌入汉关。"②

铁勒九姓合兵十余万，仍败于唐军，对唐军产生了畏惧心理。且被坑杀，元气大伤。此事引起铁勒诸部的极度不满。幸而在铁勒诸部内德高望重的契苾何力及时赴漠北安抚铁勒余众，斩杀叛乱首领，平定铁勒诸部。

> 何力简精骑五百，驰入九姓中，虏大惊，何力乃谓曰："国家知汝皆胁从，赦汝之罪，罪在酋长，得之则已。"其部落大喜，共执其叶护及设、特勒等二百馀人以授何力，何力数其罪而斩之，九姓遂定③。

虽然根据文献记载，契苾何力平定了铁勒诸部，并斩杀了叛乱首领。以理推之，在斩杀叛酋后，契苾何力将首领替换成了忠于唐朝的铁勒人。例如根据仆固乙突墓志记载，此时仆固部由忠于唐朝的仆固乙突统领。因为忠诚，唐朝甚至给仆固乙突在乾陵前立像④。但是，铁勒诸部与唐朝的裂痕难以弥合，他们在恢复元气之后，仍不断造反。自高宗开耀元年（681年）始，漠北连年大旱，饥馑和灾荒导致铁勒部大乱，同罗、仆固等部叛唐。唐朝遂派左豹韬卫将军刘敬周讨伐之。具体年代，《资治通鉴》载为垂拱二年（686年）六月，"同罗、仆固等诸部叛，遣左豹韬卫将军刘敬周发河西骑士出居延海以讨之，同罗、仆固等皆败散。敕侨置于安北都护，于同城以纳降者。"⑤可见因为唐朝长期征发铁勒诸部士兵，又因郑仁泰、薛仁贵等人杀降，铁勒九姓一直伺机反叛。但由于被杀人数过多，他们很难在麟德二年时就组织起有效的反抗。尽管如此，铁勒九

---

① 《旧唐书》卷一九五《回纥》，中华书局，1975年，5197页。

② 《资治通鉴》卷二百，龙朔二年春三月，中华书局，1956年，6328页。

③ 《资治通鉴》卷二百，龙朔二年春三月，中华书局，1956年，6328、6329页。

④ 宋敏求撰，辛德勇、郎洁点校：《长安志》，《长安志·长安志图》，三秦出版社，2013年，49页；陈国灿：《唐乾陵石人像及其衔名的研究》，《文物集刊（第2辑）》，文物出版社，191页。

⑤ 《资治通鉴》卷二〇三，唐高宗垂拱二年六月，中华书局，1956年，6435页。

姓仍有余众在此时对唐朝进行侵扰。例如《旧唐书》崔知温传记载：

> 麟德中，累转灵州都督府司马。州界有浑、斛薛部落万余帐，数侵掠居
> 人，百姓咸废农业，习骑射以备之，知温表请徙于河北，斛薛不愿迁移。时将
> 军契苾何力为之言于高宗，遂寝其奏。知温前后十五上，诏竟从之，于是百姓
> 始就耕获①。

崔知温奏请徙铁勒二部于黄河以北，高宗一开始听从了契苾何力的建议，搁置了崔知温的建议。契苾何力作为铁勒契苾部首领，刚从漠北平乱归来，是此时最了解铁勒内部情况的唐朝官员。因此高宗倾向于采纳契苾何力的建议，以安抚铁勒斛薛部为主，意图避免和铁勒人的进一步冲突。所以崔知温连续上表十四次，高宗均搁置了崔知温的请求。但在崔知温的第十五次上表后，高宗居然转变了态度，最终采纳了崔知温的建议，将斛薛等部迁往黄河对岸。

虽然从表面上看，这种转变可能与崔知温的坚持有关，但从根本上来说，更可能是因为有比安抚铁勒更重要的原因，才导致高宗在经过长期的思考后，最终下决心转变了对铁勒九姓的态度。从开始的一味妥协，转变为积极应对，主动采取防御措施。一方面，他将斛薛和浑部从灵州迁出，迁往黄河以北；另一方面，他又派遣军队奔赴漠北。今天我们所见的题记，就是在这样的形势下，题写在漠北德勒山的岩壁之上。笔者认为，这个更为重要的原因，即高宗于乾封元年（666年）封禅泰山。

三、高宗封禅泰山前强化北境防御的措施

如今我们已经明确，位于蒙古国南戈壁省北部德勒山岩壁上的题记，是灵州辅贤府校尉程宪、刘文智于麟德二年六月廿九日刻写于此地的。虽然该题记只记述了人物与时间信息，没有记载两位校尉此次奔赴漠北的原因。但关于这一问题，蒙古国和日本的几位学者也进行过研究。

巴特苏楞（Б.Батсүрэн）强调了灵州对漠北铁勒诸部的重要性，他认为这两名校尉到漠北地区的目的是护送646～647年南迁灵州的铁勒人返回漠北②。但他对中文的理解可能有一定问题，其观点猜想的成分居多。实际上他提到的事件是贞观二十年（646年），太宗赴灵州接见铁勒诸部使节，以及铁勒诸部首领至长安朝见唐太宗之事，贞观二十一年（647年），太宗在漠北设六府七州，诸部首领们回到漠北担任各府州的都督、

---

① 《旧唐书》卷一八五上《崔知温传》，中华书局，1975年，4791页。

② Б. Батсүрэн. *Өндөр тэрэгтэн ба эртний түрэгүүд*. Улаанбаатар, 2009, p. 164. 转引自 Батболд, *Мартагдсан Пугу Аймаг*, Улаанбаатар, 2017, p. 183.

刺史。两件事的时间相差约20年，二者没有直接联系，因此笔者不认同他的观点。

日本学者铃木宏节推测该题记与高宗封禅有关，但未对此展开深入讨论①。在仆固乙突墓发现后，参与过仆固乙突墓发掘的蒙古国学者巴图宝力道（Батболд）将仆固乙突墓志与这一题记联系起来进行研究。巴图宝力道注意到仆固乙突墓志中，同样提到了"麟德二年"这一年号。"至麟德二年，銮驾将巡岱岳，既言从塞北，非有滞周南，遂以汗马之劳，预奉射牛之礼。"②因此，他也认为这一题记与唐高宗封禅有关，并进一步认为此地为交通要道，附近水草丰美，游牧民可在此生活。且此地位于山谷地带，适合守军防御。他参考贞观时期薛延陀造反之事，认为唐朝已经吸取教训，因此派两名校尉率领三百人（团）的部队在此要道驻扎，目的是防范铁勒部众趁高宗封禅时叛乱，南下入寇③。根据《资治通鉴》《旧唐书·高宗本纪》等史料，麟德二年漠北地区没有发生任何重大事件。但根据仆固乙突墓志我们得知，麟德二年前后，与漠北铁勒诸部有关的唯一重要事件，即高宗泰山封禅。在乙突墓志中特意提到此事，可见此次高宗封禅对金微都督仆固乙突来说极为重要。由此推之，此事对漠北铁勒诸部的首领来说，均是十分重要的一段经历。因此笔者赞同二位学者的观点，即德勒山题记的刻写与高宗封禅一事有关。但军队驻扎需要大量补给，位于戈壁边缘的德勒山远离唐朝州县，可能亦非当时某主要草原部落的驻地，因此笔者不认同巴图进一步阐发的观点。笔者认为，二位校尉可能只是临时路过。根据前文的考证，在垂拱以前，每名校尉可以领三百名卫士出征，故笔者推测，两名校尉率领六百名卫士来到漠北，是为了保障封禅顺利进行，执行某项任务时路过此地。

唐朝为保障封禅顺利进行，在漠北采取了一系列措施。据《资治通鉴》记载，高宗麟德元年（664年）七月，就已经决定在麟德三年（即乾封元年）封禅泰山。"秋，七月，丁未朔，诏以三年正月有事于岱宗。"④高宗实行的第一项措施，即向漠北派兵驻防。根据史料记载，除驻扎在德勒山的这支辅贤府部队之外，还有一支榆林府的部队被派往漠北地区。《于遂古墓志》记载，"麟德元年，九姓初宾，奉敕将兵，于瀚海都护府镇押。"⑤龙朔元年（661年）十月，回纥酋长比粟毒与同罗、仆固犯边⑥。麟德元年之时，铁勒九姓刚刚重归唐朝。为了稳定漠北局势，作为榆林府右果毅都尉的于遂古，被派往

① 铃木宏节：《唐の羁縻支配に関連するモンゴル高原の漢文石刻三題》，明治大学《第3回"中国中世（中古）社会諸形態"国际大学院生若手研究者学术交流論壇論文集》，2014年，109页；《ゴビの防人——モンゴル発見の唐代漢文銘文初探》，《史滴》37号，2015年，59~80页。

② 杨富学：《蒙古国新出土仆固墓志研究》，《文物》2014年5期，78页。

③ Батболд. *Мартагдсан Пугу Аймаг*. Улаанбаатар, 2017, p. 5-227.

④ 《资治通鉴》卷二百一，麟德元年秋七月丁未，中华书局，1956年，6340页。

⑤ 周绍良、赵超主编：《唐代墓志汇编续集》，上海古籍出版社，2001年，374页。

⑥ 《资治通鉴》卷二百，龙朔元年十月，中华书局，1956年，6326页。

漠北瀚海都护府驻扎。瀚海都护府为回纥部的居地，由此可知，在回纥造反之后，为稳定局势，唐朝向回纥部所在地派驻一支部队。我们推测，题记中提及的这支军队来到漠北的目的，可能与这支前往回纥部的部队类似。不仅是稳定漠北局势，更重要的意义则是保障封禅时北方局势的稳定。

另外一项行之有效的措施，是邀请部落首领与皇帝一起封禅泰山。

仆固乙突墓志记载，"至麟德二年，銮驾将巡岱岳，既言从塞北，非有滞周南，遂以汗马之劳，预奉射牛之礼。"[①] 根据杨富学考证，"滞周南"为公元前110年，汉武帝酝酿已久的泰山封禅大典，终于实施，但身为汉廷太史令的司马谈却"留滞周南，不得与从事"[②]，可见仆固乙突虽得知此事，但并未前去。"射牛之礼"有臣下为天子效劳之意味，仆固墓志引此典故，借喻乙突矢志为唐守边卫疆，以汗马功劳报答唐廷[③]。

如果按照杨富学的说法，唐廷事前通知乙突封禅之事，又广邀各国首领参与，就连远至波斯、天竺的首领都来到泰山随高宗封禅，却没有邀请铁勒仆固部首领仆固乙突，这不符合常理。就此问题，石见清裕研究墓志后认为，仆固乙突参加了封禅典礼[④]。笔者更为认同石见清裕的观点。虽然"滞周南"是引用了西汉司马谈没有参加封禅典礼的典故，但仆固乙突墓志写道"既言从塞北，非有滞周南"，一个"非"字告诉我们，乙突没有"滞周南"，虽相距遥远，但远在漠北的仆固乙突已经得知此事，并参加了封禅典礼。参与此次封禅，是仆固乙突忠于唐朝的表现，加上仆固乙突参与平阿史那贺鲁之乱，东征靺鞨，西讨吐蕃，均立下战功[⑤]，最终位在乾陵门外的蕃臣像之列[⑥]。

据《册府元龟》记载，这次封禅活动规模很大，"二年十月丁卯，帝发东都，赴东岳……突厥、于阗、波斯、天竺国、罽宾、乌苌、昆仑、倭国及新罗、百济、高丽等诸蕃酋长，各率其属扈从，穹庐毡帐及牛羊驼马，填候道路。"[⑦] 从"穹庐毡帐及牛羊驼马，填候道路"一句可知，唐朝邀请了众多游牧部落首领参与封禅，想必不会独缺铁勒诸部首领。虽然《册府元龟》中没有提到唐朝邀请了铁勒首领，但首先就提到了突厥。笔者认为，此处的"突厥"即包括九姓铁勒。由于铁勒诸部经常处于突厥统治之下，与突厥

① 杨富学：《蒙古国新出土仆固墓志研究》，《文物》2014年5期，78页。

② 杨富学：《蒙古国新出土仆固墓志研究》，《文物》2014年5期，88页。

③ 杨富学：《蒙古国新出土仆固墓志研究》，《文物》2014年5期，81页。

④ 石见清裕：《羁縻支配期の唐と铁勒仆固部——新出「仆固乙突墓誌」から见て》，《东方学（第127辑）》，2014年，6页。汉译见石见清裕著，王博译：《羁縻支配时期的唐与铁勒仆固部——以〈仆固乙突墓志〉为中心》，载氏著《唐代的民族、外交与墓志》，西北大学出版社，2019年，210页。

⑤ 杨富学：《蒙古国新出土仆固墓志研究》，《文物》2014年5期，78页。

⑥ 宋敏求撰，辛德勇、郎洁点校：《长安志》，《长安志·长安志图》，三秦出版社，2013年，49页；陈国灿：《唐乾陵石人像及其衔名的研究》，《文物集刊（第2辑）》，文物出版社，191页。

⑦ 《册府元龟》卷三六封禅第二，凤凰出版社，2006年，374页。

习俗相似，居地相近，在唐朝史料中，铁勒诸部也经常被看作是"突厥"，而铁勒诸部有时也自称自己为"突厥"。例如，在天宝三年（744年），《九姓突厥契苾李中郎墓志》中，有"大唐故九姓突厥赠右领军卫大将军李中郎者，西北蕃突厥渠帅之子也"[①]的记载。可见，被赐姓李氏的铁勒契苾部的将领契苾李中郎，在唐朝也被看作是突厥契苾部人，而"九姓铁勒"此处也写作"九姓突厥"。片山章雄认为，突厥碑铭中的Toquz Oγuz与"九姓突厥""九姓铁勒""九姓"实际上都是相同的[②]。付马通过分析4世纪的穆格山文书和布古特碑等粟特语文献发现，粟特人在清楚地知道突厥、突骑施等部族的自称的情况下，将突厥语族下的各部均称为匈奴（xwn）和突厥（tr'wkt），而将粟特、于阗等操伊朗语的民族称为"胡"，这无疑是将突厥语族各部同质化看待的表现，这也影响了回鹘人，回鹘人指称突厥语族各部所具有的共性特征时，也采用"突厥"作为统称[③]。不论是从他者的视角还是自身来看，突厥和铁勒各部之间有包括语言在内的很多共性，将铁勒称为突厥在当时是很正常的现象。因此《册府元龟》的记载中没有单独列出"仆固"或"铁勒"，是可以理解的。

此外，根据《新唐书·突厥传》的记载，同样位于漠北的突厥车鼻部首领参加了这次封禅。

> 帝怒，遣右骁卫郎将高侃发回纥、仆骨兵击之，其大酋长歌逻禄泥孰阙俟利发、处木昆莫贺咄俟斤等以次降。侃师攻阿息山，部落不肯战，车鼻携爱妾，从数百骑走；追至金山，获之，献京师。……拜左武卫将军，赐居第，处其众郁督军山，诏建狼山都督府统之。……帝封禅，都督葛逻禄叱利等三十余人皆从至泰山下，已封，诏勒名于封禅碑云。凡三十年北方无戎马警[④]。

狼山都督府是高宗时期在漠北郁督军山下设立的都督府，高宗封禅时，狼山都督葛逻禄叱利等三十余人顺利地从漠北来到中原随高宗封禅，由此旁证可知，漠北地区的首领可能都收到了邀请，来随从高宗封禅。而高宗邀请各国首领来随从封禅，其中一个重要的原因是防止边疆各地首领趁封禅之机作乱谋反。

---

① 中国文物研究所：《新中国出土墓志·陕西贰（上）》，文物出版社，110页。石见清裕对该墓志进行了深入研究。见石见清裕著，胡鸿译：《天宝三载的〈九姓突厥契苾李中郎墓志〉》，《唐代北方问题与国际秩序》，复旦大学出版社，2019年，162～176页。

② 片山章雄：《Toquz Oγuz と「九姓」の諸問題について》，《史學雜誌》（90-12），1981年，39～55页。

③ 付马：《丝绸之路上的西州回鹘王朝——9~13世纪中亚东部历史研究》，社会科学文献出版社，2019年，172～177页。

④ 《新唐书》卷二一五上《突厥上》，中华书局，1975年，6042页。

类似的情况也发生在开元十三年（725年），玄宗将东巡封禅之前。为防备毗伽可汗趁封禅南下入侵，裴光庭建议玄宗遣使前往漠北，邀请突厥派遣大臣随从封禅。

十三年，上将东巡，中书令张说谋欲加兵以备突厥，兵部郎中裴光庭曰："封禅告成之事，忽此征发，岂非名实相乖？"说曰："突厥比虽请和，兽心难测。且小杀者，仁而爱人，众为之用；阙特勤骁武善战，所向无前；暾欲谷深沈有谋，老而益壮，李靖、徐勣之流也。三虏协心，动无遗策，知我举国东巡，万一窥边，何以御之？"光庭请遣使征其大臣扈从，即突厥不敢不从，又亦难为举动。说然其言，乃遣中书直省袁振摄鸿胪卿，往突厥以告其意。小杀与其妻及阙特勤、暾欲谷等环坐帐中设宴，谓振曰："吐蕃狗种，唐国与之为婚；奚及契丹旧是突厥之奴，亦尚唐家公主。突厥前后请结和亲，独不蒙许，何也？"袁振曰："可汗既与皇帝为子，父子岂合婚姻？"小杀等曰："两蕃亦蒙赐姓，犹得尚公主，但依此例，有何不可？且闻入蕃公主，皆非天子女，今之所求，岂问真假。频请不得，亦实羞见诸蕃。"振许为奏请，小杀乃遣大臣阿史德颉利发入朝贡献，因扈从东巡[1]。

从这段史料我们可以看出，玄宗封禅前为了防备突厥趁举国东巡时来袭，大臣们提供了两个方案。其中张说提出，"知我举国东巡，万一窥边，何以御之？"因此需要"加兵以备突厥"。而裴光庭提出了更好的解决方案，"征其大臣扈从，即突厥不敢不从，又亦难为举动"。即请突厥首领、贵族随从封禅，一方面突厥没有拒绝的理由，另一方面也能以突厥首领、贵族作为人质，突厥不敢轻举妄动。封禅前，唐朝特意派袁振赴漠北告知突厥玄宗即将封禅的消息。这一举措获得了成功，毗伽可汗派大臣阿史德颉利发随玄宗封禅。这样做之后，突厥的确没有趁玄宗封禅之机南下偷袭。可见，邀请突厥首领、贵族扈从封禅是有效防备突厥趁机南下偷袭的重要手段。封禅最主要的目的自然是播帝国声威于四方，向内则宣扬自己建立起的太平盛世，四海咸服；但隐藏的目的是打消边地部族的趁机入寇之心。另外，"加兵以备突厥"同样是保障封禅顺利进行的重要举措。此外，前文提到，高宗最终没有听从契苾何力的劝告，一改对斛薛部的妥协政策，准崔知温之请，下旨移斛薛部于黄河北岸，降低灵州受到侵扰的风险，同样是在封禅这一大背景下做出的决策。

四、结　　论

蒙古国德勒山发现的摩崖题记虽然字数很少，但有重要的史料价值。

---

① 《通典》卷一九八《边防十四·北狄五》，中华书局，1988年，5441～6442页。

在第一部分中，我们从唐朝折冲府研究角度研究了该题记。本文考证认为崖壁上记载的折冲府应为"辅贤府"，该题记为我们提供了灵州辅贤府的重要记录。

接下来，文章分析了麟德二年以前唐与铁勒的关系。此时唐与铁勒的关系极为紧张。我们分析认为，德勒山题记出现的原因，和唐与铁勒关系紧张以及唐高宗封禅泰山有关。在高宗封禅前夕，为稳定北方局势，保障封禅顺利进行，唐朝采取了一系列措施。包括派折冲府卫士前往漠北、将灵州境内的斛薛部移至黄河以北，以及广邀各部落首领随从封禅等。通过这些举措，有力地保障了封禅时唐朝北部边疆地区的安全，也保证了封禅得以顺利进行。位于德勒山的题记，就是这一历史背景下的反映。

此外，该题记很可能提示了"参天可汗道"的路线，我们将另文研究。

附记：在写作和修改过程中，得到业师李锦绣研究员的悉心指导。蒙古国学者巴图宝力道提供了新蒙文资料的准确解释以及实地考察的宝贵记录，在此表示衷心感谢！

Textual Research on Chinese Inscriptions in the Second Year of Linde in Tang Dynasty in Del Mountain, Mongolia

Xu Chi

Abstract: The Chinese inscription from the second year of Linde in the Tang Dynasty was found on a cliff wall in Del Mountain in the territory of Ulziit sum in the southern part of Middle Gobi Province, Mongolia. Although there are only twenty-one words in this inscription, the content and location contain abundant information. The inscription explicitly mentions a Zhechongfu, Lingzhou Fuxianfu, which is not included in the handed down historical materials. The inscription is closely connected with the relationship between Tang and Tiele at this time. Additionally, it is also related to an important historical event which refers to the Sacrificial Ceremony of Tai Mountain in the Emperor Gaozong era of the Tang Dynasty.
Keywords: Del Mountain; Tiele; Emperor Gaozong of Tang Dynasty; Sacrificial Ceremony

"塔殿并置"型佛寺的渊源问题新解

吴昊天

（中国人民大学历史学院，北京，100872）

摘要： "塔殿并置"型佛寺的概念由来已久。通过考察出土物和相关结构的细节，我们得以确认"塔殿并置"型佛寺的主要流行时代集中于6至8世纪。这种特殊形制的佛寺在中原和域外都有着相同的产生背景，即佛寺的重心由佛塔向像殿倾斜。因此，"塔殿并置"型佛寺大概是一种塔殿并列且并重的过渡形态。此类型佛寺在中原的兴起，同样离不开传统前塔后殿布局寺院向横长的里坊规划妥协的因素。域外可作为该形制佛寺原型的案例则见于大犍陀罗地区的拉尼卡特和阿巴·萨希布·切纳两处遗址。

关键词： "塔殿并置" 佛寺中国化 里坊制度 拉尼卡特 阿巴·萨希布·切纳

"塔殿并置"型佛寺的概念最初为孟凡人先生所提出，意在概括苏巴什佛寺遗址南部围墙内的一座以中部大殿和其东佛塔为中心的寺院遗址的建筑特点[①]。之后，孟先生尝试将此形制扩展为具有普遍意义的概念，认为交河故城北寺区南部隔窄巷并置的东、西大寺，"或与库车苏巴什佛寺遗址大寺并置形式有某种渊源关系"[②]。本文所使用的"塔殿并置"一词，正是从孟先生的相关论述之中总结而来的。

这一概念自出现以来，就得到了不少留意西域地面佛寺遗址的学者的关注。林立先生亦以"塔院和佛堂并列"来概括苏巴什遗址河西区的寺院布局特征，并将此形制的渊源上溯至阿伊尔塔姆（Airtam）上寺院[③]。此后这一说法得到了苗利辉、冉万里先生的先

---

① 孟先生的观点大概最早见于《中国大百科全书·考古学卷》有关苏巴什佛寺遗址的词条，当中孟先生通过"寺内以东西并列的一座大殿和方塔为中心"来表述。在《库车的苏巴什佛寺遗址》一文中，孟先生将此说发展为"这种塔殿并重，结合开凿石窟的配置形式，是古代西域北道佛寺的显著特点之一"。参见中国大百科全书编辑委员会：《中国大百科全书·考古学卷》，中国大百科全书出版社，1986年，260、261页；孟凡人：《库车的苏巴什佛寺遗址》，《中国边疆史地研究》1993年1期，7、8页。

② 孟凡人：《交河故城形制布局特点研究》，《考古学报》2001年4期，483～508页。后收入氏著《北庭和高昌研究》，商务印书馆，2020年，241～280页。

③ 林立：《西域古佛寺：新疆古代地面佛寺研究》，科学出版社，2018年，64、65页。

后沿用及肯定。他们或是借鉴此概念以理解夏合吐尔寺院中的相关设计[1]，或是在回顾孟先生观点之上，参引日本相类的佛寺布局，去推定该形制佛寺的流行时间[2]。本文希望在收集相关佛寺遗址材料的基础上，就此问题阐发新解。

一、相关材料的收集与断代

结构明确，或曾为人所注意的"塔殿并置"型佛寺遗址，大约有以下数例。

（一）夏合吐尔［伯希和（ P. Pelliot ）所谓都尔都尔阿库尔（Duldul-Akur ）］寺院

有学者将西南部主窣堵波及龛像像殿的组合（林立先生编庭院2中XH3和XH4）视作一种"塔殿并置"型佛寺的表现[3]。然而参照伯希和的描述，这座像殿位于主窣堵波的"后面"，当中的七龛坐佛更是布置在同一方向的西南墙上[4]，因此这处建筑组合更像是前塔后殿的设计。况且，两处建筑并非为该寺院的中心部分，不能以偏概全地将二者归为"塔殿并置"型。总之，这里暂不将该寺列入考察范围（图一）。

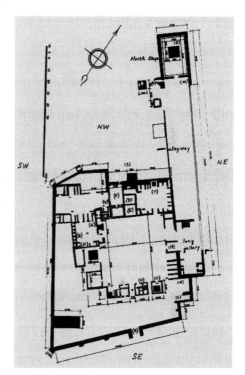

图一　夏合吐尔寺院

（二）苏巴什遗址

"塔殿并置"特征鲜明的是伯希和所编D寺院（即冉万里先生编10号建筑群、林编SBW1-1和SBW1-2）。D寺院（图二，1）中有东西并列的大庭院和窣堵波（图二，2）。

---

① 苗利辉：《龟兹地区佛寺形制及布局研究》，《丝瓷之路——古代中外关系史研究Ⅵ》，商务印书馆，2017年，82~117页。

② 冉万里：《新疆库车苏巴什佛寺遗址调查与发掘的初步收获》，《西部考古（第18辑）》2019年2期，250~308页。

③ 林立先生将XH3、XH4的年代分别定为2~5世纪和4~6世纪。参见《西域古佛寺：新疆古代地面佛寺研究》，31~46页与 《龟兹地区佛寺形制及布局研究》。

④ Hambis, L., et al. *Douldour-Âqour et Soubachi: Mission Paul Pelliot Ⅳ.* Paris: Editions Recherche sur les civilisations. 1982: 46.

底座为15.8米×16米的窣堵波周围环绕着宽5.65米的礼拜道。中央的方形大庭院边长25米，南、北墙各开宽4米和2.5米的门道，西墙开三大龛，或有建筑构件遮蔽龛像[1]。此处寺院近年经过重新发掘，在确认原有结构之上，又弄清了寺院西部为壁面带壁柱的讲堂，北部为两侧配置小佛殿的较大佛殿，西南角为小型佛殿。与之相类的还有冉编10号建筑群（应为林编SBW11、SBW12）（图二，3）。据称该寺院西壁内侧布满纵长形龛，其中部略偏西位置有一座保存较好的圆筒状塔身的覆钵塔，其东临东墙处建有小佛殿[2]。有关10号建筑群的披露信息较少，这里主要交代D寺院的推测年代。

图二　苏巴什遗址
1.苏巴什西区D寺院　2.D寺院中窣堵波　3.10号建筑群

　　尽管D寺院中大窣堵波确实显现出了与时代约在2世纪的Top Dara佛塔（图三）、年代约为2世纪晚期至3世纪的毛瑞提姆（Mauri-Tim）（即莫尔佛塔[3]），以及可能始建于迦腻色伽（Kanishka）时期的卡拉特佩（Kara-tepe）B组合[4]中绘画的窣堵波形象（图四）的明显关联，但至少D寺院大窣堵波之上的半球形覆钵并不能作为其早于上述抛物线形（parabolic）覆钵塔的理由[5]。况且正如下文将提到的，大像与大像殿的涌现不应早至此时。

①　Hambis, L., et al. *Douldour-Âqour et Soubachi: Mission Paul Pelliot Ⅳ*. Paris: Editions Recherche sur les civilisations, 1982: 51-52.

②　冉万里：《新疆库车苏巴什佛寺遗址调查与发掘的初步收获》，《西部考古（第18辑）》2019年2期。

③　有关喀什地区窣堵波的形制与年代讨论，以及可能所牵涉的大、小乘佛教思想转变参见Rhie, M. M. *Early Buddhist Art of China and Central Asia*, Vol.Ⅰ: *Later Han, Three Kingdoms and Western Chin in China and Bactria to Shan-shan in Central Asia*. Brill, Leiden-Bostan. 2007: 247-254.

④　Staviskii, B. & Mkrtychev, T. Qara-Tepe in Old Termez: On the History of the Monument, *Bulletin of the Asia Institute*, 1996, 10: 219-232, 179-190.

⑤　以年代清晰完整的犍陀罗（Gandhāra）地区佛塔材料来看，在最早的一批佛塔中，半球形覆钵（anda）塔只是个别例外，不少西印度石窟的佛塔和诸如桑奇（Sāñchī）1世纪的Bhojpur（C3）等材料均将覆钵作成抛物线形。参见Behrendt, Kurt A. *The Buddhist architecture of Gandhara.*（转下页）

图三　Top Dara 佛塔　　　　　　图四　卡拉特佩窣堵波绘画

同时 D 寺院中的出土物，如舍利盒、雕塑，集中表现出了 4 世纪晚期至 5 世纪早期，甚至 6 世纪早期的风格①。因此，结合出土遗物来看，D 寺院的始建或许不会早至 2 至 3 世纪。至于主张 D 寺院的年代为 3 至 4 世纪的观点，它根本上是建立在这一组合与阿伊尔塔姆上寺院之间相似形态的基础之上的②，一些立论细节或许还有值得商榷之处③。

（接上页）Brill Leiden-Bostan (Handbook of oriental studies. Section two. India). 2004: 52. 类似的抛物线形覆钵在先而半球形覆钵在后的情况亦可见于贾乌尔卡拉（GyaurKala）窣堵波的改建过程之上。参见 Litvinskij, B. A. & Zejmal', T. I. *The Buddhist Monastery of Ajina Tepp, Tajikistan: history and art of Buddhism in Central Asia.* Roma: Tip. lst. Salesiano Pio ⅩⅠ. 2004: 159-160.

①　Rhie，M. M. *Early Buddhist Art of China and Central Asia,* Vol.Ⅱ: *The Eastern Chin and Sixteen Kingdoms Period in China and Tumshuk, Kucha and Karashahr in Central Asia.* Brill, Leiden-Bostan. 2002: 629-633.

②　林立：《西域古佛寺：新疆古代地面佛寺研究》，科学出版社，2018年，48～68页。

③　瑞德维拉扎（E. Rtveladze）近年重新考证了阿伊尔塔姆寺院出土铭文，并对自马松（M. E. Masson）以来形成的有关该遗址上寺院的佛教属性和东侧塔殿性质进行了反思。参见 Э. В. Ртвеладзе. АЙРТАМ-ДИНАСТИЙНЫЙ ХРАМ ЦАРЯ ХУВИШКИ, Вестник древней истории, 2018, 78/2: 365-388.其实普加琴科娃（G. A. Pugachenkova）亦承认上寺院西侧像台也可能放置了还愿塔和碑刻底座。因此该寺院"塔殿并置"的性质尚有待考量。参见 Pugachenkova, G. A. The Buddhist Monuments of Airtam. *Silk Road Art and Archaeology*, 1991/1992, vol.Ⅱ. 23-41.

（三）交 河 故 城

　　东、西大寺，即李肖先生所编并列的 E-15、E-27 号寺院，具有"塔殿并置"特征
（图五，1）。E-15 寺院西墙中段多处被后者东墙外的建筑打破，其年代当早于后者。E-15
残损尤烈，从现存的遗迹现象看，并不以佛塔为中心。E-27（图五，2）除北侧外，三面
所绕均是僧房。殿庭南侧有两座对峙的佛塔基座，北侧正中为月台和主殿，主殿中间安
置方形佛塔，四面开龛[1]。除上述并置的两佛寺外，交河故城尚有一座少有人措意的形制

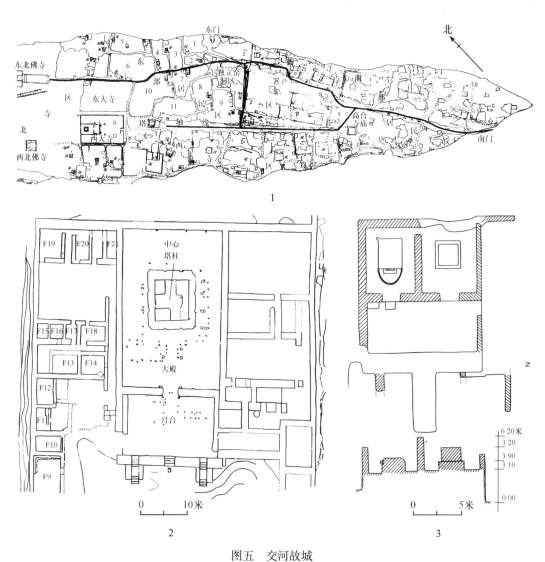

图五　交河故城
1.交河故城建成区平面图　2.E-27平面图　3.E-8-59寺院主殿平面及南北向剖面图

---

① 李肖：《交河故城的形制布局》，文物出版社，2003年，109、110、116～118页。

类似的佛寺,即 E-8-59 号佛寺(图五,3)。该寺由月台、前殿和主殿组成,坐西朝东。当中主殿分为南、北两间,中部以隔墙分开,隔墙西端[①]有一宽 0.6 米的门道将二者连接起来,两殿均各有门道通向前殿。南侧主殿中央设基座,现高 1.4 米,四角原各置一 0.2 米见方的小方块,基座正面有半圆形两层台,因此该基座当为像台。与之对应的北侧主殿中央亦有两层叠涩的须弥座式基座,上、下层均为垛泥结构,残高 2.1 米[②],因此或是佛塔的残迹。

以莫高窟的情况来看,大概在孝昌元年(525 年)东阳公出任瓜州刺史以后,中心柱窟逐渐形成了塔柱四面均开一龛且不分层的形式[③],高昌地区石窟与之相近的形制也出现在 6 世纪末 7 世纪初的麴氏高昌时期[④]。因此,E-27 号寺院(贾应逸先生编大佛寺、刘观民先生编北大寺)从塔柱四面开龛,龛内带笈多特征的坐像风格,以及塔殿平顶梁椽结构来看,其年代大概为 6 ～ 7 世纪,并可能沿用至唐西州时期[⑤]。E-8-59 号(贾编 94TJD13)佛寺单个主殿平面为纵长方形而北殿塔基为正方形,不见开龛,南殿像台为纵长方形。从其形制来看,年代大概也在六、七世纪[⑥]。

（四）高 昌 故 城

T'寺(图六)据格伦威德尔(A.Grünwedel)和勒柯克(A.von Le Coq)的描述,其主体向北的建筑内,西半大厅原宽 20.4 米,进深 12.5 米以上,当中木质佛座的位置之上原应供奉着观音像;东半正方形主室中央为边长 14.6 米的四面塑像塔柱[⑦]。德国探险队的记录颇为详细,遗物的出土情境也较为明确,我们因此得以通过记载大致还原朝北的西半部结构的始、改建情况。T'寺最初西侧大厅通向南部拱形长方形房间的通道或许是旧南墙西部的那条;此后在人们绘制旧南墙上统一的无量寿佛极乐世界的壁画时,将上述通道封闭,改在旧南墙的东部新开一条通道;接着或许出于加固建筑结构的目

---

① 原文写作"北端",实则为西端。承蒙李肖老师相告,特此致谢。

② 李肖:《交河故城的形制布局》,文物出版社,2003 年,72 ～ 75 页。

③ 李崇峰:《中印佛教石窟寺比较研究:以塔庙窟为中心》,北京大学出版社,2003 年,210 ～ 232 页;赵声良:《敦煌北朝石窟形制诸问题》,《敦煌研究》2006 年 5 期。

④ 夏立栋:《高昌石窟分期与谱系研究》,《考古学报》2022 年 2 期。

⑤ 林立:《西域古佛寺:新疆古代地面佛寺研究》,科学出版社,2018 年,119 ～ 128 页。

⑥ 贾应逸:《交河故城佛教遗址的调查与研究》,《新疆佛教壁画的历史学研究》,中国人民大学出版社,2010 年,344 ～ 371 页。

⑦ 〔德〕格伦威德尔(Albert Grünwedel):《高昌故城及其周边地区的考古工作报告:1902 ～ 1903 年冬季》,文物出版社,2015 年,37 ～ 40 页;〔德〕勒柯克(Albert von Le Coq):《高昌——吐鲁番古代艺术珍宝》,新疆人民出版社,1998 年,11 ～ 15 页。

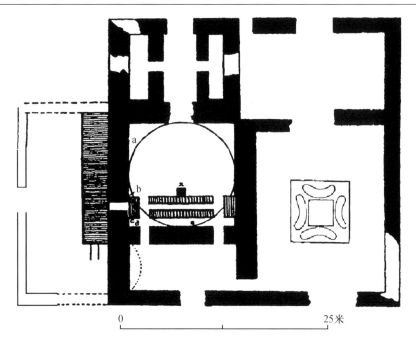

图六　高昌故城T'寺（笔者改绘）

的，人们在大厅原本西墙内、外各增筑了一道新墙，使得该大厅与主建筑西侧大厅的连通不再，同时主建筑西侧的若干建筑结构也因此废弃不用；再后大厅旧墙上的壁画似乎开始失去了价值，人们在旧南墙东通道西侧开凿了壁龛，打破了壁画的连贯性；最后人们在旧南墙前修筑了新南墙，旧南墙的壁画也随之尘封起来。

在一众壁画残片中，勒柯克在西侧大厅原有南墙东部所揭取的壁画上写有武周新字[①]，因此我们或许可以据此推断西侧大厅乃至整座寺院旧墙壁画的绘制及其始建年代大约在8世纪的前25年。

（五）日　本　佛　寺

有关中原地区类似形制佛寺的考量，应当置于整个佛寺中国化过程中塔与殿关系变化的大背景之内，此处不暇细述，仅交代受中原影响极深的日本"塔殿并置"型佛寺的基本情况。以"法隆寺式"（图七，3）和稍晚的"川原寺式"（图七，2）为代表的日本

---

① 　必须要在这里提及的是在中文译本中，译者将"一个手持棍棒的小鬼"的位置安在了"群像旁边d的位置上"，这显然是错误的。笔者查阅德文原著，发现此处的d应当改成a。参见《高昌——吐鲁番古代艺术珍宝》，11～15、59～61页，图版8、9；Le, Coq　Albert von 'Chotscho Facsimile-Wiedergaben der wichtigeren Funde der ersten königlich preussischen Expedition nach Turfan in Ost-Turkistan'. NII 'Digital Silk Road' / Toyo Bunko. doi: 10.20676/00000194. p.6。

7世纪中期佛寺均是塔殿并列的布局，后者与前者的区别在于寺院中部增设了中金堂。相近布局的寺院还有法轮寺、定林寺、轻寺、阿倍寺、虚空藏寺、国分寺、法起寺等。年代更早的吉备池废寺（图七，1），亦即由百济派遣工匠援建的"百济大寺"其实已经具备了相同布局。此后，受"川原寺式"影响而具有类似设计的还有观世音寺（图七，5）、南滋贺废寺（图七，4）等，二者的年代也均可追溯至7世纪中叶[1]。

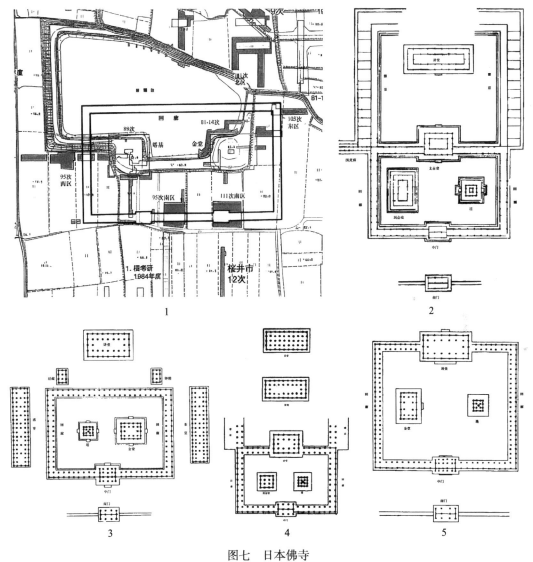

图七　日本佛寺

1. 吉备池废寺　2. 川原寺　3. 法隆寺　4. 南滋贺废寺　5. 观世音寺

① 龚国强：《隋唐长安城佛寺研究》，文物出版社，2006年，242～250页；何利群：《东亚地区早期佛教寺院布局及演变》，《考古学报》2023年2期，191～214页；冉万里：《新疆库车苏巴什佛寺遗址调查与发掘的初步收获》，《西部考古（第18辑）》2019年2期。

综上，经过列举和对相关材料的初步定年，我们大致能够推断"塔殿并置"型佛寺的主要流行年代约为6至8世纪。这无疑为我们后文追溯该形制佛寺的渊源设定了时代下限。

二、"塔殿并置"型佛寺的中原渊源

在诸"塔殿并置"型佛寺之中，我们不应当忽略中原的因素，这一点在高昌与交河两座受汉化影响极其确凿的故城之上显得格外重要。因此，将该佛寺形制镶嵌进宏观的佛寺建筑中国化的广阔进程之内，不失为一条合情合理的解释路径。

（一）像殿的流行

从文献及考古材料来看，唐代及以前的中原佛寺经历了从单院式中心佛塔、僧房周匝的布局向单院式前塔后殿样式[①]，再向多院式形制的转变。前次转型尚且是一脉相承的以佛塔为中心的表现形式变化，而后次变迁则涉及佛殿取代佛塔成为寺院主导要素的重大宗教意义的变革。需要说明的是，尽管前塔后殿概念的提出，以永宁寺为例，忽略了文献中类似"僧房楼观一千余间"的记载，但我们仍然可以说前塔后殿是当时佛寺的核心组成部分。我们在讨论"塔殿并置"型佛寺之时，目光也同样聚焦在那些以并列的塔、殿为核心的佛寺上。

多院式佛寺的源头在重视佛学义理的南朝[②]。由于义学高僧相继南游，5世纪初期之后，南北佛教分野初现，"北方于文成复法（453年）之后，统治者大开窟像，提倡德业，释门徒众力求自身解脱，益重禅观，南北佛教乃行分途。重义理、尚谈论，不重苦修，因而江南佛寺以兴建巨构为主，少凿窟龛"[③]。讲堂与僧房相配的较古记载见于

---

①　有学者提出在两种设计之间，应当将思燕浮图单列出来，视作一过渡阶段，即"后殿"尚未出现。然而，在思燕浮图以北10余米处发现有夯土台基，很可能是佛殿的遗迹。参见Yi, J. Lidu. Cross-cultural Buddhist monastery ruins on the Silk Road and beyond: the layout and function of Buddhist monasteries reconsidered. In W. Rienjang & P. Stewart (Eds.), *The Global Connections of Gandhāran Art. Proceedings of the Third International Workshop of the Gandhāra Connections Project*, University of Oxford. Oxford: Archaeopress Publishing LTD. 2019: 207-233；李裕群：《隋唐以前中国佛教寺院的空间布局及其演变》，《边疆民族考古与民族考古学集刊（第一集）》，文物出版社，2009年，287~311页；何利群：《北朝至隋唐时期佛教寺院的考古学研究——以塔、殿、院关系的演变为中心》，《石窟寺研究（第一辑）》，文物出版社，2010年，180~196页。

②　何利群：《北朝至隋唐时期佛教寺院的考古学研究——以塔、殿、院关系的演变为中心》，《石窟寺研究（第一辑）》，文物出版社，2010年。

③　宿白：《南朝龛像遗迹初探》，《中国石窟寺研究》，三联书店，2019年，212~247页。

盘鹞寺[①]；塔、殿配置的较早实例则是后赵的邺城佛寺，但扩大寺院建置或兴建佛殿讲堂的记录较多地出现在南方，梁武帝所建庄严寺（图八）、同泰寺为这一趋势的高峰[②]。对比而言，北方实则自孝文帝时起就已逐渐复重佛教义理的研习[③]。《洛阳伽蓝记》中配置讲堂的瑶光尼寺、景林寺，"诵室禅室，周流重叠"的秦太上君寺等，大概均为此背景下的产物。此后，赵彭城北朝佛寺和核桃园北齐大庄严寺（图九）之中佛塔虽仍占据寺院的几何中心，但塔、殿分属不同院落，多院落、多佛殿的布局样式已经出现[④]。特别是前者，分列横置的不同院落的塔与殿，实际已十分接近"塔殿并置"型佛寺的布局。

　　隐含在佛寺多院式转型趋向之中的是像殿，也即对佛像，特别是大像崇拜的发展。北方的嵩岳寺是一个有代表性的实例，《嵩岳寺碑》载："十五层塔者，后魏之所立也……其东七佛殿者，亦曩时之凤阳殿也。其西定光佛堂者，瑞像之庋止……其南古塔者，隋仁寿二年，置舍利于群岳，以抚天下，兹为极焉……后有无量寿殿者，诸师礼忏诵念之场也，则天太后护送镇国金铜像置焉"[⑤]。传统形式的像殿出现，最初只是对佛

① 《高僧传·卷十》："犍陀勒者，本西域人，来至洛阳积年……后谓众僧曰：'洛东南有盘鹞山，山有古寺，庙处基地犹存，可供修立。'众未之信，试逐检测，入山到一处，四周平坦。勒示云：'此即寺基也。'即掘之，果得寺下基石，后示讲堂僧房处，如言皆验。"参见王维仁、徐翥：《中国早期寺院配置的形态演变初探：塔·金堂·法堂·阁的建筑形制》，《南方建筑》2011年4期，38~49页。

② 宿白：《东汉魏晋南北朝佛寺布局初探》，《魏晋南北朝唐宋考古文稿辑丛》，文物出版社，2011年，230~247页；李裕群：《隋唐以前中国佛教寺院的空间布局及其演变》，《边疆民族考古与民族考古学集刊（第一集）》，文物出版社，2009年。

③ 其实在此之前中原亦保留有十六国时期重视义理的传统，如《魏书·释老志》："天兴元年（398年）……是岁，始作五级佛图、耆阇崛山及须弥山殿，加以缋饰。别构讲堂、禅堂及沙门座，莫不严具焉。"道武帝所建塔、殿、讲堂、禅房等建筑组合的佛寺大概就是表现。然而，这一传统似乎并未在太武平凉后延续下来。参见周胤：《北魏洛京的建立与释教信仰生活的新启——太和十七年（493）迁都至景明二年（501）洛阳筑坊》，《魏晋南北朝史的新探索：中国魏晋南北朝史学会第十一届年会暨国际学术研讨会论文集》，中国社会科学出版社，2015年，535~576页；李裕群：《隋唐以前中国佛教寺院的空间布局及其演变》，《边疆民族考古与民族考古学集刊（第一集）》，文物出版社，2009年。

④ 何利群：《东亚地区早期佛教寺院布局及演变》，《考古学报》2023年2期；Yi, J. Lidu. Cross-cultural Buddhist monastery ruins on the Silk Road and beyond: the layout and function of Buddhist monasteries reconsidered. In W. Rienjang & P. Stewart (Eds.), *The Global Connections of Gandhāran Art. Proceedings of the Third International Workshop of the Gandhāra Connections Project*, University of Oxford. Oxford: Archaeopress Publishing LTD. 2019: 207-233。

⑤ 王维仁、徐翥：《中国早期寺院配置的形态演变初探：塔·金堂·法堂·阁的建筑形制》，《南方建筑》2011年4期。

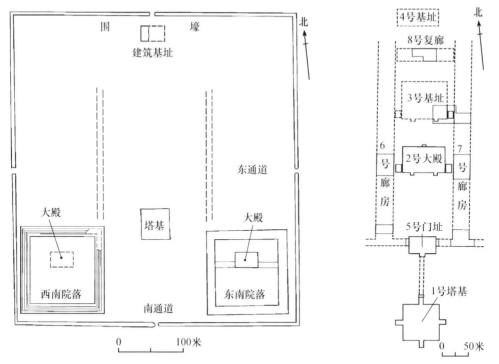

图八　东魏北齐邺南城赵彭城佛寺平面图　　　　图九　北齐邺南城大庄严寺平面图

塔功能的一种补充（塔内空间不足以满足置像需要）或替代（寺内尚未立塔），像殿取代佛塔的中心主体地位的变化过程是漫长的①。由此而观，"塔殿并置"型佛寺正是像殿取得了与塔相互呼应的同等地位而尚未跃居其上的表现形式②。

　　青龙寺是这个微妙的中间阶段的典型代表。目前已发掘的东西毗邻的两座院落均包含着会昌灭法前的早期与宣宗重建后的晚期两部分遗存。东院主体建筑为院落中心的大殿，殿址仅存台基部分，早晚两层叠压在一起。西院早期建筑群由南向北依次为中三门、佛塔和大殿③，晚期建筑群中废弃的中三门和佛塔则未经重建④。从已发掘的情况看，青龙寺早期大致可视为多院式佛寺中部分地出现了"塔殿并置"型的特征，不过这一特点很快为凌驾于佛塔之上的以像殿为中心的形态所取代（图一〇）。

---

① 傅熹年主编：《中国古代建筑史》（第二卷）《两晋、南北朝、隋唐、五代建筑》，中国建筑工业出版社，2001年，172、173页。

② 王维仁、徐翥：《中国早期寺院配置的形态演变初探：塔·金堂·法堂·阁的建筑形制》，《南方建筑》2011年4期。

③ 发掘者认为西院早期建筑群"就是隋感灵寺时的建筑遗迹"。参见中国科学院考古研究所西安唐城队：《唐青龙寺发掘简报》，《考古》1974年5期，322～327、349、350、321页。

④ 何利群：《北朝至隋唐时期佛教寺院的考古学研究——以塔、殿、院关系的演变为中心》，《石窟寺研究（第一辑）》，文物出版社，2010年。

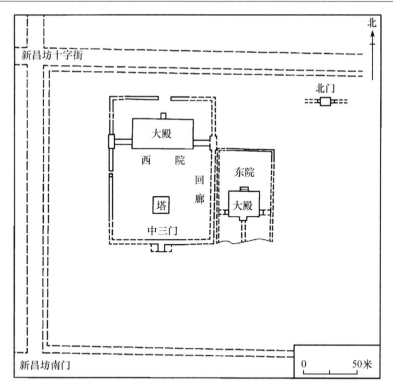

图一〇 青龙寺遗址

要之，"塔殿并置"型佛寺是隋唐时期中原佛寺由以塔为中心向以殿为中心过渡，向中国传统宫殿、贵邸形式发展的进程[①]中一种塔殿并重的表现样式。相比于大慈恩寺、大荐福寺、静法寺、兴唐寺、宝应寺、胜光寺、千福寺这些中轴线上置像殿而佛塔却偏居旁院的佛寺[②]，以及如大兴善寺、隋禅定寺、光明寺、崇义寺这些未设塔院而佛塔偏离中轴线者[③]，或那些塔建于殿后以及主殿前东、西塔独立成院的佛寺[④]，佛塔在"塔殿并置"型佛寺之内尚存相当的意义。图像材料中可知与地面"塔殿并置"型佛寺相比较的则有莫高窟晚唐第85窟窟顶西坡弥勒经变里横列三单院的佛寺，当中右院正

---

① 傅熹年：《中国早期佛教建筑布局演变及殿内像设的布置》，《傅熹年建筑史论文集》，文物出版社，1998年，136～146页。

② 宿白：《试论唐代长安佛教寺院的等级问题》，《魏晋南北朝唐宋考古文稿辑丛》，文物出版社，2011年，255～269页；龚国强：《隋唐长安城佛寺研究》，文物出版社，2006年，121、122页。

③ 季爱民：《里坊规划与隋唐长安建筑布局的关系》，《唐研究》（第18卷），北京大学出版社，2012年，305～332页。

④ 宿白：《唐代长安以外佛教寺院的布局与等级初稿》，《魏晋南北朝唐宋考古文稿辑丛》，文物出版社，2011年，270～285页。

中画与像殿关系紧密的层阁，左院中庭绘单层佛塔[①]（图一一）。

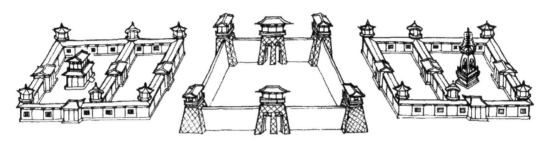

图一一　莫高窟第85窟弥勒经变中佛寺

（二）里坊制度的规范

李裕群先生曾据《高僧传·佛图澄传》载：建武十四年（348年）"澄时暂入东阁，虎与后杜氏问讯澄。澄曰：'胁下有贼，不出十日。自佛图以西，此殿以东，当有流血，慎勿东行也。'"一则阐发了邺宫寺或中寺里塔、殿并列的可能[②]。这种情况当然可能存在，但参照上文初步推定的"塔殿并置"型佛寺风行的时代，我们不得不另外考虑这段时间，即隋唐时期更普遍因素的催化作用。里坊制度的加强与规范就是其一。

中原传统前塔后殿式佛寺布局与里坊制度规划长期存在着冲突，这一矛盾的解决最终以中国化佛寺向后者妥协为结果而告终。里坊制度在臻于完备的隋唐时期，很可能促成了"塔殿并置"型佛寺的最终成型。张驭寰先生所举形制相同的户县草堂寺、永济普救寺（始建于唐）、汝州风穴寺（唐塔金殿）、正定开元寺（或为唐代始建）、周至大秦寺（唐代始建）[③]，其详情虽尚待考证，却也一定程度上照应了这种推测。

传统的将主体建筑（门、塔、殿、堂）置于中轴线上的南北向设计的佛寺，从北魏宣武、孝明帝起，就与里坊规划间存在突出的矛盾。根据《洛阳伽蓝记》中"魏昌尼寺……在里（建阳里）东南角"、"（孝义）里西北角有苏秦冢"等相关记载，我们或可认为北魏洛阳城内的里坊，如同后世的隋唐长安城，均为被限制纵深而东西较

---

① 佛阁与佛殿之间存在着密切的亲缘关系，此点已为学者所指出。参见王维仁、徐翥：《中国早期寺院配置的形态演变初探：塔·金堂·法堂·阁的建筑形制》，《南方建筑》2011年4期；季爱民：《里坊规划与隋唐长安建筑布局的关系》，《唐研究》（第18卷），北京大学出版社，2012年，305～332页；萧默：《敦煌建筑研究》，机械工业出版社，2002年，63～70页。

② 李裕群：《隋唐以前中国佛教寺院的空间布局及其演变》，《边疆民族考古与民族考古学集刊（第一集）》，文物出版社，2009年。

③ 张驭寰：《中国佛教寺院建筑讲座》，当代中国出版社，2007年，55～57页。

长①的16区格局。因此，那些坚持传统南北纵长设计的佛寺难免会有"毁坊开门，以妨里内通巷"的情况，从而破坏了整齐划一的里坊空间，影响了都城的既有格局，并给城市管理带来压力②。若想维持这种统一的里坊规划，势必要对佛寺的原有设计作出改变。

另外，那些在里坊之中被舍宅为寺的佛寺，在住宅改造成佛寺的过程中，前厅后寝的庭院式布局难以改变，前厅之前的建筑空间一般难以容纳佛塔的位置，因此原本的佛寺规制就难免需要调整。结合上述两方面看，身处里坊规划之中的佛寺若非"以前厅为佛殿，后堂为讲室"而无佛塔，则最好移动本居于中轴线上的佛塔的位置了。本文主要讨论的"塔殿并置"型佛寺，以及上文提到的或将佛塔置于旁院，或安于中轴线以外的案例就遵从了后种做法。

参照佛寺建筑中国化的历程，我们大概能够总结"塔殿并置"型佛寺出现的本土情境。绕塔礼拜向入殿观像的宗教仪式转变促使了像殿地位的提升，同时佛寺始终未突破里坊限制而成为一独立的城市规划要素，因而限制纵深且东西横长的空间单位局限了传统南北向佛寺的设计，逐渐落入弱势的佛塔因此只能妥协地被移到单一的中轴线之外。"塔殿并置"型佛寺大致就是此进程中佛塔尚具相当重要性的塔殿并重思想的一种表现。

三、"塔殿并置"型佛寺的域外参证

上文我们讨论了"塔殿并置"型佛寺渊源可能的本土因素，但该形制佛寺的产生能否得到域外材料的策应仍是一个发人深省的问题。"塔殿并置"型佛寺出现的年代正值隋唐僧人追摹天竺寺院的高峰时期③。然而，我们实际上很难从"天竺样式"中找到"塔殿并置"型佛寺的直接来源，因为与其考察天竺佛寺中塔与殿之间的关系，毋宁说塔地与僧地的区别与否才是天竺，乃至整个中亚地区的佛寺建制问题自始至终的主线。

粗略地说，印度与中亚地区的佛寺大体可分为塔在僧坊内与塔不在僧坊内两种主要类型。有学者提出塔在僧地与否是一个历时性的问题，即它经历了由中央窣堵波搭配周边散布的附属建筑，发展为窣堵波嵌入僧坊之中，再到窣堵波与僧坊均分置于独立且封

---

① 有关隋唐长安城里坊的基本空间单元是横向长方形的论证，参见李爱民：《里坊规划与隋唐长安建筑布局的关系》，《唐研究》（第18卷），北京大学出版社，2012年。

② 周胤：《北魏武、明时期寺院布局与里坊规划》，《社会科学战线》2018年10期，143~155页。

③ 其实自北魏起就有不少寺院比拟"天竺样式"，如景林寺、报德寺等。参见周胤：《北魏洛京的建立与释教信仰生活的新启——太和十七年（493）迁都至景明二年（501）洛阳筑坊》，《魏晋南北朝史的新探索：中国魏晋南北朝史学会第十一届年会暨国际学术研讨会论文集》，中国社会科学出版社，2013年；龚国强：《唐朝佛寺中的天竺影响》，《犍陀罗与中国》，文物出版社，2019年，385~405页。

闭的空间之内的发展过程①。佛寺设计的纵向变迁当然存在，但佛经中不同的戒律记载或许提示了我们某些共时性差异也是可能的。

《十诵律》记："若四方僧地不得作塔，不得作别波演，若作得罪。"属于其系统的《萨婆多毗尼毗婆沙》明确解释了塔地与僧地各自独立，但前者似乎更具特殊性。如此主张的还有《摩诃僧祇律》。与之相对，《四分律》《五分律》基于僧中有佛的观念，认为塔地、僧地虽各自独立，但塔地应建在僧院之内②。

进一步说，出现上述记载差异的根源在于诸佛典所属的部派不一。《四分律》属上座系的法藏部，《五分律》则属同系的化地部，后者特别着意佛在僧数，不能把佛孤立在僧外。毕生钻研《四分律》的道宣，或许出于此才在《中天竺舍卫国祇洹寺图经》规定"此中院准佛独居，不与僧共"，而图上为诸僧房所包围的中院第二重院正中却就是"七重塔"，与该律塔、僧地独立，但塔地置僧院之内的理念若合一契。至于《十诵律》，它是说一切有部律的略本。该部从上座系化地部分出，保守思想又重，所以其重要学说各方面几乎都与后者对立。至于《摩诃僧祇律》，书名即标明为大众部，当中五净法等规定可以接受金银，因此能够确证属大众部无疑③。这些分属不同部派的佛教文献在影响印度与中亚佛寺设计时究竟发挥着多大的作用，是一个值得深思的问题。

自北魏以至隋唐的僧人争相附会的迦兰陁竹园（Kalanda-venuvana，即竹园精舍）、祇洹精舍和那烂陀寺，据考古情况来看，大体均遵从着僧地与佛地相分离的原则。祇洹精舍即现今莎荷（Saheth）遗址，从建筑分布情况看，大概北边为修行区，南边为生活区。那烂陀（Nalanda）寺（图一二）除TS3、TS2外，总体呈僧坊与寺庙东西对立的形态。西侧并立的TS12、TS13、TS14形制类似④，均为高台塔样式，该样式是波罗王朝前后十分流行的设计⑤。这种形制的寺庙，塔与殿已经不再有明显的区别，"塔殿并置"更是无从谈起。

---

① Yi, J. Lidu. Cross-cultural Buddhist monastery ruins on the Silk Road and beyond: the layout and function of Buddhist monasteries reconsidered. In W. Rienjang & P. Stewart (Eds.), *The Global Connections of Gandhāran Art. Proceedings of the Third International Workshop of the Gandhāra Connections Project*, University of Oxford. Oxford: Archaeopress Publishing LTD. 2019: 207-233.

② 湛如：《净法与佛塔：印度早期佛教史研究》，中华书局，2006年，210～226页。

③ 吕澂：《印度佛学渊源略讲》，上海人民出版社，2018年，23～74页。

④ 〔日〕篠原典生：《西天伽蓝记》，兰州大学出版社，2012年，102～112、122～132页。对那烂陀寺的历史与考古情况，Rajat Sanyal有过很好的概述，参见Sanyal, R. Nalanda. In A. M. Chowdhury & R. Chakravarti (Eds.), *History of Bangladesh: early Bengal in regional perspectives (up to c. 1200CE), vol. 1 Archaeology political history polity. Dhaka: Asiatic Society of Bangladesh*. 2018: 291-316.

⑤ 有关该样式域外材料的收集，可参见Chakrabarti, M. Stupas with Cruciform Plans-A Review of Examples in Central, *South and South East Asian Countries*. 2019, 11: 31-48.

图一二　那烂陀寺卫星图

　　若想追踪"塔殿并置"型佛寺的来源，向年代较近的天竺佛寺作努力暂无头绪。因此，我们或许同样应当专注于像殿，尤其是大像殿这一在佛寺建筑中后来居上的要素。在这一点上，中西方的佛寺变化历程应当是心同理同的。

　　按佛像崇拜本就是僧伽团体内部首先兴起的信仰活动，比丘尼团体在此过程中发挥了与比丘同等重要的作用①。像殿与传统窣堵波之间最大的仪式功能区别在于礼拜道（pradakṣiṇapatha）意义的消失，绕塔参拜转变为入殿观像。这种强调正视感的设计思想早在大犍陀罗（Greater Gandhāra）地区②第一期，即约公元前200年至1世纪中期的斯尔卡普（Sirkap）城中双头鹰（Double Eagle）窣堵波（图一三）、斯瓦特（Swāt）地区的布特卡拉（Butkara）Ⅰ大窣堵波（图一四）的建制上就有所体现，应是该地区建筑设计的创新。双头鹰窣堵波设置台阶的正面，左右两侧分别装饰着三个列柱所分隔的壁龛，从外到内各自模仿着印度式的陀兰那（toraṇa）门、支提（caitya）拱和希腊式

① Schopen，G.，et al. On Monks, Nuns, and "Vulgar" Practices: The Introduction of the Image Cult into Indian Buddhism. In *Bones, Stones, and Buddhist Monks: Collected papers on the Archaeology, Epigraphy, and Texts of Monastic Buddhism in India*. Michigan: Institute for the Study of Buddhist Traditions. 1996: 238-257.

② Gérard Fussman最先提出此概念，之后经邵瑞琪（R. Salomon）的发展，意指使用犍陀罗语及采用犍陀罗艺术技法的地区，包括阿富汗、克什米尔、斯瓦特河谷（Swat valley）的部分地区，以及狭义犍陀罗所在的白沙瓦盆地。

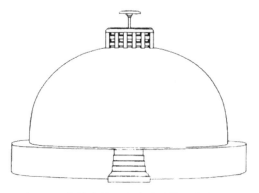

图一三　双头鹰窣堵波照片　　　　　图一四　布特卡拉Ⅰ大窣堵波第二期复原图

的三角楣式神庙（pedimental temple）的外形[①]。布特卡拉Ⅰ大窣堵波则在建筑的第二期（GSt2），将原有南龛突出结构的位置，改造成了一处踏道。参考在突出结构与踏道之间发现的米南德（Menander）时期钱币，这次改建活动大致发生在公元前2世纪[②]。即便基座之上、覆钵（anda）周围的平台保留了一定空间，但犍陀罗覆钵的直径几乎与基座相等，这样狭窄的通道对于绕塔礼拜的信众而言也过于危险。因此，注重正视感的设计似乎从其产生之初，便与周旋礼拜之间就存在一种非此即彼的替代关系[③]。

　　大犍陀罗地区像殿的兴起始于第三期，即3世纪以后，是与灰泥（stucco）与黏土（clay）造像的流行相伴的，而大像及大像殿的出现则大约在第三期晚段，即5世纪中期左右[④]。以目前掌握的材料来看，拉尼卡特（Ranigat）和阿巴·萨希布·切纳（Abba

---

① Behrendt, Kurt A. The Buddhist architecture of Gandhara. Brill Leiden-Bostan (Handbook of Oriental studies. Section tuo. India). 2004: 45-60.本段同。

② 〔意〕法切那（Domenico Faccenna）:《布特卡拉一号佛教寺院的始建与发展》,《犍陀罗艺术探源》, 上海古籍出版社, 2016年, 87~93页。

③ 有学者以斯尔卡普1A、F、G区, 达摩拉吉卡（Dharmarajika）D3、D4窣堵波台基之口发现的相关结构的残迹, 推测最早引入阶梯以突出正面的部分窣堵波可能尚保留有栏楯围绕的礼拜道设计。不过, 这种规划在窣堵波形制发展中很快就消失不见, 参见 Fitzsimmons, T. *Stupa Designs at Taxila.* Report of the Research Project on the Formation of Gandhava Buddnist Monasteries carried out between 1992 and 1997 Under the Auspices of the Asian Archaeology Section of the Koyoto University Institute For Research in Humanities (No. 2). 2001: 17, 21, 59-81.

④ Behrendt, Kurt A. Architecture evidence for the Gandhāran tradition after the third century. In W. Rienjang & P. Stewart (Eds.), *Problems of Chronology in Gandhāran Art. Proceedings of the First International Workshop of Gandhāra Connections Project*, University of Oxford. 2018: 149-164; Behrerdt, Kurt A. The Buddhist architecture of Gandhara. Brill Leiden-Bostan (Handbook of Ortental Studies. Section two. India). 2004: Appendix A.

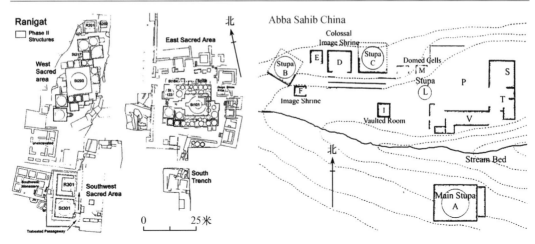

图一五　拉尼卡特寺院、Abba Sahib China 寺院

Sahib China 或 Abba Sahib Cheena）两处寺院遗址（图一五）具备了"塔殿并置"型佛寺的基本样式组成。

　　拉尼卡特寺院主体由东区、西区和西南区三部分组成。发掘者在东区和南沟（South Trench）中发现了属于第一期，即公元前200年至1世纪中期该寺院最早的遗存。佛塔（St301）与像殿（R301）并列的西南区则建于第三期末，或更可能的第四期，即5世纪中叶至8世纪。西南区的像殿为10.3米宽，9.1米进深，墙厚2.1米，残存西南角的墙高达5.8米，是名副其实的大像殿[①]。Abba Sahib China 寺院同样可被视作第四期的建筑群。当中与C塔并列的大像殿D，后墙上布列的孔槽指明了该像殿曾安放着一铺三尊的塑像。残存的基座表明，D大殿面积约为8.2米×8.2米见方，殿墙残高达9.5米[②]。

　　通过对阿巴·萨希布·切纳遗址C塔相关细部特征的类比考察，我们得以进一步确证大犍陀罗地区"塔殿并置"型佛寺的成型年代。与C塔形制十分接近的 Gul-Darrah（Gul Dara）佛塔（图一六），若从更全面、客观的特定建筑与遗物的伴生关系，即圆形堡垒与压印联珠纹陶器（medallion-stamped pottery）共存的现象，以及用砖规制、大且

①　Behrendt, Kurt A. *The Buddhist architecture of Gandhara*. Brill Leiden-Bostan (Handbook of Oriental studies Section two. India). 2004: pp. 97-99, 200-204.

②　Behrendt, Kurt A. Architecture evidence for the Gandhāran tradition after the third century. In W. Rienjang & P. Stewart (Eds.), *Problems of Chronology in Gandhāran Art. Proceedings of the First International Workshop of Gandhāra Connections Project*, University of Oxford. 200-204; Spagnesi, P. Aspects of the Architecture of the Buddhist Sacred Areas in Swat. *East and West*, 2006, 56: 151-175.

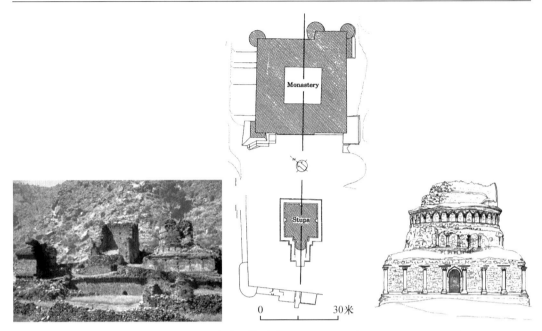

图一六　Abba Sahib China寺院C塔照片、Gul-Darrah遗址、Gul-Darrah佛塔

深的佛龛布置来看，其时代或属6世纪中叶[1]。鉴于阿巴·萨希布·切纳遗址C塔尚未出现大型深龛，这一迦毕试-喀布尔-伽兹尼（Kāpiśī-Kabul-Ghazni）地区的较晚设计，它的年代或稍早于该形制佛塔[2]。

　　拉尼卡特与阿巴·萨希布·切纳"塔殿并置"的独特设计鲜明地表现了人们礼拜的方式由周旋式向正面观塔、殿的形式转型。依照二者相关建置可能的建设年代，即5世纪中叶至6世纪，则阿巴·萨希布·切纳和拉尼卡特佛寺遗址可视作6至8世纪同形制佛寺的域外原型。

四、小　结

　　就本文的观点而言，"塔殿并置"型佛寺的最终成型，反映的是佛教思想与仪轨自

[1]　Shoshin Kuwayama. The Horizon of Begram Ⅲ and Beyond A Chronological Interpretation of the Evidence for Monuments in the Kāpiśī-Kabul-Ghazni Region. *East and West*, 1991, 41: 79-120.

[2]　有关该地区诸遗址的年代学研究，不少学者仍沿用坎宁安（A. Cunningham）、格什曼（R. Ghirshman）以迄福斯曼（G. Fussman）、塔代伊（M. Taddei）的传统观点，因而将Gul-Darrah佛塔的年代定为三四世纪，如Yuuka Nakamura & Shigeyuki Okazaki. The Spatial Composition of Buddhist Temples in Central Asia, Part 1: The Transformation of Stupas. *Intercultural Understanding*. 2006, 6: 31-43.

身的发展逻辑。不论在中原,还是犍陀罗,"塔殿并置"型佛寺均可看成是佛寺重心由塔向殿转移过程中的一种特殊表现形式。将拉尼卡特和 Abba Sahib China 两处佛教性质确切的寺院暂且视作"塔殿并置"型佛寺的域外参证,相对来讲,既能与佛寺中原化的大体脉络相互照应,又能与"塔殿并置"型佛寺的大部分材料的年代做到前后相继。若从更广阔的佛教入华史来看,视斯瓦特、犍陀罗为"塔殿并置"型佛寺的西来源头,也是符合罽宾[①]作为佛教东传的重要起点[②]这一关键史实的。

附记:谨以此文悼念孟凡人先生。本文曾以《"塔殿并置"型佛寺的渊源问题辨正》为题于浙江大学 2023 年主办的"中华文明及中外文明的交流互鉴"全国研究生考古论坛上宣讲,删订后刊录于此。

A Revised Perspective Proposed for the Origin of the Buddhist Temples Featured with "Stūpa and Image Shrine Juxtaposed"

Wu Haotian

Abstract: The term of the Buddhist temples featured with "stūpa and image shrine juxtaposed" has been put forward for a long time. Having surveyed relevant antiquities and details of architectural structures, those Buddhist temples with full-blown characteristics of "stūpa and image shrine juxtaposed" could be dated from the 6th to the 8th century. This particular Buddhist temple type, not only in China but also overseas, could be attributed to a similar change, namely, image shrine overriding stūpa in the design of Buddhist temples. Therefore, the Buddhist temples featured with "stūpa and image shrine juxtaposed" could also be regarded as a kind of Buddhist design underlining and juxtaposing both the image shrine and stūpa. The popularity of these Buddhist temples in the central plains of China should be related to the traditional Buddhist temples designed with a front tower and rear hall compromising to

---

[①] 桑山正进早已考证当时的罽宾并非克什米尔,而是犍陀罗地区。参见 Kuwayama, Sh. Literary Evidence for Dating the Colossi in Bāmiyān. In G. Gnoli & L. Lanciott (Eds.), *Orientalia Iosephi Tucci Memoriae Dicata*, 2. Roma. 1987.

[②] 李崇峰:"Jinbin and China as seen from Chinese Documents",《佛教考古:从印度到中国》,上海古籍出版社,2014 年,657~706 页;李崇峰:《西行求法与罽宾道》,《佛教考古:从印度到中国》,上海古籍出版社,2014 年,707~736 页。

the Li-Fang Unit System. The foreign prototype of these Buddhist temples could be found in the Greater Gandhāra region, where Ranigat and Abba Sahib China are on behalf of it.

Keywords: "Stūpa and Image Shrine Juxtaposed"; Sinicization of Buddhist temples; Li-Fang Unit System; Ranigat; Abba Sahib China

"捉金佛"源流试考：兼论佛教与丝路沿线民族葬俗的融合

孙语崎

（庆应义塾大学，东京）

摘要： 黑水城出土卷轴佛画与日本奈良县唐招提寺藏药师如来立像所见"捉金佛"形象因不见于佛经记载，其宗教内涵尚存诸多疑问。不过，通过对丝路沿线地区葬俗的考察可以发现，"捉金佛"形象的产生或与丝路沿线民族中广泛存在的口含、手握钱币下葬的风俗存在关联性。而创作时间、地点均相去甚远的二件作品间共同的文化源头也使我们对东亚—中亚间不可分割的文化联系有了更加深入的认识。

关键词： 捉金佛　黑水城　安如宝　贵霜王朝　丝绸之路

　　早期佛教戒律中强调"金银净"，即禁止比丘受持金银钱财（不捉金银）。不过，随着佛教在中亚、东亚的流传，当地民族习俗开始与佛教相融合，乃至在后世出现了"手捉金钱"的佛陀形象。黑水城出土卷轴佛画（X.2432，图一，以下简称：黑水城佛画）所绘宝冠如来立像，画中主尊右手掌心中握有一铜钱，楷书钱文"天元通宝"（图二）。因"天元"为北元大汗托古思帖木儿年号（1379～1388年），故该画被认定为北元时期作品①。对于"捉金佛"形象的来源及其意义，学界尚存在争议。俄罗斯学者基拉·菲导罗夫娜·萨玛秀克（Самосюк Кира Федоровна）认为佛陀掌心的钱币有可能包含了北元皇帝借宗教强调君权的目的②。而张小刚、杨富学等学者则指出该图像或与甘肃、

---

① Государственный Эрмитаж, *Пещеры Тысячи Буда: Российские Экспедиции На Шелковом Пути*, Санкт-Петербург: Издательство Государственного Эрмитажа, 2008, С. 322；米哈依·彼奥特洛夫斯基著，许洋主译：《丝路上消失的王国：西夏黑水城的佛教艺术》，国立历史博物馆，1996年，234页。

② Государственный Эрмитаж, *Пещеры Тысячи Буда: Российские Экспедиции На Шелковом Пути*, Санкт-Петербург: Издательство Государственного Эрмитажа, 2008, С. 322.

图一　黑水城出土卷轴佛画（X. 2432）
（俄罗斯国立艾尔米塔什博物馆藏，引自《丝路上
消失的王国：西夏黑水城的佛教艺术》，235页）

图二　黑水城出土卷轴佛画（X. 2432）右手局部
（俄罗斯国立艾尔米塔什博物馆藏，引自《丝路上消失
的王国：西夏黑水城的佛教艺术》，81页）

四川等地常见的"施财观音"存在关联[1]。

　　除黑水城佛画外，日本奈良县唐招提寺藏药师如来立像左手掌心中，同样出现了埋纳钱币的现象，这为我们解读此类"捉金佛"形象的意义提供了新的视角。日本学者菅谷文则指出，该像所见埋纳钱币的现象很可能与时任住持、粟特人安如宝（以下简称：如宝）的民族习俗有关[2]。不过，根据我国西北、内蒙古等地墓葬的发掘情况，此类习俗出现的时间似乎远早于粟特人大规模进入我国活动之前，且长期广泛存在于丝绸之路沿线民族的墓葬之中。因此，相较于粟特人的民族习俗，"捉金佛"形象的产生似乎与丝路民族共有的丧葬习俗更为接近。本文将通过对上述两作及相关地区葬俗

①　张小刚：《关于凉州瑞像的一些新资料——兼谈黑水城出土凉州瑞像》，《西夏研究》2012年4期，29～36页；杨富学：《由观音散施钱财图看敦煌莫高窟第3窟的时代——兼论武威出土银锭的筑造地》，《青海民族研究》2022年4期，185～193页。

②　菅谷文则：《鑑真弟子胡国人安如寶と唐招提寺薬師像の埋銭について》，《日中交流の考古学》，同成社，2007年，430～437页。

的考察，分析此类形象的来源、意义，并由此讨论佛教传播过程中与丝路沿线民族葬俗的融合问题。

一、"施财观音"与"捉金佛"之异同

我国所见手捉钱财的佛菩萨形象可根据主尊尊格分为两类，即"施财观音"与"捉金佛"。其中，"施财观音"始见于唐，盛于两宋，多表现主尊观音（多为千手观音）向两侧下方饿鬼、贫人布施甘露、宝雨（七宝或钱财）的场景（图三）。日本学者朴亨国考证，"施财观音"形象的原型可追溯至印度佛教造像中的"施甘露观音"。此类图像在传入中国后，其主尊逐渐确定为千手观音。同时，受到世俗思想的影响，受施对象开始由饿鬼、诃耶羯哩婆（Hayagriva）发展为饿鬼、贫人，布施物中的七宝

图三　敦煌出土千手千眼观音变（Stein.no Ch.lvi.0019）局部
（9世纪初期，英国大英博物馆藏）

也转换为现实中的金钱[①]。"施财观音"题材在唐宋之际盛行于甘肃、四川等地。此类形象具体实例如表一：

表一　唐宋时期"施财观音"实例

序号	作品名	年代	备注
1	安岳石窟卧佛院第45窟施财观音	唐（8世纪）	刘长久主编：《中国石窟雕塑全集（8）：四川、重庆》，重庆出版社，1999年，图九七。 滨田瑞美：《中国石窟美术の研究》，中央公论美术出版，2012年
2	大英博物馆藏千手千眼观音变（Stein. no Ch.lvi.0019）	唐（9世纪）	A. Stein. *THE THOUSAND BUDDHAS: Ancient Buddhist Paintings From The Cave-Temples Of Tun-Huang On The Western Frontier of China*. London: Bernard Quarith.LTD, 1921.
3	大足北山佛湾石窟第9窟千手观音像	晚唐	李巳生主编：《中国石窟雕塑全集（7）：大足》，重庆出版社，1999年，图三。 杨富学：《由观音散施钱财图看敦煌莫高窟第3窟的时代——兼论武威出土银锭的筑造地》，《青海民族研究》2022年4期
4	丹棱刘嘴第34窟千手观音像	晚唐	朴亨国：《「餓鬼をも救済する観音菩薩」の造形的な表現》，《佛教藝術》270号，2003年
5	大足北山佛湾石窟第273窟千手观音像	五代	李巳生主编：《中国石窟雕塑全集（7）：大足》，重庆出版社，1999年，图一二。 朴亨国：《「餓鬼をも救済する観音菩薩」の造形的な表現》，《佛教藝術》270号，2003年
6	夹江千佛崖千手观音倚坐像	五代	朴亨国：《「餓鬼をも救済する観音菩薩」の造形的な表現》，《佛教藝術》270号，2003年
7	安岳圆觉洞第26窟千手观音倚坐像	五代	朴亨国：《「餓鬼をも救済する観音菩薩」の造形的な表現》，《佛教藝術》270号，2003年
8	敦煌莫高窟第35窟十一面八臂观音	五代	杨富学：《由观音散施钱财图看敦煌莫高窟第3窟的时代——兼论武威出土银锭的筑造地》，《青海民族研究》2022年4期
9	吉美博物馆藏大悲观音变（MG.17659）	太平兴国六年（981年）	滨田瑞美：《中国石窟美术の研究》，中央公论美术出版社，2012年。 杨富学：《由观音散施钱财图看敦煌莫高窟第3窟的时代——兼论武威出土银锭的筑造地》，《青海民族研究》2022年4期
10	敦煌莫高窟第141窟千手观音变	北宋	滨田瑞美：《中国石窟美术の研究》，中央公论美术出版社，2012年
11	敦煌莫高窟第335窟千手观音变	北宋	滨田瑞美：《中国石窟美术の研究》，中央公论美术出版社，2012年

①　朴亨国：《「餓鬼をも救済する観音菩薩」の造形的な表現》，《佛教藝術》270号，2003年，59～76页；滨田瑞美：《中国石窟美術の研究》，中央公论美术出版，2012年，289～296页。

续表

序号	作品名	年代	备注
12	敦煌莫高窟第380窟千手观音变	北宋	滨田瑞美：《中国石窟美术の研究》，中央公论美术出版社，2012年
13	敦煌莫高窟第456窟千手观音变	北宋	滨田瑞美：《中国石窟美术の研究》，中央公论美术出版社，2012年
14	大足宝顶山大悲阁千手观音像	南宋淳熙至淳祐年间（1174～1252年）	朴亨国：《「餓鬼をも救済する観音菩薩」の造形的な表現》，《佛教藝術》270号，2003年
15	张胜温《大理国梵像图卷》千手千眼观音像（第21图）	大理国盛德五年（1180年）	李霖灿：《南诏大理国新资料的综合研究》，故宫博物院，1982年。 朴亨国：《「餓鬼をも救済する観音菩薩」の造形的な表現》，《佛教藝術》270号，2003年
16	敦煌莫高窟第3窟东壁北侧施财观音	西夏—元	敦煌研究院：《中国石窟敦煌莫高窟》（五），文物出版社，2013年，图174。 杨富学：《由观音散施钱财图看敦煌莫高窟第3窟的时代——兼论武威出土银锭的筑造地》，《青海民族研究》2022年4期

观音救度饿鬼、贫人的相关经典内容可见于南北朝时求那跋陀罗（394～468年）所译《相续解脱地波罗蜜了义经》：

> 若菩萨有无尽财及有悲心者，何故世间有贫穷众生。佛告观世音菩萨，此是众生自业过耳。若异者他常为作，彼则应有无尽之财。世间何有贫穷众生。若然者，众生作恶不应为障。观世音，譬如饿鬼为渴所逼唯见空壑。非彼海过。但彼饿鬼自业过耳。如彼大海无有过咎。菩萨无过亦复如是。如彼饿鬼自业果报，众生业报亦复如是[1]。

至于将施财观音明确为千手观音的依据，应当源自于遵照菩提流支（？～727年）译《千手千眼观世音菩萨姥陀罗尼身经》中所述千手观音"一手施出甘露，一手施出种种宝雨，施之无畏"的相关内容[2]。综上所述，根据作例及经典记载，我们可以总结出"施财观音"图像的三个典型特征，即：

1.主尊为观音，且以千手观音最多。

2.主尊两侧表现有受施对象（饿鬼与贫人）。

3.布施物（钱财或珍宝）自观音手中散施出去。

---

① 《大正新修大藏经》（以下简称：《大正藏》）（第16卷），717页。

② 《大正藏》（第20卷），101页。

图四　黑水城出土佛立像（X. 2297）
（俄罗斯国立艾尔米塔什博物馆藏，引自《丝路上消失的王国：西夏黑水城的佛教艺术》，237页）

除上述"施财观音"图像外，敦煌莫高窟第72窟另有一如来施宝图像，根据主尊左上榜题："佛额上宝珠，时有贫士既见宝珠乃生贪心。像便曲集躬授珠与贼"，可知此"如来施宝"题材属灵验故事一类。其内涵也应与"施财观音"相近。

相对于"施财观音"，"捉金佛"图像现存实例较少，根据笔者管见，我国所见同类案例仅有黑水城佛画一例。卷中主尊头戴宝冠，身着红色袈裟；偏袒右肩。左手持袈裟于胸前，右手下垂作与愿印，掌心处绘有铜钱[1]。此外，黑水城"辉煌舍利塔"中另发现一尊形象与佛画主尊一致的戴冠立佛（X. 2297，图四）。不过，由于该像右手佚失，故无法判断该尊手中是否也曾握有钱币[2]。

对于佛画所绘内容及主尊尊格，张小刚根据其左手持袈裟，右手下垂作与愿印的形象指出，其应为凉州瑞像的变体[3]。凉州瑞像起源自北魏时期异僧刘萨诃的相关传说。据《集神州三宝感通录》与敦煌文书中多见《刘萨河（诃）和尚因缘记》（P.2680，P.3570，P.3727）载，刘萨诃初为猎户，因杀业过重而在三十岁前后病死，后得观音所救而活。此后刘皈依佛门，云游四处。至番禾御谷山时向弟子预言山崖中有佛像将出，可预兆王朝兴衰与人间疾苦[4]。日本学者肥田路美指出，尽管凉州瑞像多被视为歌颂统治者伟业的"祥瑞"，但亦有用于供养亡者的实例。如大英博物馆藏刺绣佛（Stein no Ch.00260，图五）除表现瑞像主尊与二比丘二胁侍外，其下方还绘有七身供养僧、侍者等供养人形象。同时，该作下方还专门留有题写发愿文的空白区间。而

---

① Государственный Эрмитаж, *Пещеры Тысячи Буда: Российские Экспедиции На Шелковом Пути*, Санкт-Петербург: Издательство Государственного Эрмитажа, 2008, С. 367.

② 米哈依·彼奥特洛夫斯基著，许洋主译：《丝路上的消失王国：西夏黑水城的佛教艺术》，国立历史博物馆，1996年，81、82页。

③ 张小刚：《关于凉州瑞像的一些新资料——兼谈黑水城出土凉州瑞像》，《西夏研究》2012年4期。

④ 《集神州三宝感通录》，《大正藏》（第52卷），404、417页。三本敦煌文书校录可参阅陈佐龙：《刘萨河研究——敦煌佛教文献解析之一》，《华冈佛学学报》1973年5期，33～56页。

图五　敦煌出土刺绣佛（Stein no Ch. 00260）

（8世纪，英国大英博物馆藏）

从几处走线和针眼不匀称的刺绣图案来看，该作可能是当地世族供养者为亡者追福所作[①]。由此可以判断，黑水城佛画可能具有供养亡者、赐福消灾等内涵。

　　然而，尽管二者在图像与现世利益等方面具备相似特征，黑水城佛画主尊"捉金佛"与"施财观音"在持握铜钱的表现上存在明显差异："捉金佛"两侧未表现出受施对象，手中铜钱亦置于掌心而非向外散施。此外，与"施财观音"不同，佛经中似无如来布施众生钱财的相关内容。由此不难推断，二者的信仰内核应属于不同类别。

　　由于我国所见"捉金佛"几无可参考旁例，学界对于此图像所依经典与其宗教内涵尚存争议。另一方面，根据牛达生先生考证，北元铸鼓既无实物记载，又无考古发现相佐，故佛手中所持"天元通宝"之来源亦难以考证[②]。不过，万里之外的日本唐招提寺

---

① 　肥田路美著，牛源译：《凉州反禾县瑞像故事及造型》，《敦煌学辑刊》2006年2期，165～180页。

② 　牛达生：《佛祖掌心上的"天元通宝"及由此引出来的难题》，《甘肃金融》2002年2期增刊，29～31页。

却发现了在图像上与黑水城"捉金佛"极为接近，且制作年代与作者相对明确的造像，这为我们探寻此类图像的源头、意义提供了重要的参考。

二、唐招提寺藏药师如来立像所见埋钱现象

日本奈良县唐招提寺金堂藏药师如来立像（图六，以下简称：药师像，）大致完成于延历十五年（796年）至九世纪初期。像高336.5厘米，偏袒右肩，右肩斜挂大衣，左手掌向前垂下，掌心处中指稍向内侧弯曲。掌心处共发现铜钱三枚（图七），自外至内分别为和铜开珍（背在上）、隆平通宝（表为上）、万年通宝（表为上）[①]。此外，据井上正报告，该像右手掌心可见不规则沟痕，故亦有可能埋有铜钱[②]。除药师像外，金

图六　药师如来立像

（日本唐招提寺金堂藏，引自《奈良六大寺大观　唐招提寺　二》图版，11页）

图七　唐招提寺药师像手部埋钱情况

（引自《奈良六大寺大观　唐招提寺　二》解说，25页）

---

① 奈良六大寺大观刊行会：《奈良六大寺大观　唐招提寺　二》，岩波书店，1972年，24～28页。

② 菅谷文则：《鑑真弟子胡国人安如寶と唐招提寺藥師像の埋錢について》，《日中交流の考古学》，同成社，2007年。

堂主尊卢舍那佛坐像及同寺所藏两尊观音立像手部均发现有数珠埋藏，然未见埋钱现象。这无疑进一步突出了药师像所埋纳钱币的特殊性。

作为创作该像的核心人物——如宝的身世与个人习俗显然成为了考释埋钱现象的关键。据《唐大和上东征传》载，如宝本为胡国（今中亚地区）人，于日本天平胜宝五年，唐天宝十二年（753年），随唐僧鉴真东渡日本[①]。初时入药师寺为僧，后受鉴真遗嘱掌管唐招提寺，并于日本大同元年（806年）成为少僧都[②]。如宝担任唐招提寺住持期间积极推动寺内伽蓝扩建，并亲自参与到金堂、造像营造之中。根据护国寺本《诸寺缘起集》中记载，金堂所安置药师佛立像，千手观音像，梵天、帝释天立像，四天王等像均有如宝的参与[③]。

对于该像手中埋钱的原因，目前主要有两种观点。其一，菅谷文则认为，根据《唐会要》所载康国习俗，粟特人在儿童出生时，会在其口中填蜜，并以胶将铜钱粘于手中，以期其未来善争"分铢之利"。而药师像手部埋纳钱币的现象很可能是如宝在异国重现的粟特人旧俗[④]。然而，如果我们跳脱出如宝本人的民族属性，转而从丝路沿线地区各民族的整体习俗进行分析就会发现，唐代丝路沿线的众多民族中均长期存在着在死者口、手中放置钱币下葬的习俗。因此，药师像手中埋纳钱币的现象并不一定仅仅源自于粟特民俗，而可能包含了更加广泛的信仰或民俗基础。

其二，与"粟特旧俗"说相对的，日本学者中岛敬介与唐招提寺副执事长石田太一从唐招提寺在像内装纳死者重要遗物的传统出发，根据三枚铜钱的年号与如宝之师鉴真，师兄法载、义静三人所处年代大致相当的情况，判断埋钱现象似乎有为先师及前辈僧人追福之意[⑤]。相对于"粟特旧俗"说，"追福"说在兼顾了丝路各民族中存在的共同墓葬风俗的同时，也解释了此类图像在缺乏经典依据和文字记载的情况下，出现在创作

① "大和上今向海东。重观无由。我今者最后请预结缘。乃于江边为二十四沙弥授戒讫。乘船下至苏州黄泗津。相随弟子杨州白塔寺僧法进。泉州超功寺僧昙静。台州开元寺僧思讬……杨州优婆塞潘仙童。胡国人安如宝。昆仑国人军法力。瞻波国人善听。都二十四人"，见淡海三船：《唐大和上东征传》，《群书类従（第五辑）》，八木书店，1932年，538页。

② 关于如宝认少僧都的具体时间，《日本后记》与《东大寺要录》记载存在冲突。参阅菅谷文则：《鑑真弟子胡国人安如寶と唐招提寺薬師像の埋錢について》，《日中交流の考古学》，同成社，2007年。

③ "薬師丈六、千手像、北中壁三間畫、木梵王帝尺四王、少僧都造之"，见护国寺本《诸寺缘起集》，载于藤田经世编：《校刊美术史料·寺院篇》（上），中央公论美术出版，1972年，277页。

④ 菅谷文則：《鑑真弟子胡国人安如寶と唐招提寺薬師像の埋錢について》，《日中交流の考古学》，同成社，2007年。

⑤ "生子必以蜜食口中，以胶置手内。欲其成长口尝甘言。持钱如胶之粘物。习善商贾，争分铢之利"，见《唐会要》（卷九十九），中华书局，1955年，1774页。

时间、地域等诸多方面存在较大跨度的黑水城佛画之中的原因。因此，笔者认为"供养"说似乎更加接近"捉金佛"形象的创作初衷。

另外，如果"供养"说成立，根据药师像手中钱币与如宝师父、师兄去世时间相对应的情况可以推测，黑水城佛画主尊掌心中所绘"天元通宝"铜钱可能并非实际存在的货币，而是与唐招提寺药师像左手掌心所埋铜钱具有相同意义的，用以表示往生者去世时间的追福供养之物。

综上所述，黑水城佛画主尊与唐招提寺药师像手中"捉金"的现象可能是造像者出于丝路沿线民族的风俗习惯，通过在埋纳（或绘制）与追善对象去世年代相对应的钱币，达到供养亡者、追福消灾的目的。为了证明上述观点，笔者将从丝路沿线地区墓葬中发现的手握、口含钱币的具体案例出发，考察此类葬俗在当时的流行情况及与佛教往生信仰的融合过程，从而对"捉金佛"的形象来源进行解读。

三、中亚、西北所见口含、手握钱币葬俗及与佛教的融合

19世纪以来，学界大多将手握钱币与口含金币现象视作同一葬俗，并针对其起源问题延伸出"西来说"与"本土说"两种观点。斯坦因（A.Stein）曾根据阿斯塔纳墓葬群中死者口含拜占庭金币与萨珊银币的现象，判断这一习俗源自于古希腊葬俗[1]。根据古希腊、罗马人的宗教信仰，死者在进入冥界（Hades）前必须渡过冥河。为此，死者须向摆渡人卡戎（Charon）支付酬金。故古希腊、罗马人会在死者舌下放置一枚银币"奥博尔"（Obol）以作为渡河费用。日本学者小谷仲男则关注到了拜火教圣典《阿维斯塔》中出现的死者渡桥进入冥界的传说与古希腊"摆渡船"传说的类似性，并指出中亚地区流行的此类习俗或源于当地民族对古希腊冥界观的借鉴。此外，小谷氏还特别强调了贵霜王朝的扩张与犍陀罗佛教的传播在这一葬俗的流传过程中所起到的重要作用[2]。

与"西来说"相对，夏鼐、王维坤等学者则指出，死者口中含钱的习俗可能源自于我国殷周时墓葬中死者口中含贝的习俗[3]。如夏鼐指出："我国在殷周时代便已有死者口中含贝的风俗，考古学上和文献上都有很多证据。当时贝是作为货币的。秦汉时代，贝

① 　A.Stein. *Innermost Asia Vol. II*. Oxford: Clarendon Press, 1928: 646.

② 　小谷仲男：《死者の口に貨幣を含ませる習俗—漢唐墓葬における西方の要素》，《富山大学人文学部紀要》（13），1988年，1～19页。

③ 　夏鼐：《综述在中国出土的波斯萨珊朝银币》，《考古学报》1974年1期，91～110页；王维坤：《隋唐墓葬出土的死者口中含币习俗溯源》，《考古与文物》2001年5期，76～88页。

被铜钱所取代。将铜钱和饭及珠玉一起含于死者口中，成了秦汉及以后的习俗"[1]。

由于口含、手握钱币葬俗的形成原因较为复杂，笔者在此难以对其具体起源做出判断。不过，考虑到丝路沿线地区交流的频繁，中亚与我国所见的，具有相同表现特征的葬俗之间无疑存在着紧密联系。

中亚地区所见口含、手握钱币的葬俗可追溯至公元前1世纪前后，并长期盛行于中亚地区[2]。例如，阿富汗提蒂拉丘地（Tillya Tepe）一号、三号、六号墓中均见墓主人手中握有银币下葬的情况。此外，小谷仲男还对乌兹别克斯坦、塔吉克斯坦等国所见手握、口含钱币的墓葬习俗进行整理，并指出该习俗直至8世纪时仍广泛存在于中亚地区[3]。

根据现有考古发现，口含、手握钱币的习俗自两汉时代起就已经出现于我国墓葬之中。至隋唐时，手握、口含钱币的葬俗已经作为一种常见风俗集中分布于两京及其他丝路沿线地区。具体分布情况可参考表二。

表二　我国内地所见手握、口含钱币葬俗（不含新疆）[4]

序号	年代	名称	出土地	钱币出土情况	备注
1	西汉晚期	石寨山汉墓	云南省晋宁市石寨山	M32死者口含五铢8枚，双手各握宣帝五铢2枚	云南省博物馆：《云南晋宁石寨山第三次发掘简报》，《考古》1959年9期，459～461页
2	西汉晚期	麻弥图庙1号墓	内蒙古自治区磴口县	左手握有宣、平五铢2枚	侯仁之、俞伟超：《乌兰布和沙漠的考古发现和地理环境的变迁》，《考古》1973年2期，92～107页
3	西汉晚期	朔县秦汉墓葬群	山西省朔县	GM144男女死者各口含铜钱1枚	平朔考古队：《山西朔县秦汉墓发掘简报》，《文物》1987年6期，1～52页

---

[1]　夏鼐：《综述在中国出土的波斯萨珊朝银币》，《考古学报》1974年1期。对于夏氏的主张，小谷仲男曾撰文予以反驳，参阅小谷仲男：《死者の口に貨幣を含ませる習俗—漢唐墓葬における西方的要素》，《富山大学人文学部紀要》（13），1988年。

[2]　小谷仲男：《ガンダーラ美術とクシャン王朝》，同朋舍，1996年，94～98页。

[3]　小谷仲男：《死者の口に貨幣を含ませる習俗—漢唐墓葬における西方的要素》，《富山大学人文学部紀要》（13），1988年。

[4]　隋唐以后死者口含、手握钱币下葬的情况极为常见，此处仅摘录部分案例。其余案例可参考以下文献资料：小谷仲男：《死者の口に貨幣を含ませる習俗—漢唐墓葬における西方的要素》，《富山大学人文学部紀要》（13），1988年；古丽扎尔·吐尔逊（Gulzar Tursun）：《唐代丧葬习俗中手握的综合研究》，西北大学硕士学位论文，2019年。

续表

序号	年代	名称	出土地	钱币出土情况	备注
4	汉	纳林套海墓葬群	内蒙古自治区磴口县	口含、手握兼有	魏坚：《内蒙古中南部汉代墓葬》，中国大百科全书出版社，1998年
5	汉	包尔陶勒盖墓葬群	内蒙古自治区磴口县		
6	汉	沙金套海墓葬群	内蒙古自治区磴口县	口含、手握兼有	
7	汉	补隆淖墓葬群	内蒙古自治区磴口县		
8	汉	召湾墓葬群	内蒙古自治区包头市南郊	M64西侧北耳室内出土两具人骨，口中各含货泉2枚；M85口含五铢1枚	魏坚：《内蒙古中南部汉代墓葬》，中国大百科全书出版社，1998年
9	汉	下窝尔吐壕墓葬群	内蒙古自治区包头市南郊	M5男性死者口中含钱；M6右手处见五铢钱	
10	汉	呼和乌素墓葬群	内蒙古自治区乌兰察布盟察右前旗呼和乌素乡	M9死者双手各握五铢1枚	
11	汉	南陈庄汉墓	山东省茌平县	M9死者口中含半两1枚（原文中记为M19，或为误记）	马良民：《山东省茌平县南陈庄遗址发掘简报》，《考古》1973年4期，303～321页
12	汉	辽阳汉墓	辽宁省辽阳市铁路沿线	死者下颚骨之下见五铢2枚，似含口中；另有一合葬墓男性死者右齿呈绿色，故推测墓中铜钱应置于面部附近	鸟居龙藏著，陈念本译：《满蒙古迹考》，商务印书馆，1933年。188～189页；夏鼐：《综述中国出土的波斯萨珊银币》，《考古学报》1974年1期
13	汉	刘王殿2号墓	广东省广州市	两死者各口含铜钱1枚	夏鼐：《综述中国出土的波斯萨珊银币》，《考古学报》1974年1期
14	汉	西延铁路甘泉段汉墓	陕西省甘泉县鳖盖峁	M12死者腰部见五铢2枚；M15死者左手处见半两3枚	陕西省考古研究所、延安地区文管会、甘泉县文管会：《西延铁路甘泉段汉唐墓情理简报》，《考古与文物》1995年3期，19～35页
15	东汉初期	古城墓地7号墓	青海省海东地区平安县	口含铜钱1枚（仅存残迹）	任小燕、王倩倩、李一全：《青海平安县古城青铜时代和汉代墓葬》，《考古》2002年12期，29～37页

续表

序号	年代	名称	出土地	钱币出土情况	备注
16	北齐（562年）	库狄迴洛墓	山西省寿阳县贾家庄	死者左手握常平五铢1枚	王克林：《北齐库狄迴洛墓》，《考古学报》1979年3期，377～402页
17	隋开皇九年（589年）	宋循墓	河南省安阳县（市）	死者双手各握五铢钱1枚	安阳县文教局：《河南安阳隋墓清理简记》，《考古》1973年4期，232、233页
18	隋	安阳墓葬群	河南省安阳市	死者口含或手握五铢钱	中国社会科学院考古研究所安阳工作队：《安阳隋墓发掘报告》，《考古学报》1981年3期，369～406页
19	北齐—唐	洛阳涧西区墓葬群	河南省洛阳市涧西区	口含1枚，双手各握1枚	河南省文化局文物工作队：《一九五五年洛阳涧西区北朝及隋唐墓葬发掘报告》，《考古学报》1959年2期，95～107页
20	隋—唐	陕西凤翔隋唐墓葬群	陕西省凤翔县	口含、手握兼有	陕西省考古研究院、西北大学文博学院：《陕西凤翔隋唐墓1983—1990年田野发掘报告》，文物出版社，2008年
21	唐仪凤三年（678年）	史道德墓	宁夏回族自治区固原县	口含拜占庭金币1枚	宁夏固原博物馆：《宁夏固原唐史道德墓清理简报》，《文物》1985年11期，21～30页
22	唐	西安郊区隋唐墓葬群	陕西省西安市	口含、手握兼有，例：M223（武周证圣元年（695年）郭冐夫妻合葬墓）、M220、M563等	中国科学院考古研究所：《西安郊区隋唐墓》，科学出版社，1966年
23	唐前期	西延铁路甘泉段M10号唐墓	陕西省甘泉县鳌盖峁	死者双手位置处各见开元通宝1枚	陕西省考古研究所、延安地区文管会、甘泉县文管会：《西延铁路甘泉段汉唐墓情理简报》，《考古与文物》1995年3期
24	盛唐	西安秦川机械厂唐墓M3号墓	陕西省西安市东郊韩森寨地区	死者右手处见开元通宝1枚，另于头骨旁见开元通宝1枚	吴春：《西安秦川机械厂唐墓清理简报》，《考古与文物》1994年4期，18～28页
25	唐开元二十六年（738年）	李景由夫妻合葬墓	河南省偃师市杏园村	男性死者左右处见货布1枚	中国社会科学院考古研究所河南第二工作队：《河南偃师杏园村的六座纪年唐墓》，《考古》1986年5期，429～457页

　　根据上表内容，口含、手握钱币的葬俗在粟特人大量进入我国内地之前就已经在我国流行开来。同时，此类葬俗除见于汉人及中亚民族墓葬中外，在鲜卑等北方少数民族

墓葬中亦有出现①。这进一步说明，如宝在佛像手中埋钱的行为很可能并非粟特人的特有民俗，而是源自于当时广泛盛行于丝路沿线民族中的丧葬习俗。另外，由于当时佛教在中亚地区的兴盛与传播，当地民族口含、手握钱币的葬俗亦对佛教经典产生了影响。如鸠摩罗什译《大庄严论经》中便有：

> 我昔曾闻。有一国王名曰难陀。是时此王聚积珍宝，规至后世。嘿自思惟，我当今当集一国珍宝事无外余。贪聚财故以自己女置淫女楼上……时有寡妇唯有一子心甚敬爱。而其此子见于王女仪容瓌玮姿貌非凡，心甚耽著。家无财物，无以自通，遂以结病，身体羸瘦气息微惙。母问子言何患乃尔。子具以状启白于母。我若不得与彼交往，定死不疑。母语子言，国内所有一切财宝尽无遗余。何处得宝。复更思惟。汝父死时，口中有一金钱。汝若发塚可得彼钱。以用自通。即随母言。往发父塚，开口取钱……王闻是已而自思忖。我先聚集一切宝物。望持此宝至于后世。彼父一钱尚不能齎持而去。况复多也……时有辅相聪慧知机，已知王意而作是言。王所说者正是其理。若受后身必须财宝，然今珍宝及以象马，不可齎持至于后世，何以故。王今此身尚自不能至于后世，况复财宝象马者乎。当设何方令此珍宝得至后身。唯有施与沙门婆罗门贫穷乞尔。福报资人必至后世②。

据罗什译本所载，《大庄严论经》作者应为中天竺国人马鸣（Aśvaghoṣa）。不过，根据1926年勒柯克（Albert von Le Coq，1860～1930年）在新疆所发现梵本经文，以及吕德斯（Heinrich Lüders）等学者的研究成果判断③，此部经典的作者很可能为出身罽宾呾叉始罗国（今巴基斯坦塔克西拉地区）的论师童受（Kumāralabdha）。小谷仲男进一步指出，根据童受的身世与活动范围，不难推断《大庄严论经》中所提到的葬俗应源自印度或犍陀罗地区，而由于印度地区并未发现此类葬俗遗存，故佛经中所述口含（或手握）钱币的葬俗应当与当时踞于中亚、犍陀罗等地的贵霜王朝的民族葬俗存在关联④。此后，随着佛教的盛行，贵霜贵族与富商逐渐转变了厚葬的习俗，并开始将金银财宝施予寺庙以求来世幸福⑤。不过，以钱币随葬的习俗仍然被丝路沿线民族所保留，并广泛

---

① 王克林：《北齐库狄迴洛墓》，《考古学报》1979年3期，377～402页。

② 《大正藏》（第四卷），273页。

③ Heinrich Lüders. *Bruchstücke der Kalpanāmanditikā des Kumāralāta*. Leipzig, 1926.

④ 小谷仲男：《死者の口に貨幣を含ませる習俗—漢唐墓葬における西方の要素》，《富山大学人文学部紀要》（13），1988年。

⑤ 小谷仲男：《死者の口に貨幣を含ませる習俗—漢唐墓葬における西方の要素》，《富山大学人文学部紀要》（13），1988年。

应用于瘗埋舍利与信徒葬礼等佛教仪式中[①]。

四、结 论

综上所述，基于丝路沿线地区特殊的地理位置与历史背景，当地民族在融合了各方特色的基础上形成了独特的风俗习惯。此后，随着佛教的兴盛及东西交流的日益频繁，佛教在各民族风俗的影响下逐渐改变，并孕育出了一些与传统"戒律"要求相左的宗教形象及经典仪轨。

公元前1世纪以来，中亚及我国西北等地区开始出现口含、手握钱币的葬俗，并在当地各民族中广泛传播。同时，由于丝路沿线地区佛教的盛行，此类葬俗逐渐与佛教相融合，并最终形成具有佛教特色的丧葬仪式。考虑到黑水城佛画的出土位置与如宝的粟特人身份，两作中所见"捉金佛"的宗教内涵也应当与此相关，即通过在主尊手中埋纳（或绘制）铜钱的方式以求实现供养亡者、赐福消灾等目的。

从另一个方面来看，黑水城佛画与日本唐招提寺药师像两作虽创作时间、地点相去甚远，却有着相同的文化源头。这再一次证明了古丝绸之路在东西民族交流中不可替代的重要地位。同时，这一发现会使我们更加深刻地认识东亚—中亚间不可分割的文化联系。

Study on the Origins of "Coin-Holding Buddha": Discussion on the Integration of Buddhism and the Burial Customs of Ethnic Groups Along the Silk Road

Sun Yuqi

Abstract: The "Coin-Holding Buddha" imagery observed in murals of Buddhist scrolls unearthed in Khara-Khoto and in the statue of the Medicine Buddha (Bhaisajyaguru) at the Toshodai-ji Temple in Nara, Japan, is not documented in Buddhist scriptures, thus leaving

---

① 在瘗埋舍利的仪式中以金钱随葬供养的相关研究可参阅：E. Errington, J. Cribb, M.Claringbull. *The Crossroads of Asia: Transformation in Image and Symbol in the Art of Ancient Afghanistan and Pakistan.* Cambridge: Ancient India & Iran Trust, 1992: 140；以铜钱陪葬舍利的相关研究可参阅徐胭胭：《析唐法门寺地宫"金钱布地"现象》，《中国国家博物馆馆刊》2017年5期，17～32页；以铜钱为信徒随葬的相关研究可参阅渡边照宏：《死後の世界》，岩波新书，1956年，70～73页。

many questions regarding its religious significance. However, examining burial customs along the Silk Road reveals a possible connection between the origin of the "Coin-Holding Buddha" imagery and the prevalent practice of placing coins in the mouth or hands of the deceased among the various ethnic groups along the Silk Road. Moreover, the shared cultural origins of these two artworks, despite their distant temporal and geographical origins, provide a deeper understanding of the inseparable cultural connections between East Asia and Central Asia.

Keywords: Coin-Holding Buddha; Khara-Khoto; An Nyoho; Kushan Empire; Silk Road

布尔霍图伊文化与室韦考古学文化的比较研究

——兼论蒙古起源的相关问题

甘俊伟[1]　孙　危[2]

（1. 巴中市南龛石窟研究院，巴中，636000；2. 郑州大学考古
与文化遗产学院，郑州，450001）

摘要：毗邻我国额尔古纳河流域的布尔霍图伊文化内涵复杂，长期以来学界对其性质也多有讨论。通过与室韦考古学文化在墓葬结构、葬制葬俗和随葬品的分析比较，我们发现这两种文化的共性占据主流，从而确认了布尔霍图伊文化的室韦属性。此外，时代偏晚的早期蒙古文化在墓葬结构和葬仪葬俗上与布尔霍图伊文化也有强烈的类似性，且与受到布尔霍图伊文化重要影响的鲜卑文化进行了类比研究，表明布尔霍图伊文化是蒙古起源的一支重要力量。

关键词：布尔霍图伊文化　室韦　蒙古起源　鲜卑

一、布尔霍图伊文化的考古发现及研究概况

布尔霍图伊文化属早期铁器时代文化。该文化广泛分布于俄罗斯的外贝加尔区，其分布范围是：西起贝加尔湖东岸，东到额尔古纳河流域，南达俄蒙边境一带，北至石勒喀河流域附近[①]。该文化的遗迹，由苏联考古学家А. П. 奥克拉德尼科夫于1950年在鄂嫩河流域的布尔霍图伊谷地首次发现，其后他在石勒喀河、乌尔久坎河流域以及索察尔、奥洛维扬纳亚车站附近考察了类似的墓葬，研究者们将这些遗迹与1950年在布尔霍图伊谷地发掘的墓葬联系起来，并统称之为"布尔霍图伊文

---

① 〔俄〕И. В. 阿谢耶夫、И. И. 基里洛夫、Е. В. 科维切夫著，王德厚、高秀云译：《中世纪时代外贝加尔的游牧民族》，《东北亚考古资料译文集》（俄罗斯专号），北方文物杂志社，1996年，91页。

化”①。此外还在钦丹特、奥洛维扬纳亚、鄂嫩斯克、裸岬、托波列夫卡、库恩加、阿莫戈隆谷、托克钦和新谢利哈谷等地也陆续发掘了大量属布尔霍图伊类型的墓葬②。А.П.奥克拉德尼科夫认为布尔霍图伊文化的年代在匈奴与突厥之间，具体范围为公元2～8世纪③。考古工作者之后在沃洛宾谷地又发现了大量墓葬，其中也有属于布尔霍图伊文化的墓葬，这些墓葬的年代范围基本与之前发现的布尔霍图伊墓葬一致，只是下限略晚，具体为公元4～9世纪④。因此综合来看，布尔霍图伊文化的年代可向后顺延一个世纪，即定在公元2～9世纪为宜。

　　布尔霍图伊文化内涵丰富，因素复杂。关于该文化的性质和族属，目前学界尚存争议。如张碧波和董国尧根据布尔霍图伊文化的发掘和研究，认为其是包含了匈奴、鲜卑、突厥、回鹘、靺鞨和契丹等多种类型的复合文化⑤。而奥克拉德尼科夫认为此文化属室韦人的遗存⑥。孙秀仁等也赞同布尔霍图伊文化是室韦人的遗存，且进一步指出它是室韦人西迁至鄂嫩河流域后留下的文化遗存⑦。Е.И.杰列维扬科则认为，布尔霍图伊人在民族上属室韦，但是又与靺鞨关系密切，且该文化的部分遗物与靺鞨同期遗物类似⑧。故布尔霍图伊文化的族属还需进一步讨论。

二、与室韦相关的考古发现及研究概况

　　目前国内外发现的，且已被确定为室韦考古学文化的遗迹如次。

---

① 〔俄〕А.П.奥克拉德尼科夫著，王德厚译：《西南外贝加尔铁器时代的布尔霍图伊文化》，《北方文物》2008年2期，105页；〔俄〕И.В.阿谢耶夫、И.И.基里洛夫、Е.В.科维切夫著，王德厚、高秀云译：《中世纪时代外贝加尔的游牧民族》，《东北亚考古资料译文集》（俄罗斯专号），北方文物杂志社，1996年，76、86页。

② 〔俄〕И.В.阿谢耶夫、И.И.基里洛夫、Е.В.科维切夫著，王德厚、高秀云译：《中世纪时代外贝加尔的游牧民族》，《东北亚考古资料译文集》（俄罗斯专号），北方文物杂志社，1996年，86、87、148～155页。

③ 〔俄〕А.П.奥克拉德尼科夫著，王德厚译：《西南外贝加尔铁器时代的布尔霍图伊文化》，《北方文物》2008年2期，111页。

④ Кириллов И. И., Ковычев Е. В., Кириллов О. И. Дарасунский комплекс археологических пямятников. Восточное Забайкалье. —Новосирск: Изд-во Ин-та археологии и этнографии СО РАН, 2000. —64. 73 с.

⑤ 张碧波、董国尧：《中国古代北方民族文化史》，黑龙江人民出版社，1993年，211页。

⑥ 林树山编译：《东后贝加尔地区的室韦文化源流及其成份》，《北方文物》1989年4期，106页。

⑦ 孙秀仁、孙进已、郑英德、冯继钦：《室韦史研究》，北方文物杂志社，1985年，41、42页。

⑧ 〔俄〕Е.И.杰列维扬科：《靺鞨、室韦及其文化》，《黑龙江民族丛刊》1982年3期，121、122页。

　　米哈依洛夫卡文化属俄罗斯西伯利亚地区的早期铁器时代文化。该文化广泛分布于扎维塔河、拖米河、黑龙江河滩地和外兴安岭南麓余脉丘陵的山前地带，时代范围在公元3～8世纪，个别遗迹可能延续至10世纪[1]。1967～1968年，Е.И.杰列维扬科考察了位于阿穆尔河（黑龙江）中游扎维塔河畔的米哈依洛夫卡古城遗址，随后将该遗址列入到靺鞨考古学文化，"米哈依洛夫卡文化"即来源于此，20世纪80年代末至90年代初，С.П.涅斯捷罗夫领导下的布列亚河考古考察队又在布列亚河流域发掘了新的遗址，出土了类似米哈依洛夫卡文化的材料，涅斯捷罗夫把米哈依洛夫卡遗存类型以及之前被认为是靺鞨文化变体的格拉德科夫卡类型从靺鞨文化中分离出来，确定为独立的米哈依洛夫卡文化[2]。该文化遗迹的类型主要为城址和房址，米哈依洛夫卡文化的城址目前已发现十余座，可分为岬角城址和平原古城，房址主要见于扎维塔河流域的米哈依洛夫卡古城、布列亚河流域的布金泉和大西米奇[3]。出土有陶器、铁锛、铜铃铛、陶刮削器、石制尖状器、鱼钩、有肩石锄、陶串珠、木质器皿和桦树皮器皿等遗物[4]。米哈依洛夫卡文化的创造者是北室韦[5]。

　　奇乾遗址属于室韦人在额尔古纳河右岸留下的遗迹。该遗址的范围主要分布在额尔古纳河流域右岸奇乾乡的南北两侧，其时代范围为隋唐到金代初年，考古工作者对小孤山、岭后以及十八里遗址进行了调查，发现的古遗址均为聚落遗址，地面遗迹一致，遗址属半地穴式，清理调查出的器物主要是陶器，骨器很少[6]。奇乾乡发现的半地穴式居住址应当是属于蒙兀室韦的遗迹[7]。

　　谢尔塔拉文化是公元7～10世纪室韦在今内蒙古自治区呼伦贝尔市留下的墓葬遗迹，其中西乌珠尔墓地和谢尔塔拉墓地分属于谢尔塔拉文化的早期和晚期阶段[8]。前者

① 王俊铮：《论室韦与米哈依洛夫卡考古学文化》，《北方民族考古（第11辑）》，科学出版社，2021年，243、244页。

② 〔俄〕Д.П.博洛京著，王德厚译：《米哈伊洛夫卡文化及其源头》，《东北亚考古资料译文集（第7辑）》，北方文物杂志社，2004年，39页。

③ 张碧波、董国尧：《中国古代北方民族文化史》，黑龙江人民出版社，1993年，246～259页。

④ 〔俄〕С.П.涅斯捷罗夫著，王德厚译：《早期中世纪时代阿穆尔河沿岸地区的民族》，《东北亚考古资料译文集（第5辑）》，北方文物杂志社，2004年，52～59页。

⑤ 〔俄〕С.П.涅斯捷罗夫著，王德厚译：《阿穆尔河沿岸地区的北室韦》，《北方文物》1998年1期，109页。

⑥ 内蒙古文物考古研究所、呼伦贝尔盟文物管理站、额尔古纳右旗文物管理所：《额尔古纳右旗奇乾乡文物普查简报》，《内蒙古文物考古文集（第1辑）》，中国大百科全书出版社，1994年，601～604页。

⑦ 魏坚：《蒙古早期遗存的考古学观察》，《北方民族考古（第1辑）》，科学出版社，2014年，331页。

⑧ 中国社会科学院考古研究所、呼伦贝尔民族博物馆、海拉尔区文物管理所：《内蒙古呼伦贝尔市海拉尔区谢尔塔拉墓地》，《海拉尔谢尔塔拉墓地》，科学出版社，2006年，66页。

位于内蒙古自治区呼伦贝尔市陈巴尔虎旗西乌珠尔苏木西南10千米左右、海拉尔河左岸的一条活动沙丘中，北距海（拉尔）满（洲里）公路1千米，南距海拉尔河0.5千米。1986年6月，呼伦贝尔盟文物管理站在此抢救清理了3座墓葬，均以独木棺为葬具[①]。1995年5月，呼伦贝尔盟文物管理站又在1986年清理墓葬的南侧抢救性清理了3座墓葬，两次发掘共发现6座墓，墓中出土了陶壶、陶罐、马镫、镞，以及铜器、银器、骨器、木器、皮革器、珠饰等器物，该墓地的时代约为公元7～8世纪[②]。

谢尔塔拉墓地系公元9～10世纪的室韦遗迹，属谢尔塔拉文化的晚期[③]。该墓地位于内蒙古自治区呼伦贝尔市海拉尔区谢尔塔拉镇东约5千米的台地上，西南距海拉尔市区约15千米。1997年9～10月，中国社会科学院考古研究所、呼伦贝尔民族博物馆、海拉尔区文物管理所在谢尔塔拉遗址中部一道冲沟的北侧抢救性发掘了M1；1998年，这三家单位对谢尔塔拉墓地进行了正式发掘，此次清理发掘了9座墓葬，两次共计发掘10座墓，出土随葬品200余件，包括生活用器、生产工具、武器、马具和装饰品等类别[④]。

岗嘎墓地位于内蒙古自治区呼伦贝尔市陈巴尔虎旗呼和诺尔镇（原名完工镇）东约6千米的一处傍河台地上，墓地的总面积约2万平方米，共有86座墓葬，目前已经发掘22座。2013年8月，呼伦贝尔联合考古队对该墓地及其周边区域进行了调查，抢救性清理了6座墓葬。2014年7～10月，呼伦贝尔联合考古队对岗嘎墓地进行了系统钻探和正式的考古发掘，此次清理墓葬16座，两次共计发掘22座。岗嘎墓地出土的随葬品丰富，包括装饰品、生活用具、骑射用具等，游牧特征很强。该墓地的年代大致为公元8～10世纪，其族属为室韦人[⑤]。

综上所述，米哈依洛夫卡文化、奇乾遗址、西乌珠尔墓地、谢尔塔拉墓地和岗嘎墓地均属室韦的考古遗迹，只是时代和分布范围有所差异。

三、布尔霍图伊文化与室韦考古学文化的比较研究

目前国内外发现的室韦遗存分布范围较广，且部分经过考证，可与文献记载中的

---

① 白劲松：《陈巴尔虎旗西乌珠尔古墓清理简报》，《辽海文物学刊》1989年2期，144～151页。

② 呼伦贝尔盟文物管理站：《陈巴尔虎旗西乌珠尔古墓葬调查清理简报》，《内蒙古文物考古》1997年2期，75～79页。

③ 中国社会科学院考古研究所、呼伦贝尔民族博物馆、海拉尔区文物管理所：《内蒙古呼伦贝尔市海拉尔区谢尔塔拉墓地》，《海拉尔谢尔塔拉墓地》，科学出版社，2006年，66页。

④ 魏坚：《蒙古早期遗存的考古学观察》，《北方民族考古（第1辑）》，科学出版社，2014年，3～63页。

⑤ 呼伦贝尔联合考古队：《内蒙古陈巴尔虎旗岗嘎墓地》，《考古》2015年7期，75～86页。

具体室韦部落相对应，如米哈依洛夫卡文化属于北室韦，奇乾遗址属蒙兀室韦。下面我们将对布尔霍图伊文化与被认定为室韦考古学文化的遗存进行对比研究，以探讨两者的关系。

　　布尔霍图伊文化以墓葬为主，内涵丰富，延续时间长，分布范围广泛。室韦考古学文化存在的时间与布尔霍图伊大体相当，亦分布较广，室韦遗迹以国内发现的数量最多，具体可分为遗址和墓葬两大类，又以后者居多。布尔霍图伊文化与室韦考古学文化的分布区域如图一所示。

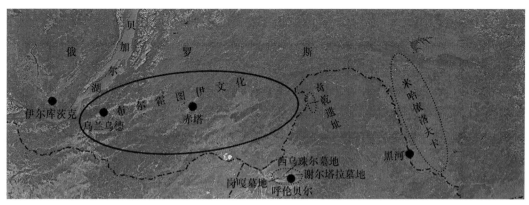

图　例

◯　布尔霍图伊文化

⬭　室韦考古学文化

图一　布尔霍图伊文化与室韦考古学文化的分布范围示意图

　　从以上的相关考古发现和研究情况可知，布尔霍图伊文化与室韦考古学文化的年代有长时间重合，且分布区域相邻或相距不远。下面我们将以布尔霍图伊文化为基本对象，主要从墓葬结构、葬制葬俗和随葬品特征这三方面来研究该文化与室韦考古学文化的异同，进而发现两者的内在关联。

（一）墓 葬 结 构

　　布尔霍图伊文化发现的墓葬可分为封堆墓和不带封堆的墓两种，且以前者为主，封堆多为石块堆砌而成，形状多样，总体来看有方形和圆形两类，也有少量不规则形状。封堆由多层石头上下垒砌，部分封堆周围还有石柱和小围墙。墓圹的平面形状有椭圆形、长椭圆形、近似方形等形状，部分墓葬的墓圹底还铺有石板。具有代表性的圆形石封堆墓葬有四座：奥洛维扬纳亚Ⅶ号墓地M3，墓圹平面近似椭圆形，墓圹壁面中上部平缓，下部陡直，墓底中间高四周低①；奥洛维扬纳亚火车站M5，墓圹痕迹与墓圹尺寸一致，墓圹用小型的石板竖直侧立围砌而成，头宽脚窄②；奥洛维扬纳亚火车站M6，墓圹轮廓为长椭圆形，头宽脚窄，墓圹北深南浅③；沃洛宾谷地Ⅱ号墓地M21，墓圹侧壁上部平缓，中下部近竖直，底部平坦（图二，1~4）④。典型的方形石封堆墓葬有两座：奥洛维扬纳亚Ⅲ号墓地M1，墓圹构造清晰，平面呈圆角长方形，侧壁呈坡状，上部坡度平缓，而下部坡度增大，墓底较平⑤；舒布贡墓地M9，墓圹侧壁略弧，近竖直，墓底平缓（图二，5、6）⑥。

就墓葬结构的地上部分而言，在西乌珠尔墓地、谢尔塔拉墓地和岗嘎墓地的发掘资料中，很少见到对墓葬地上遗迹的情况介绍，目前仅谢尔塔拉墓地的M4发现有可能属于墓葬地上部分的痕迹，在该墓紧依西南侧墓壁的西端发现有一植物根茎，根茎从墓葬开口平面垂直深入墓底，原报告推测这应与墓上标志有关⑦。从地下部分墓圹的具体形制来看，这三处室韦墓地的墓葬均为竖穴土圹墓，绝大多数墓葬的平面形状呈长方形，只有少量墓葬的平面形状为不规则的长方形。西乌珠尔墓地发掘的6座墓葬中，仅95CXM2明确介绍其墓圹为长方形竖穴土圹墓，另外5座墓葬保存状况较差，但根据其独木棺或者木板棺葬具可以推测其墓圹也应当是长方形竖穴土圹类型⑧。谢尔塔拉墓地发掘的10座墓葬中，除M3被冲沟严重破坏之外，另外9座墓葬保存较好，其墓葬形制

① 〔俄〕E. B. 科维切夫著，谢志民译：《奥洛维扬纳亚火车站周围地区的中世纪墓葬遗存》，《北方文物》1996年1期，103、104页。

② 〔俄〕A. П. 奥克拉德尼科夫著，王德厚译：《西南外贝加尔铁器时代的布尔霍图伊文化》，《北方文物》2008年2期，107、108页。

③ 〔俄〕E. B. 科维切夫著，谢志民译：《奥洛维扬纳亚火车站周围地区的中世纪墓葬遗存》，《北方文物》1996年1期，108、109页。

④ Кириллов И. И., Ковычев Е. В., Кириллов О. И. Дарасунский комплекс археологических пямятников. Восточное Забайкалье. —Новосирск: Изд-во Ин-та археологии и этнографии СО РАН, 2000. —74. 154 c.

⑤ 〔俄〕E. B. 科维切夫著，谢志民译：《奥洛维扬纳亚火车站周围地区的中世纪墓葬遗存》，《北方文物》1996年1期，103、104页。

⑥ 〔俄〕И. B. 阿谢耶夫、И. И. 基里洛夫、E. B. 科维切夫著，王德厚、高秀云译：《中世纪时代外贝加尔的游牧民族》，《东北亚考古资料译文集》（俄罗斯专号），北方文物杂志社，1996年，98~100页。

⑦ 中国社会科学院考古研究所、呼伦贝尔民族博物馆、海拉尔区文物管理所：《内蒙古呼伦贝尔市海拉尔区谢尔塔拉墓地》，《海拉尔谢尔塔拉墓地》，科学出版社，2006年，10页。

⑧ 白劲松：《陈巴尔虎旗西乌珠尔古墓清理简报》，《辽海文物学刊》1989年2期，144页；呼伦贝尔盟文物管理站：《陈巴尔虎旗西乌珠尔古墓葬调查清理简报》，《内蒙古文物考古》1997年2期，75页。

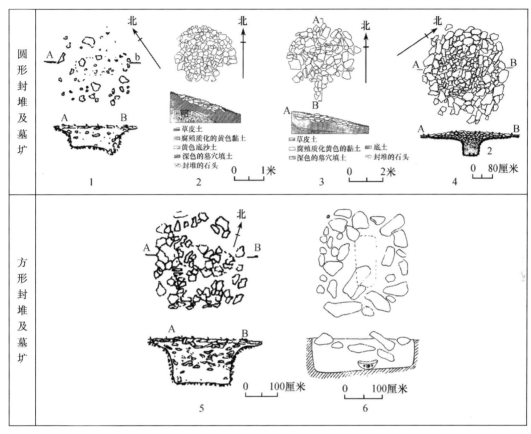

图二　布尔霍图伊文化部分墓葬的平、剖面图

1. 奥洛维扬纳亚Ⅶ号墓地 M3　2. 奥洛维扬纳亚火车站 M5　3. 奥洛维扬纳亚火车站 M6
4. 沃洛宾谷地Ⅱ号墓地 M21　5. 奥洛维扬纳亚Ⅲ号墓地 M1　6. 舒布贡墓地 M9

均为长方形竖穴土圹墓，M3 根据仅存的墓室底部，它也属于长方形竖穴土圹墓[①]。岗嘎墓地发掘的 22 座墓葬都属于长方形竖穴土圹墓，墓室的底部较为平整[②]。

在墓葬结构方面，西乌珠尔、谢尔塔拉、岗嘎这三处墓地的墓葬与布尔霍图伊文化的墓葬具有很大的共性，布尔霍图伊文化的墓葬是竖穴土圹墓占据主流，室韦的墓葬也基本都为竖穴土圹墓。它们的差异性表现为：一是布尔霍图伊文化的墓葬平面呈椭圆形、长椭圆形、近似方形等多种形状，形状多样，而这三处墓地的墓葬平面形状基本都为长方形，形制较为统一；二是布尔霍图伊文化的墓葬普遍有石封堆，有的还有石柱和小围墙，它们在墓葬地上部分之间的差异较大，但西乌珠尔、谢尔塔拉、岗嘎墓地的墓

---

① 中国社会科学院考古研究所、呼伦贝尔民族博物馆、海拉尔区文物管理所：《内蒙古呼伦贝尔市海拉尔区谢尔塔拉墓地》，《海拉尔谢尔塔拉墓地》，科学出版社，2006 年，6～28 页。

② 呼伦贝尔联合考古队：《内蒙古陈巴尔虎旗岗嘎墓地》，《考古》2015 年 7 期，75～86 页。

葬基本不见地上部分。

（二）葬制葬俗

葬具、葬式和埋葬习俗是古代族群的重要文化特征，探讨布尔霍图伊文化与室韦考古学文化具体的葬制葬俗是了解它们内在关系的重要方法，下面将分别叙述两者在这三方面的异同。

在葬具使用上，布尔霍图伊文化的墓主直接埋葬在土圹中占多数，少量墓葬则使用了长方形的石椁，石椁用扁平石头砌筑而成，有时还在上面铺盖一层石板，而且部分墓葬的骨架安放在由石板紧密垒砌成的石床上，有的墓葬使用桦树皮葬具和独木棺，部分墓葬棺椁并用。使用独木棺葬具的墓葬诸如舒布贡地区的M9、M10、M14和M16[①]，桦树皮葬具的墓葬有利尼茨乌利霍沃古墓群的M3和M5、新谢利哈谷的M7等[②]，阿金斯科耶和昆库尔的两座墓葬发现有木棺的残骸，在阿金斯科耶墓葬里的木棺外还附有石椁[③]。单独使用石棺葬具的墓葬在钦丹特Ⅱ古墓地有发现[④]。

从室韦墓葬的葬具来看，西乌珠尔墓地、谢尔塔拉墓地和岗嘎墓地的墓葬主要采用木质葬具，独木棺和木板棺两种葬具占据主流，部分墓葬还以桦树皮作为辅助葬具，单独用桦树皮做葬具的墓葬很少。西乌珠尔墓地的86CXM1、86CXM2和86CXM3采用了独木棺葬具，95CXM1和95CXM2为桦木板棺，95CXM3为桦树皮葬具[⑤]。谢尔塔拉墓地的墓葬总计10座墓葬，主要为木板棺，此外还使用了桦树皮作为辅助葬具，或铺于棺底，或覆于棺盖之上，个别规模较大的墓葬棺椁并用。仅见木棺作为葬具的有M2、M3、M5、M6、M8和M9，合计6座墓葬，木棺和桦树皮共同作为葬具的有M1、M4、

① 〔俄〕И. В. 阿谢耶夫、И. И. 基里洛夫、Е. В. 科维切夫著，王德厚、高秀云译：《中世纪时代外贝加尔的游牧民族》，《东北亚考古资料译文集》（俄罗斯专号），北方文物杂志社，1996年，98～100页。

② 〔俄〕И. В. 阿谢耶夫、И. И. 基里洛夫、Е. В. 科维切夫著，王德厚、高秀云译：《中世纪时代外贝加尔的游牧民族》，《东北亚考古资料译文集》（俄罗斯专号），北方文物杂志社，1996年，95页。

③ 〔俄〕И. В. 阿谢耶夫、И. И. 基里洛夫、Е. В. 科维切夫著，王德厚、高秀云译：《中世纪时代外贝加尔的游牧民族》，《东北亚考古资料译文集》（俄罗斯专号），北方文物杂志社，1996年，95页。

④ 〔俄〕И. В. 阿谢耶夫、И. И. 基里洛夫、Е. В. 科维切夫著，王德厚、高秀云译：《中世纪时代外贝加尔的游牧民族》，《东北亚考古资料译文集》（俄罗斯专号），北方文物杂志社，1996年，97、98页。

⑤ 白劲松：《陈巴尔虎旗西乌珠尔古墓清理简报》，《辽海文物学刊》1989年2期，144页；呼伦贝尔盟文物管理站：《陈巴尔虎旗西乌珠尔古墓葬调查清理简报》，《内蒙古文物考古》1997年2期，75页。

M7和M10，总计4座墓[①]。岗嘎墓地以木质葬具为主，在发掘的22座墓葬中，15座墓葬发现了木质葬具，木质葬具又可分为独木棺和木板棺两类，独木棺的数量较多，其中包括M7、M9、M11、M13、M14、M15、M18、M20、M22，共9座墓葬的葬具为独木棺；M8、M12、M16、M17、M19和M21，共6座墓葬采用了木板棺葬具，且M8和M17还使用了桦树皮作为辅助葬具[②]。

　　室韦遗迹与布尔霍图伊文化的葬具相似之处在于，木棺和桦树皮棺是它们共同使用的葬具。它们的差异：一是布尔霍图伊文化的墓葬不使用葬具，直接埋葬在土坑中占据多数，而西乌珠尔、谢尔塔拉和岗嘎三处墓地发现的墓葬基本都有葬具；二是布尔霍图伊文化墓葬的石棺这类葬具不见于以上三处墓地；三是在桦树皮葬具的具体使用上也有所不同，布尔霍图伊文化主要是将桦树皮制作成口袋，直接用来包裹尸体，但在谢尔塔拉墓地的桦树皮还与木棺一起使用共同作为葬具，或铺于棺底，或覆于棺盖之上，使用更加富于变化。

　　葬式上，布尔霍图伊文化的墓主葬式类型多样，总体来说有直肢葬和屈肢葬两种葬式。其既有单人葬，也存在部分合葬墓，以单人葬的埋葬姿势最为丰富，有直肢和屈肢两大类，直肢葬多为仰身直肢，屈肢葬的主流有仰身屈肢、左侧屈肢和右侧屈肢三种（图三，1～10）；合葬墓除成年人之间的合葬，还有成年人与儿童的合葬，合葬墓除一坟一穴的合葬外，也采用同坟异穴的合葬形式（图三，11、12）；另外还值得注意的一种墓葬是不见人骨的礼仪性墓葬，如沃洛宾谷地的四座墓[③]、奥洛维扬纳亚Ⅲ号墓地的M1[④]均属于这种类型（图三，13）。

　　布尔霍图伊人主要采用仰身葬，其次为侧身葬，仰身葬和侧身葬下又有直肢、屈肢、半屈肢之分，其中侧身又可细分为左侧身和右侧身两种，此外还有少量的半坐式葬式；从直肢葬来看，仰身直肢葬数量最多，左、右侧身直肢葬较少，屈肢葬中以左侧身屈肢和右侧身屈肢占据主流，其他屈肢葬相对较少（表一）。

---

① 中国社会科学院考古研究所、呼伦贝尔民族博物馆、海拉尔区文物管理所：《内蒙古呼伦贝尔市海拉尔区谢尔塔拉墓地》，《海拉尔谢尔塔拉墓地》，科学出版社，2006年，6～32页。

② 呼伦贝尔联合考古队：《内蒙古陈巴尔虎旗岗嘎墓地》，《考古》2015年7期，76、77页。

③ Кириллов И. И., Ковычев Е. В., Кириллов О. И. Дарасунский комплекс археологических пямятников. Восточное Забайкалье. —Новосирск: Изд-во Ин-та археологии и этнографии СО РАН, 2000. —73 с.

④ 〔俄〕E. B. 科维切夫著，谢志民译：《奥洛维扬纳亚火车站周围地区的中世纪墓葬遗存》，《北方文物》1996年1期，103、104页。

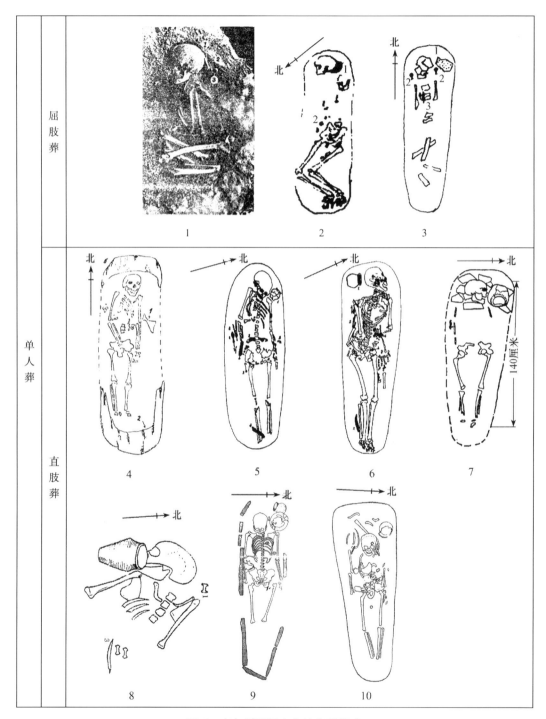

图三　布尔霍图伊文化的典型葬式

1.钦丹特Ⅱ号墓地　2.奥洛维扬纳亚Ⅶ号墓地 M3　3.托波列夫卡 M2　4.舒布贡墓地 M9
5.沃洛宾谷地Ⅱ号墓地 M4　6.沃洛宾谷地Ⅱ号墓地 M21　7.托克钦墓地 M4
8.奥洛维扬纳亚火车站 M2　9.奥洛维扬纳亚火车站 M5　10.奥洛维扬纳亚火车站 M6

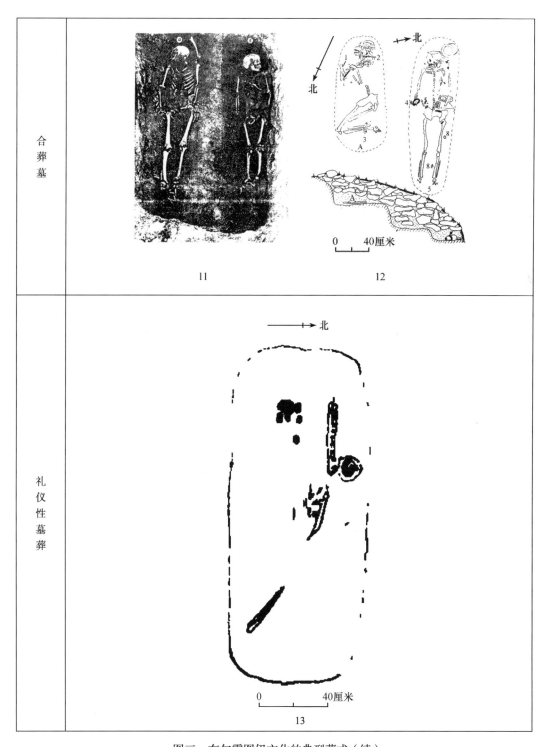

图三　布尔霍图伊文化的典型葬式（续）

11. 苏布克伊双人合葬墓　12. 裸岬古墓地双人合葬墓　13. 奥洛维扬纳亚Ⅲ号墓地M1

表一　布尔霍图伊文化墓葬葬式统计表

项目＼葬式	仰身			侧身					半坐式
	直肢	半屈肢	屈肢	左侧身		右侧身			
				直肢	半屈肢	直肢	半屈肢	屈肢	
数量（座）	67	2	3	6	9	3	12	6	2
合计（座）	72			15		21			2
总计（座）	110								

注：还有一座墓葬为"半屈肢"葬式，因资料不详无法归入上述分类。

　　大多数室韦人采用屈肢葬，且均为右侧身屈肢葬，也有部分仰身屈肢葬，极少量的墓葬采用仰身直肢葬，还有一些墓葬因资料不全或受损严重而不知具体葬式。其中西乌珠尔墓地的葬式以仰身屈肢葬为主[①]。谢尔塔拉墓地的墓葬几乎均为屈肢葬葬式，具体说来有侧身屈肢和俯身屈肢两种，以侧身屈肢者数量最多，且均为右侧屈肢，还有两座墓葬因人骨状况保存不佳，其具体葬式不详，墓主均头朝东南，侧身屈肢葬的有M1、M4、M5、M6、M7、M8、M10共7座墓，俯身屈肢葬的仅M9[②]。岗嘎墓地的发掘报告缺乏对墓主葬式的具体介绍，主要采用仰身或侧身屈肢葬，少部分为仰身直肢葬，绝大多数是单人葬，只有M18是该墓地唯一的双人合葬墓（图四）[③]。

　　下面继续探讨布尔霍图伊文化的墓主头向，在墓主头向明确的墓葬中以北和西两个大方向为主，其次是朝东，朝南的墓葬最少，在这些方向之中，又以西和西北两个方向的墓葬占据绝对优势（表二）。此外，还可将布尔霍图伊文化的墓主葬式和头向都明确的墓葬资料做比较分析，从墓葬数量最多的西向和北向来看，仰身葬占据主流，侧身葬的墓葬也有一定数量，东向和南向的墓葬数量不多，仰身葬和侧身葬两者大体相当（表三）。

表二　布尔霍图伊文化墓主头向统计表

项目＼头向	北向			西向	东向	南向			不明
	东北	北	西北	西	东	西南	南	东南	
数量（座）	11	17	41	50	12	1	1	1	9
合计（座）	69			50	12	3			9
总计（座）	143								

注："不明"是指相关资料中有大体方向，但具体方向不明。其中南北向2座，东西向4座，另有3座可能为西向。

① 　白劲松：《陈巴尔虎旗西乌珠尔古墓清理简报》，《辽海文物学刊》1989年2期，144页；呼伦贝尔盟文物管理站：《陈巴尔虎旗西乌珠尔古墓葬调查清理简报》，《内蒙古文物考古》1997年2期，75页。

② 　中国社会科学院考古研究所、呼伦贝尔民族博物馆、海拉尔区文物管理所：《内蒙古呼伦贝尔市海拉尔区谢尔塔拉墓地》，《海拉尔谢尔塔拉墓地》，科学出版社，2006年，6～32页。

③ 　呼伦贝尔联合考古队：《内蒙古陈巴尔虎旗岗嘎墓地》，《考古》2015年7期，77页。

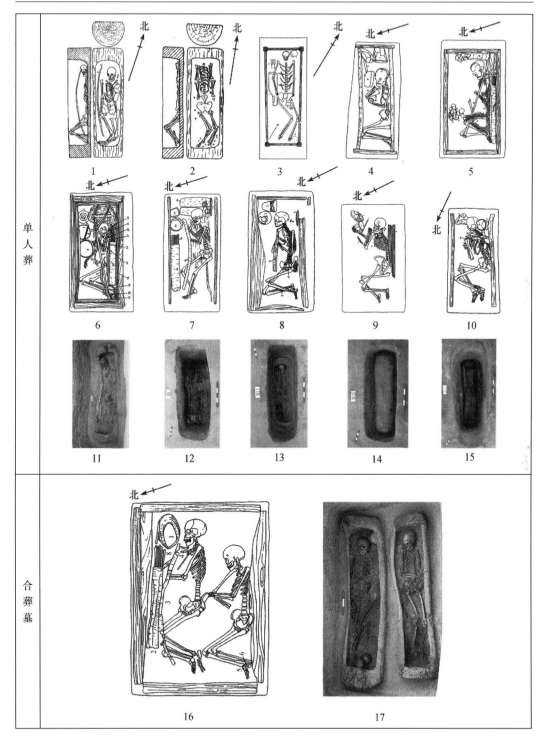

图四　室韦墓葬中的典型葬式

1.西乌珠尔墓地86CXM2　2.西乌珠尔墓地86CXM3　3.西乌珠尔墓地95CXM2　4.谢尔塔拉墓地M1
5.谢尔塔拉墓地M4　6.谢尔塔拉墓地M6　7.谢尔塔拉墓地M7　8.谢尔塔拉墓地M8
9.谢尔塔拉墓地M10　10.谢尔塔拉墓地M9　11～15.岗嘎墓地　16.谢尔塔拉墓地M5　17.岗嘎墓地M18

表三　布尔霍图伊文化的墓葬葬式和墓主头向的关系统计表

项目　　方向		葬式		数量（座）	合计（座）	总计（座）
西向		仰身		27	38	106
		侧身	左侧身	6		
			右侧身	5		
北向	东北	仰身		3	11	
		右侧身		6		
		半坐式		2		
	北	仰身		8	13	
		侧身	左侧身	2		
			右侧身	3		
	西北	仰身		27	35	
		侧身	左侧身	7		
			右侧身	1		
东向		仰身		2	6	
		右侧身		4		
南向	东南	右侧身		1	1	
	南	仰身		1	1	
	西南	仰身		1	1	

注：仅葬式明确或仅墓主头向明确的墓葬不在统计范围之内。

西乌珠尔、谢尔塔拉和岗嘎这三处墓地，由于受保存状况和已刊布的考古资料所限，很多死者的具体头向不明，就墓主朝向明确的室韦墓葬观察分析，死者头向朝北的主要为西北和东北两个方向，少部分正北，南向则只有东南（表四）。

表四　室韦文化的墓主头向统计表

头向　　项目	北向			东南
	东北	北	西北	
数量（座）	7	2	11	10
合计（座）	20			10
总计（座）	30			

布尔霍图伊文化与室韦文化在葬式和墓主头向上则是相似之处更多：首先，它们都以单人葬为主，合葬墓的数量并不多；其次，屈肢葬葬式的广泛使用，而且均是侧身屈肢葬相较于仰身屈肢葬的墓葬数量更多；最后，墓主都有流行头朝北的现象。不同之处在于，室韦人的葬式主要为屈肢葬，直肢葬的墓葬数量很少，但布尔霍图伊文化墓葬中的直肢葬远多于屈肢葬，且还有半坐式这类特殊的葬式，葬式更加多样。

此外，使用"火"是布尔霍图伊文化墓葬的一个重要埋葬习俗。在布尔霍图伊文化墓葬的墓圹填土和覆盖的石头中经常有零星或成堆的木炭，一些墓葬里甚至发现了完整的篝火遗迹，以及烧焦的动物骨骼残余、陶器碎片等，篝火遗迹当中有些用一面侧立的页岩版筑成不高的石围墙，另一些篝火遗迹的下面铺有石头。如洛马Ⅰ古墓群的M1在死者头旁发现有用火遗迹，其颅骨的后脑勺有被篝火烧焦的现象，又如戈尔岬的M20，在成年男性骨架的肩胛骨旁发现了有大量木炭的篝火遗迹和烧焦了的木碗残余[①]；而在沃洛宾谷地的布尔霍图伊文化墓葬也发现有篝火遗迹[②]。

室韦墓葬中也有"火"的使用痕迹。谢尔塔拉墓地的墓葬填土中有使用"火"，即M5的墓葬填土呈黑灰色，里面夹杂有少量炭屑及烧骨，M7的墓葬填土内出有一件烧骨和少量炭屑[③]。

由此可见，在埋葬习俗中使用"火"是布尔霍图伊文化与室韦考古学文化的又一类似特征。

（三）遗 物 特 征

布尔霍图伊文化出土的遗物种类丰富，日用器和武器是重要的两类。前者又可分为陶器和桦树皮器，以及其他生活用品。其中陶器的数量最多，据统计有100件左右，大多数陶器位于死者的头部或颅骨的左右两侧，此外封堆顶部也发现有陶器，但数量不多，桦树皮器和其他生活用品发现的数量较少[④]。因此我们主要从陶器和武器来探讨布尔霍图伊文化与室韦考古学文化的关系。

陶罐是布尔霍图伊文化中最重要的陶器，依据陶罐底部的差异可分为平底罐和圈足罐两大类。流行平底罐，其中又以平底罐中的鼓腹罐数量最多，筒腹罐较少。圈足罐也有少量发现，均采用手制，泥条盘筑，大多数制作粗糙，在装饰上有戳刺的半月形纹、指甲纹、附加堆纹、菱形网状纹、垂条纹等纹饰。

---

① 〔俄〕И. В. 阿谢耶夫、И. И. 基里洛夫、Е. В. 科维切夫著，王德厚、高秀云译：《中世纪时代外贝加尔的游牧民族》，《东北亚考古资料译文集》（俄罗斯专号），北方文物杂志社，1996年，95页。

② Кириллов И. И., Ковычев Е. В., Кириллов О. И. Дарасунский комплекс археологических пямятников. Восточное Забайкалье. —Новосирск: Изд-во Ин-та археологии и этнографии СО РАН, 2000. —74 с.

③ 中国社会科学院考古研究所、呼伦贝尔民族博物馆、海拉尔区文物管理所：《内蒙古呼伦贝尔市海拉尔区谢尔塔拉墓地》，《海拉尔谢尔塔拉墓地》，科学出版社，2006年，12、19页。

④ 〔俄〕И. В. 阿谢耶夫、И. И. 基里洛夫、Е. В. 科维切夫著，王德厚、高秀云译：《中世纪时代外贝加尔的游牧民族》，《东北亚考古资料译文集》（俄罗斯专号），北方文物杂志社，1996年，100、105、122～126、150、153页。

室韦考古学文化的日用器主要是陶器和桦树皮器，其中发现的陶器数量最多，墓葬和居址中均发现有陶器，器形上多为罐和壶。罐又可分为凹底罐和平底罐，凹底罐的数量最多，底的内凹程度不一，大多内凹弧度较小，平底罐偏少，室韦与布尔霍图伊文化有很多器型相似的陶罐。其中米哈依洛夫卡文化的一些陶罐与布尔霍图伊文化的部分横鼓腹或球形鼓腹罐器型类似，器型整体矮胖，鼓腹程度较大（图五，1～12）。米哈依洛夫卡文化、西乌珠尔墓地和岗嘎墓地的部分陶罐与布尔霍图伊文化的有些弧形鼓腹罐相似，器型略高，弧形腹部细长，鼓腹的程度较小（图五，13～27）；谢尔塔拉墓地和岗嘎墓地的有些陶罐与布尔霍图伊文化的筒腹罐相似，陶罐的腹壁斜直或腹部的外鼓程度很小（图五，28～39）；米哈依洛夫卡文化与布尔霍图伊文化还存在其他相似的陶罐，这类罐肩部最宽，腹部从上腹斜收至器底（图五，40～45）。

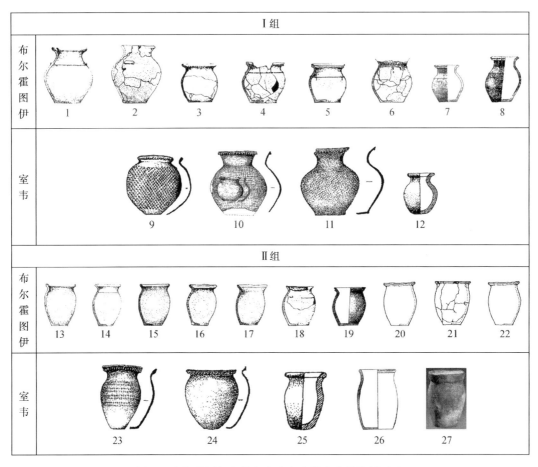

图五　布尔霍图伊文化与室韦考古学文化的陶罐对比

1. 外贝加尔图版1-9　2. 德沃尔齐Ⅰ号墓地M8　3. 外贝加尔图版3-5　4. 索察勒M5　5. 霍尔博伊M1
6. 布尔霍图伊M2　7. 奥洛维扬纳亚火车站M2　8. 索察勒M2　9～12、23～25. 米哈依洛夫卡文化
13. 钦丹特墓地M3　14. 乌兰—萨尔M6　15. 季托沃岗M1　16. 阿玛戈隆Ⅱ号墓地M2　17. 鄂嫩斯克M20
18. 托克钦Ⅰ号墓地M2　19. 索察勒M5　20、21. 沃洛宾谷地Ⅱ号墓地M19　22. 沃洛宾谷地Ⅵ号墓地M11
26. 西乌珠尔墓地　27. 岗嘎墓地

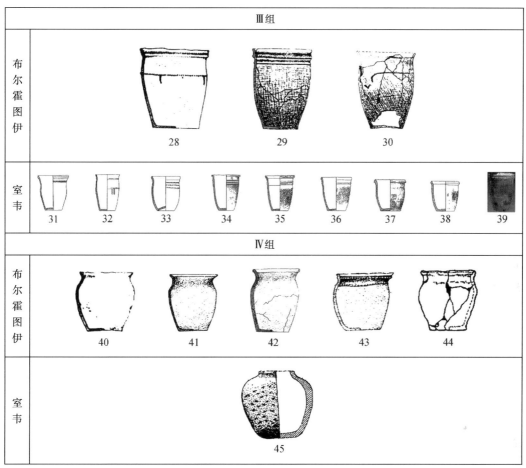

注："外贝加尔图版"是指《中世纪时代外贝加尔的游牧民族》后的图版，但是具体墓地或墓号不明。

图五 布尔霍图伊文化与室韦考古学文化的陶罐对比（续）

28. 外贝加尔图版4-1 29. 外贝加尔图版4-4 30. 外贝加尔图版4-5 31～38. 谢尔塔拉墓地 39. 岗嘎墓地
40. 外贝加尔图版3-3 41. 外贝加尔图版3-9 42. 外贝加尔图版3-10 43. 钦丹特Ⅱ号墓地M4
44. 沃洛宾谷地Ⅱ号墓地M4 45. 米哈依洛夫卡文化

室韦陶器中还有一定数量的陶壶。根据鼓腹程度的不同可以分为大鼓腹壶和小鼓腹壶，以大鼓腹壶的数量较多。大鼓腹壶的腹部鼓腹程度大，腹部为圆鼓腹或近圆形鼓腹，颈部长短不一，底多为凹底，也有少量平底，西乌珠尔墓地、谢尔塔拉墓地和岗嘎墓地均有此类壶（图六，1～7）。小鼓腹壶的鼓腹程度较小，腹部呈弧形，腹部整体较长，其他部位与大鼓腹壶类似，西乌珠尔墓地和谢尔塔拉墓地发现有这类壶（图六，8～10）。

通过与室韦考古学文化日用器的对比，可以发现它们有众多类似特征：第一，陶器均在室韦文化与布尔霍图伊文化中占有相当重要的地位；第二，在陶器的器型上，平底罐是室韦文化与布尔霍图伊文化的类似陶罐，且室韦文化中有许多陶罐的形状与布尔霍图伊文化的陶罐极其相似，如球形鼓腹罐、筒腹罐等；第三，在陶器的制作手法和器表装饰上

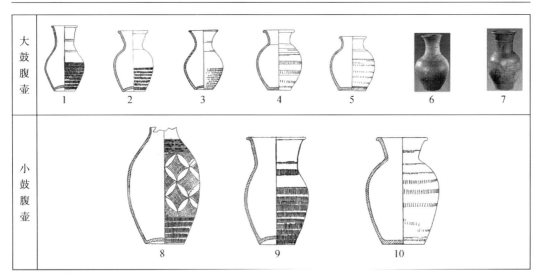

图六　室韦文化发现的陶壶

1~3、8、9. 西乌珠尔墓地　4、5、10. 谢尔塔拉墓地　6、7. 岗嘎墓地

也有很大的相似之处，如布尔霍图伊文化的陶器均采用手制，大多数制作粗糙，在装饰上采用附加堆纹、垂条纹等纹饰，这些陶器的特征室韦文化中均有相似器物；第四，布尔霍图伊文化中桦树皮器具的使用也能在室韦遗迹中大量发现，且都用于日用器的制作。

但是它们也有较大差异：首先是陶器器类和部分器型上的差异，如布尔霍图伊文化中缺乏陶壶这类器物，而室韦遗迹中陶壶是日用器中的重要一类，又如圈足罐在布尔霍图伊文化中发现较多，而在室韦遗迹中目前没有发现这类陶罐，室韦发现的凹底罐也不见于布尔霍图伊文化；其次在主流器型上的差异也比较大，布尔霍图伊文化的陶器以平底器的数量较多，大多数的陶罐也均为平底罐，室韦文化发现的陶器以凹底器数量最多，陶罐和陶壶以凹底为主，平底陶器较少。

总体而言，室韦考古学文化与布尔霍图伊文化在日用器上存在着诸多相似性，且相似性较差异性要更大。

从武器来看，布尔霍图伊文化发现的武器装备丰富，其中以发现的箭镞数量最多，出土的各类镞在300枚以上，其中约170枚为铁制，近130枚为骨制，骨镞通常分布于较早时期的墓葬，而铁镞多属于晚期墓葬，部分墓葬中骨镞和铁镞共存，形制多样，扁平镞在各种形制中占据主流（图七，1~8）[①]。室韦发现的武器装备主要见于西乌珠尔墓地、谢尔塔拉墓地和岗嘎墓地，发现的箭镞数量最多，总计超过100枚，这些箭镞多装在箭囊内，且出土时也基本成套，部分墓葬出土的箭镞有十余枚，室韦墓葬中的箭镞形制多样。其中扁平式镞与布尔霍图伊文化的扁平镞相似程度很高（图七，9~16）。

① 〔俄〕И. В. 阿谢耶夫、И. И. 基里洛夫、E. B. 科维切夫著，王德厚、高秀云译：《中世纪时代外贝加尔的游牧民族》，《东北亚考古资料译文集》（俄罗斯专号），北方文物杂志社，1996年，129~138页。

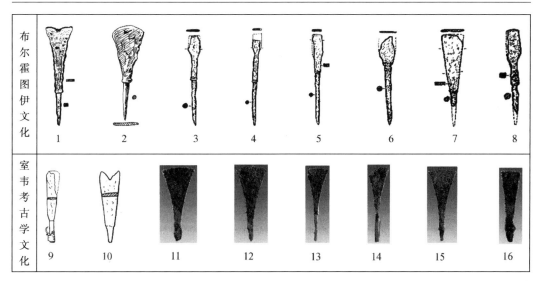

图七　布尔霍图伊文化与室韦墓葬的类似镞
1.鄂嫩斯克Ⅱ号墓地M2　2.钦丹特Ⅲ号墓地M3　3～8.沃洛宾谷地Ⅱ号墓地M11
9、10.谢尔塔拉墓地　11～16.岗嘎墓地

　　布尔霍图伊文化发现的箭镞与室韦相比，相似性在于，其在武器中的地位均极为重要，即二者均有大量的箭镞出土。不同之处体现在：一是出土的箭镞在材质上差异较大，室韦墓地的箭镞基本都属于铁质箭镞，不见骨镞，而布尔霍图伊文化既有骨镞也有铁镞，且铁镞相对于骨镞并不占据绝对的优势，二者数量接近；二是从镞的形制来看，室韦文化的箭镞主要有扁平形镞、菱形镞、圆形镞等，而布尔霍图伊文化的镞更加丰富，除室韦已有的形制之外，还有三翼形镞、双翼镞、三棱镞、四棱镞、六棱镞、圆形镞和穿甲镞等。布尔霍图伊文化的骨镞数量多，且箭镞的形制更加丰富，可能反映了时代更早的布尔霍图伊文化更依赖狩猎生活，同时受限于生产力水平，骨镞和铁镞不得不共同使用。

　　综上所述，布尔霍图伊文化与室韦考古学文化相似之处甚多，表明它们之间的内在联系十分紧密。已有学者提出布尔霍图伊文化可以分为早晚两个阶段，其中公元4世纪初以前属早段的先室韦文化，公元4世纪初以后为晚段的室韦文化[1]，总体上将布尔霍图伊文化的族属归为室韦及其祖先所创造。通过以上布尔霍图伊文化与室韦文化的对比分析，我们发现布尔霍图伊文化人群与室韦人群在墓葬结构、埋葬习俗和器物使用等方面虽存在部分区别，但总体上是相似性更占据主流，大量的类似特征体现了布尔霍图伊文化的室韦属性。至于布尔霍图伊文化与室韦文化面貌上的区别，应是所处时代、区域位置和生活环境等因素的不同和变化，导致了同为室韦人群，留下的考古遗存呈现出部分差异。故布尔霍图伊文化总体上也应属于室韦人的遗存。

---

① 林树山编译：《东后贝加尔地区的室韦文化源流及其成份》，《北方文物》1989年4期，108、109页。

四、布尔霍图伊文化与蒙古起源的关系探讨

从对历史文献的相关研究来看，学界经过长期的研究，蒙古源于东胡已经成为当前的主流观点，尤其是室韦与蒙古的起源十分紧密。就考古发现而言，室韦考古学文化的延续时间长，即从公元2世纪一直延续到10世纪，这就为我们从考古学上探讨室韦与蒙古起源的关系提供了一个可能。

（一）布尔霍图伊文化与早期蒙古文化的联系

早期蒙古文化的分布范围主要是俄罗斯外贝加尔的森林草原地带、伊尔库茨克州的贝加尔湖沿岸东部和蒙古国的北部地区（图八），时代大致是公元7~12世纪，这一时间范围涵盖了早期蒙古时代的起源和发展时期，早期蒙古文化以阿乌拉嘎遗址、霍伊采郭勒文化和萨扬图伊文化等最具代表性[①]。

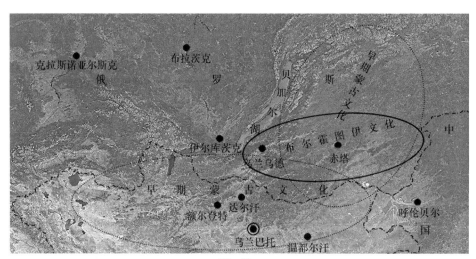

图　例

◯ 布尔霍图伊文化

⬭ 早期蒙古文化

图八　布尔霍图伊文化与早期蒙古文化的分布范围示意图

---

① 魏坚：《蒙古早期遗存的考古学观察》，《北方民族考古（第1辑）》，科学出版社，2014年，332~335页；〔俄〕Н. В. 伊梅诺霍耶夫：《关于早期蒙古文化问题》，《蒙古学资料与情报》1991年4期，7页；Базаров Б. В. (гл. ред.) История Бурятии: В 3-х томах. Т. 1. Улан-Удэ: Издательство БНЦ СО РАН, 2011. С. 224、237、239.

通过以上的介绍可知，室韦考古学文化与早期蒙古文化在公元7～10世纪重合，换言之，在数个世纪内二者并存。再进一步考察它们的联系，室韦考古学文化的晚段似乎与蒙古起源的联系要更为密切，如岗嘎墓地为公元8～10世纪，年代偏晚，该墓地发现的独木棺为蒙古皇族使用独木棺葬具找到了重要源头[①]，这为探讨室韦起源提供了一个线索，即室韦考古学文化，尤其是该文化的晚段与早期蒙古文化应有一定关系。参照布尔霍图伊文化与早期蒙古文化的分布范围，两者也有大量的重合。因此我们将以考察室韦考古学文化和早期蒙古文化的关系为线索，来探讨布尔霍图伊文化与早期蒙古文化是否存在联系。

就墓葬结构而言，早期蒙古文化也有部分墓葬的地表建有石砌物，其形状主要有方形和圆形两种。圆形封堆在布杜兰、钦丹特、德列斯图伊—库勒图克等墓地均有发现：布杜兰古墓群的墓葬时代不一，其中有属于早期蒙古时代的墓葬，它们的封堆在平面上呈椭圆形或圆形，用石板砌成2～3层，外形像小丘；钦丹特Ⅰ号古墓地的M2、M4、M11都是圆形封堆（图九，1～3）[②]；德列斯图伊—库勒图克墓地M1的地面标志是圆锥状的封堆，系用大小不一的石块堆砌而成，封堆的顶部有一块垂直放置的大石块，其一

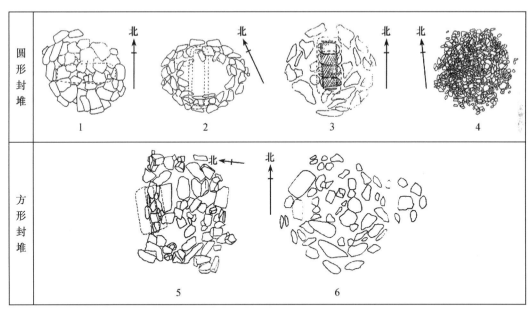

图九　早期蒙古墓葬的典型封堆

1.钦丹特Ⅰ号古墓地M2　2.钦丹特Ⅰ号古墓地M4　3.钦丹特Ⅰ号古墓地M11
4.德列斯图伊—库勒图克墓地M1　5.乌斯奇—恰克图墓地M4　6.萨扬图伊墓地M11

① 呼伦贝尔联合考古队：《内蒙古陈巴尔虎旗岗嘎墓地》，《考古》2015年7期，81、82页。

② 〔俄〕И. B. 阿谢耶夫、И. И. 基里洛夫、E. B. 科维切夫著，王德厚、高秀云译：《中世纪时代外贝加尔的游牧民族》，《东北亚考古资料译文集》（俄罗斯专号），北方文物杂志社，1996年，107～113页。

端很尖，封堆下面为圆形的石砌物，直径3米（图九，4）①；温郭河墓地M1和M2的石
封堆形状为椭圆形，其中一座墓葬的封堆长、宽分别为3.1米和2.4米，另一封堆的长、
宽分别为3.6米和2米，封堆的高度不超过0.5米②。带有方形封堆的墓葬发现于乌斯奇—
恰克图墓地，该墓地M4的封堆直径为5.5、高0.5米，封堆底部为水平放置的石板，这
些石板形成了一个长4、宽3米的长方形（图九，5）。此外萨扬图伊墓地的M11也为近
似方形封堆（图九，6）③。

　　在葬制葬俗上，布尔霍图伊文化亦与早期蒙古文化的关系十分密切。早期蒙古墓葬
的墓圹不深，其深度在0.5米到1米之间，很少有超过2米，墓圹剖面为方形，葬具多种
多样，主要有桦皮口袋、桦木盒、木棺、松木棺，也有无葬具的墓葬，此外在有的墓葬
中，死者尸骨用桦树皮、毡子、熟羊皮来包裹，除了土圹墓以外，墓中死者的葬式实际
上都属于仰身直肢葬这一种，头向多朝北或东北，很少朝西，而土圹墓中的葬式则较为
多样，主要有仰身直肢葬，以及仰身屈肢葬和侧身屈肢葬等葬式（图一〇）④。这些墓葬
的葬具和墓主埋葬方式在布尔霍图伊文化中都比较常见，两种文化具有共同崇尚北方、
墓主葬式多样、采取多种葬具类型等类似特征。还值得注意的是，在部分早期蒙古墓葬
中也发现有用"火"习俗，如德列斯图伊—库勒图克墓地M1在墓圹的西端发现有一大
块红黑色的圆形斑点，此为篝火残迹，直径约1米，厚度达0.6米，与斑点一起被发现
的还有很小的、经过焚烧的动物骨头⑤。而特梁特尼科夫墓地中部分墓葬的棺有经过焚
烧的痕迹⑥。又如钦丹特Ⅰ号墓地的M6在棺木西北侧和侧部被火烧有一个洞，M10的石
封堆底部发现了篝火遗迹⑦。"火"的使用在布尔霍图伊文化的墓葬中也占据重要地位，

①　Н. В. Именохоев, П. Б. Коновалов. К изучению погребальных памятников монголов в Забайкалье. //
Древнее Забайкалье и его культурные связи. — Новосибирск: Наука, 1985. С. 74.

②　Д. А. Таскин, А. М. Мамкинн, А. В. Дробутушенко. Пямятники раннемонгольской культуры на
территории юго-западных районов Читинской области. //Историко-культурное наследие северной
Азии: Сборник научных трудов. Издательство Алтайского университета. Барнаул 2001. С. 132-133.

③　Н. В. Именохоев, П. Б. Коновалов. К изучению погребальных памятников монголов в Забайкалье.
//Древнее Забайкалье и его культурные связи. — Новосибирск: Наука, 1985. С. 72-74.

④　История Бурятии: в 3 т. Т. 1-Древность и средневековье. -Улан-Удэ: Изд-во БНЦ СО РАН, 2011. С.
239.

⑤　Н. В. Именохоев, П. Б. Коновалов. К изучению погребальных памятников монголов в Забайкалье.
//Древнее Забайкалье и его культурные связи. — Новосибирск: Наука, 1985. С. 74.

⑥　Н. В. Именохоев, П. Б. Коновалов. К изучению погребальных памятников монголов в Забайкалье.
//Древнее Забайкалье и его культурные связи. — Новосибирск: Наука, 1985. С. 78.

⑦　〔俄〕И. В. 阿谢耶夫、И. И. 基里洛夫、Е. В. 科维切夫著，王德厚、高秀云译：《中世纪时代外贝
加尔的游牧民族》，《东北亚考古资料译文集》（俄罗斯专号），北方文物杂志社，1996年，111页。

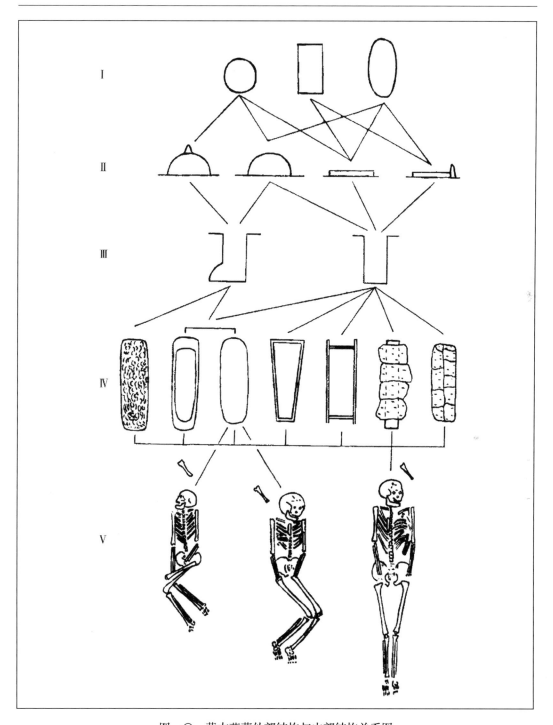

图一〇　蒙古墓葬外部结构与内部结构关系图

Ⅰ.地表（墓上）建筑平面图　Ⅱ.地表（墓上）建筑剖面图　Ⅲ.墓圹剖面图

Ⅳ.墓内结构：毡毯或羊皮、棺、土穴、桦木棺、木框架、桦木框　Ⅴ.葬式

（采自 Н. В. Именохоев, П. Б. Коновалов. К изучению погребальных памятников монголов в Забайкалье. //Древнее Забайкалье и его культурные связи. — Новосибирск: Наука, 1985. с. 70 ）

不论是墓葬封堆，还是墓圹内部，均发现有"火"的使用痕迹，早期蒙古文化与布尔霍图伊文化的埋葬仪式上均有用"火"习俗。可见早期蒙古文化与布尔霍图伊文化的在葬俗上存在类似特征。

另外，早期蒙古墓葬也发现了与布尔霍图伊文化相似的随葬品，较为典型者如铁镞，即平而窄且一端为类似凿子的镞（图一一），其广见于外贝加尔东部地区的布尔霍图伊文化墓葬和蒙古时代的墓葬中[1]，在西乌珠尔、谢尔塔拉和岗嘎墓地也出有类似的铁镞。

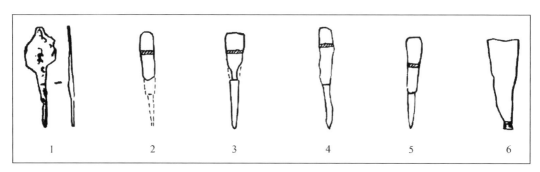

图一一　早期蒙古墓葬中与布尔霍图伊文化的类似铁镞
1. 特梁特尼科夫墓地　2~5. 波德乔尔纳雅墓地M4　6. 萨扬图伊墓地M11

就蒙古葬俗中的秘葬制而言，布尔霍图伊文化的墓葬分布特点可能也有所体现：蒙古重要人物的墓地往往会经过精心的伪装，他们并不修建封冢，而是用由一万人组成的骑兵部队将地面踩实……到来年春天到来时，墓地就变成了一块平地，而且谁也无法确定墓葬的具体位置，此举是为了不让人找到墓葬的具体位置，据波拉诺·卡尔平的记述，蒙古人不仅是大汗采用秘葬的形式，很多显贵人士也使用此方式[2]。而分布在外贝加尔地区的许多布尔霍图伊文化墓葬，遵循修筑坟墓时把它们隐藏在深谷中或把它们隐藏在山石的堆积中这样一个原则，这些墓葬通常分布于山脚附近的峡谷或荒凉的谷地，或在崖壁附近，且往往与岩石掺混在一起，而形成这种特点的原因，是因为建造这些墓葬时的政治形势动荡不安，变化无常，因而他们有意采取一系列措施来保护氏族墓地不受破坏[3]。故早期蒙古文化与布尔霍图伊文化在保护墓葬不受破坏这方面也具有共性。

---

① Н. В. Именохоев, П. Б. Коновалов. К изучению погребальных памятников монголов в Забайкалье. //Древнее Забайкалье и его культурные связи. — Новосибирск: Наука, 1985. С. 80.

② Н. В. Именохоев, П. Б. Коновалов. К изучению погребальных памятников монголов в Забайкалье. //Древнее Забайкалье и его культурные связи. — Новосибирск: Наука, 1985. С. 82.

③ 〔俄〕И. В. 阿谢耶夫、И. И. 基里洛夫、Е. В. 科维切夫著，王德厚、高秀云译：《中世纪时代外贝加尔的游牧民族》，《东北亚考古资料译文集》（俄罗斯专号），北方文物杂志社，1996年，91、92页。

　　布尔霍图伊文化系由东胡后裔所创造，后者向北迁徙至鄂嫩河、克鲁伦河以及额尔古纳河流域后，与当地居民融合，逐渐成为了土著，而在后来史料中出现的、属蒙古语族的新族群，包括室韦在内，均与时代较晚的布尔霍图伊文化有关[①]。目前已辨识出来的早期蒙古文化，继承了分布于外贝加尔东部地区的布尔霍图伊文化的传统[②]。因此布尔霍图伊文化的晚期与蒙古族的起源关系密切[③]。

　　通过以上的分析，布尔霍图伊文化与早期蒙古文化存在着诸多相似之处，说明了前者对后者影响很大。换言之，布尔霍图伊文化在蒙古的起源和发展中占据着重要地位，尤其是布尔霍图伊文化的晚期与蒙古起源更值得关注。

（二）从布尔霍图伊文化与鲜卑的关系考察蒙古起源

　　鲜卑和室韦同为东胡后裔，探讨室韦与鲜卑的关系，也可从侧面来了解蒙古族的起源。室韦与鲜卑的关系可谓相当密切，室韦很可能就是留居故地的鲜卑部落[④]。从二者的分布区域来观察，其范围也有重合或相距不远之处（图一二）。室韦与鲜卑具有亲缘关系，其中呼伦贝尔草原的室韦文化主要是由本土的早期鲜卑文化与南下的布尔霍图伊文化共同组成[⑤]。而早期拓跋鲜卑文化的形成也很可能与布尔霍图伊文化的南下有关，根据鲜卑居民的体质特征和遗传类型，以及相关的考古发掘情况来推断，拓跋鲜卑极可能来自于外贝加尔—蒙古高原地区，拓跋先祖很可能是在匈奴统治崩溃后从外贝加尔地区南下的[⑥]。

　　具体从布尔霍图伊文化陶器来看，该文化的主体明显与分布在中国的早期拓跋鲜卑遗存有紧密联系[⑦]。布尔霍图伊文化中发现有与鲜卑的扎赉诺尔组、团结组相似的陶器，而扎赉诺尔组的时间早于团结组，且二者有较大差别，很可能是扎赉诺尔组离开呼伦贝尔一带南下之后，一部分布尔霍图伊文化早期遗存向东进入扎赉诺尔组原来的分布区域

①　История Бурятии: в 3 т. Т. 1-Древность и средневековье. -Улан-Удэ: Изд-во БНЦ СО РАН, 2011. С. 246.

②　История Бурятии: в 3 т. Т. 1-Древность и средневековье. -Улан-Удэ: Изд-во БНЦ СО РАН, 2011. С. 240.

③　林树山编译：《东后贝加尔地区的室韦文化源流及其成份》，《北方文物》1989年4期，103～109页。

④　王颋：《室韦的族源》，《内蒙古社会科学》1984年3期，90、91页。

⑤　范恩实：《从历史学、考古学、民族学的多重视角看室韦起源问题》，《黑龙江民族丛刊》2017年2期，78～86页。

⑥　韩昇，蒙海亮：《隋代鲜卑遗骨反映的拓跋部起源》，《学术月刊》2017年10期，134～139页。

⑦　乔梁、杨晶：《早期拓跋鲜卑遗存试析》，《内蒙古文物考古》，2003年2期，56页。

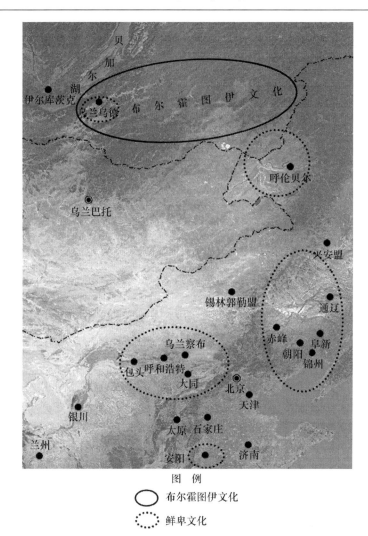

图 例

⬭ 布尔霍图伊文化

⬭ 鲜卑文化

图一二　布尔霍图伊文化与鲜卑文化的分布范围示意图

（根据韦正《鲜卑墓葬研究》，《考古学报》2009年3期的图一绘制）

形成团结组的遗存[1]。布尔霍图伊文化的早期遗存曾两次影响鲜卑文化的形成，较早阶段的文化因素是扎赉诺尔组形成的主要来源之一，较晚阶段的文化因素则主导了团结组因素的形成[2]。此外三道湾组亦有与布尔霍图伊文化类似的陶器，也是来自布尔霍图伊文化早期遗存的因素[3]。

---

① 潘玲：《长城地带早期鲜卑遗存文化因素来源分析》，《边疆考古研究（第11辑）》，科学出版社，2012年，185页。

② 倪润安：《光宅中原：拓跋至北魏的墓葬文化与社会演进》，上海古籍出版社，2017年，31～38页。

③ 潘玲：《长城地带早期鲜卑遗存文化因素来源分析》，《边疆考古研究（第11辑）》，科学出版社，2012年，188页。

桦树皮在布尔霍图伊文化与鲜卑文化中均广泛使用，二者在使用习惯上也具有很大共性[①]。布尔霍图伊文化发现大量的桦树皮器物，主要有桦树皮箭囊、桦树皮器皿、桦树皮枕头，桦树皮还作为葬具在墓葬中使用，多为桦树皮袋和桦树皮棺；鲜卑墓葬中的随葬品有弓囊、箭袋、桦皮筒、桦皮壶、桦皮罐等桦树皮器物，鲜卑使用桦树皮做葬具也比较普遍，主要有直接使用桦树皮棺、在墓底铺桦树皮和棺盖上覆以桦树皮三种形式。布尔霍图伊文化的人群与鲜卑人在桦树皮器物的使用上有很大的共性，既将其作为器皿，也用作武器装备的制作材料，而且两者在桦树皮葬具的使用上也存在很大的相似之处。

由此可见，室韦与鲜卑存在着密切的交流互动。以布尔霍图伊文化为代表的早期室韦文化是鲜卑文化因素中的重要力量，鲜卑虽然南迁，但依然受到布尔霍图伊文化的两次影响，表明布尔霍图伊文化辐射范围之广泛，影响力之强大。早期蒙古文化的实力较弱，与布尔霍图伊文化在分布范围上有大量重叠，布尔霍图伊文化发展到后期与早期蒙古文化在时间上也有重合，那么分布范围广泛、发展历史悠久的布尔霍图伊文化在早期蒙古族的产生和发展中自然会不可避免地产生影响。且鲜卑是东胡后裔，蒙古亦是由东胡族系发展而来，鲜卑与蒙古均是游牧属性很强的部族，布尔霍图伊文化的考古学面貌上也反映出浓厚的游牧色彩，它们的社会生活和文化习俗有天然的共通性和相似性，鲜卑的随葬器物体现了布尔霍图伊文化的影响很大，同为游牧性质很强的蒙古部族在其早期阶段也应与鲜卑一样，受到布尔霍图伊文化的重要影响。

综合布尔霍图伊文化与早期蒙古文化的大量类似特征，以及通过布尔霍图伊文化与鲜卑文化、早期蒙古文化的类比分析，布尔霍图伊文化应是影响蒙古起源的重要一脉。

五、结　　语

布尔霍图伊文化位于俄罗斯的外贝加尔地区，分布范围广泛，历经数个世纪的发展，该文化的影响力不容忽视，南向和东向是布尔霍图伊文化势力向外影响的两个重要方向，我国文献记录的鲜卑、匈奴、突厥和鞑靼等族群与布尔霍图伊文化人群都存在或多或少的交流互动。布尔霍图伊文化成分复杂，通过与室韦考古学文化的对比分析，虽布尔霍图伊文化也应含有其他族群，但室韦人群当是该文化的主体部分，发展到后期，它对我国历史上的又一重要游牧民族，即蒙古族的形成和发展贡献了最为重要的力量。

---

① 孙危、甘俊伟、李耀辉：《室韦桦树皮文化的考古学探索》，《北方文物》2022年3期，53～56页。

A Comparative Study of Burkhotuy Culture and Shiwei Archaeological Culture—Issues Related to the Origin of Mongolian

Gan Junwei　　Sun Wei

Abstract: The Burkhotuy culture adjacent to the Erguna River basin in China has complex connotations, and its nature has been much discussed in the academic community for a long time. By analyzing and comparing burial structures, funerary burial rites and customs, and burial goods with the Shiwei archaeological culture, we find that the commonalities between these two cultures dominate. Thus, we confirm the Shiwei attributes of the Burkhotuy culture. In addition, early Mongolian cultures of the later period also have strong similarities with the Burkhotuy culture in terms of burial structures and funerary rites and customs. Finally, we analogize it with the Xianbei culture, which was significantly influenced by the Burkhotuy culture, suggesting that the Burkhotuy culture was an essential factor in the origin of Mongolian culture.

Keywords: Burkhotuy Culture; Shiwei; The Origin of Mongolian; Xianbei

天津市西青元宝岛墓地出土符文砖瓦初探

尹承龙

（天津市文化遗产保护中心，天津，301699）

摘要： 元宝岛明清至民国时期墓地共出土24块符文砖瓦，其上所绘朱符类型较为丰富，在以往正式刊布的考古资料中并不多见。本文在参照《三元总录》等资料的基础上初步对这批符文砖瓦进行分类和功能探讨，以期为认识北方地区这一时期的民间丧葬习俗提供一些借鉴和参考。

关键词： 元宝岛墓地　明清—民国时期　符文砖瓦　《三元总录》

元宝岛墓地位于天津市西青区杨柳青镇元宝岛西岛，与杨柳青古镇隔南运河相望，据清代《津门保甲图说》记载，明清时期在墓地附近设有义渡方便运河两岸往来交通。2020年因西青区大运河国家文化公园建设，天津市文化遗产保护中心对该墓地119座墓葬进行了考古发掘，墓葬均为竖穴土圹，可分为单棺墓、双棺墓和三棺墓，共出土钱币及各类随葬器物件300余件，从墓葬形制和随葬器物来看，这批墓葬均为明代晚期—民国时期的小型墓葬，墓主身份不高[1]，值得注意的是部分墓葬随葬有符文砖瓦，其上所绘朱符的类型较为丰富，在已正式刊布的考古材料中尚不多见。

明清至民国时期墓葬随葬砖瓦的习俗在中国北方地区较为常见，近年来北京、天津、河北、山东、河南、山西等地发现了相当数量的这一时期在墓葬内随葬砖瓦的考古材料，有学者对相关问题进行过相关研究，并引用《三元总录》中茔元论的部分内容[2]。《三元总录》（以下简称《总录》）是我国明清时期一部术数名著，是三元术数派开宗立派之作，在当时民间有较为深远的影响，其中茔元论部分专门论述丧葬吉凶宜忌等

---

① 尹承龙、刘健：《西青区元宝岛墓地》，《中国考古学年鉴（2022）》，文物出版社，2023年。

② 李金凤、白彬：《河南卫辉县大司马明清墓葬出土朱书板瓦初探》，《四川文物》2012年1期；刘卫鹏、张淑娟：《陕西彬县明纪泰墓买地券和镇墓砖考略》，《西部考古》2019年2期；中国社会科学院大学历史学院、太原市文物考古研究所、河北省文物与古建筑保护研究院、国家文物局考古研究中心：《山西太原光华街宋元、明清墓发掘简报》，《苏州文博论丛》，文物出版社，2021年。

事[①]。本文在对元宝岛墓地出土符文砖瓦进行整理的基础上，依据《总录》及相关文献资料对其初步分类，对其功能等进行简要论述，以期抛砖引玉并求教于方家。

一、类型与功能

元宝岛墓地共有18座墓葬随葬各类型符文砖瓦24件，均放置于棺盖上或棺外填土内，按照器型可分为板瓦、方砖和条砖3类，其上所绘朱符可初步分为六十甲子镇墓符、单葬押圹灵符[②]、分金符和买地券神符等（表一）。此外，还有一些砖瓦上未绘朱符，但书有墓主生卒信息，在此一并介绍。

表一　随葬砖瓦墓葬信息表

墓葬编号	墓葬信息		随葬砖瓦信息		墓主信息		
	年代	葬式	类别	摆放位置	葬式	性别	鉴定年龄（岁）
M15	民国	双人合葬	单葬押圹灵符砖	M15：3位于墓主人甲头骨上方填土	一次葬	女	55±
M22	清代	双人合葬	单葬押圹灵符砖	M22：10在清理人骨时于两棺头侧棺外填土内发现	一次葬	男	50～55
M23	清代	双人合葬	镇墓符文瓦	M23：1位于墓主人乙头上填土内	一次葬	女	25～30
M31	清代	三人合葬	其他	M31：1位于丙棺棺盖头侧	一次葬	女	＞60
M34	清代	双人合葬	分金符文瓦	M34：4位于甲棺棺盖头侧	一次葬	女	30～35
M56	清代	双人合葬	镇墓符文瓦	M56：1位于甲棺棺盖头侧	一次葬	男	40±
			镇墓符文瓦	M56：2位于乙棺棺盖头侧	一次葬	女	35～40
M60	清代	双人合葬	单葬押圹灵符砖瓦	M60：1位于甲棺棺盖头侧	一次葬	男	30±
			其他	M60：2位于乙棺棺盖头侧	一次葬	女	25±
M70	清代	双人合葬	其他	M70：3位于墓主人乙头骨上方填土	一次葬	女	35～40
M71	清代	双人合葬	镇墓符文瓦	M71：1位于墓主人甲头骨上方填土	二次迁入葬	女	成年

① （明）柳玭辑，郑同校：《精校三元总录》，《增补四库未收方术汇刊（第一辑）》，九州出版社，2013年（本文引用总录的相关图文，如无特殊说明，均是引用此古籍影印版本）。

② 《象吉通书》称"生坟压圹灵符"。

续表

墓葬编号	墓葬信息		随葬砖瓦信息		墓主信息		
	年代	葬式	类别	摆放位置	葬式	性别	鉴定年龄（岁）
M82	清代	单人葬	其他	M82：1棺盖头侧	棺内未见人骨	—	—
M83	清—民国	双人合葬	单葬押圹灵符砖	M83：1和M83：2分别位于甲棺棺盖头侧和中部	一次葬	男	35±
			单葬押圹灵符砖	M83：3位于乙棺棺盖上	迁出葬	—	—
M84	清—民国	三人合葬	墓主信息瓦	M84：1位于甲棺棺盖头侧	一次葬	女	45～50
			墓主信息砖	M84：2位于乙棺棺盖头侧	一次葬	女	30±
M85	清—民国	双人合葬	其他	M85：1位于墓主人甲头骨上方填土	一次葬	女	25±
			单葬押圹灵符砖瓦	M85：2位于乙棺头侧棺盖上	一次葬	女	30～35
M86	清代	单人葬	其他	M86：1位于棺底西南部	一次葬	不详	2～2.5
M88	清代	单人葬	镇墓符文瓦	M88：1位于墓主人头骨上方填土	一次葬	女	45±
M94	清代	单人葬	镇墓符文瓦	M94：1位于墓主人头骨上方填土	一次葬	男	25～30
M101	清代	单人葬	买地券神符砖	M101：1位于墓主人棺盖头侧	一次葬	女	25±
M107	清代	单人葬	墓主信息砖	M107：2在清理人骨时于墓主棺外头侧填土内发现	一次葬	女	14±

注：墓葬内棺的编号规则为从墓主人左手至右手方向依次编号甲、乙、丙。

（一）镇墓符文瓦

共6件。均为泥质灰陶，一端宽、一端窄，内施布纹，外为素面，瓦表或瓦里绘有符文。

M23：1，瓦表磨光，中间为朱符，符左侧为墨书"墓""符"（图一，1）；M56：1，瓦表磨光，中间为朱符，符周围为朱书"亡""者""安""稳"（图一，4）；M56：2，瓦表磨光，中间为朱符，符周围为朱书"安""墓""大""吉"（图一，2）；M71：1，瓦表磨光，中间为朱符，符周围为朱书"亡""者""安""稳"（图一，3）；M88：1，瓦表磨光，中间为朱符，符周围为朱书，不可释读，瓦里为朱书墓主信息，已不可释读（图一，6）；M94：1，右上角残缺，瓦表磨光，中间为朱符，符周围为朱书，可释读有"墓""吉"（图一，5）。

　　经比对，这些朱符均属"六十甲子镇墓符"。其中，符文瓦M23：1上所绘朱符当属己丑、己未、己巳、己卯符（图一，7）；符文瓦M56：1、M56：2、M71：1、M88：1、M94：1上所绘朱符属辛巳、辛未、辛卯、辛酉符（图一，8）①。

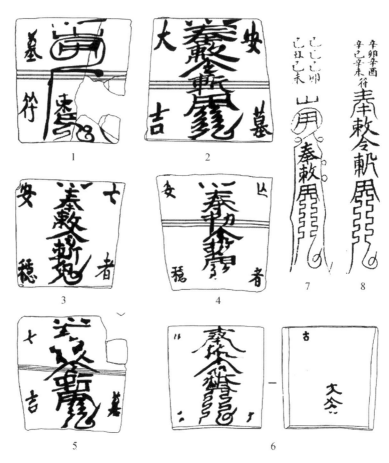

图一　镇墓符文瓦

　1.己丑、己未、己巳、己卯符瓦（M23：1）　2~6.辛巳、辛未、辛卯、辛酉符瓦（M56：2、M71：1、M56：1、M94：1、M88：1）　7.《总录》所载"己丑、己未、己巳、己卯符"　8.《总录》所载"辛巳、辛未、辛卯、辛酉符"

---

①　此类镇墓符文瓦亦见于河北磁县滏阳营至槐树屯段墓葬、河南卫辉大司马墓地明清墓及山东淄博周村汇龙湖明代墓地同时期墓葬中，如湾漳营墓区M28：01上所绘朱符也为己丑、己未、己巳、己卯符；而东窑头墓区M9：01、M10：01和大司马墓地M24：3、M24：4上所绘朱符则属壬午、壬戌、壬辰、壬寅、任申、壬子符；东窑头墓区M5：01上所绘朱符属乙卯、乙丑、乙酉、乙未、乙巳符；大司马墓地M11：1上所绘朱符属甲辰、甲寅、甲午日符；M6：2上所绘朱符属庚午、庚戌、庚辰、庚申、庚子、庚寅符。

此类符文瓦是作为镇墓瓦使用，《总录》载"凡六十甲子日亡者，有内妨外妨人口，用布瓦一个，上书死日，合用灵符，安镇墓内，大吉"。可知此类镇墓符文瓦是用于压镇墓主的死亡对家人和外人的损害。

（二）单葬押圹灵符砖瓦

共7件。其中板瓦2件，条砖4件，方砖1块。

M60：1，右下部残缺，瓦表磨光，中间绘朱符，符上为朱书"陽"，左侧书有朱书，可释读有"三""台"，瓦里为朱书墓主生卒信息，从右至左可释读有"同治□二年九月□""顯考李公諱""中華三年"（图二，6）；M85：2，瓦表磨光，中间为朱符，符周围为朱书，其上为"□壙"，右为"身披北斗□"，左为"壽山永遠 石朽人來"；瓦里为朱书墓主信息，从右至左依次可释读有"同治二年十二月三十日戌時""清封孺人王二公□廷傑繼配□""民國二十年六月"（图二，5）；M15：3，为条砖，通体磨光，左上部残缺，背面中央为朱符，其右上方为朱书文字"魂魄"，右侧为朱书文字"壽山永固"，正面为墓主生卒信息，从右至左依次可释读有"六年""中□□□十年七月"（图二，1）；M22：10，为方砖，砖正面中间为朱符，符左右依次为朱书"身披北斗 頭頂三台""壽山永固 石朽人來"，背面中央为朱书"長人富貴"（图二，7）；M83：1，为条砖，通体磨光，背面中央为朱符，其上方为朱书文字"陰壙"，右侧为朱书文字"身披北斗 □□三台"，左侧为朱书"壽山永遠 石朽人來"，四角各有一朱书文字，依次为"魂""魄""安""康"，正面为朱书墓主生卒信息，从右至左依次可释读有"十一日巳□生""皇……富元配王□人之柩""九年四月二十五日辰時終"（图二，2）；M83：2，为条砖，通体磨光，背面中央为朱符，其上方为朱书文字"□壙"，右侧为朱书文字"□披北□ □□□□"，左侧为"□□永遠 □朽人□"，正面为朱书墓主生卒信息，模糊不可释读（图二，4）；M83：3，为条砖，通体磨光，背面中央为朱符，其上方为朱书文字"□壙"，右侧为朱书文字"魂""安"，左侧为朱书"魄""寧"，正面为朱书墓主生卒信息，从右至左可释读有"嘉慶十二年正月□生""□郎王公諱□德……六十三年""同治十年七"（图二，3）。

经比对，这些砖瓦上所绘朱符均属"单葬押圹灵符"，亦称"圹灵符"，其符有阴阳之分，其中M22：10、M60：1、M83：2上所绘朱符为阳圹符（图二，8），M15：3、M83：1、M83：3、M85：2上所绘朱符为阴圹符（图二，9）①。

《总录》载"凡人家单葬妻丧，单葬夫丧，古有阳待阴，阴待阳之说，若不押镇，必主重丧，宜用新砖一个磨清做平，上书神符。左边写：身披北斗头戴三台，右边写：寿山永远石朽人来。背书：长命富贵。葬后十年大吉"。可知，此类单葬押圹灵符砖

---

① 此类单葬押圹灵符砖瓦亦见于贵州思南明代张守宗夫妇墓、北京高丽营镇于庄明清墓M1、河北磁县滏阳营墓区M24、湖南石门夹山寺明清墓，甚至琉球清代墓地均见有此类砖（瓦）。

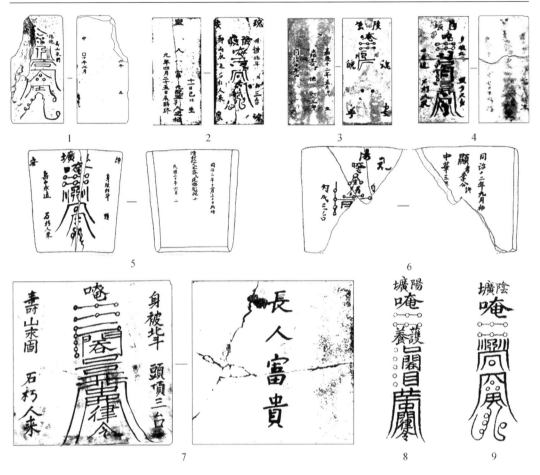

图二　单葬押圹灵符砖瓦

1~3、5.阴圹灵符砖瓦（M15：3、M83：1、M83：3、M85：2）　4、6、7.阳圹灵符砖瓦
（M83：2、M60：1、M22：10）8.《总录》所载"阳圹灵符"9.《总录》所载"阴圹灵符"

（瓦）兼具押镇和祈吉两种功能。

（三）分金符文瓦

共1件。M34：4，瓦表磨光，中间为朱符，符周围为朱书"六""丁""守""墓""篆""文"（图三，1）。

经比对，其上所绘朱符应属"分金符"（图三，2）①。《总录》"玄女分金大葬"部分

---

① 此类分金符砖亦见于陕西彬县纪泰墓，该墓随葬有两块书写有分金符的条砖，一块竖立在靠于墓门上的墓志上，正面（书写文字一面）朝内，紧靠墓门，另一块竖立于墓室南端的买地券上，正面朝向墓门，两块砖符文基本相同，唯一的差别是符下的文字，墓室口的一块为"定向"，墓室内的一块为"定山"。

载"夫拨棺调向，首顶来山，足踏去水，吊得贪、巨、武、辅、弼之星，并玄女分金分得脐、耳、鼻，大吉，腹半吉，必致子孙官禄荣昌，资财富贵，百事大吉。宜用新砖二个，砵书分金符，牛局一个定山首，一个定向，足能避伏尸故气。葬后千年大吉。秘诀：寻龙容易点穴难，全在拨棺调向间，俗师不明倒杖诀，安移棺木指东南"。可知，此类分金符砖兼具避伏尸故气和荫佑子孙的双重功能。

（四）买地券神符砖

共1件。

M101∶1，瓦表磨光，中间为朱符，朱符的绘制为先用锐器在瓦表刻出符的痕迹，然后用朱笔描摹，笔法生硬，瓦表左上角有朱书文字"造"，右上角有朱书文字"坤"，瓦里为朱书墓主信息，从右至左依次可释读有"道光二十年""董门高□""九月□二日□"（图三，3）。

经比对，M101其上所绘朱符与《总录》所载买地券上的神符（图三，4、5）相似，一般与买地券文搭配使用①。

　　1　　　　2　　　　　　　　3　　　　　　　4　5

图三　分金符文瓦和买地券神符砖

1.分金符文瓦（M34∶4）2.《总录》所载"分金符"　3.买地券神符砖（M101∶1）4、5.《总录》所载"买地券神符"

（五）墓主信息砖瓦

共3件。可分为板瓦和条砖，书写方式有朱书和篆刻两种。

M84∶1，为板瓦，其形制与素面瓦基本一致，瓦表磨光，上为朱书墓主生卒信息，从右至左依次可释读有"前清道光□子年七□初三日□时□""中□□□□□继姚王母陆□□□年八十□之瓦""民国八年□□□八月十六日酉□终"（图四，2）；M84∶2，为条砖，正面磨光，上为朱书墓主生卒信息，从右至左依次可释读有"道光年月十六日□□生""皇□人王母□公""光□月十六终"（图四，1）；M107∶2，为条砖，正面文

---

① 此类买地券神符亦见于明崇祯十二年马贵良买地券、江苏镇江丹阳高楼村明墓出土买地券和北京通州清代随时道买地券，上述三块买地券上所绘神符与买地券文在一起使用。

字为篆刻后在字内涂墨，为墓主信息，从右至左依次可释读为"光绪三十一年三月二十日巳时故""名三顺年十四岁灵枢""系独流北街慎修堂王宅女"（图四，3）。

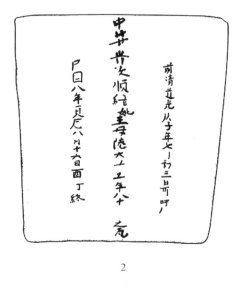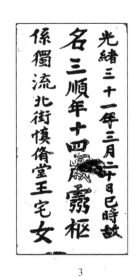

图四　墓主信息砖瓦

1. M84：2　2. M84：1　3. M107：2

（六）其　　他

共6件。其上所绘朱符尚未见于相关文献，其表达功能待定。

M31：1，为板瓦，其形制与素面瓦基本一致，右下角残缺，瓦表磨光，中间为朱符，符周围为朱书"魂""魄""定"（图五，1）；M60：2，为板瓦，其形制与素面瓦基本一致，瓦表磨光，上为墓主生卒信息，从右至左依次可释读有"十月十一日酉□生""□□□□太君高年三十八寿终灵□""□八年二月□日巳时终"（图五，6）；M70：3，为板瓦，其形制与素面瓦基本一致，瓦表磨光，中间为朱符，符周围为朱书"魂""魄""宁"（图五，2）；M82：1，为板瓦，其形制与素面瓦基本一致，瓦表磨光，中间绘朱符，瓦表四角各有朱书文字一个，已不可释读，瓦里为朱书墓主生卒信息，仅可释读有"□公""民国"（图五，7）；M86：1，为板瓦，其形制与素面瓦基本一致，瓦表磨光，中间为朱符，符周围为朱书"元""亨""大""吉"（图五，5）；M85：1，为条砖，通体磨光，正面中央为朱符，背面为朱书墓主生卒信息，从右至左可释读有"□丰□年十月初九日辰时生""□故显妣王母安太君□年三□□之""八月十三日酉时终"（图五，3）。

其中M31：1和M70：3上朱符相似，均由"奉""敕""令""煞""鬼"及代表北斗七星的形符号"⫶"组成，这与《总录》所载镇墓符（图五，4）有相似之处，推测也可能为镇墓之用。其余几块符文砖瓦上所绘朱符不见于《总录》及相关文献，其功

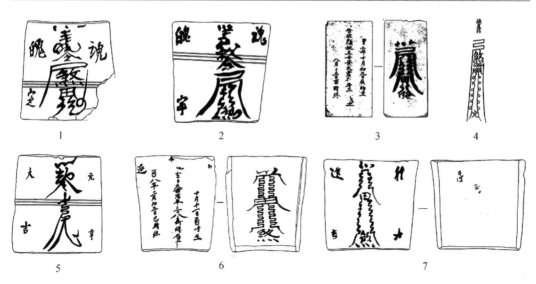

图五　其他符文砖瓦

1. M31：1　2. M70：3　3. M85：1　4.《总录》所载“镇墓符”　5. M86：1　6. M60：2　7. M82：1

能尚不清楚。

二、相关问题探讨

元宝岛墓地出土的这些符文砖瓦可初步分为镇墓符文瓦、单葬押圹灵符砖瓦、分金符文瓦、墓主信息砖瓦等，其功能除了用于镇墓外，还有给棺木定向、祈吉、荫佑子孙、辨识身份等多种功能。此外，元宝岛墓地还出土有一些素面瓦和涂墨砖，其功能尚需讨论。

按《总录》所载，“六十甲子镇墓”符文瓦是入墓而非入棺，这与元宝岛墓地此类随葬砖瓦放置在棺盖上或出土于墓内填土的情况基本一致，而不同于天津北部地区的宝坻辛务屯明清墓地[①]、蓟州上宝塔明清墓地[②]等诸多明清时期墓葬考古发掘所见墓主胸压符咒板瓦的情况，而后者与衡水地区流行的墓主“临亡将寿衣穿好，头西脚东，移至灵床，用瓦覆胸，曰护心瓦”[③]的习俗类似，这几者之间的异同及原因还需要进一步分析。

---

①　天津市文化遗产保护中心、宝坻区文化馆：《宝坻区辛务屯元、明、清代墓地发掘报告》，《天津考古（2）》，科学出版社，2013年。

②　天津市文化遗产保护中心、蓟县文物保管所：《蓟县上宝塔清代墓地发掘报告》，《天津考古（2）》，科学出版社，2013年。

③　衡水市地方志编纂委员会编：《衡水市志》，民族出版社，1996年，829页。

　　按照《总录》所载，单葬押圹灵符有阴阳之分，这与元宝岛墓地考古发掘所见随葬单葬押圹灵符砖瓦墓主的性别分布情况基本一致。其他几类符文砖瓦与墓主的性别和死亡年龄不存在必然联系。

　　有研究者认为仅书写有墓主信息的陶瓦其功能非为镇墓，而是死者之灵位[①]，元宝岛墓地出土的墓主信息砖瓦的作用也可能与之类似，如若考虑到明清—民国这一时期"杨柳青人惑於鬼神，占候，风水，旧俗死而不葬者，多停枢以俟干支，或俟远人，或俟赀财，或俟茔地，以故破庙古寺中或其旁，纵横错杂，皆攒枢也"[②]的厝葬习俗，这类墓主信息砖的作用也可能是便于后人在迁葬时用来确认棺枢内尸骨的身份，以防误毁他人棺枢。元宝岛墓地出土其他带有墓主信息的符文砖瓦可能也兼具这种功能。

　　元宝岛墓地随葬符文砖瓦的墓葬均为小型墓，从墓葬形制和随葬品来看墓主身份不高，但从现有已刊布材料来看，贵州思南张守宗（明赐进士出身，户部山西司员外郎，诏晋中宪大夫）夫妇墓随葬单葬押圹灵符砖[③]，洛阳沈应时（明资善大夫，南京工部尚书）墓随葬镇墓瓦[④]，可知墓葬内随葬有砖瓦的墓主并不限于普通平民阶层。

　　元宝岛墓地随葬砖瓦上所绘朱符的水平不一，有些符文砖瓦的使用并不合乎《总录》所载规范，如方砖M22∶1正面所绘单葬押圹灵符，将"寿山永远"写成"寿山永固"，其背面将"长命富贵"写成"长人富贵"；板瓦M101∶1上所绘买地券的神符上部残缺，且不与买地券文搭配使用；板瓦M34∶4上绘有分金符，但只有一块。此类现象的出现，一方面与明清至民国这一时期符文砖瓦的书写等相关事宜均由民间阴阳先生负责，他们文化水平普遍不高，主要通过师承关系，采用口头传授和文本传抄的方式来传承这类知识有关，在口头传授和文本传抄过程中，不免产生文句不通、错讹舛漏等问题有关[⑤]；另一方面也可能与民间阴阳先生在传习这些丧葬礼俗知识过程中，对其中感到不能自洽的部分加以自己的理解并做出相应改变有关，此一点在福建地区单葬押圹符砖不同时期的变化中表现尤为明显[⑥]。

三、余　　论

　　元宝岛墓地出土的大部分符文砖瓦的使用可在《总录》茔元论中找到依据，这种现象也见于北京、河北、山东、河南等地同时期墓葬，可推知《总录》茔元论所倡导的

①　杨爱国：《明清墓随葬陶瓦与古代镇墓传统》，《中原文物》2022年5期。

②　张江裁：《天津杨柳青小志》，《中国地方志集成（乡镇志专辑28）》，江苏古籍出版社，1992年。

③　贵州省博物馆：《贵州思南明代张守宗夫妇墓清理简报》，《文物》1982年8期。

④　洛阳市文物考古研究院：《明南京工部尚书沈应时夫妇墓发掘简报》，《洛阳考古》2018年3期。

⑤　李伟敏：《通州新出土清随时道买地券考释》，《北京文博文丛》2020年1期。

⑥　陈进国：《信仰，仪式与乡土社会：风水的历史人类学探索》，中国社会科学出版社，2005年。

丧葬理念在明清至民国这一时期对中国北方地区特别是平民阶层的影响，而部分未见于《总录》的朱符出现，则说明在这一地区可能还存在其他流派的丧葬理念。趋吉避凶，追求幸福是人的天性，古代择吉类典籍众多，研究者在整理古代墓葬出土器物时适当参考同时期此类典籍，可能有助于加深对这些考古材料背后所代表丧葬习俗的认识。

附记：元宝岛墓地人骨标本的体质人类学研究由中山大学李法军教授团队完成，在此谨致谢忱。

A Preliminary Study on the Spells Bricks and Flat Tiles Unearthed from Yuanbaodao Cemetery in Xiqing, Tianjin

Yin Chenglong

Abstract: 24 spells bricks and flat tiles were unearthed from the Ming and Qing Dynasties cemetery in Yuanbaodao, in the People's Republic of China. The types of spells painted on them are relatively rich, which are rare in the archaeological materials officially published in the past. Based on the data of "Sanyuan Zonglu", this paper preliminarily classifies and discusses the functions of these spells, bricks and flat tiles to provide some reference for understanding the folk funeral customs in the northern region during this period.

Keywords: Yuanbaodao cemetery; Ming and Qing Dynasties to the Republic of China; Spells bricks and flat tiles; "Sanyuan Zonglu"

对于岩画的萨满教解读

梁 娜 谢 浩

（黑龙江大学，哈尔滨，150080）

摘要：岩画是一个特别有趣的考古来源，不同于其他考古学文化的遗存形式，岩画研究领域是一个特例。萨满教对于史前岩画艺术的研究，尤其是旧石器时代彩绘洞穴图像解读的贡献是巨大的。

关键词：萨满教 民族学 岩画

在史前时期的岩画艺术中，较难识别出带有鲜明萨满标志的人物图像。尽管萨满教作为一种原始宗教，经常被用于岩画的解读，但在复杂的人群以及宗教背景下，萨满教也只是众多可能存在的形式之一。由于缺乏文字记载，对人们的生活方式和信仰体系也没有直接描述性证据，经常要将岩画图像与民族学材料相比较，来获得一些有价值的见解，而有一些岩画图像也只能在萨满思想的背景下才能被人们所理解。而到近代早期，通过比对民族学材料的记载，已经证实许多岩画艺术都与萨满教活动有明确的关系。

一、岩画中的萨满形象

在西伯利亚南部的塞亚地区发现了一幅公元前 900 ~ 前300年的岩画，清晰地刻画了一个手持大鼓的萨满形象（图一）[1]。这幅岩画中的萨满形象，符合民族学材料记载中，萨满应具备的一些准确特征：比如头戴羽饰或角饰，身披兽皮，手持萨满鼓等。我国阴山岩画中，也有类似的萨满形象（图二）[2]。

在相对较新时期的岩石艺术中，可以识别为萨满的图像，多为描绘他们从事仪式活动的场景。这些图像中显示的萨满巫师身穿着流苏外套，并正在用鼓进行萨满表演

---

[1] 安杰伊·罗兹瓦多夫斯基：《穿越岩石到另一个世界：西伯利亚岩石艺术中的萨满教"思维语法"》，《剑桥考古杂志》2017年3期，413 ~ 432页。

[2] 盖山林：《阴山岩画》，文物出版社，1986年，图273。

图一 哈卡斯 Ilinskaia Pisanitsa 的岩画 图二 阴山岩画

（图三、图四）[①]。

在 Olekma 河流域的 Niukzha 岩石艺术遗址，以图形方式描绘了萨满有关飞行的想法（图五）。在这里，我们看到了萨满，他拿着鼓和锤子，还有一件非常清晰的长袍外衣，当他移动时，流苏在他周围展开，在星星和其他天体之间飞行。萨满外衣底部和袖子上的夸张流苏细节代表了上述飞行能力，也象征着萨满作为宇宙天地之间的调停者的角色。

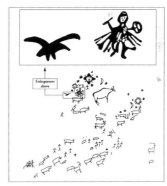

图三 阿尔泰地区萨满　　　 图四 阿尔泰石碑上的　　　 图五 Olekma 河流域的
巫师的岩画　　　　　　　　萨满细线雕刻　　　　　　　Niukzha 岩石艺术面板

我们已经看到岩石艺术如何包含对萨满装备的那些元素的引用，以及与他或她作为宇宙不同领域之间的调解人的角色的相关属性。然而，除了外套之外，还有许多其他具

① Ekaterina Devlet：《岩石艺术与西伯利亚和中亚萨满教的物质文化》，《萨满教考古学》，泰勒和弗朗西斯电子图书馆，2004年，3章，55～67页。

有复杂象征意义的相关物品也在岩画中得到了描绘。

鼓可能被视为萨满教的基本属性之一，对于获得改变的意识状态至关重要。此外，它还是萨满巫师访问宇宙其他领域的交通工具，是另一种形式的盔甲和保护，也是宇宙本身的模型。例如：在外贝加尔通古斯人中，它象征萨满渡海的独木舟；在蒙古人和其他一些民族中，它代表萨满的马；在西伯利亚的鄂温克族和鄂伦昆族中，它象征着不同精神的容器，可以通过鼓被萨满的手握住[①]。萨满鼓的形式各不相同，它们以圆形或椭圆形的形式出现，从非常简单的设计到非常详细和精心的装饰都有。在阿尔泰地区，历史悠久的萨满鼓上描绘的图像与岩画上显示的图像惊人地相似。这些图像被画在鼓皮上，作为具有某种稳定象征意义的符号存在。

头饰和外套也是岩画中帮助识别萨满身份的重要元素之一，分叉的鹿角、鸟类的羽毛或鸟形饰品经常被用作萨满的头饰，当它们被戴在萨满的头上时，便获得了新的象征意义。位于磴口县境内的西北部，乌斯台沟中段的乌兰哈布其勒，在沟的右边有一幅奇异的人像画，头上插满了羽饰，身体非常图案化（图六）。在勒拿河上游以及叶尼塞河中游马洛耶湖发现的这种带角或发光的萨满头饰（图七），也是当地岩画中描绘萨满的一种艺术形式。鹿角代表了萨满可以指挥的帮助灵魂的数量，每个鹿角齿都是一个灵魂的容器。鹿角被视为一棵神树的根，萨满的力量便"生发在"这棵神树的树枝上。鸟类的羽毛则可以赋予萨满飞翔的能力。外套的一些细节象征着穿着者祖先的骨头，在巫师的活动过程中保护自己。流苏和腰铃是萨满服饰上最显著的特征，现在满族的萨满使用的最重要的法器，就是鼓和腰铃，当萨满跳舞时，腰铃便会跟随甩动发出清脆的响声，有时也会配合手鼓节奏一起发声，鼓声在召唤和联系神灵方面起着重要的作用，腰铃的声响则在震慑恶魔方面起着重要作用。一般可以通过萨满服饰上坠挂腰铃数量的多寡，来判断萨满巫师力量的强弱。并且随着萨满神服的传承，坠挂腰铃的数量也会随之增

图六　阴山岩画中奇异人像

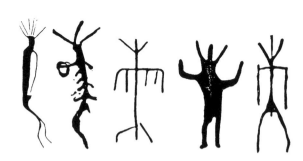

图七　带射线头饰的人像岩画

① 李丽莎：《北亚满族及其他民族萨满鼓的符号化过程》，《传统音乐年鉴》，国际传统音乐委员会，1992年，24卷，52～80页。

多^①。因此，通过提取鼓、头饰、外套以及腰铃等要素便可以进行推测，岩画图像中人物身份应是萨满，抑或是参与仪式活动的萨满助手。

二、岩画中萨满元素的识别

目前中国已知的绝大多数的岩画中，能清晰地具备以上因素，并直接描绘萨满形象或被准确定义为萨满的例子非常少。即便如此，岩画的制作本质上是一系列萨满教信仰、仪式和相关经验的体现，并以此来展现精神领域与物质世界的交叉。我们仍然可以从一些场景或图像中得到萨满教的象征意义。包括超自然力量的各种符号、恍惚舞蹈的图像、单个人物舞蹈的"片段"、变形的巫师或动物、某些拼接而成的超自然的怪物和生物等^②。

1. 人面岩画

人面岩画又称"人面像""面具岩画""人面形岩画""类人像"等，在中国、俄罗斯远东地区、蒙古以及美国、澳大利亚等世界各地均有分布。在我国内蒙古阴山岩画、宁夏贺兰山岩画中都有大量描绘人面、类人面场景的岩画，乌兰察布、西辽河流域以及江苏连云港等地也分布有一定数量的人面岩画。

这些岩画有些头上长角，有些面目可憎（图八），位于磴口县境内的额乌斯台沟中段的乌兰哈布其勒，壁面上有众多的人面像，亦可称之为神像壁。众多的人面像，头形或方或圆，或长或短，应当是根据自己的形象来塑造的。在这些人面像之间的空隙中，还绘有星星，因此认为这是一幅刻画天上神灵的岩画，即神像画^③。

德国学者J. E. 利普斯在《事物的起源》中说："从死人崇拜和头骨崇拜，发展出面具崇拜及其舞蹈和表演，刻成的面具，象征着灵魂、精灵或魔鬼"^④。盖山林也提出："无论从制作人面像岩画这一行为本身考虑，还是人面像的性质及其制作目的看，都是为了敬祭神灵娱神仙。因此，从事这方面的事情，乃是巫师之职司，可谓非巫莫属。"^⑤这些人面岩画代表有一种象征图案，即人面岩画拥有通神的属性，巫师戴上不同形象的面具，即可与不同神灵取得沟通，是萨满为了获得神灵庇佑而借助的一种图像符号。

---

① Ekaterina Devlet:《岩石艺术与西伯利亚和中亚萨满教的物质文化》,《萨满教考古学》, 泰勒和弗朗西斯电子图书馆，2004年，3章，55~67页。

② J. D. 刘易斯-威廉姆斯:《澄清事实：岩石艺术和萨满教》,《Antiquity》2003年296期，165~170页。

③ 盖山林:《阴山岩画》, 文物出版社，1986年，293页。

④ J. E. 利普斯著，汪宁生译:《事物的起源》, 贵州教育出版社，2010年。

⑤ 盖山林:《贺兰山巫师岩画初探》,《宁夏社会科学》1992年3期。

图八　阴山人面岩画

其中，最具有代表性的骷髅岩画，位于乌拉特后旗大坝沟畔悬崖峭壁上（图九）[1]。这两幅骷髅岩画刻画得十分形象，两个空洞的圆圈组成眼窝，并且都没有下颌骨，上颌及牙齿排列整齐。类似的骷髅图像亦见于西伯利亚地区乃至世界各地的岩画题材中。

图九　骷髅岩画
1. 白庙子骷髅岩画　2. 贺兰山岩画　3. 乌拉特后旗大坝沟骷髅岩画

2. 舞蹈岩画

舞蹈岩画，描绘了舞者的各种舞蹈姿态。在常见的舞蹈岩画中，有些人体形象简单

---

① 贺吉德：《贺兰山岩画研究》，宁夏人民出版社，2012年。图片来源于张凯：《原始绘画——贺兰山岩画所见西域及南西伯利亚因素分析》，《美与时代（中）》2019年4期，137页。

图一〇　阴山岩画中舞蹈者

笨拙（图一〇），双臂或单臂呈曲肘上举的姿态，双腿呈下蹲状。这些对跳舞场景的描绘，其实是一种对情绪的表达，原始人们狩猎成功，满载而归，兴奋之余用载歌载舞来表达内心的喜悦与满足，也渐渐形成了后来的狩猎巫术。

　　阴山岩画的舞蹈岩画数量众多，可以分成自娱和娱神两类。娱神舞蹈是带有宗教仪式感的，祈祷式的舞姿。他们或双臂外扬，或双手叉腰，一般双腿叉开，足尖朝外，有的饰尾，有的裸露着被夸大了的生殖器[1]。其中有两幅娱神性质的岩画，一幅位于磴口县境内的额乌斯台沟中段的乌兰哈布其勒，第四地点沟南石崖上，距石基约1米。图像中绘有四名舞者和半具残缺的身体。左侧三名舞者中，有两人呈同一舞姿，都是双臂向外打开，双腿向外张开。右侧那名舞者，右臂张开，手中握着一条牛尾，左手则高高举起。这与《吕氏春秋·古乐》："昔葛天氏之乐，三人操牛尾，投足以歌八阕：一曰载民，二曰玄鸟，三曰遂草木，四曰奋五谷，五曰敬天常，六曰建帝功，七曰依地德，八曰总禽兽之极"的记载是一致的。值得注意的是，右侧舞者的脚下还绘有一颗人头，应是左上方那具身体的。因此，推测这是一场娱神的舞蹈，被杀者是祭祀所用的牺牲（图一一，1）[2]。另一幅是在德和尚德沟东岸较小山峦的山顶石崖上，描绘了巫师祈雨的情景。图像中绘有两名巫师，一名巫师胸前饰有两颗大纽扣，双臂下垂，另一名巫师系有尾饰。画面最左侧的人面像有两只巨大而空洞的眼睛，粗重的眉毛。画面最上方和最右侧的天空中出现了两片圆圈图案的阴云，预示着大雨即将降下。应是描绘巫师跳舞

---

① 盖山林：《阴山岩画》，文物出版社，1986年，373页。

② 盖山林：《阴山岩画》，文物出版社，1986年，297页。

祈求神灵降雨的场景（图一一，2）①。

图一一　阴山岩画中娱神之舞

1. 乌兰哈布其勒第四地点沟南石崖　2. 德和尚德沟东岸较小山峦的山顶石崖

　　而有些舞蹈岩画中的人体形象则呈现恍惚的癫狂状态，如内蒙古尼特左旗岩画，用类似骨架线条的描绘，看似故弄玄虚的奇特形象，赋予了萨满巫师无限的神秘气息。"通神"是萨满教与神灵沟通的一种方式，而跳大神，就是萨满通灵仪式时候所跳的舞蹈，是通神仪式中不可分割的重要组成部分。《墨子·非乐上》引汤之官刑，曰："其恒舞于宫，是谓巫风。"②巫风者舞风也，古书凡言好巫必有歌舞之盛，盖所谓舞者乃舞者所擅长，而巫字实即舞字③。表面上看，舞蹈是对人体形态的一种表达，实际上却象征着信仰，有着深刻的精神内涵。在用萨满教来解释史前岩画艺术的学者之中，大卫·刘易斯-威廉姆斯是比较有代表性的人物，他认为许多岩画形象都与萨满巫师进入"癫狂"状态下的所见所闻或与萨满的仪式活动有关。这些图像刻画了萨满在癫狂状态下手舞足蹈，并进行仪式活动的场景。民族学材料显示，在二十世纪南部非洲卡拉哈里桑社区的萨满恍惚舞蹈和治疗仪式中，萨满通过跳舞、音频驱动、高度集中和换气过度来诱导恍惚。进入恍惚状态后，萨满会看到一些非真实的幻象，并将这些幻象与现实景象重叠在一起，从而进行恍惚舞蹈④。

3. 变形的巫师或怪物形象

　　从岩画内容来看，动物崇拜普遍存在，并且主要体现在对动物的神化上。岩画题材

①　盖山林：《阴山岩画》，文物出版社，1986年，301页。

②　《四部精要·子部》，《墨子》卷八《非乐上》，上海古籍出版社，1982年，25页。"巫风"指巫以歌舞事神。

③　陈梦家：《商代的神话与巫术》，《燕京学报》1936年20期，536页。

④　J. D. 刘易斯-威廉姆斯：《观察和解释：南部非洲岩石艺术图案的制作和"意义"》，《剑桥考古杂志》1995年1期，3～23页。

包含各种拼接而成的怪物形象，不同种类的动物看似随意的拼凑，也有将人与动物拼接形成的类人动物形象。阴山岩画中，有很多幻想动物，磴口县格和达瓦沟畔有一幅岩画，描绘一只似马动物，形态身躯似马，却长着虎的蹄子。托林沟西口悬崖上，也有两个幻想动物，一只似羊，却长着鹿角；另一只似龟，却长着奇怪的头和腿（图一二）[①]。南部非洲还发现一些以动物的形式变形的兽人形象的岩画（图一三），这些动物和人元

图一二　阴山岩画中幻想动物

图一三　兽人形象的岩画

1. Natal Drakensberg 的岩画　2. 阴山岩画中奇异人形

---

① 盖山林：《巫·胡巫·阴山岩画作者》，《内蒙古师院学报》1982年4期，95～102页。

素之间的转换和变形，可能与萨满教仪式有着特定的联系。例如，描绘了上部为八个羚羊头，下部则描绘成六对人腿的形象。羚羊头与人腿相对放置，暗示它们之间存在某种联系。左边一位跪姿的兽人形象，双臂背在背后，这是一些喀拉哈里萨满祭司祈求上帝赋予他们更多的能量以便他们进入精神世界时采用的姿势。在这里他们被描绘成了兽首人身的动物巫师形象，暗示了人类向动物的转变[①]。萨满在他们的仪式中以各种方式唤起动物，包括模仿动物，动物可以充当超自然的中介，也可以充当前往其他领域的骏马。此时，萨满还会经历视觉和躯体幻觉，他们发现自己处于一个梦幻般的境界，在那里他们体验到怪物的幻觉以及可怕或狂喜的事件，还会觉得自己的某一部分或全部变成了动物，并获得了动物的神力。

　　萨满教的宗教基础是"万物有灵"，将人类与自然界的万物平等看待，那么人类与动物之间、动物与动物之间、动物与植物之间都可以产生互换关系，萨满可以穿行在不同世界中，进行灵魂沟通，这也是旧石器时代动物主题岩画盛行的原因之一。

三、萨满教对岩画艺术解读的意义

　　岩画承载着历史，承载着人类早期的精神寄托，是不可磨灭的历史痕迹，应当被看作同文字一样有效的历史文献，为考古学与民族学提供更加直观有效的图像信息。史前岩画艺术的解读对于现在的我们，仍然是巨大的挑战。我们必须承认，考古证据显然不足以作为重建过去信仰体系的手段，我们也无法证明萨满教就是岩画艺术创作的唯一灵感来源。不管是从欧洲旧石器时代的岩画艺术还是到南非以及美洲各地的岩画艺术都存在不同的宗教仪式，崇拜的精神体系也不尽相同，萨满教仅是众多体系中的一员。岩画的宗教意义，存在于图像的宗教背景，而不仅限于图像的创作过程。图像记录的可能是某些宗教仪式或叙述神话的信息，创作岩画的人也并非都是仪式的直接参与者。虽然与宗教仪式活动相关的主题，在岩画艺术中可能占有一定的地位，但不一定所有的岩画图像都涉及宗教仪式活动主题。我们不能笼统地将所有岩画都看作是萨满教的艺术表现形式，但却可以透过研究萨满教解释领域，在有限范围内进行有益的观察，结合地理背景、空间分布以及文化意义，对于解读岩画艺术的创作动机、精神内涵以及用途提供一些合理的解释，对重建过去的真实性也有着积极的推进作用。

---

① J. D. 刘易斯-威廉姆斯：《观察和解释：南部非洲岩石艺术图案的制作和"意义"》，《剑桥考古杂志》1995年1期，3～23页。

Shamanic Interpretation of Rock Paintings

Liang Na   Xie Hao

Abstract: Rock paintings are a particularly interesting source of archaeology. Different from other forms of archaeological culture, the field of rock paintings research is a special case. Shamanism has made great contributions to the study of prehistoric rock art, especially the interpretation of painted cave images in the Paleolithic age.

Keywords: Shamanism; Ethnology; Rock paintings

高成本信号理论在中国考古应用的反思与前景展望

刘睿喆[1]　陈胜前[2*]

（1.美国新墨西哥大学人类学系，美国；2.中国人民大学历史学院，北京，100872）

摘要：如今越来越多的学科受到了进化论的影响，社会学、人类学和考古学也在演化论的影响下发展出人类行为生态学（HBE）这一理论视角。人类行为生态学可以总结划分为最优化分析与演化博弈论这两类。其中最优化模型的应用较为成熟，而演化博弈论则刚刚展开，并聚焦于高成本信号理论（CST）的应用。高成本信号理论认为人类通过消耗和浪费的行为来传递信号，提高自身的演化适应优势。它也可应用于石器、石碑、金属制品和陶器的研究，探索当时的群体关系、合作行为与冲突模式。本文主要回顾并分析演化理论在考古学中的应用，回溯高成本信号理论的定义、相关研究及其在中国考古学中的应用前景。

关键词：人类行为生态学（HBE）　狩猎采集　考古理论　进化论　高成本信号理论

一、引　　言

"物竞天择，适者生存"，达尔文理论发展至今日，其相关应用已从最初的动植物研究，扩展至了人类行为及社会的研究。近些年，人类学和考古学开始借鉴进化论的理论框架与宏观视野，发展出了不同的研究模式，即以物质遗存为研究对象的演化考古学，以及以人类行为为研究对象的人类行为生态学考古。人类行为生态学考古进而又可分为最优化分析模型的应用与演化博弈论模型的应用。最优化分析是目前应用最为广泛的研究模型，而演化博弈论的应用一般以高成本信号理论（CST）为主。在国内，高成本信号理论的介绍、综述和相关讨论较少，因而我们抛砖引玉，以这篇文章来简要介绍

*　通讯作者

一下演化论在考古学中的应用，并进一步聚焦在高成本信号理论在考古学中的应用可能性。本文分为三个部分：第一部分介绍达尔文进化论对考古学理论的影响；第二部分是高成本信号理论；第三部分将探讨高成本信号理论的应用，以及在国内考古学中的展望。

二、演化理论的发展

纵观学术史，达尔文理论对生物学和生态学的影响主要表现在两个方面：其一，各类分支学科逐步采用演化论的视角，用更为宏观的演化论视角去探讨动植物的特征与行为[①]；其二，由达尔文理论延伸出来的"行为生态学"（Behavioral Ecology）具备广泛的影响力，行为生态学侧重于动植物行为与自然环境的适应与互动，探索个体或群体行为是如何适应生态条件的变化以及某种适应策略的结果。

人类行为生态学（Human Behavioral Ecology/HBE）是行为生态学的一个重要分支，注重人类行为的研究[②]，在人类学和考古学中应用最为广泛[③]。这一概念一方面强调生态环境对行为的塑造和选择，以及行为模式对于生态环境的适应。同时，这一概念也强调演化的视角，其指导下的研究一般会从整个人类进化史来探讨问题，如现代狩猎采集者们的行为，或以现代觅食方式来探讨早期人类的行为。另一方面，人类行为生态学也具备社会科学倾向，通常会强调人类适应策略的多样性与灵活性。

在考古学中，进化论指导下的考古学应用具体可以分为两类，分别是演化考古学与人类行为生态学考古学[④]。演化考古学通常会用自然选择理论来解释文化变迁。将考古学文化特征视为一种表型特征（phenotype），类似基因，可以变异、遗传和选择[⑤]。譬

---

① COLLINS J P. Evolutionary ecology and the use of natural selection in ecological theory. *Journal of the History of Biology*, 1986, 19(2): 257-288.

② CRONK L. Human behavioral ecology. *Annual Review of Anthropology*, 1991, 20(1): 25-53；SMITH E A. Human behavioral ecology：Ⅰ. *Evolutionary Anthropology: Issues, News, and Reviews*, 1992, 1(1): 20-25; SMITH E A. Human behavioral ecology：Ⅱ. *Evolutionary Anthropology: Issues, News, and Reviews*, 1992, 1(2): 50-55.

③ MULDER M. Human behavioral ecology-necessary but not sufficient for the evolutionary analysis of human behavior. *Behavioral ecology*, 2013, 24(5): 1042-1043; NETTLE D, GIBSON M A, LAWSON D W, et al. Human behavioral ecology: current research and future prospects. *Behavioral Ecology*, 2013, 24(5): 1031-1040.

④ BOONE J L, SMITH E A. Is it evolution yet? A critique of evolutionary archaeology. *Current anthropology*, 1998, 39(S1): S141-S174.

⑤ BOONE J L, SMITH E A. Is it evolution yet? A critique of evolutionary archaeology. *Current anthropology*, 1998, 39(S1): S141-S174.

如，将两类时空相似的文化特征或物质遗存以"遗传"的机制来解释。演化考古学一般借助于排序或分类的方法来梳理考古遗存的谱系。与此相反，人类行为生态学注重人类的意识或决策活动，并从进化论角度来解释人类行为。同时，人类行为生态学是连接进化论与研究对象的重要桥梁，它认为人类行为也是连接"物"与"自然选择"学说的重要媒介。因而，人类行为生态学考古强调从人类行为来研究物，而不是直接研究物①。总的来说，演化考古学关注人类的物质文化，而人类行为生态学考古则强调人类行为的解释（图一）。

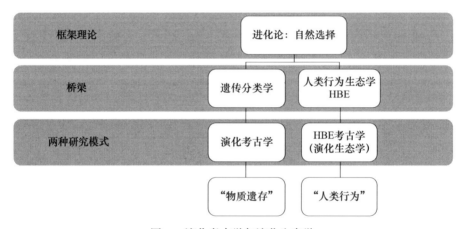

图一　演化考古学与演化生态学

　　人类行为生态学普遍采取量化与模型检验的方法，通过数据采集和分析来证明和检验提出的某个假设或模型。在这方面，一般有两种主要模型，即最优化模型（Optimization models）和演化博弈（Evolutionary game theory）模型②。目前，最优化模型应用广泛，尤其在研究狩猎采集者方面较为常见。最优化模型认为，狩猎采集者的觅食行为受到自然选择的推动，他们会随着环境变化而做出最佳的适应策略，从而达到进化优势的最大化，提高个体或群体的生存机会。因此，最优化模型用来衡量狩猎采集策略的优劣，并建立各种行为模型，以此检验最佳适应模式。例如捕食选择模型（Prey choice

①　BIRD D W, O'CONNELL J F. Behavioral ecology and archaeology. *Journal of Archaeological Research*, 2006, 14(2): 143-188; CODDING B F, BIRD D W. Behavioral ecology and the future of archaeological science. *Journal of Archaeological Science*, 2015, 56: 9-20; WINTERHALDER B, SMITH E A. Analyzing adaptive strategies: Human behavioral ecology at twenty-five. *Evolutionary Anthropology: Issues, News, and Reviews*, 2000, 9(2): 51-72.

②　BIRD D W, O'CONNELL J F. Behavioral ecology and archaeology. *Journal of Archaeological Research*, 2006, 14(2): 143-188.

model）通常是基于觅食理论（Forage theory）[1]，并可以预测个体在遇到资源时的决策选择。最优化模型还可用于生计方式、食谱广度、农业起源与技术发展[2]等领域。近二十年来，国内也出现了许多最优化模型的应用[3]，这里就不一一详述了。然而，与最优化模型的应用相比，演化博弈模型在考古学中的应用较少，主要集中在高成本信号理论（Costly signaling theory/CST）方面[4]，在接下来的部分，我们会详细地介绍一下高成本信号理论的相关研究和争论。

三、高成本信号理论与"声望狩猎"

（一）声望狩猎的提出

演化博弈模型最初主要关注动、植物之间的合作、冲突、竞争和互利等关系[5]，后

---

① SIH A, CHRISTENSEN B. Optimal diet theory: when does it work, and when and why does it fail? *Animal behaviour*, 2001, 61(2): 379-390; GREMILLION K J. Foraging theory and hypothesis testing in archaeology: An exploration of methodological problems and solutions. *Journal of Anthropological Archaeology*, 2002, 21(2): 142-164; BAMFORTH D B. Evidence and metaphor in evolutionary archaeology. *American antiquity*, 2002, 67(3): 435-452；PYKE G H, PULLIAM H R, CHARNOV E L. Optimal foraging: a selective review of theory and tests. *The quarterly review of biology*, 1977, 52(2): 137-154.

② BIRD D W, O'CONNELL J F. Behavioral ecology and archaeology. *Journal of Archaeological Research*, 2006, 14(2): 143-188.

③ 崔明昆：《论狩猎采集文化的生态适应》，《思想战线》2002年3期，117~121页；陈胜前：《中国狩猎采集者的模拟研究》，《人类学学报》2006年1期，42~55页；陈胜前：《中国晚更新世—早全新世过渡期狩猎采集者的适应变迁》，《人类学学报》2006年3期，195~207页；陈胜前：《燕山—长城南北地区史前文化的适应变迁》，《考古学报》2011年1期，1~22页；仪明洁、高星、BETTINGER R：《狩猎采集觅食模式及其在旧石器时代考古学中的应用》，《人类学学报》2013年2期，156~168页；劳伦斯·基利、黄可佳：《狩猎采集者的原初农业实践——一个跨文化的观察》，《南方文物》2016年1期，245、246、255~263页；陈淳、张萌：《旧石器时代考古与栖居及生计形态分析》，《人类学学报》2018年2期，306~317页。

④ BIRD D W, O'CONNELL J F. Behavioral ecology and archaeology. *Journal of Archaeological Research*, 2006, 14(2): 143-188.

⑤ HAMMERSTEIN P, SELTEN R. Game theory and evolutionary biology. *Handbook of game theory with economic applications*, 1994, 2: 929-993；MCGILL B J, BROWN J S. Evolutionary Game Theory and Adaptive Dynamics of Continuous Traits. *Annual Review of Ecology, Evolution, and Systematics*, 2007, 38(1): 403-435.

来逐渐被引入社会科学研究中。该模型旨在检验决策者在权衡利弊时，如何权衡自身利益与他人的利益[1]。演化博弈论认为，决策分析不是一个单线单向的过程，而是涉及多个复杂网络的关于"得"与"失"的系统，其中各个部分相互关联和制衡。近二十年来，越来越多的考古学研究中开始采用人类行为生态学的视角，应用最优化模型和演化博弈模型，其中高成本信号理论在考古学阐释度层面具有很大的潜力[2]。

高成本信号理论源自生物学中的不利条件原理（或累赘原理Handicap Principle）。这个原理认为动植物之间需要通过传递"诚实"的信号来获取进化优势，且这类信号一般无法造假。比如雄性孔雀的尾巴会增加他被天敌发现的概率，但也有吸引雌性交配的优势。因为择偶优势，雄性孔雀的尾羽被不断的选择，从而获得遗传优势。由于漂亮的尾羽无法伪装，是极其诚实的信号，所以雄性孔雀的尾巴便是一种高成本信号。在雄性孔雀通过尾羽和开屏传递信号的过程中，雄性孔雀是发出"浪费"或"消耗"行为的信号者，这种信号被视为一种诚实的信号，通过行为举止来传递给接收者[3]，即上文所说的雌性孔雀。同样，在高成本信号理论里，个体也会被划分为信号者和接收者。这类行为通常能够扩大信号者的影响力，不仅用来结盟与合作，也能向潜在竞争者宣示主权（图二）。

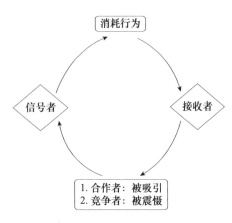

图二　高成本信号理论（CST）原理图

2002年，希尔德布兰特（Hildebrandt）和麦奎尔（McGuire）首次将高成本信号理论应用到考古学研究中[4]，探讨了美国西部古代期中段（Middle archaic，4000~1000 B. P.）的狩猎行为。他们认为当时的男性通过狩猎大型动物

① NEUMMANN J, MORGENSTERN O. *Theory of games and economic behaviour*. Princeton University Press Princeton, NJ, 1944.

② BIRD D W, O'CONNELL J F. Behavioral ecology and archaeology. *Journal of Archaeological Research*, 2006, 14(2): 143-188; CODDING B F, BIRD D W. Behavioral ecology and the future of archaeological science. *Journal of Archaeological Science*, 2015, 56: 9-20; CODDING B F, JONES T L. Man the showoff? Or the ascendance of a just-so-story: A comment on recent applications of costly signaling theory in American archaeology. *American Antiquity*, 2007: 349-357.

③ GINTIS H, SMITH E A, BOWLES S. Costly signaling and cooperation. *Journal of theoretical biology*, 2001, 213(1): 103-119；MCANDREW F T. New evolutionary perspectives on altruism: Multilevel-selection and costly-signaling theories. *Current Directions in Psychological Science*, 2002, 11(2): 79-82.

④ HILDEBRANDT W R, MCGUIRE K R. The ascendance of hunting during the California Middle Archaic: an evolutionary perspective. *American Antiquity*, 2002: 231-256.

来展示他们的狩猎技术，向受众传递出自己是"优秀猎人"的这类信号。受众中的女性会被"优秀的猎人"所吸引，会更加倾向于选择这类男性作为配偶。这也意味着"优秀的猎人"不仅能获取社会地位，还能获取更多的生育资源，拥有更多的后代①。在后续的研究中，希尔德布兰特和麦奎尔在大盆地的考古学研究中提出了"声望/炫耀狩猎"（Prestige/Show-off hunting）的概念②。根据他们的研究，声望狩猎的物质和行为的表现，可以总结为以下三个方面：第一，大盆地大型动物的狩猎是一种昂贵且消耗的行为，狩猎者更易受伤，甚至丧命；第二，大盆地狩猎采集群流动性降低，逐步趋于定居，定居模式能将高成本信号传递给更多的受众；第三，大盆地地区发现有一些岩画，其中刻画的狩猎场景和大型动物可视为一种交流与展示的象征符号。基于以上三点，他们认为大盆地的男性通过"声望/炫耀狩猎"来获得声誉和社会地位，获得资源和配偶方面的竞争优势，是对当地环境的一种最佳适应策略。

（二）争论与批判

"声望/炫耀狩猎"假说是对高成本信号理论的初步应用，在理论层面为考古学研究提供了一个全新的视角③。然而，部分学者并不认同"声望/炫耀狩猎"，他们认为大型动物遗存数量的增加是气候变化的结果，与狩猎行为关系较小④。其他学者虽然认同"声望/炫耀狩猎"是存在的，但是认为这种考古学阐释的故事性似乎大于学术性，具体情况可能更为复杂⑤。比如从民族学资料中可知，狩猎是一种机会活动，其本身的回报率较低，且大型动物狩猎的风险更高，成功率也有待商榷。狩猎行为本身不会积累下

---

① 这类在生育资源方面获取的优势，也被称为生育优势（Reproductive Success/RS）。在演化论里，生育优势被认为是人类及动植物行为的本能驱动力与最终目的。

② MCGUIRE K R, HILDEBRANDT W R. Re-thinking Great Basin foragers: prestige hunting and costly signaling during the Middle Archaic period. *American Antiquity*, 2005: 695-712.

③ HILDEBRANDT W R, MCGUIRE K R. The ascendance of hunting during the California Middle Archaic: an evolutionary perspective. *American Antiquity*, 2002: 231-256; MCGUIRE K R, HILDEBRANDT W R. Re-thinking Great Basin foragers: prestige hunting and costly signaling during the Middle Archaic period. *American Antiquity*, 2005: 695-712.

④ BROUGHTON J M, BAYHAM F E. Showing off, foraging models, and the ascendance of large-game hunting in the California Middle Archaic. *American Antiquity*, 2003: 783-789.

⑤ CODDING B F, JONES T L. Man the showoff? Or the ascendance of a just-so-story: A comment on recent applications of costly signaling theory in American archaeology. *American Antiquity*, 2007: 349-357; MCGUIRE K R, HILDEBRANDT W R, CARPENTER K L. Costly signaling and the ascendance of no-can-do archaeology: a reply to Codding and Jones. *American Antiquity*, 2007: 358-365.

太多的考古遗存，而加利福尼亚和大平原地区的大型动物遗存，并非全部是由声望/炫耀狩猎所产生的[①]。总体而言，麦奎尔和希尔德布兰特的研究因间接推断多于直接证据，因而较难检验[②]，也备受争论。在他们的研究中，直接证据仅有一个，表现为大盆地和加利福尼亚地区大型哺乳动物遗存的增加。其余论证均是不同角度的辅助论证，如岩画、矛头或两面器数量的增加、石器技术的精致化等间接证据。

综上所述，在高成本信号理论应用中，如何在考古学中定义"高成本信号"是最为关键的。通常人类行为和考古遗存均可用来定义高成本信号。如上文所说的声望狩猎中，大型动物狩猎被假定为一种高成本信号，然而消耗行为一定会留下物质遗存吗？消耗的行为又是否会直接与消耗的物质遗存挂钩呢？答案是不确定的，但可以确定的是，这些从"行为"到"物"的研究过程中，都需要足够的背景信息（context）支持，譬如民族学、社会学以及遗留下的历史记载。如在声望狩猎的争论中，有学者就用民族志作为论证点。他们提出，根据民族志的记载，大型动物狩猎确实能够显示狩猎者的能力，但其成功率较低，能保留下来的动物遗骸很少。基于此，这些学者进一步发问，我们又该如何判定大量的动物遗骸都是由声望狩猎产生的呢？因此他们对声望狩猎的假设持有保守态度，认为这个猜想需要更多的背景信息来进一步证明。

四、应用前景讨论与展望

（一）理论的层次与高成本信号的"类别"

根据声望狩猎猜想的提出与争论可知，在高成本信号理论的应用中，是需要明晰层次的，从物质遗存到行为的构建，和从理论到考古学阐释的构建，都需要桥梁信息来搭建。桥梁信息可以是中程理论，也可以是具体的文化背景信息的充盈。高成本信号理论作为人类行为生态学中的一个子理论，其上和其下都有相应的层次构建。具体来讲，首先是一般性理论即达尔文进化论；其次是中程理论即人类行为生态学理论，及其子理论和子模型们，然后是具体的假设和推测（图三）。

从中程理论到假设的这一步来看，将理论模型具化为具体的模型很关键。以高成本信号为例，这个理论常用于针对狩猎采集人群和小型社会的分析，一般这类人群和社会还是存在的，学者们可以通过观察和访问的形式，获取足够的数据，来搭建从理论到假设的具化过程。然而，从考古出土的物质遗存出发，去构建和重建过去人群的动态行

---

① CODDING B F, JONES T L. Man the showoff? Or the ascendance of a just-so-story: A comment on recent applications of costly signaling theory in American archaeology. *American Antiquity*, 2007: 349-357.

② QUINN C P. *Costly signaling theory in archaeology*. Handbook of evolutionary research in archaeology. Springer, 2019: 275-294.

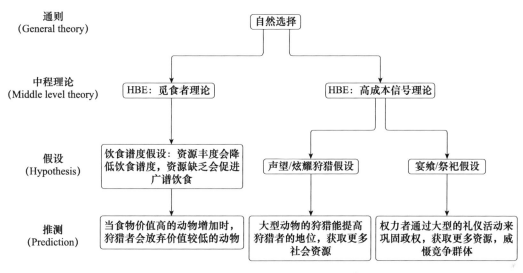

图三　进化论理论框架下的研究逻辑[①]

为，是比较困难的。因为在这个构建和重建的过程中，存在着信息缺漏。具体而言，考古学发掘仅是过去人群生活的一个小碎片，我们很难通过物质遗存完全复原出过去社会的全貌，这也是考古学无法规避的学科限制。因而，高成本信号理论在考古学中的应用需要格外谨慎，我们需要仔细判断，到底哪些因素或变量可以帮助我们定义"高成本信号"，可以帮助我们把这个理论具化为具体的假设。这同样也意味着，高成本信号理论在考古学中的应用，需要与其在民族学和现代小型社会的研究同步开展。基于观察和访问的民族学和人类学研究，可以为高成本信号的考古应用提供更多的类比参考。

　　该如何定义高成本信号？高成本信号的具化过程是否具备系统的体系呢？总结而

①　饮食谱度假设和推测来自于觅食者理论的研究论文，参见：GREMILLION K J. Foraging theory and hypothesis testing in archaeology: An exploration of methodological problems and solutions. *Journal of Anthropological Archaeology*, 2002, 21(2): 142-164; PYKE G H, PULLIAM H R, CHARNOV E L. Optimal foraging: a selective review of theory and tests. *The quarterly review of biology*, 1977, 52(2): 137-154. 声望/炫耀狩猎的假设与推测来自于对McGuire和Hildebrandt研究的总结，参见：HILDEBRANDT W R, MCGUIRE K R. The ascendance of hunting during the California Middle Archaic: an evolutionary perspective. *American Antiquity*, 2002: 231-256; MCGUIRE K R, HILDEBRANDT W R. Re-thinking Great Basin foragers: prestige hunting and costly signaling during the Middle Archaic period. *American Antiquity*, 2005: 695-712. 祭祀假设与推测是笔者根据历史时期的石碑研究做的例子，参见：GLATZ C, PLOURDE A M. Landscape monuments and political competition in Late Bronze Age Anatolia: An investigation of costly signaling theory. *Bulletin of the American Schools of Oriental Research*, 2011, 361(1): 33-66.

言，高成本信号的定义，可以从五个概念类别出发，包括组织类别、物品特征、生产制作、信号接收者与背景信息。同时这些概念又可细分为具体的变量，如产品生产与制作的技巧、能力以及时间，若是过于费时耗力，可以被视为一种高成本信号。譬如制作中所耗费的时间与精力也是不可伪造的，属于诚实的信号，这是符合高成本信号理论的关键定义的。需要注意的是，这些变量会有重叠。表一于2015年正式提出[①]，但其相关的应用更早。

表一　关于界定高成本信号的关键概念与信号（改编自 Quinn 2015 与 2019 的研究）

概念类别	具体变量	笔者注释
组织类别	分析单位	这是研究中较为基础的部分，多见于人文社科的研究中。其中社会单位会考虑到我们分析的是群体还是个体，是遗物还是行为。
	文化、历史背景	
物品特征	尺寸大小	
	颜色	如稀有的颜色，或者有特殊含义的色彩。
	光泽度、华丽度	
	原材料	包括但不限于距离远近；分布是否均匀；获取难易程度。如石器研究中，黑曜石在某些社会中是珍贵的原料，仅能通过贸易获得。
生产制作	能力与技巧	如具备一定技巧门槛的物品生产；需要花费时间去学习[②]。
	制作时间	如耗时的物品。
	消费者与生产者的关系	类似于信号者与接收者的关系。
	维护成本	如有较高维护成本的物品，包括现代社会中的豪车，不仅售价高，修理和保养的成本也高。
信号接收者	信号者与接收者的关系	如仅供特定人群还是整个群体，以及传递信号的对象，是为合作、竞争、求偶还是其他。上文中提到，自然界中，雄性孔雀的尾巴便是为了求偶而演变而成的。

---

①　QUINN C P. Signals in Stone: Exploring the Role of Social Information Exchange, Conspicuous Consumption, and Costly Signaling Theory in Lithic Analysis. GOODALE N, ANDREFSKY J William// *Lithic Technological Systems and Evolutionary Theory*. Cambridge: Cambridge University Press, 2015: 198-222.https://www.cambridge.org/core/books/lithic-technological-systems-and-evolutionary-theory/signals-in-stone-exploring-the-role-of-social-information-exchange-conspicuous-consumption-and-costly-signalingtheory-in-lithic-analysis/A0EA6E790E021B1D184C14377CEDFBDA. DOI:10.1017/CBO9781139207775.015.

②　HISCOCK P. Learning in lithic landscapes: a reconsideration of the hominid "toolmaking" niche. *Biological Theory*, 2014, 9(1): 27-41.

续表

概念类别	具体变量	笔者注释
信号接收者	人口规模与密度	如上文中提到的声望狩猎研究中，研究者们认为人口趋于定居，能够为大型动物的狩猎行为提供更多的观众。定居模式下，人口规模和密度都会增加。
	物品特征	此变量与"概念类别"中的物品特征重合，信号接受者如果接收到的是较为贵重或是需求度高的物品，那么可以被认为是一种高成本信号。如狩猎采集群体中，肉食可能是珍贵的资源，猎人会把肉食分给群体中的人。
背景信息	使用场景	如日常使用或是祭祀中使用。
	放置场景	如储存、墓葬、祭祀，或是丢失还是废弃。

（二）应用区间：从史前石器到历史时期的器物

基于上述这几个类别，我们分别讨论一下高成本信号理论在考古学中的应用区间。从目前的学术沿革来看，石器以及其他物质文化均可以从这一理论视角出发，去探讨人类行为和社会发展。

首先，史前的石器，就被认为具备丰富的行为和信号含义。希斯科克（Hiscock）曾提出了"石器生态位"（Lithic niche）的概念，认为石器制造不仅是它的用途，还需要工匠进行额外的学习与练习[1]，使之包含了更多的行为信息。石器生产是一个复杂的决策过程，包含对石料的挑选和运输、打制力量的掌控、制作技术的学习，以及知识的传播和传承。这些学习成本使得石器制造成为一种消耗行为，并让人类在学习与生产的时候要权衡利弊，做出选择。反复的决策选择会使某些石器得到青睐，逐步专门化[2]。石器还是传递与交换信息的一种媒介，例如交流石料来源与技术方面的信息[3]。

---

① HISCOCK P. Learning in lithic landscapes: a reconsideration of the hominid "toolmaking" niche. *Biological Theory*, 2014, 9(1): 27-41.

② HISCOCK P. Learning in lithic landscapes: a reconsideration of the hominid "toolmaking" niche. *Biological Theory*, 2014, 9(1): 27-41.

③ QUINN C P. Signals in Stone: Exploring the Role of Social Information Exchange, Conspicuous Consumption, and Costly Signaling Theory in Lithic Analysis. GOODALE N, ANDREFSKY J William//*Lithic Technological Systems and Evolutionary Theory*. Cambridge: Cambridge University Press, 2015: 198-222. https://www.cambridge.org/core/books/lithic-technological-systems-and-evolutionary-theory/signals-in-stone-exploring-the-role-of-social-information-exchange-conspicuous-consumption-and-costly-signalingtheory-in-lithic-analysis/A0EA6E790E021B1D184C14377CEDFBDA. DOI:10.1017/CBO9781139207775.015.

石器可能含有各种文化涵义，比如对称的阿舍利手斧被认为是一种个人技巧的展示，从而吸引配偶，获取生育优势①。石箭镞也可能是一种高成本的信号②，被用来传递群体、地位和人际关系的信号。正规工具被认为要比权宜工具可能含有更多的社会信息③，与石料相关的信息可能代表个人或是人群对资源的控制，而个人通过石器展现自身的技术，也可以用高成本信号理论来解释。此外，与仪式关联的石器（如两面器）④也可以用高成本信号理论来阐释，一般认为这类石器中的个人或社会信息会通过这类物质文化的使用来体现⑤。总体而言，高成本信号理论在史前考古学的研究中虽不及觅食者理论丰富⑥，但其考古学的阐释力，及其视角的独特性是不容忽视的。

① KOHN M, MITHEN S. Handaxes: products of sexual selection? *Antiquity*, 1999, 73(281): 518-526.

② WAGUESPACK N M, SUROVELL T A, DENOYER A, et al. Making a point: wood-versus stone-tipped projectiles. *Antiquity*, 2009, 83(321): 786-800.

③ QUINN C P. Signals in Stone: Exploring the Role of Social Information Exchange, Conspicuous Consumption, and Costly Signaling Theory in Lithic Analysis. GOODALE N, ANDREFSKY J William//*Lithic Technological Systems and Evolutionary Theory*. Cambridge: Cambridge University Press, 2015: 198-222. https://www.cambridge.org/core/books/lithic-technological-systems-and-evolutionary-theory/signals-in-stone-exploring-the-role-of-social-information-exchange-conspicuous-consumption-and-costly-signalingtheory-in-lithic-analysis/A0EA6E790E021B1D184C14377CEDFBDA. DOI:10.1017/CBO9781139207775.015.

④ ELLIS C. The Crowfield and Caradoc sites, Ontario: glimpses of Palaeo-Indian sacred ritual and world view. *Painting the Past with a Broad Brush: Papers in Honour of James Valliere Wright*. Mercury Series Archaeology Paper, 2009, 170: 319-352；AUSTIN R J. The ritual uses of lithic raw materials during the Woodland period, Fort Center, Southern Florida. *Journal of Field Archaeology*, 2015, 40(4): 413-427.

⑤ QUINN C P. Signals in Stone: Exploring the Role of Social Information Exchange, Conspicuous Consumption, and Costly Signaling Theory in Lithic Analysis. GOODALE N, ANDREFSKY J William//*Lithic Technological Systems and Evolutionary Theory*. Cambridge: Cambridge University Press, 2015: 198-222. https://www.cambridge.org/core/books/lithic-technological-systems-and-evolutionary-theory/signals-in-stone-exploring-the-role-of-social-information-exchange-conspicuous-consumption-and-costly-signalingtheory-in-lithic-analysis/A0EA6E790E021B1D184C14377CEDFBDA. DOI:10.1017/CBO9781139207775.015；AUSTIN R J. The ritual uses of lithic raw materials during the Woodland period, Fort Center, Southern Florida. *Journal of Field Archaeology*, 2015, 40(4): 413-427.

⑥ BUTLER V L. Changing fish use on Mangaia, southern Cook Islands: resource depression and the prey choice model. *International Journal of Osteoarchaeology*, 2001, 11(1-2): 88-100; CANNON M D. A model of central place forager prey choice and an application to faunal remains from the Mimbres Valley, New Mexico. *Journal of Anthropological Archaeology*, 2003, 22(1): 1-25; NAGAOKA L. Using diversity indices to measure changes in prey choice at the Shag River Mouth site, southern New Zealand. （转下页）

其次，高成本信号在旧石器时代之后的考古应用更具优势[①]，如新石器时代更为丰富的物质遗存能够提供更多的关联信息，历史时期的记载也能够最大程度地还原当时的情景信息，这些信息都能帮我们更精确的定义"消耗行为"。如宏伟的宫殿、仪式活动、纪念碑和盛大的宴会，这些都是超出满足生存需求的行为和活动。在石碑的研究中，学者们以安纳托利亚青铜时代晚期石碑切入，来分析当时的政治关系。他们认为石碑可以看作是一种信号，但这个信号并不是传递给领土内的人民，而是处在远离城市的边界地带，是传递给其他政治对手，或是潜在对手的信号[②]。高成本信号理论也曾被用于十八世纪的奴隶研究中，研究表明，被奴役的男女会使用不同的信号来建立他们的人际关系，并在物质文化中表现出这种差异[③]。总而言之，历史时期的考古研究能依托文本资料来提供详尽的背景信息，可以帮助量化遗址中的高成本信号，如用丰度指数来推测金属制品与陶器在奴役人群中的使用情况。

（三）在中国语境下的应用：以良渚玉器为例

中国人自古以来就"事死如事生"，对于祭祀和墓葬的重视往往会投入大量人力和资源，这些都属于高成本投入的信号。从新石器时代开始，尤其是中晚期，物质遗存的积累就更为丰富且多样，大规模的祭祀遗址，以及墓葬中出土的大量的礼器、陶器和玉

（接上页）*International Journal of Osteoarchaeology*, 2001, 11(1-2): 101–111; ROWCLIFFE J M, DE MERODE E, COWLISHAW G. Do wildlife laws work? Species protection and the application of a prey choice model to poaching decisions. *Proceedings of the Royal Society of London*. Series B: Biological Sciences, 2004, 271(1557): 2631-2636.

① GLATZ C, PLOURDE A M. Landscape monuments and political competition in Late Bronze Age Anatolia: An investigation of costly signaling theory. *Bulletin of the American Schools of Oriental Research*, 2011, 361(1): 33-66; BIRD D W. Behavioral ecology and the archaeological consequences of central place foraging among the Meriam. *Archeological Papers of the American Anthropological Association*, 1997, 7(1): 291-306; GALLE J E. Costly signaling and gendered social strategies among slaves in the eighteenth-century Chesapeake: an archaeological perspective. *American Antiquity*, 2010: 19-43; KANTNER J. Implications Of Human Behavioral Ecology For Understandign Complex Human Behavior: Resource Monopolization, Package Size, and Turquoise. *Journal of Anthropological Research*, 2010, 66(2): 231-257.

② GLATZ C, PLOURDE A M. Landscape monuments and political competition in Late Bronze Age Anatolia: An investigation of costly signaling theory. *Bulletin of the American Schools of Oriental Research*, 2011, 361(1): 33-66.

③ GALLE J E. Costly signaling and gendered social strategies among slaves in the eighteenth-century Chesapeake: an archaeological perspective. *American Antiquity*, 2010: 19-43.

器也都表明这类行为具备一定的消耗性；青铜时代精致的大型青铜器和相关的文字记载都表明它们是重要的权力象征；历史时期的文书记录、墓葬、壁画、石碑及宫殿，也都可以成为高成本投入的重要研究材料。

以良渚文化为例，遗址中含有较多的与宗教和祭祀相关的元素，且前人研究也表明良渚时期已出现了较为复杂的社会结构。如果我们着眼于反山、瑶山这两个墓地，根据上文表一中的"背景信息"分类可知，随葬的玉器无论是使用还是放置的场景都与祭祀和墓葬相关；对照"物品特征"分类，可见玉器的材质、精致的花纹，以及极具象征意义的形状都在传递着一定的"信号"。在高成本信号理论的指导下，我们可以对玉器工艺以及原料产地深入研究，如借助实验考古来探索生产一件玉器所需的技艺与花费的时间（表一，"生产制作"分类），又或是借助科技手段来探索原材料产地以及距离远近（表一，"物品特征"分类）。玉器作为一种高成本信号，不仅是当时社会文化与范式的载体，也是人类行为的表达。因而，我们也可以进一步探讨这是谁传递给谁的信号（表一，"信号接受者"分类），去推测信号中包含着何种信息，以及最终信号在当时的背景下是否起到了作用（表一，"组织类别"分类）。

举例而言，良渚随葬的玉器，本身就是一种诚实的高成本信号。这个推断基于以下几个物质文化实证：第一，玉器发现的地方为墓葬中，这表明玉器是被"废弃"的，不能为活着的人们所使用，于是玉器失去了实用性的功能价值，多了一层象征的含义；第二，玉器这类材质，相较于石器和陶器而言，更为稀有，而且良渚出土的玉器，有各异的造型和较高的工艺价值，因而生产良渚玉器的时候，无论从采料还是制作，我们推测都是耗费时间和精力的；第三，根据历史语境和现当代的语境来看，玉器在中国历史的漫漫长河中，始终具备着象征含义，是一种身份和地位的彰显。基于这三点实证，我们认为良渚的玉器是一种高成本信号。

之后，我们通过量化和模型构建的方式，发现良渚文化中的人群是通过玉器和空间大小来彰显社会身份与地位的，这两个都是当时的高成本信号[①]。且良渚早期阶段，是一个相对平等的社会；中期阶段，内部社会逐步演化成为一种不平等的形式；同时，高社会层级的群体相较于低社会层级的群体而言，内部更为平等一些。此外，基于高成本信号理论的指导和模型的构建，我们认为，良渚人群随葬玉器的行为，是出于他们对高社会层级的向往。这个玉器随葬行为，与当时对高社会层级向往的社会思想和范式相互交织与纠缠，变得不可分割。但本质上而言，行为是可以被替换的，但社会思想和范式是不变的。换言之，玉器随葬行为是当时一种可以模仿，但又有一定门槛限制的行为，于是受到了推崇和传播，但其本质上，表现了当时人们对等级社会的尊崇。综上所述，高成本信号理论指导我们先是"透物见人"，再透过行为，来探索行为背后的社会范式。

---

① 此处是对我们尚未发表的项目成果的介绍，来源于我们待刊的文章，"不平等在良渚社会中的传播：从演化理论的视角来分析"，此文章还在投稿中。

五、结　语

在进化论的影响下，演化考古学和以人类行为为研究对象的人类行为生态考古学成为充满活力的研究领域。人类行为生态考古学又可以划分觅食者理论下的最优化模型和演化博弈模型两类。其中，相较于最优化模型分析，演化博弈模型的应用起步晚，争议多，主要集中在对高成本信号的考古学检验中。高成本信号理论认为信号者通过做出一些消耗的行为来提高自身的演化优势，从而获取更多的资源与地位，大大增强了结盟和对抗的能力。这一理论特别适合考古学中的声望物品生产、狩猎策略与祭祀宴飨等活动。

目前高成本投入主要在世界考古学中比较流行，其应用的潜力和价值也同样彰显在中国考古的语境下，特别是中国丰富的考古物质遗存以及大量的文献记载，使得这一理论在墓葬、祭祀和其历史考古学的研究中大展身手。目前我们需要熟悉这些理论的概念和作用，并应用于我国本土的材料，进而讨论与探索这一理论在中国语境下的研究意义。

附记：本文为中国人民大学科学研究基金（中央高校基本科研业务费专项资金资助）项目（19XNL010）阶段性成果。感谢复旦大学陈淳老师的宝贵意见与细致的修改，使得CST这一从西方学术语境中引入的理论和相关研究能够摆脱翻译中的繁冗和赘述，文章得以更加干练明了。同时，也感谢复旦大学张萌老师的修改建议，帮助我们精炼了对于HBE以及其学术发展史的讨论。

Reflection and Prospective on the Application of Costly Signaling Theory in Archaeology of China

Liu Ruizhe　Chen Shengqian

Abstract: More and more disciplines have been influenced by evolutionary theory; among them, sociology, anthropology and archaeology have developed a new theoretical framework under the influence of evolutionary theory, namely, Human Behavioral Ecology (HBE). Current applications of HBE can be divided into two main categories: optimization models and evolutionary game theory. Whereas the application of optimization models is maturer, the application of evolutionary game theory has just started, and its archaeological applications have focused on costly signalling theory (CST), which argues that humans signal through consuming and wasteful behaviour to improve their fitness. CST has been applied to studying lithic, landscape monuments, metalwork, and pottery to explore group relations, cooperative behaviour, and conflicts at that time. This paper reviews the application of evolutionary theory in archaeology, focusing on the discussion of CST and a perspective of its application in Chinese archaeology.

Keywords: Human Behavioral Ecology (HBE); Hunter-Gatherer; Archaeological Theory; Evolutionary Theory; Costly Signaling Theory

吐鲁番盆地战国—两汉墓葬研究评述

王 傲

（中国人民大学历史学院，北京，100872）

摘要： 吐鲁番盆地地处中西交通的关键地带，文化遗存丰富，历来为考古学家所看重。70年代以来，在此发掘了以苏贝希、洋海等墓地为代表的一大批墓葬。学者们将这批遗存统一命名为苏贝希文化，并对其特征、源流等问题进行了研究。然而，这些研究的重点集中在遗存的较早阶段，忽视了其晚期阶段的重要性。实际上，苏贝希文化的晚期已经相当于中原地区的战国—两汉时期，正值丝绸之路开通前后。这一时期的遗存对于研究中西文化交流具有重要的意义，有必要对其研究状况做一梳理。

关键词： 吐鲁番 战国—两汉 墓葬 研究史

一、引 言

吐鲁番盆地是东部天山中一个较大的山间盆地，为沟通天山南北和内地联系的重要交通枢纽。盆地形如一横置的橄榄，西起阿拉沟口，东至七角井峡谷西口，东西长245千米，北界为博格达山山麓，南抵库鲁克塔格山山麓，南北宽约75千米，以周围山脊线为界，面积为50147平方千米。

吐鲁番盆地地势低洼，最低处的艾丁湖湖面低于海平面154米。以艾丁湖为圆心，自外而内明显分为三个呈环状分布的地形带。最外围为山岭带，北部与西部较高，海拔在4000米以上，南部与东南部较低矮，海拔高度在600~1500米；山岭带内侧为戈壁砾石带，北部和西部的砾石带较高、较宽，南部则低矮狭窄；由戈壁砾石再向内即为平原绿洲带，平原绿洲带呈椭圆形，面积4290平方千米，被横贯盆地的火焰山分为了南、北两个部分。

盆地内气候干旱酷热，多风沙，温差极大，在盆地中心，夏季最高温可达47℃以上，冬季最低温在−14℃，日内温差可达15℃以上；降水稀少，托克逊、鄯善、吐鲁番的年均降水量仅分别为3.9毫米、25.5毫米、16.6毫米，蒸发量则在其百倍以上。而盆地的北部与西部有较多的降水，以夏季暴雨和冰雪融水的形式成为盆地内地表径流与地下水的主要水源，故人类活动也多集中在盆地西侧和北侧的山麓地带[①]。

吐鲁番盆地很早就有人类活动的痕迹，在交河沟西[②]、阿斯塔那北[③]以及邻近盆地的哈密七角井[④]均发现有石器、细石器遗存。到了汉代，吐鲁番盆地为车（姑）师[⑤]国所在，"东连东土，西通西域，南扼丝路，北控草原"[⑥]，成为汉与匈奴争夺的焦点。

汉文帝前元四年（公元前176年），冒顿单于遗汉书称："以天之福，吏卒良，马强力，以夷灭月氏，尽斩杀降以下。定楼兰、乌孙、呼揭及其旁二十六国，皆以为匈奴。"[⑦]其时，车师无疑便属"其旁二十六国"之一，受到匈奴的控制。

其后张骞两次出使西域，中西交通日益频繁。但由于"汉兵远不能至"，往来的使者常常遭受到西域诸国的轻慢与匈奴的攻击，尤其是"楼兰、姑师小国耳，当空道，攻劫汉使王恢等尤甚"。为确保南北两道畅通，元封三年（公元前108年），汉出兵"击姑师，破奴与轻骑七百余先至，虏楼兰王，遂破姑师"，"未尽殄，分以为车师前后王及山北六国"[⑧]。至此，车师就又归属到汉的势力范围之内。

但是由于当时的匈奴对西域尚存影响，汉王朝还不能彻底控制这一区域。自天汉二年（公元前99年）至神爵二年（公元前60年）间，汉与匈奴又在此爆发多次军事冲突，史称"五争车师"[⑨]。最终，匈奴日逐王降汉，车师完全成为汉的属国。为加强控制，汉又置戊己校尉，在车师前国屯田，其中的高昌壁经长时间的发展，到了魏晋时期，已渐具城市规模[⑩]。

---

① 夏训诚、胡文康：《吐鲁番盆地》（第2版），新疆人民出版社，1982年，1～52页。

② 联合国教科文组织驻中国代表处等编著：《交河故城——1993、1994年度考古发掘报告》，东方出版社，1998年，1～14页。

③ 吴震：《新疆东部的几处新石器时代遗址》，《考古》1964年7期。

④ 伊弟利斯·阿不都热苏勒：《新疆地区细石器遗存》，《新疆文物》1993年4期；冯玥等：《新疆哈密七角井遗址2019年调查新发现》，《人类学学报》2021年6期。

⑤ 《史记》卷一二三《大宛列传》中，《集解》引徐广曰："（姑师）即车师。"《正义》亦有"姑师即车师也"。学者多从此说，认为"姑师"与"车师"为同名异译。不过也有学者持不同意见，认为姑师、车师代了不同的发展阶段，参见：王素：《高昌史稿·统治编》，文物出版社，1998年，64～68页。在此，从前一说。

⑥ 王素：《高昌史稿·交通编》，文物出版社，2000年，1页。

⑦ 《史记》卷一百十《匈奴列传第五十》，1959年，2896页。

⑧ 《史记》卷一百二十三《大宛列传第六十三》，1959年，3171页。

⑨ （清）徐松著，朱玉麒整理：《汉书西域传补注·卷下》，中华书局，2005年，496～501页；韩儒林：《汉代西域屯田与车师伊吾的争夺》，《穹庐集——元史及西北民族史研究》，上海人民出版社，1982年，444～458页。

⑩ 王素：《高昌史稿·统治编》，文物出版社，1998年，69页。

可见，在这一时期，吐鲁番盆地曾受到汉与匈奴的交替控制，其本身也遭遇了一个分裂为八的过程。在政治形势如此波动的背景下，可以推测其物质文化面貌也当发生了较大的变动。

经过几十年的考古工作，吐鲁番盆地战国—两汉的考古遗存已有了较为丰富的积累。然而，有关吐鲁番地区的考古研究工作，或是集中于偏早的史前时期，或是集中于较晚的晋—唐时期，对于战国—两汉这一时期的研究还相对不足。

郭物曾在其研究中指出，公元前一千纪新疆地区发生了从畜牧—农耕社会到绿洲城郭国家和草原行国的巨大转变。"约至中原的秦汉时期，天山以北的地区渐渐形成了草原行国为特点的游牧社会。天山以南则发展成为一个个农牧并存的绿洲城郭国家。这个社会演化的结果，为汉武帝西通西域，汉王朝经营、统治新疆奠定了社会和文化的基础，同时也决定了汉王朝政治、经济、军事和文化进入、经营和统治古代新疆的方式"①。

诚然，这一时期吐鲁番地区的文化格局确如郭物所说，具有承上启下的重要意义。但同时，边疆过渡地带在"冲击—反应"时所表现出的活性与张力也十分值得注意。尽管吐鲁番地区在战国—两汉受到了来自草原与中原多重因素影响，但其所扮演的绝不是被动的接收者，而是在诸因素交织的过程中重新塑造了自身，形成了独特的物质文化面貌。

由此，探究这一时期的社会组织形式、地区间的文化交流与整合、生计形态的演变、汉与匈奴对这一地区的经营与控制方式，以及背后人群的迁徙与变动就成为了十分有趣的问题。

不可否认，现有的研究已在诸方面取得了不小的成就，但却极少将其放置在同一个时间截面上作通盘的考量，这一时段的重要性与特殊性也就得不到突显。因而有必要对既有的研究成果与尚存的问题做一总结，以期为后续进展的取得提供便利。

二、吐鲁番盆地战国—两汉墓葬的发现与发掘

吐鲁番地区的考古发现始于早期西方探险家的活动。1879年11月，出生于瑞士的俄国植物学家雷格尔在高昌故城发现了陶器残片与佛像等遗物。这大概也是最早进入吐鲁番盆地的欧洲学者。其后，吐鲁番遗迹逐渐闻名于世，俄国、德国、日本、英国等多组织探险队在此进行调查发掘活动②。

1928年，中国学者参与了瑞典学者斯文·赫定组织的"西北科学考查团"，开始了

---

① 郭物：《新疆史前晚期社会的考古学研究》，上海古籍出版社，2012年，417~487页。

② 〔日〕高田时雄：《关于吐鲁番探险与吐鲁番文献的私人备忘录》，《西南民族大学学报》2019年2期。

对蒙新地区的科学考察。其中，新疆是考查团考古工作的重点地区，中方的工作主要由黄文弼先生进行①。

　　其间，黄文弼先生于1928年和1930年两次对吐鲁番地区进行了考察。第一次主要是对交河、高昌故城及附近的佛教遗迹进行了调查，同时也采集了一批遗物。第二次的工作重点则是放在交河城周围的雅尔沟墓地，分别于沟北、沟西发掘了一批墓葬，出土了大量的墓志、陶器及各类遗物②。对于沟北所发掘的八座古坟，黄文弼先生将其年代推定为公元前3世纪～公元前1世纪③。这也是吐鲁番地区首次报道发现有属于战国—两汉的遗存。

　　但是，20世纪50年代末以后，吐鲁番地区的考古工作一度集中在阿斯塔那—哈拉和卓墓地④。直到1976年以后，才相继调查发掘了阿拉沟东口、喀格恰克、英亚依拉克、苏贝希、东风机器厂、博斯坦、洋海、三个桥、交河沟北、交河沟西、胜金店和加依墓地等一批遗址。从报道的情况来看，其中不少即可归入到战国—两汉时期（图一）：

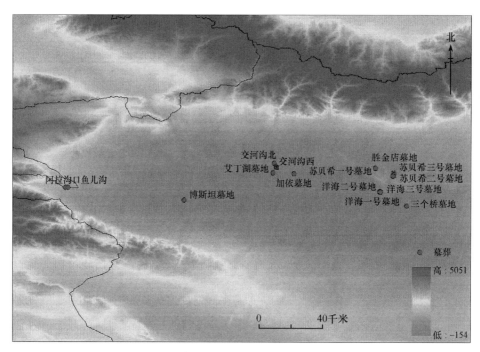

图一　吐鲁番地区战国—两汉墓葬分布图

①　张九辰等著：《中国西北科学考查团专论》，中国科学技术出版社，2009年，76～94页。

②　黄文弼：《高昌匋集》，西北科学考查团理事会印行，1931年；黄文弼：《高昌砖集》，中国科学院印行，1951年；黄文弼：《吐鲁番考古记》，中国科学院印行，1954年。

③　黄文弼：《高昌匋集》，西北科学考查团理事会印行，1931年，51～58页。

④　中国社会科学院考古研究所编著：《新中国的考古发现与研究》，文物出版社，1984年，484～487、618～622页。

1. 阿拉沟墓地

1976～1978年，原新疆维吾尔自治区博物馆考古队在阿拉沟东口、鱼儿沟车站地区先后清理、发掘了古代少数民族墓葬85座。这批墓葬可分为竖穴石室墓与竖穴木椁墓两类，前者数量最多，但仅有简要的介绍；后者则有简报刊布，报道了其中四座墓葬的情况[①]。1984年，新疆社会科学院考古研究所又于南山矿区发掘了22座竖穴石室墓，具体情况在《中国考古学年鉴》上有简单介绍[②]。1986年，吐鲁番地区文管所对阿拉沟水管站附近3座受破坏的木棺墓进行了清理[③]。2008年，新疆文物考古研究所又对阿拉沟墓地的3座被盗墓葬进行了清理[④]。

早期的报告者多认为这批墓葬有明显的早晚变化，早期多见彩陶，约在春秋时期；晚期彩陶极少或不见，出现有陶豆及来自中原地区的漆器和丝织品，从丝织物（一件凤纹刺绣）的风格看，已到战国或稍后。这也与测定的 ^{14}C 数据相符合[⑤]。但是，从散见于一些研究文章中的图像资料及2008年的发掘材料来看，阿拉沟墓地出土的陶器中彩陶的比例很高，其主体年代应当较早，为苏贝希文化第二期遗存[⑥]。至于少量的竖穴木椁墓，陶器多为素面，结合出土的金质野兽牌饰、漆器以及 ^{14}C 数据来看，年代可以确定在战国至西汉时期[⑦]。

---

① 穆舜英等：《建国以来新疆考古的主要收获》，《新疆考古三十年》，新疆人民出版社，1983年，4页；张玉忠：《天山阿拉沟考古考察与研究》，《西北史地》1987年3期；新疆社会科学院考古研究所：《新疆阿拉沟竖穴木椁墓发掘简报》，《文物》1981年1期。

② 张玉忠：《乌鲁木齐南山矿区古墓葬》，《中国考古学年鉴·1985》，文物出版社，1985年，256页。

③ 吐鲁番地区文管所：《阿拉沟竖穴木棺墓清理简报》，《新疆文物》1991年2期。

④ 新疆文物考古研究所：《乌鲁木齐市鱼儿沟遗址与阿拉沟墓地》，《考古》2014年4期。

⑤ 穆舜英等：《建国以来新疆考古的主要收获》，《新疆考古三十年》，新疆人民出版社，1983年，4页；王明哲、张玉忠：《乌鲁木齐乌拉泊古墓葬发掘研究》，《新疆社会科学》1986年1期。

⑥ 陈戈：《新疆远古文化初论》，《中亚学刊（第四辑）》，北京大学出版社，1995年，35、36页；刘学堂：《新疆史前墓葬的初步研究》，《史前研究》，三秦出版社，2000年，451～476页；水涛：《新疆青铜时代诸文化的比较研究——附论早期中西文化交流的历史进程》，《中国西北地区青铜时代考古论集（增订本）》，商务印书馆，2020年，9～48页；新疆维吾尔自治区文物局编：《新疆维吾尔自治区第三次全国文物普查成果集成·吐鲁番地区卷》，科学出版社，2011年；140～143页；邵会秋：《新疆史前时期文化格局的演进及其与周邻文化的关系》，科学出版社，2018年，102、103页。

⑦ 新疆社会科学院考古研究所：《新疆阿拉沟竖穴木椁墓发掘简报》，《文物》1981年1期；吐鲁番地区文管所：《阿拉沟竖穴木椁墓清理简报》，《新疆文物》1991年2期。

2. 艾丁湖墓地

1980年，新疆维吾尔自治区博物馆、吐鲁番地区文管所对艾丁湖墓地50座已被盗扰的墓葬进行了清理与整理。这批墓葬皆为竖穴土坑墓，报告者结合文献记载，将这批墓葬的年代初步断定为公元前2世纪～公元1世纪初[①]。不过，从该墓地相当部分墓葬中出土有彩陶的情况来看，其中大部分墓葬的年代应远早于公元前2世纪，仅一小部分出土素面陶器的墓葬可归入战国—两汉。此外，在艾丁湖潘坎采集到的几件铜器和金器也当属于战国—两汉时期[②]。

3. 苏贝希墓地

1980年新疆维吾尔自治区博物馆和柳洪亮在苏贝希发掘了8座墓葬，其中有竖穴土坑墓2座，竖穴偏室墓6座[③]。1985年，苏贝希古墓群的50多座墓葬遭到盗掘破坏，吐鲁番地区文管所在当地党政机关的帮助下，采集和收集了一部分遗物，并对其进行了报道[④]。1988年，吐鲁番地区文物普查队对苏贝希墓群进行了较为详细的调查记录，将1980年发掘的墓地命名为"苏贝希墓群一号墓地"，并在二号墓地进行了标本采集[⑤]。1992年，新疆文物考古研究所对一号墓地被盗的39座墓葬进行了清理，并抢救性清理发掘了5座墓葬，加上1980年清理的8座，共计52座。其中竖穴土坑墓有22座，竖穴偏室墓13座，形制不明的17座[⑥]。几乎同期，新疆文物考古研究所、吐鲁番地区博物馆发现了苏贝希三号墓地，并对其中的30座墓葬进行了清理发掘，除1座为竖穴侧室外，其余的29座均为竖穴土坑结构[⑦]。

苏贝希墓群的三处墓地中，一号、三号墓地经过正式发掘。从墓葬形制和出土物情况来看，可将其遗存分为两期：早期墓葬为竖穴土坑墓，既有仰身直肢葬又有屈肢葬，

---

① 新疆维吾尔自治区博物馆、吐鲁番地区文管所：《新疆吐鲁番艾丁湖古墓葬》，《考古》1982年4期。

② 柳洪亮：《吐鲁番艾丁湖潘坎出土的虎叼羊纹铜饰牌——试论鄂尔多斯式青铜器在西域的影响》，《新疆文物》1992年2期。

③ 吐鲁番地区文管所：《新疆鄯善苏巴什古墓葬》，《考古》1984年1期。

④ 吐鲁番地区文管所：《新疆鄯善县苏巴什古墓群的新发现》，《考古》1988年6期。

⑤ 新疆维吾尔自治区文物普查办公室、吐鲁番地区文物普查队：《吐鲁番地区文物普查资料》，《新疆文物》1988年3期。

⑥ 新疆文物考古研究所：《鄯善苏贝希墓群一号墓地发掘简报》，《新疆文物》1993年4期。

⑦ 新疆文物考古研究所、吐鲁番地区博物馆：《鄯善县苏贝希墓群三号墓地》，《新疆文物》1994年2期；新疆文物考古研究所、吐鲁番地区博物馆：《新疆鄯善县苏贝希遗址及墓地》，《考古》2002年6期。

多见彩陶，不见铁器，发掘者认为其年代为公元前5世纪~前3世纪，相当于中原的战国时期；晚期墓葬为竖穴偏室墓，仰身直肢，多素面陶，少见或不见彩陶，有铁器出土，年代约在西汉时期。在三号墓地中，有两座上、下分层埋葬的竖穴墓，上层出有彩陶器而下层全为素陶，葬式也有屈肢和直肢的区别；仅见的一座偏室墓，偏室很小，进深不足20厘米，显示出一定的过渡性，年代应与竖穴偏室墓的上限接近①。至于二号墓地，从调查采集的器物来看，属于较晚的一期②。如此，苏贝希墓地中属于战国—西汉时期的墓葬就应当包括一号墓地、二号墓地以及三号墓地中的部分墓葬。

4. 博斯坦墓地

1987年，吐鲁番地区文物局抢救清理了一座地表带有方形石堆的长方形竖穴土坑墓。从出土素面红陶器、木筒形杯和铁器的情况来看，其年代应在战国至两汉这一时期③。

5. 洋海墓地

1987年，洋海墓群遭到破坏，新疆维吾尔自治区文化和旅游厅曾派专人与吐鲁番地区文管所一起进行了考察。1988年，吐鲁番地区文物普查队又在此进行了调查④。同年，新疆文物考古研究所在此发掘了82座墓葬，其中Ⅰ区77座，Ⅱ区5座。形制多为竖穴土坑，个别有生土二层台，还有三座较大的墓，以墓口为中心，在其外围用土坯砌一圆形圈子⑤。2003年，新疆文物考古研究所与吐鲁番地区文物局合作，对洋海古墓进行了抢救性发掘⑥。2019年《新疆洋海墓地》报告出版，对经发掘的521座墓葬进行了全

① 新疆文物考古研究所、吐鲁番地区博物馆：《鄯善县苏贝希墓群三号墓地》，《新疆文物》1994年2期。

② 吐鲁番地区文管所：《新疆鄯善县苏巴什古墓群的新发现》，《考古》1988年6期。

③ 吐鲁番地区文物局：《托克逊博斯坦墓群清理简报》，《新疆文物》1996年3期。

④ 新疆维吾尔自治区文物普查办公室、吐鲁番地区文物普查队：《吐鲁番地区文物普查资料》，《新疆文物》1988年3期。

⑤ 邢开鼎：《鄯善县洋海古墓葬》，《中国考古学年鉴·1989》，文物出版社，1990年，274页。

⑥ 新疆文物考古研究所、吐鲁番地区文物局：《鄯善县洋海一号墓地发掘简报》，《新疆文物》2004年1期；《鄯善县洋海二号墓地发掘简报》，《新疆文物》2004年1期；《鄯善县洋海三号墓地发掘简报》，《新疆文物》2004年1期；新疆文物考古研究所、吐鲁番地区文物局：《吐鲁番考古新收获——鄯善县洋海墓地发掘简报》，《吐鲁番学研究》2004年1期；新疆文物考古研究所、吐鲁番地区文物局：《新疆鄯善县洋海墓地的考古新收获》，《考古》2004年5期；新疆吐鲁番学研究院、新疆文物考古研究所：《新疆鄯善洋海墓地发掘报告》，《考古学报》2011年1期。

面报道①。因墓地屡遭盗掘，器物多有流散，一些追缴、收集的材料也时见发表②。

　　吕恩国等已对洋海墓群进行了专门的分期断代研究③，综合考察墓葬形制、器物类型、¹⁴C测年数据，可将第四期的绝对年代确定为公元前3世纪～公元2世纪，包括三号墓地的绝大部分墓葬以及二号墓地的封土围垣墓④。不过，在三号墓地中，发现有一竖穴双偏室墓Ⅲ M76，应当是由竖穴单偏室墓发展而来⑤。2006年在一号墓地北部也发现有一竖穴双偏室墓，出土有缘禾二年（433年）纪年文书⑥。这说明三号墓地的年代下限或应更晚。

6. 三个桥墓地

　　1990年，新疆文物考古研究所在吐鲁番地区博物馆和鄯善县文化局的协助下，对三个桥已遭盗掘的古墓葬进行了清理发掘，共清理墓葬33座。发掘者将墓葬分为了两类，其中第一类有17座竖穴土坑墓，1座竖穴偏洞室墓，年代在战国或更晚一些；第二类墓葬则与阿斯塔那、哈拉和卓墓地的情况相近，属晋唐时期⑦。但是，从第一类墓葬出土陶器来看，彩陶的比例较高。仅有的一座所谓偏室墓墓底葬有三人，偏室内为一二次葬的女性，似是为合葬改建，与其他墓地中的偏室墓性质不同。故而，其整体年代应偏早，只有M9等少部分墓葬可落在战国—两汉时期。

7. 交河沟北

　　早在1930年黄文弼先生在此进行发掘时，即发现两类墓葬。除竖穴土坑墓外，其中的"复穴"，按照描述，即应是现在所称的竖穴偏室墓⑧。1994年，新疆文物考古研

---

① 吐鲁番市文物局等编著：《新疆洋海墓地》，文物出版社，2019年。

② 新疆文物考古研究所：《"鄯善古墓被盗案"中部分文物之介绍》，《新疆文物》1989年4期；吐鲁番地区文物局：《鄯善洋海墓地出土文物》，《新疆文物》1998年3期；吐鲁番地区文物局：《1987年收缴的洋海墓地被盗出土器物》，《吐鲁番学研究》2011年2期；鄯善县旅游文物局：《鄯善县洋海墓地新发现的文物》，《吐鲁番学研究》2007年1期；李肖、张永兵：《2003～2004年鄯善洋海墓地采集器物》，《吐鲁番学研究》2011年1期。

③ 吕恩国等：《洋海墓地分期与断代研究》，《吐鲁番学研究》2017年1期。

④ 吐鲁番市文物局等编著：《新疆洋海墓地》，文物出版社，2019年。

⑤ 吐鲁番市文物局等编著：《新疆洋海墓地》，文物出版社，2019年，594页。

⑥ 吐鲁番地区文物局：《2006年鄯善洋海一号墓地保管站北区清理简报》，《吐鲁番学研究》2008年2期。

⑦ 新疆文物考古研究所等：《新疆鄯善三个桥古墓葬的抢救清理发掘》，《新疆文物》1997年2期；新疆文物考古研究所等：《新疆鄯善三个桥墓葬发掘简报》，《文物》2002年6期。

⑧ 黄文弼：《吐鲁番考古记》，中国科学院印行，1954年，9、10页。

究所又对此墓地进行了发掘[1]。此次发现的墓葬也可分为两类：第一类为有封石堆标志的竖穴土坑墓，或土坑竖穴偏室墓。这类墓葬一般成组分布，在封石堆下中部有中心墓室，其周围有大量的附葬墓和殉马（驼）坑。第二类则是斜坡墓道洞室墓，数量极少，年代也应晚到晋唐时期。在M01中，发现一枚汉代的五铢钱，经鉴定属于西汉早期，对于墓葬的年代具有重要的参考意义。至于M16，则在封土下围垣内发现有南北并列的两座墓葬，其中M16②为竖穴双偏室墓，年代也应较晚。此外，交河沟北墓地中发现的木偶人、金花饰、筒形杯、陶钵、陶瓶等都可在洋海墓地中找到相似或相同的器物，两者间的墓葬形式也颇为相似。故而其年代也应相近，为公元前3世纪~公元2世纪。

8. 交河沟西

1996年，中日合作在沟西台地进行考古工作时，首次于台地东南端发现了一批早期竖穴墓葬，并对其中的一部分进行了发掘[2]。经发掘的竖穴墓可分为两类，为竖穴土坑墓和竖穴偏室墓。出土的陶器多为素面红陶，铜器则有汉式的星云纹镜及一些保存较为完好的五铢钱。结合两个^{14}C数据，发掘者将这批竖穴墓的年代定在了两汉至魏晋时期。刘翔在细致地比对了竖穴土坑墓出土的铜镜与五铢钱后，进一步将墓葬的年代上限确定为西汉中后期，较交河沟北为晚[3]。达吾力江则是将沟西墓地中的墓葬分为苏贝希、车师以及西晋-高昌三种不同类型的文化墓葬。根据出土的尖唇灰陶罐，其年代下限可在公元4至5世纪[4]。

9. 胜金店墓地

2007年，新疆吐鲁番学研究院考古研究所对胜金店墓地进行了抢救性发掘，共清理墓葬30座，包括竖穴二层台墓2座、竖穴土坑墓21座、竖穴偏室墓7座。其中竖穴

① 新疆文物考古研究所：《吐鲁番交河故城沟北1号台地墓葬发掘简报》，《文物》1999年6期；联合国教科文组织驻中国代表处等编著：《交河故城——1993、1994年度考古发掘报告》，东方出版社，1998年，15~74页。

② 新疆文物考古研究所：《1996年新疆吐鲁番交河故城沟西墓地汉晋墓葬发掘简报》，《考古》1997年9期；王炳华主编：《交河沟西——1994~1996年度考古发掘报告》，新疆人民出版社，2001年，4~43页。

③ 刘翔：《再论交河沟西、沟北墓地——兼谈吐鲁番地区战国至西汉墓葬》，《丝绸之路考古（第五辑）》，科学出版社，2022年，58~73页。

④ 达吾力江·叶尔哈力克：《姑师城及姑师墓葬的初步研究》，《丝瓷之路——古代中外关系史研究Ⅶ》，商务印书馆，2019年，3~22页。

二层台墓在洋海墓地也有发现，属于早期的墓葬形制[1]。但在胜金店墓地的二层台墓中，不见彩陶出现，且有单耳筒形杯、木豆以及锦、绢等织物出土[2]，应是晚期墓葬沿用了早期的形制。根据测定的[14]C数据，胜金店墓地的年代当在两汉时期。

10. 加依墓地

2013年12月至2014年1月，新疆文物考古研究所与新疆吐鲁番学研究院联合开展了加依墓地考古发掘工作，共发掘墓葬217座。加依墓地发现的墓葬数量较多，墓葬形制也较为丰富，包括椭圆形土坑竖穴墓、长方形竖穴土坑墓、竖穴偏室墓、土坯围垣墓四类，与洋海墓地的情况较为一致，出土的陶器也极为相似。因而，两者间墓葬的年代也应该相近，可将加依墓地中土坯围垣墓与竖穴偏室墓的年代定为公元前3世纪～前2世纪。至于加依墓地中的长方形竖穴土坑墓，从简报中介绍的M56、M76、M82、M88四座墓葬来看，皆出土有彩陶器，且葬式为屈肢葬[3]，年代应当偏早。

除上述经正式发掘的墓地外，吐鲁番地区经调查[4]可归属到战国—两汉的墓地还有马厂沟墓群、驴达坂墓群、排孜阿瓦提墓群、艾丁湖南1号墓群、艾丁湖南2号墓群、肖尔布拉克墓群、胜金墓群、煤窑沟墓群[5]、二塘沟西2号墓群、迪坎西南墓群、吐格曼博依墓群、依尔格其墓群、霍加木阿勒迪墓群、三坎克日墓群、墩买来墓群[6]、乔拉克坎儿墓群、吾斯提沟口墓群、克尔碱墓群、阿拉沟西墓群、阿拉沟南墓群、阿拉沟北墓群、阿拉沟西南墓群、小草湖东墓群、小草湖西墓群、吾斯提沟墓群、祖木图沟口墓群等[7]。

---

[1]　吐鲁番文物局等编著：《新疆洋海墓地》，文物出版社，2019年，594页。

[2]　张永兵：《吐鲁番胜金店墓地考古发现与研究》，《吐鲁番学研究——第三届吐鲁番学暨欧亚游牧民族的起源与迁徙国际学术研讨会论文集》，上海古籍出版社，2010年，54～60页；吐鲁番学研究院：《新疆吐鲁番市胜金店墓地发掘简报》，《考古》2013年2期；新疆吐鲁番学研究院：《新疆吐鲁番胜金店墓地2号墓发掘简报》，《文物》2013年3期。

[3]　吐鲁番学研究院、新疆文物考古研究所：《吐鲁番加依墓地发掘简报》，《吐鲁番学研究》2014年1期。

[4]　新疆维吾尔自治区文物普查办公室、吐鲁番地区文物普查队：《吐鲁番地区文物普查资料》，《新疆文物》1988年3期。

[5]　新疆维吾尔自治区文物局编：《不可移动文物：吐鲁番地区卷（2）》，新疆美术摄影出版社，2015年，1095～1112页。

[6]　新疆维吾尔自治区文物局编：《不可移动文物：吐鲁番地区卷（4）》，新疆美术摄影出版社，2015年，787～808页。

[7]　新疆维吾尔自治区文物局编：《不可移动文物：吐鲁番地区卷（5）》，新疆美术摄影出版社，2015年，295～320页。

三、吐鲁番战国—两汉墓葬与苏贝希文化晚期阶段

在早期的报道中，发掘者们多比照文献、相互参照，将这批墓葬的年代笼统地定在战国—两汉或是更早，并与史籍记载中的车师（姑师）人相联系。

而随着吐鲁番盆地内考古材料的不断丰富，吕恩国先生通过对苏贝希遗址及墓地的考古学研究，并结合邻近的考古资料，首次明确地提出了"苏贝希文化"的概念[①]。与此同时，陈戈先生系统梳理了以吐鲁番地区为核心的考古学资料，批评了"车师文化""前车师文化"的提法，也提出了"苏贝希文化"这一考古学文化命名，并对其内含、年代、源流、文化交流等问题进行了较为全面的讨论[②]。

此后，有不少学者对这一考古学文化进行了综合性研究，提出了不同的分期意见：

陈戈通过对出土物的对比，结合已测定的 ^{14}C 年代数据，将苏贝希文化的绝对年代定为公元前1000年至公元前后这一时期。但是他并未对苏贝希文化内部的各遗址进行进一步分期，只是根据交河沟北和沟西墓葬中出土的五铢钱和星云纹铜镜指出其年代当在西汉时期，与 ^{14}C 数据所定年代下限相吻合[③]。

刘学堂将吐鲁番地区公元5世纪之前的考古遗存称为"姑师—车师遗存"，并将其分为三个大的期别。其中第二期以苏贝希遗址和墓葬为代表，包括苏贝希一、二、三号墓的绝大多数墓葬，年代为战国—西汉；第三期则是以交河故城遗址及附近的竖穴土坑墓为代表，包括交河一、二、四号台地上的竖穴土坑墓和交河城址，艾丁湖晚期的墓葬也可能属于这个时期，年代在公元前后的汉代到4～5世纪的晋十六国时期[④]。

韩建业在全面梳理了新疆地区青铜时代和早期铁器时代各文化遗存的基础上，将苏贝希文化分为了三期两段，年代为公元前11世纪～公元前1世纪。其中晚期阶段遗存主要包括苏贝希Ⅰ号、洋海三号、交河沟北、交河沟西和阿拉沟等墓地，在博斯坦、南泉、三工乡也发现有此类遗存。其绝对年代则在公元前5世纪至公元前1世纪，相当于

---

① 吕恩国：《苏贝希发掘的主要收获》，《交河故城保护与研究》，新疆人民出版社，1999年，372～386页。

② 陈戈：《新疆史前时期又一种考古学文化——苏贝希文化试析》，《苏秉琦与当代中国考古学》，科学出版社，2001年，153～171页；陈戈：《苏贝希文化的源流及与其他文化的关系》，《西域研究》2002年2期。

③ 陈戈：《新疆史前时期又一种考古学文化——苏贝希文化试析》，《苏秉琦与当代中国考古学》，科学出版社，2001年，153～171页。

④ 刘学堂：《5世纪中叶以前吐鲁番盆地考古、历史述论》，《交河故城保护与研究》，新疆人民出版社，1999年，423～460页；刘学堂：《车师考古述略》，《吐鲁番学研究》2000年1期。

战国至西汉时期^①。

郭物则根据洋海墓地的材料，进一步完善了刘学堂的分期方案，将苏贝希文化分为了三期六段，年代从公元前两千纪末至公元前10世纪延续到公元前2世纪。第三期遗存包含洋海Ⅲ号、苏贝希Ⅰ号、苏贝希Ⅲ号、三个桥、阿斯塔那、交河沟北、交河沟西、艾丁湖、博斯坦、阿拉沟等墓地，时代为战国末至西汉早期，公元前4世纪～前2世纪^②。

吕恩国最初提出"苏贝希文化"时，仅将其年代定在公元前6世纪至公元前2世纪^③。此后，在对洋海墓地进行分期与断代研究时，他又对原有的观点进行了修正。在综合考察墓葬形制、器物类型、¹⁴C定年数值后，他将洋海墓地分为了四期，年代上限提到了公元前13世纪。属于第四期的墓葬主要位于三号墓地，年代为两汉或稍早，从公元前3世纪到公元2世纪^④。虽其分期结果与稍早的简报^⑤和之后的正式报告^⑥略有出入，但差别不大，不影响问题的讨论。

邵会秋以苏贝希文化中出土最多的两种单耳陶罐为基础，结合共存的陶器组合，将该文化分为了三期五段，年代上限在公元前10世纪。其中第三期遗存包括洋海三号、胜金店、艾丁湖、阿拉沟、苏贝希一号、苏贝希二号、交河沟北、交河沟西、萨恩萨伊、三工乡、臭煤沟、博斯坦等墓地。具体又可将其分为早晚两段，早段年代在公元前5世纪～前3世纪，而晚段则大约在西汉时期^⑦。

张良仁等人也对吐鲁番地区的墓地进行了分期。在其所分的三期中，第三期的年代处在两汉时期，包含洋海墓地三期、苏贝希遗址中的竖穴偏室墓，以及胜金店、阿拉沟、交河沟西和交河沟北等墓地^⑧。不过，从其具体分析来看，他将处在战国—西汉时期的阿拉沟全划归到第三期，而将年代同在公元前5世纪～前3世纪的苏贝希墓地中的竖穴土坑墓（其中一个测年数据为2285±90）划入第二期。这一做法，显然是值得商榷的。

① 韩建业：《新疆的青铜时代和早期铁器时代文化》，文物出版社，2007年，39、40、57～66、84～86页。

② 郭物：《新疆史前晚期社会的考古学研究》，上海古籍出版社，2012年，57～75、100～107页。

③ 吕恩国：《苏贝希发掘的主要收获》，《交河故城保护与研究》，新疆人民出版社，1999年，372～386页。

④ 吕恩国等：《洋海墓地分期与断代研究》，《吐鲁番学研究》2017年1期。

⑤ 新疆吐鲁番学研究院、新疆文物考古学研究所：《新疆鄯善洋海墓地发掘报告》，《考古学报》2011年1期。

⑥ 吐鲁番市文物局等编著：《新疆洋海墓地》，文物出版社，2019年，594、595页。

⑦ 邵会秋：《新疆苏贝希文化研究》，《边疆考古研究（第12辑）》，科学出版社，2012年，193～220页；邵会秋：《新疆史前时期文化格局的演进及其与周邻文化的关系》，科学出版社，2018年，91～117页。

⑧ 张良仁等：《吐鲁番地区早期铁器时代考古》，《早期中国研究（第二辑）》，文物出版社，2016年，116～155页。

不难发现，对这一问题进行研究的多是史前考古研究者们，所关注的也更多是苏贝希文化的早中期阶段。而就其晚期这一过渡阶段，则采取了较为忽视的态度，在处理上也存在不少问题。

首先，是苏贝希文化的年代下限问题。尽管各家都将苏贝希文化的最后一期放在了战国—两汉这一大的历史阶段之中，但是在具体的划分上，仅是给出了一笼统的结果。或是如韩建业、郭物、邵会秋等，将年代定在战国—西汉；或是如吕恩国、张良仁，将年代确定在两汉时期；或是如刘学堂，将下限年代定在公元4~5世纪，年代跨度达数百年之久。

其次，研究者在进行分期工作时，仍延续了在中原地区的惯常做法，主要是依赖陶器材料。但实际上，在中原地区通行的陶器类型学方法在新疆地区并不能完全适用。一者，从目前在吐鲁番的发掘情况来看，单个墓葬中出土的陶器数量很少，多也不过几件；二者，在器型方面，又基本都是形制简单的单耳杯与钵，缺乏分期断代的标志性意义；三者，不见遗迹间的叠压打破关系，无法对所作的分期方案进行检验。

由此，如何对吐鲁番战国—两汉的考古学材料进行更细致地分期与断代，以提供一个更加准确的年代框架就成为了研究中的难点。目前，随着 ^{14}C 测年技术的发展与进步，所测定出的年代信息也更为准确可信。近年来，在田野考古工作中已积累了一批有关吐鲁番盆地内墓葬的测年数据，利用好这些测年数据，就成为了解决年代问题的关键。

再次，在战国—两汉的这个大的时段内，吐鲁番盆地内正处在转型的剧变期。尤其是从西汉到东汉，吐鲁番盆地逐渐由反复冲突的军事焦点地区变为了稳定的屯田据点，物质文化面貌也当随之表现出不同的特点。但就这一大的时段，仅有邵会秋进行了相对细化的讨论[①]。而胜金店墓地的发现，则为这一问题的解决提供了可能。目前，在该墓地已测定了十几个 ^{14}C 数据，年代范围均落在两汉时期之内。这也说明，这一墓地相对于盆地内的其他发现要更显"纯粹"。若能对其进行全面的考察，区分出西汉—东汉不同的文化特征，将十分有助于对这一时期吐鲁番盆地文化面貌乃至整个丝绸之路开通意义的了解。

最后，所谓的苏贝希文化在年代范围上前后超千年之久。在其最晚期阶段实际已进入到了历史时期。而在这一时期，不论是在墓葬形制、陶器，还是葬式、葬仪方面，都发生了极大的转变，出现了新的偏室墓与土坯围垣墓、葬式变为了仰身直肢、陶器由彩陶转为素面，还有原本所不见的整马殉葬。

这时的汉文文献已对西域地理分布有所记载。相当一部分学者便将吐鲁番盆地内

---

① 邵会秋：《新疆史前时期文化格局的演进及其与周邻文化的关系》，科学出版社，2018年，91~117页。

的墓葬与文献记载中的车（姑）师联系起来[①]，甚至一度提出了"车师文化""前车师文化"的考古学文化命名[②]，认为其人群从史前一直延续到车师国时期。然而，以余太山为代表的一部分学者[③]根据"楼兰、姑师邑有城郭，临盐泽"[④]这条文献，认为车师原应在罗布泊附近，直到元封三年才迁至吐鲁番盆地。而汉与匈奴在这一时期对吐鲁番的争夺也势必带来了人群的变动，如司艺等人即认为两汉时期洋海居民饮食结构的变化就可能是与匈奴人的进入有关[⑤]。至于阿拉沟墓地情况则要更加复杂，除车师、匈奴两说外，还有学者认为或与塞种有关[⑥]。

在如此剧烈的变动之下，是否仍要将吐鲁番战国—两汉的遗存归入到苏贝希文化的范畴之中，亦是一值得思考的问题。

四、相关专题研究

尽管有关吐鲁番盆地内墓葬的研究或是以某个墓地为对象，或是讨论整个苏贝希文化的问题，绝少将战国—两汉作为一个单独的研究时段。但在各种专题研究中，或多或少的都会涉及这一时段材料。将其勾连，既有助于了解吐鲁番战国—两汉墓葬考古的整体面貌，也利于明确当前研究存在的一些问题，便于今后的进一步研究。

进入到战国—两汉，吐鲁番盆地内的墓葬形制有了较大的转变，出现了过去所不见的偏洞室墓。有关这一型墓的来源问题，目前学界存在有两种截然不同的观点，或以为

① 张玉忠：《汉代以前车师人的社会经济生活》，《新疆社会科学》1987年2期；羊毅勇：《交河故城沟北一号台地墓葬所反映的车师文化》，《西域研究》1996年2期；联合国教科文组织驻中国代表处等编著：《交河故城——1993、1994年度考古发掘报告》，东方出版社，1998年，71、72页；崔银秋等：《吐鲁番墓葬人骨遗骸的线粒体DNA分析》，《边疆考古研究（第1辑）》，科学出版社，2002年，215~237页。

② 吐鲁番地区文物局：《鄯善洋海墓地出土文物》，《新疆文物》1998年3期；羊毅勇：《新疆古代文化的多样性和复杂性及其相关问题的探讨》，《新疆文物》1999年3、4期；刘学堂：《5世纪中叶以前吐鲁番盆地考古、历史述论》，《交河故城保护与研究》，新疆人民出版社，1999年，423~460页；刘学堂：《车师考古述略》，《吐鲁番学研究》2000年1期。

③ 余太山：《〈汉书·西域传〉所见塞种——兼说有关车师的若干问题》，《塞种史研究》，商务印书馆，2019年，271~296页；陈晓露：《楼兰考古》，兰州大学出版社，2014年，41、42、180页；林梅村：《大月氏人的原始故乡——兼论西域三十六国之形成》，《西域研究》2013年2期；达吾力江·叶尔哈力克：《姑师城及姑师墓葬的初步研究》，《丝瓷之路——古代中外关系史研究Ⅶ》，商务印书馆，2019年，3~22页。

④ 《史记》卷一百二十三《大宛列传第六十三》，1959年，3160页。

⑤ 司艺等：《新疆洋海墓地先民的食物结构及人群组成探索》，《科学通报》2013年15期。

⑥ 张玉忠：《天山阿拉沟考古考察与研究》，《西北史地》1987年3期。

是来自于甘青地区的沙井文化，或以为是来自伊犁河流域的索墩布拉克文化。对此，孙少轻已作专文进行了评述与研究，指出洞室墓更可能是来自于伊犁河流域的"西方传统"①。龙静璠则通过研究吐鲁番盆地内的墓葬石结构，也认为其有一个自西向东的拓展过程②。

　　而就墓葬等级制度的研究而言，除交河沟北的两座大墓被认为可能是属车师王外③，对其他墓地研究则并未进行明确的等级划分。但是，李春长在对吐鲁番盆地中用以建筑墓室的土坯进行了专门的研究，指出在洋海墓地的晚期阶段，出现了一种在墓口使用土坯围砌圆形围墙的特殊形制的墓葬④。尽管加依、洋海发现的这类土坯围垣墓不及交河沟北宏大，但在规模上也超出了同墓地内的其他墓葬。借此，或可探究吐鲁番盆地内墓葬的等级差别乃至社会的组织形式。

　　在出土的器物方面，得益于吐鲁番极端干燥的特殊气候条件，大量的有机物得以保存，极好地反映出了吐鲁番先民生活生产的方方面面。目前，有关吐鲁番盆地墓葬的器物研究，主要是针对洋海和胜金店两处墓地。有关洋海墓地的器物，或是将墓地中各期出土的一类器物作为整体进行概括性研究，如对洋海木器⑤、皮革制品⑥、马具⑦、游牧民器物⑧和金属器⑨的研究；或是关注器物的历时性变化，如对货贝⑩和木梳⑪的研究。而

① 孙少轻：《苏贝希文化洞室墓研究》，《边疆考古研究（第29辑）》，科学出版社，2021年，215～237页。

② 龙静璠：《新疆天山南麓史前族群石构墓葬的文化属性分析》，《中央民族大学学报》2018年3期；龙静璠：《新疆天山南麓青铜时代末期至早期铁器时代石构墓葬的类型及演变》，《四川文物》2019年3期。

③ 林梅村认为其非是车师王的墓葬，而是属未随大月氏西迁的小月氏酋长。参见林梅村：《大月氏人的原始故乡——兼论西域三十六国之形成》，《西域研究》2013年2期。

④ 李春长：《试论新疆鄯善洋海墓地出土的早期土坯》，《吐鲁番学研究》2017年2期。

⑤ 祖力皮亚·买买提：《从考古发现看吐鲁番苏贝希文化的木器制作工艺》，《吐鲁番学研究》2014年1期；Hongen Jiang, Guanping Feng, Xiaoli Liu, et al. Drilling wood for fire: discoveries and studies of the fire-making tools in the Yanghai cemetery of ancient Turpan, China. *Vegetation History and Archaeobotany*. 2018, 27: 197-206.

⑥ 祖力皮亚·买买提：《吐鲁番洋海墓地出土鞣革及裘皮制品调查研究》，《吐鲁番学研究》2020年1期。

⑦ 艾克拜尔·尼牙孜：《吐鲁番盆地洋海墓地出土的马具及相关问题研究》，《新疆大学学报》2012年3期。

⑧ 吕恩国：《吐鲁番洋海墓地出土游牧民器物研究》，《吐鲁番学研究》2020年1期。

⑨ 凌勇等：《新疆吐鲁番地区出土金属器物的科学分析》，《广西民族大学学报（自然科学版）》2008年1期。

⑩ 吕恩国：《洋海货贝的历程》，《吐鲁番学研究》2016年1期。

⑪ 张永兵：《吐鲁番洋海墓地出土木梳研究》，《吐鲁番学研究》2020年1期。

关于胜金店的器物研究，则包括了服饰①、玻璃珠②和煤精制品③等。

至于考古工作中最为重要的陶器部分，在吐鲁番盆地的墓葬研究中多是作为分期和文化因素分析的载体来谈，少数的研究也限于早期的彩陶④，关于盆地内战国—两汉的陶器，暂时还不见有专门的讨论。但是，在这一时期，陶器的形式发生了较大的转变：在过去占绝对多数的彩陶基本不见，转而变为器表施红色光滑陶衣的素面陶器，器型方面则是出现了大量的筒形杯，此外还有少量的轮制弦纹陶，可能与中原有关。其变化背后的动因与陶器生产技术的转变值得进一步探究。

除器物外，这一时期的墓葬内也出土了丰富的动植物材料，对于了解当时的生计形态具有重要意义。然而，关于吐鲁番盆地内战国—两汉墓葬的动物与植物考古的研究状况还极不平衡。有关动物，多是散见于报告之中，缺乏专门的研究；而有关植物遗存，则是以蒋洪恩等人为代表，取得了丰硕的成果。

自2000年初，蒋洪恩等人就先后对洋海墓地出土的大麻⑤、紫草⑥、葡萄藤⑦等进行了研究。2019年，蒋洪恩等对洋海墓地发现的植物遗存进行了综述，他将经鉴定的20种植物分为了六大类，包括谷物、药用植物、水果、装饰植物、木材和其他植物，涉及植物利用的方方面面⑧。其后，他又出版了《新疆吐鲁番洋海先民的农业活动与植物利用》

① 陈新勇：《胜金店墓地出土腰机研究》，《吐鲁番学研究》2013年2期；陈玉珍、赵静：《吐鲁番胜金店墓地15号墓葬出土毛织品的修复与研究》，《吐鲁番学研究》，2018年2期；马尔亚木·依不拉音木、林铃梅：《新疆吐鲁番市胜金店墓地M15号墓葬服饰研究》，《南方文物》2020年4期；陈玉珍：《吐鲁番胜金店墓地M25出土红色绢袜的评估与修复》，《吐鲁番学研究》2021年1期；孙雨璠：《新疆吐鲁番胜金店墓地出土锦囊的修复保护研究》，《文物保护与考古科学》2023年2期。

② 王栋等：《新疆吐鲁番胜金店墓地出土仿绿松石玻璃珠研究》，《文物》2020年8期。

③ 孙诺杨等：《新疆吐鲁番胜金店墓地出土煤精制品的科技分析》，《文物保护与考古科学》2021年4期。

④ 孙少轻：《苏贝希文化洞室墓研究》，《边疆考古研究（第29辑）》，科学出版社，2021年，215～237页。

⑤ Hongen Jiang, Xiao Li, Youxing Zhao, et al. A new insight into Cannabis sativa (Cannabaceae) utilization from 2500-year-old Yanghai Tombs, Xinjiang, China. *Journal of Ethnopharmacology*, 2006, 108(3): 414-422; 马青云等：《新疆洋海古代大麻叶的大麻酚分析》，《天然产物研究与开发》2011年1期。

⑥ Hongen Jiang, Xiao Li, ChangJiang Liu, et al. Fruits of Lithospermum officinale L. (Boraginaceae) used as an early plant decoration (2500 years BP) in Xinjiang, China. *Journal of Archaeological Science*, 2007, 34(2): 167-170.

⑦ Hongen Jiang, Yongbing Zhang, Xiao Li, et al. Evidence for early viticulture in China: proof of a grapevine (Vitis vinifera L., Vitaceae) in the Yanghai Tombs, Xinjiang. *Journal of Archaeological Science*, 2009, 36(7): 1458-1465.

⑧ Meiying zhao, hongen Jiang, Christopher Joel Grassa. Archaeobotanical studies of the Yanghai cemetery in Turpan, Xinjiang, China. *Archaeological and Anthropological Sciences*, 2019, 11: 1143-1153.

一书，汇集了洋海墓地植物考古的研究成果[①]。其中值得注意的是，蒋洪恩通过对洋海墓地的研究，将中国葡萄的引进提前到了公元前300年。

蒋洪恩等人还对鱼儿沟[②]、苏贝希、胜金店等地的出土的植物遗存进行了研究。对苏贝希遗址出土的黍及制成食品的研究显示，在当时吐鲁番先民们就已经掌握了烘焙这一食物加工方式[③]。而对胜金店植物遗骸的研究则表明，胜金店的居民除谷物外，还进行了相当规模的葡萄种植，同时也对野生植物资源有着广泛利用[④]。利用青蒿掩盖尸体的味道正是其中一个重要的发现[⑤]。

此外，李晶静[⑥]、王超[⑦]等还分别对出土的青稞、小麦的脱粒方式进行了实验考古研究，推断当时对谷物的脱粒多是采用了木棍击打的方式。而对吐鲁番盆地农业的总体研究则显示，在战国—两汉有农业规模日趋扩大的迹象[⑧]。

与传统游牧—农业二元对立的观点不同，经过对游牧考古的深入研究，学者们已逐渐意识到游牧活动是相当复杂的，许多人类学家所寻找的那种"纯粹的游牧社会"（pure pastoralism society），即不存在农业种植、完全以畜牧、游牧经济支撑的牧业社会在现实当中几乎是不存在的[⑨]。有关吐鲁番盆地动植物的研究表明，其战国—两汉的生

---

① 蒋洪恩：《新疆吐鲁番洋海先民的农业活动与植物利用》，科学出版社，2022年。

② Hongen Jiang, Yong Wu, Huanhuan Wang, et al. Ancient plant use at the site of Yuergou, Xinjiang, China: implications from desiccated and charred plant remains. *Vegetation History and Archaeobotany*, 2013, 22: 129-140.

③ Yiwen Gong, Yimin Yang, David K. Ferguson, et al. Investigation of ancient noodles, cakes, and millet at the Subeixi Site, Xinjiang, China. *Journal of Archaeological Science*. 2011, 38(2): 470-479; Anna Shevchenko, Yimin Yang, Andrea Knaust, et al. Proteomics identifies the composition and manufacturing recipe of the 2500-year old sourdough bread from Subeixi cemetery in China. *Journal of Proteomics*, 2014, 105(13): 363-371.

④ Hongen Jiang, Yongbing Zhang, Enguo Lv, et al. Archaeobotanical evidence of plant utilization in the ancient Turpan of Xinjiang, China: a case study at the Shengjindian cemetery. *Vegetation History and Archaeobotany*, 2015, 24: 165-177.

⑤ Huan Liu, Xiaofei Tian, Yongbing Zhang. et al. The discovery of Artemisia annua L. in the Shengjindian cemetery，Xinjiang, China and its implications for early uses of traditional Chinese herbal medicine qinghao. *Journal of Ethnopharmacology*, 2013, 146(1): 278-286.

⑥ 李晶静等：《新疆吐鲁番胜金店墓地小麦遗存加工处理方式初探》，《第四纪研究》2015年1期。

⑦ 王超等：《新疆吐鲁番早期铁器时代青稞脱粒研究》，《第四纪研究》2018年2期。

⑧ 李亚等：《新疆吐鲁番考古遗址中出土的粮食作物及其农业发展》，《科学通报》2013年S1期；蒋洪恩等：《吐鲁番洋海先民的生业模式探讨》，《吐鲁番学研究》2021年1期。

⑨ 丛德新、贾伟明：《欧亚草原史前游牧考古研究述评——以史前生业模式为视角》，《西域研究》2020年4期。

业模式所表现的正是这样一种农牧兼顾的混合形态。

　　得益于良好的保存状况，有关这批墓葬的人骨研究也取得了丰硕的成果。在传统的人种鉴定方面，除散见于简报和报告中的信息外，有关洋海、苏贝希[①]、阿拉沟[②]、胜金店[③]、加依墓地[④]的人骨材料还有专门的文章刊布。而就古病理学研究，虽有刘政等对洋海墓地错（牙合）畸形病[⑤]；张林虎、朱泓对颅骨创伤[⑥]；张全超、朱泓对眼眶顶板病变进行的研究[⑦]，但都忽视了人骨出土的文化背景信息，所揭示的结果也缺少随时代的变化性。不过，在胜金店墓地发现的木假肢为研究这一时期的医疗技术提供了宝贵的材料。李肖等人指出，假肢的主人可能患有肺结核感染，导致肋骨和脊柱损伤，同时左膝关节强直，残疾的小腿被替换为了外部安装的假体。这也是目前保存完好的最古老的全功能假肢[⑧]。

　　食谱分析方面，则由司艺等人对洋海人骨进行了 C、N 同位素分析。考虑到出土的文化背景问题，司艺等人在取样时针对各个时段进行了分别取样，从而揭示出了洋海居民食谱的历时性变化。在洋海墓地的第四期，也即战国—两汉时期，同位素显示饮食中的肉食比例上升，或许就与这一时期匈奴人的进入有关[⑨]。

①　陈靓：《鄯善苏贝希墓葬人骨研究》，《新疆文物》1998年4期。

②　韩康信：《阿拉沟古代丛葬墓人骨研究》，《丝绸之路古代居民种族人类学研究》，新疆人民出版社，1993年，171~175页。

③　李志丹：《新疆吐鲁番胜金店墓地人骨研究》，吉林大学硕士学位论文，2015年；杨诗雨等：《新疆吐鲁番胜金店墓地人骨的牙齿微磨耗》，《人类学学报》2022年2期。

④　张全超等：《新疆吐鲁番加依墓地青铜—早期铁器时代居民牙齿的磨耗》，《人类学学报》2017年4期；吴晓桐等：《新疆吐鲁番加依墓地人类迁徙与饮食结构分析》，《西域研究》2021年3期；李鹏珍等：《新疆吐鲁番加依墓地青铜—早期铁器时代人群质量研究》，《草原文物》2021年1期；王安琦等：《新疆吐鲁番加依墓地的母婴合葬现象》，《人类学学报》2022年1期；王安琦：《新疆吐鲁番加依墓地青铜—早期铁器时代人骨研究》，吉林大学博士学位论文，2022年。

⑤　刘政等：《新疆洋海墓地青铜时代居民错（牙合）畸形患病率及构成分析》，《吉林大学学报（医学版）》2006年1期。

⑥　张林虎、朱泓：《新疆鄯善洋海青铜时代居民颅骨创伤研究》，《边疆考古研究（第9辑）》，科学出版社，2009年，327~335页。

⑦　张全超、朱泓：《新疆鄯善洋海青铜时代居民眼眶顶板筛孔样病变的调查》，《人类学学报》2006年2期。

⑧　Li Xiao, et al. Archaeological and Palaeopathological study on the third/second century BC grave from Turfan, China: Individual health history and regional implications. *Quaternary International*, 2013, (290-291): 335-343.

⑨　司艺等：《新疆洋海墓地先民的食物结构及人群组成探索》，《科学通报》2013年15期。

此外，刘依等人还对洋海墓地各个时期的人口规模进行了估算①。

当然，与其他地区的文化交流也当是考古研究中的一个重要组成部分。然而，有关吐鲁番盆地物质文化交流的研究主要集中在早中期阶段，至于对战国—两汉与盆地外沟通的研究，则相对少见。陈戈已意识到这一问题的重要性，通过对墓葬和随葬器物的考察，他认为苏贝希晚期可能也参与到了楼兰遗址和墓葬、营盘墓葬、尼雅遗址和墓葬、察吾乎沟口三号墓地等稍晚遗存的形成过程之中②。吐鲁番盆地地处交通要冲，其与外界的交流互动线路，直接关乎着汉与匈奴在此采取的军事行动与其后的商贸路线，值得进一步关注。

五、小　　结

经过几十年的考古发掘工作，吐鲁番已积累了丰富的墓葬材料。有关这批材料的研究，或是将其作为一整体（即苏贝希文化）进行研究，或是关注某个墓地、某一类要素的历史性变化，已取得了丰硕的成果。

然而，这一考古学文化的年代从史前到历史时期，延续超过千年。其晚期，相当于中原的战国—两汉时期，正值吐鲁番社会转型和丝路开通的关键时刻，有必要对其做一横向的考察，以明了吐鲁番盆地战国—汉代的整体社会面貌。

就已有的专题研究来讲，虽已取得了不小的成果，但是在陶器和动物考古研究方面还有待加强。至于植物考古和人骨研究，则是要注意到材料背后的出土背景信息。避免所得的结论失于笼统，忽视了各个时段所表现出的不同特征。

附记：本文是国家社科基金项目"新疆吐鲁番胜金店墓地考古发掘资料整理与研究"（批准号：22AKG008）的阶段性成果。

A Review of the Research on the Tombs of the Warring States - Han Dynasties in the Turpan Basin

Wang Ao

Abstract: The Turpan Basin is located in the vital area of communication between China

---

①　刘依等：《新疆萨恩萨伊和洋海墓地不同时代人口规模估算初探》，《第四纪研究》2021年1期。

②　陈戈：《苏贝希文化的源流及与其他文化的关系》，《西域研究》2002年2期。

and the West, with rich cultural sites that archaeologists have always valued. Since the 1970s, a large number of tombs represented by cemeteries such as Subexi and Yanghai have been excavated here. Scholars have uniformly named this batch of sites the Subexi culture and studied its characteristics, origins, and other issues. However, these studies focus on the early stages of the remains, neglecting the importance of their later stages. The late period of the Subexi culture was equivalent to the Warring States and Han dynasties in the Central Plains region, just around the opening of the Silk Road. The remains of this period are of great significance for studying cultural exchange between China and the West, and it is necessary to review their research status.

Keywords: Turpan; Warring States - Han Dynasty; Tombs; Research history

汉唐时期未成年人墓葬研究综述

黄智彤

（北京大学考古文博学院，北京，100871）

摘要： 本文透过梳理汉唐时期未成年人墓葬发现及研究，旨在把握当前的研究状况。以往的考古工作中已积累了一定的材料，发掘者一般根据四个因素作为判断未成年人墓葬的依据，包括葬具类型、人骨遗存、墓志铭刻，以及墓葬或棺木尺寸。目前的研究以瓮棺葬讨论为主，亦有部分研究对未成年人墓葬进行综合性讨论。少数墓葬因墓主身份等级较高而备受关注。另外，在合葬及祔葬的研究中也发现了个别夭殇葬例子。由此可见，汉唐未成年人墓葬类型多样，目前惟缺少对不同类型墓葬的整体梳理，以及对夭殇葬成因及其多样性背后原因的讨论。

关键词： 夭殇葬　汉唐时期　未成年人

《释名·释丧制》中载："少壮而死曰夭；未二十而死曰殇"[①]。夭殇葬即指未成年人的丧葬。汉唐时期是丧葬制度及墓葬形制变化、发展的重要阶段，然而此前的研究热点多集中于成年人墓葬，对于夭殇葬的形制及发展较少关注。近十年间，得益于新史学的影响，未成年人的"生"与"死"进入了研究者的视野，与汉唐时期未成年人墓葬的相关研究相继面世。

官方文献对未成年人的丧葬礼俗记载甚少。从零星的记录可知，未成年人的丧葬仪式从简。《仪礼·丧服》载："丧成人者，其文缛；丧未成人者，其文不缛；故殇之绖不樛垂"[②]。又文献中对夭殇者身死后的服丧制度有明确规定，"年十九至十六为长殇，十五至十二为中殇，十一至八岁为下殇，不满八岁以下皆为无服之殇"[③]。同时又指男女子或已及冠及笄；或成婚论嫁、订定婚约；或已封爵；或已即位为国君等情况下应归入

---

① （汉）刘熙撰：《释名》卷八《释丧制》第二十七，中华书局点校本，2020年，118页。

② （汉）郑玄注，（唐）孔颖达疏，（清）阮元校刻：《十三经注疏》清嘉庆刊本《仪礼注疏》卷第三十一《丧服》第十一，中华书局，2009年，2405页。

③ （汉）郑玄注，（唐）贾公彦疏：《仪礼注疏》卷三十一《丧服》第十一，上海古籍出版社，2008年，951页。

"虽夭折而不为殇"的例外①。未成年人的墓葬形制当与成年人有所区别。《礼记·檀弓》载："有虞氏瓦棺，夏后氏堲周，殷人棺椁，周人墙、置翣。周人以殷人之棺椁葬长殇，以夏后氏之堲周葬中殇、下殇，以有虞氏之瓦棺葬无服之殇"②。

　　然而这几条史料的记录存在两个主要问题。其一，文本记录与丧葬行为存在年代错位。史料多描述先秦礼制，与汉唐年间相隔甚远，难以考据不同时期的转变。其二，官方文本与实际丧俗可能存在分歧。加之史料对未成年人的夭亡及死后处置的说明不甚具体，实际的夭殇葬仪仍难以稽考。考古发现恰恰能裨补缺漏，今学者作出不少尝试，以期推进对未成年人丧葬的认识。

一、汉唐时期未成年人墓葬发现

　　墓葬是整个丧葬行为的最终结果，是开展夭殇葬研究的关键材料。汉唐时期的未成年人墓葬屡见于考古发掘中，发掘者一般根据葬具类型、人骨遗存、墓志铭刻、墓葬或棺木尺寸等作为判断未成年人墓葬的依据。

　　瓮棺葬是最常见诸报道的夭殇葬类型，不少地区均有发现，尤以辽宁、河北、北京、天津、山东、内蒙古等地分布最为集中。几处集中掩埋瓮棺葬的墓地的使用时间从战国一直延续至汉代，例如河北黄骅市③、滦州市韩新庄④，天津宝坻秦城⑤，以及山东临淄齐故城遗址⑥。内蒙古托克托县黑水泉遗址发掘的瓮棺葬年代则从战国中期延续至王莽时期⑦。汉代的瓮棺葬墓群数量亦相当可观。大型墓地例如北京通州路县故城发现 62

---

①　丁凌华：《中国丧服制度史》，上海人民出版社，2000 年，145 页。

②　（汉）郑玄注，（唐）孔颖达疏，（清）孙希旦撰：《礼记集解》卷七《檀弓上》第三之一，中华书局点校本，1989 年，171 页。

③　河北省文物研究所、黄骅市博物馆：《黄骅市战国至秦汉时期瓮棺葬墓地》，《中国考古学年鉴·2017》，文物出版社，2018 年，179 页。

④　河北省文物研究所、唐山市文物管理所、滦县文物保管所：《滦县韩新庄战国汉代瓮棺从葬墓群》，《中国考古学年鉴·1997》，文物出版社，2018 年，25 页；马小飞、张春长：《河北滦州市韩新庄瓮棺葬发掘简报》，《北方文物》2022 年 3 期，17～30 页。

⑤　纪烈敏、张俊生：《宝坻秦城遗址试掘报告》，《考古学报》2001 年 1 期，111～142 页。

⑥　山东省文物考古研究所：《临淄齐故城》，文物出版社，2013 年，259～333 页；杨勇、白云翔、魏成敏等：《山东临淄齐故城秦汉铸镜作坊遗址的发掘》，《考古》2014 年 6 期，21～36 页；燕生东、于崇远、徐新、王晓莲：《山东临淄齐故城附近考古再添新成果》，《中国文物报》2004 年 3 月 26 日 1 版。

⑦　内蒙古自治区文物考古研究所、托克托县博物馆：《托克托县黑水泉遗址发掘报告》，《内蒙古文物考古文集（第三辑）》，科学出版社，2004 年，153～217 页。

座瓮棺葬，其中 37 座的墓主为未成年[①]。辽阳市三道壕出土了 348 座瓮棺葬，是一处规模较大的夭殇墓地[②]。近年，山东烟台四合村遗址则发现了 58 座瓮棺葬[③]。除了使用瓮棺作葬具外，瓦棺、陶棺、砖棺等亦常见用于埋葬未成年人。例如洛阳涧西区发掘出数量颇多的汉晋时期夭殇墓葬[④]，四种类型的葬具兼有；内蒙古凉城县近年则发掘了一批西汉时期的儿童瓦棺葬[⑤]。

墓中若发现人骨遗存，则能进一步确定墓葬的性质，以及筛出祔葬或合葬有未成年人的墓例。例如甘肃酒泉发现 7 座夭殇墓，其中 M3 及 M6 保存完整，各置有一副小孩骨架[⑥]。河南焦作市白庄村 M41 的东耳室内发现一具人骨架，无棺，应为祔葬的儿童遗骸[⑦]。新密市汽车站 M1 的耳室内同样一具人骨架，发掘者根据残余骨灰的情况判断为一小孩[⑧]。临沂洗砚池晋墓 M1 中发现三具未成年人遗骨，显然是一座夭殇者的合葬墓[⑨]。陕西凤翔隋唐墓于 1983 至 1990 年间先后共发掘清理隋唐墓葬 364 座，不少人骨保存良好，经性别年龄鉴定出多具未成年人个体，既有单独埋葬者，亦有与成人合葬，还有作为殉人陪葬者[⑩]。吴忠西郊唐墓清理的 120 座唐代砖石墓中，在 17 座墓中共发现了18 具未成年个体[⑪]。目前公布的中国境内渤海国的墓葬遗存中，同样发现有若干未成年

① 尚珩、白岩、孙猛：《北京通州路县故城瓮棺墓》，《瓮棺葬与古代东亚文化交流研究》，科学出版社，2018 年，149～153 页；董育纲：《北京市城市副中心建设工地出土瓮棺遗迹整体迁移报告》，《北京文博文丛》2017 年 4 期，112～115 页。

② 陈大为：《辽阳三道壕儿童瓮棺墓群发掘简报》，《考古通讯》1956 年 2 期，54～59 页。

③ 孙兆锋：《新发现：山东烟台发现大型瓮棺葬墓群》，文博中国微信公众号 2023 年 8 月 14 日，https://mp.weixin.qq.com/s/sRtnUlxEr01v9xqGNBr6hQ。

④ 翟继才：《洛阳涧西 16 工区发掘简报》，《考古通讯》1957 年 3 期，47～55 页；赵青云、刘东亚：《一九五五年洛阳涧西区小型汉墓发掘报告》，《考古学报》1959 年 2 期，75～94 页。

⑤ 毛舒雅编：《内蒙古凉城县发现 128 座西汉时期儿童瓦棺葬》，内蒙古日报微信公众号 2021 年 11 月 17 日，https://mp.weixin.qq.com/s/bQ7gXVB5yE8_hctFgeQ-Rw。

⑥ 陈贤儒：《甘肃酒泉汉代小孩墓清理》，《考古》1960 年 6 期，16、17 页。

⑦ 马全、路百胜：《焦作白庄 41 号汉墓发掘简报》，《华夏考古》1989 年 2 期，69～76 页。

⑧ 河南省文物考古研究所、新密市博物馆：《河南新密市汽车站汉墓发掘简报》，《华夏考古》2005 年 3 期，39～45 页。

⑨ 山东省文物考古研究所、临沂市文化广电新闻出版局：《临沂洗砚池晋墓》，文物出版社，2016 年；冯沂：《山东临沂洗砚池晋墓》，《文物》2005 年 7 期，4～37 页。

⑩ 陕西省考古研究院、西北大学文博学院：《陕西凤翔隋唐墓——1983～1990 年田野考古发掘报告》，文物出版社，2008 年。

⑪ 宁夏文物考古研究所、吴忠市文物管理所：《吴忠西郊唐墓》，文物出版社，2006 年。

人个体①。山西襄垣发现一座隋代的双室砖墓，据墓志可知墓主是浩喆，终年八十七岁，但墓内共发现 15 副人骨，其中包括有未成年人，发掘者认为可能是其家庭成员②。安徽亳县发现的一座隋代砖室墓中出土墓志一合，墓内所葬者为王幹，从太原迁葬于亳州，然墓内共葬有四人，其中两具成人遗骨并列合葬于棺台上，两具小孩遗骸葬于东耳室，约十二三岁③。河南温县一座唐代土洞墓中出土墓志及各项随葬品，墓主为杨履庭，与妻子薛氏合葬于温县，墓内应置有两棺，共葬四人，其中西棺内有人骨三具，两具为成人，两者足端横置幼儿骨骼④。

　　铭刻或墓志是判断夭殇者年龄及身份的重要材料，尤其在人骨散失的情况下，其作用更为显著。例如洛阳市发现的一座东汉晚期横前堂砖砌洞室墓中出土有刻铭砖，上记载了该墓合葬了早夭姊妹黄晨及黄芍⑤。南阳东郊发现的画像石砖构墓出土有未成年墓主许阿瞿志文的画像石，显然为一座夭殇墓⑥。以志文辨别墓主的方法更常应用于东汉以来的夭殇墓材料中，隋李静训墓是其中的佼佼者⑦。河北磁县东魏茹茹公主墓出土的墓志记载其于十三岁病逝⑧，按其生理年龄，当属未成年人。咸阳市胡家沟发现西魏侯义墓，墓志中记其卒年十五岁⑨。孟津西山头 M64 为一座唐代的单室土洞墓，在甬道北端发现一合墓志，志文中载墓主屈突季札去世时仅十三岁⑩。沁阳县同样发现一座有明

①　魏存成：《黑龙江东宁县大城子渤海墓发掘简报》，《考古》1982 年 3 期，275～280 页；郑永振、千太龙：《吉林省和龙县北大渤海墓葬》，《文物》1994 年 1 期，35～43 页；黑龙江省文物考古研究所：《宁安虹鳟鱼场：1992～1995 年度渤海墓地考古发掘报告》，文物出版社，2009 年；中国社会科学院：《六顶山与渤海镇》，中国大百科全书出版社，1997 年；吉林省文物考古研究所：《六顶山渤海墓葬：2004～2009 年清理发掘报告》，文物出版社，2012 年；孙秀仁、金太顺：《黑龙江省海林市山咀子渤海墓葬》，《北方文物》2012 年 1 期，11～26 页。

②　张庆捷、刘耀中、张继民：《山西襄垣隋代浩喆墓》，《文物》2004 年 10 期，4～17 页。

③　亳县博物馆：《安徽亳县隋墓》，《考古》1977 年 1 期，65～68 页。

④　杨宝顺：《河南温县唐代杨履庭墓发掘简报》，《考古》1964 年 6 期，294～296 页。

⑤　赵振华：《河南洛阳市东汉孝女黄晨、黄芍合葬墓》，《考古》1997 年 7 期，13～15 页。

⑥　南阳市博物馆：《南阳发现东汉许阿瞿墓志画像石》，《文物》1974 年 8 期，73～75 页；汤淑君：《许阿瞿画像石墓志》，《中原文物》1991 年 2 期，115 页。

⑦　唐金裕：《西安西郊隋李静训墓发掘简报》，《考古》1959 年 9 期，471、472 页；中国社会科学院：《隋代李静训墓》，《唐长安城郊隋唐墓》（第贰部分），文物出版社，1980 年，3～28 页。

⑧　朱全升、汤池：《河北磁县东魏茹茹公主墓发掘简报》，《文物》1984 年 4 期，1～9 页。

⑨　孙德润、时瑞宝：《咸阳市胡家沟西魏侯义墓清理简报》，《文物》1987 年 12 期，57～68 页。

⑩　王炬、郭木森、廖子中等：《洛阳孟津西山头唐墓发掘报告》，《华夏考古》1993 年 1 期，52～68 页。

确纪年的唐代幼童墓，墓主李洪钧为唐代宗室①。洛阳晋墓 M22 出土有永宁二年晋尚书郎北地传宣故命妇士孙世兰墓志，其中记载有二子祔葬，虽人骨已大部分散失，仍可据志文判断曾埋葬有未成年人②。北京石景山区发现一座西晋时期单室砖墓，甬道处发现 3 方墓志，据志文可知，该墓是永嘉元年四月二十日迁葬于此，共葬有姑、叔、侄 3 人，均不足周岁③。辽宁朝阳的唐代韩贞墓内发现四具尸骨，其中两具年龄应较小，发掘者结合墓志铭中记载韩贞有两名儿子早夭的信息，推测这两具遗骸是墓主的儿子元昌及元俊④。

若在人骨及志文均无残留的情况下，发掘者则多基于墓葬或棺木尺寸来判断是否夭殇墓葬。例如西安市张家堡村一座西汉中期的甲字形竖穴墓道洞室墓中平行放置三具陶棺，其中两具棺内清理出未成年人骨架，发掘者根据三件陶棺大小相近，判断未发现人骨的陶棺内原应也埋葬有未成年人⑤。洛阳烧沟汉墓 M36 内置有四棺，其中左右耳室内放置的两个小棺，骨架已朽，发掘者就棺的长度认为是墓主的子女祔葬墓中⑥。河南南阳邢庄的一座西汉中期砖室墓 M11 规模偏小，墓室全长 1.38 米，发掘者认为应是一座儿童墓⑦。广州汉墓 M5014 砖室短狭，结构简单，内长 1.13 米，与 M5067 相距约 1.6 米，后壁贴近其右棺室，被认为是祔葬于 M5067 之旁的小孩墓⑧。

虽然长期的田野工作积累了丰富的墓葬材料，然而在早期的发掘中，夭殇葬似乎未能引起发掘者的充分重视。以往的发掘报告编写惯例常常忽略了未成年人墓葬的整体信息，比如部分报告往往只对典型墓例进行言简意赅的描述；有些简报则未能提供线图与墓葬登记表，导致现有的材料零散，难以提取详细信息。另外，受限于客观因素，人骨材料的检测也不充分，或只进行简单的性别、年龄鉴定；或因材料不理想而无法进行检测。报告对某些相关概念的界定亦相对模糊，例如在未有或无法鉴定遗骸年龄时，对夭殇者大多笼统称为儿童、未成年、少年、幼童、小孩等，未有统一的称谓。部分报告对陶棺、瓮棺、瓦棺的定义比较混乱，容易混淆使用。以上问题，对甄别未成年人墓葬造成一定困难。

① 李志军、郑卫：《河南沁阳唐代李洪钧墓发掘简报》，《洛阳考古》2015 年 1 期，30~34 页。

② 蒋若是、郭文轩：《洛阳晋墓的发掘》，《考古学报》1957 年 1 期，169~185 页。

③ 北京市文物研究所：《北京考古四十年》，北京燕山出版社，1990 年，122 页。

④ 朝阳地区博物馆：《辽宁朝阳唐韩贞墓》，《考古》1973 年 6 期，356~361 页。

⑤ 负安志、马志军：《长安县南李王村汉墓发掘简报》，《考古与文物》1990 年 4 期，64~71 页。

⑥ 中国科学院考古研究所：《洛阳烧沟汉墓》，科学出版社，1959 年，34 页。

⑦ 王国奇、贺云翱、周桂龙等：《河南南阳市邢庄汉、宋墓群发掘报告》，《华夏考古》2008 年 3 期，37~46 页。

⑧ 广州市文物管理委员会、广州市博物馆：《广州汉墓》，文物出版社，1981 年，363 页。

二、汉唐时期未成年人墓葬研究

韩国河《秦汉魏晋丧葬制度研究》一书较早注意到未成年人墓葬材料，但其主要线索在于把握秦汉魏晋时期丧葬制度的特点与演变，以及分析陪葬、合葬、家族葬的制度[①]，对夭殇形制的讨论并不系统。

汉唐时期埋葬未成年人的形式多样，相关的研究因而广泛。

（一）瓮棺葬研究

瓮棺葬是较早被观察及注意到的未成年人材料，故学术界对其研究亦较丰富，尤以瓮棺葬形制、类型与区域特征的讨论为主。白云翔最先针对战国秦汉时期的瓮棺葬进行系统的梳理和分析[②]。陶亮专门分析了辽东半岛、辽西、沈阳周边三个区域的青铜时代以至汉代的瓮棺葬葬具的文化因素及区域特征[③]。陈亚军探讨峡江地区瓮棺葬的区域和时代特征[④]。黄帆就汉代瓦棺、瓮棺及陶棺的定义进行了区分，并对材料统一进行了区系类型分析[⑤]。这三篇文章的主旨是对一个特定时空范围内的墓葬类型进行区域性或综合性的文化因素分析，未成年人瓮棺葬只作为论证的例子出现，并非讨论的重点。中国与东北亚地区学术交流频繁，二者之间的瓮棺葬关联性及文化交流问题是重要论题。安志敏和伊秉枢早在 1950 年就注意到中国、日本和朝鲜半岛瓮棺葬之间的相互关系，并在文章中略作讨论[⑥]。2017 年举行的"瓮棺葬与古代东亚文化交流国际学术研讨会"及其后出版的论文集，收稿了多篇与环渤海地区及朝鲜半岛瓮棺葬研究的相关文章，旨在探讨东北亚地区瓮棺葬的形制及彼此的交流[⑦]。这些研究大多立足于对考古材料观察而来的总结。研究区域上以环渤海地区为主；方法上偏向分类、分区及分期研究；内容上更倾向文化因素辨析及文化交流互动的讨论，较少关注葬俗及丧葬观念等问题。

王子今利用文献解释"小儿鬼"，结合考古证据，试图从社会文化因素解释利用瓮棺掩埋未成年人的原因。他认为采用对合式、封闭的瓮棺埋葬未成年人是出自防止早夭

---

① 韩国河：《秦汉魏晋丧葬制度研究》，陕西人民出版社，1999 年。

② 白云翔：《战国秦汉时期瓮棺葬研究》，《考古学报》2001 年 3 期，305～334 页。

③ 陶亮：《辽宁地区青铜时代至汉代的瓮棺葬试析》，《辽宁省博物馆馆刊》2010 年，158～165 页。

④ 陈亚军：《峡江地区战国秦汉时期瓮棺葬初步研究》，《江汉考古》2012 年 4 期，82～91 页。

⑤ 黄帆：《论汉代瓦棺葬》，中山大学硕士学位论文，2012 年。

⑥ 安志敏、伊秉枢：《北京西郊发现的瓮棺》，《燕京学报》1950 年 39 期。

⑦ 中国社会科学院考古研究所、河北省文物研究所、黄骅市博物馆：《瓮棺葬与古代东亚文化交流研究》，科学出版社，2018 年。

儿童化为鬼怪祸害生人的心理；同时指出宝坻秦城遗址东门发现的瓮棺葬集中分布在废弃的道路上，有厌胜意义[①]。惟他的论证只采用个别例子，并未对战国秦汉的未成年人丧葬进行整体观察。最近发表的《北京地区战国秦汉瓮棺葬的考古学研究》尝试突破传统研究视角，对瓮棺葬的埋葬方式及墓地规划进行探讨，进而讨论到战国秦汉时期夭殇葬俗及丧葬观念的问题[②]。

（二）综合性研究

对战国秦汉时期未成年人墓葬的综合性研究见萧吟庭的《北方地区战国秦汉时期夭殇的考古学观察》。文章系统地收集北方地区战国秦汉的未成年人墓葬，并结合历史背景浅论社会组织结构及墓葬结构改变对夭殇葬的影响[③]。该研究虽为区域性性质，但材料殷实，时间及空间的跨度较长、较广。三国魏晋南北朝时期未成年人墓葬的综合性讨论较缺乏，目前以吴桂兵为代表，针对性地利用中古未成年人墓葬材料开展的专题讲座[④]。郑言午的《吴忠西郊唐墓中的未成年人埋葬浅析》从墓葬形制、埋葬位置、葬式及随葬品等方面浅析宁夏吴忠唐墓所见的未成年人埋葬问题[⑤]。倩倩、包曙光及刘晓东梳理了中国境内渤海未成年人墓葬的考古发掘材料，并对其埋葬习俗及反映的家庭结构进行了初步讨论[⑥]。

（三）个　案　研　究

除了瓮棺葬研究及未成年人墓葬的综合性讨论外，尚有一些个案研究。这些文章多侧重于对特殊墓葬形制、丧俗、随葬品的分析，以及对墓主身份的判断和探索。

江西南昌海昏侯墓园 M5 为西汉第一代海昏侯刘贺（M1）及其夫人（M2）的祔葬

---

① 王子今：《插图秦汉儿童史》，未来出版社，2020 年，289、290 页。

② 白岩：《北京地区战国秦汉瓮棺葬的考古学研究》，《四川文物》2021 年 4 期，70～84 页。

③ 萧吟庭：《北方地区战国秦汉时期夭殇的考古学观察》，北京大学硕士学位论文，2020 年。

④ 吴桂兵先后以《被遮蔽的"姐姐"：中古墓葬考古研究的旧材料与新视角》及《公主之死：汉唐墓葬中的金枝玉叶与泽兰之夭》为题举办讲座，内容大同小异，重新梳理了中古墓葬中的夭殇例子，以及家长对夭殇者情感的转变。前者以纪要形式发布。参见熊伟庆、徐良：《吴桂兵：情不堪，礼何非——〈被遮蔽的"姐姐"：中古墓葬考古研究的旧材料与新视角〉讲座纪要》，南师文博微信公众号 2021 年 11 月 6 日，https://mp.weixin.qq.com/s/WJwbNxZSOquiEYw1Sa6CeQ。

⑤ 郑言午：《吴忠西郊唐墓中的未成年人埋葬浅析》，《丝绸之路》2013 年 18 期，11、12 页。

⑥ 倩倩：《渤海虹鳟鱼场墓葬的性别考古研究》，黑龙江大学硕士学位论文，2021 年；倩倩、包曙光、刘晓东：《渤海未成年人埋葬习俗研究》，《北方文物》2022 年 2 期，39～46 页。

墓之一①。该墓出土的随葬品引人注目②，尤以琉璃席③及青铜玩具④的讨论较多，唯目前仍未正式发表相关报告。田庄、张杰和刘慧中在讨论墓园礼制建筑时议及 M5 的特殊形制⑤，认为墓主身份为刘贺长子刘充国⑥。王恩田和张仲立亦对 M5 的墓主进行考证。前者透过墓葬排序辨识墓主身份，认为墓园内的前排 5 座墓墓主应为海昏侯刘贺及其夫人，以及刘贺之子充国及其弟奉世；后排 4 座墓墓主则是元帝复封的海昏侯代宗及其子孙⑦。后者则着重探讨 M5 反映的几个特殊礼制的问题，并认为它是剖析汉代中晚期殇葬的一个宝贵案例⑧。

韩国河指出，文献表明了东汉的殇帝、冲帝、质帝三人童年而夭，神主未进祖庙，更无功臣贵戚陪葬⑨。随着对东汉帝陵调查的深入，发掘者据文献记载结合墓葬形制、封土规模、建筑遗存、随葬品种类等推测河南洛阳孟津朱仓东汉帝陵陵园遗址的 M722、M707 均为东汉帝陵⑩，并认为前者为顺帝宪陵，后者为冲帝怀陵⑪。有研究者发现东汉未成年皇帝与成年皇帝陵园的布局略有区别，前者的陵园布局是后者的简化模式⑫。以朱仓 M707 为例，与 M722 相比缺少石殿及园省建筑，是夭殇帝王墓葬的实例。

---

①　杨军、徐长青：《南昌市西汉海昏侯墓》，《考古》2016 年 7 期，45～62 页。

②　刘胜兰：《两千年前"小王子"的童真世界——海昏侯嗣子墓揭秘来源》，考古中国微信公众号 2019 年 4 月 10 日，https://mp.weixin.qq.com/s/1FMOwa3bkZaD09_ls-Uq9A。

③　庄蕙芷：《西汉琉璃葬具与海昏侯的琉璃席》，《中国美术研究》2018 年 2 期，4～12 页；刘勇、杨军、陈坤龙、陈熄：《南昌西汉海昏侯墓园 M5 出土玻璃席制作工艺及相关问题研究》，《南方文物》2021 年 6 期，236～241 页。

④　新华网：《海昏侯"小王子"墓考古发现墓主生前玩具》，新浪收藏微信公众号 2018 年 1 月 27 日，https://mp.weixin.qq.com/s/xhZ-raVe5b9kKqhD8t_gww。

⑤　田庄、张杰、刘慧中：《南昌西汉海昏侯刘贺墓园礼制性建筑研究》，《南方文物》2018 年 2 期，95～101 页。

⑥　袁慧晶、屈婷：《海昏侯墓园五号墓墓主身份公布——为刘贺长子刘充国》，中国社科院考古所中国考古网微信公众号 2018 年 1 月 29 日，https://mp.weixin.qq.com/s/Ip4-wS0QjF4H6zMfxH8DWA。

⑦　王恩田：《海昏侯墓园墓主考》，《中国文物报》2016 年 9 月 27 日 6 版。

⑧　张仲立：《海昏侯刘贺墓园五号墓初探》，《江西师范大学学报（哲学社会科学版）》2019 年 4 期，90～95 页。

⑨　韩国河：《秦汉魏晋丧葬制度研究》，陕西人民出版社，1999 年，210 页。

⑩　严辉、张鸿亮等：《洛阳孟津朱仓东汉帝陵陵园遗址》，《文物》2011 年 9 期，4～31 页。

⑪　严辉、张鸿亮、卢青峰：《洛阳孟津朱仓东汉帝陵陵园遗址相关问题的思考》，《文物》2011 年 9 期，69～72 页。

⑫　韩国河、张鸿亮：《东汉陵园建筑布局的相关研究》，《考古与文物》2019 年 6 期，71～78 页。

河南洛阳西朱村发现的曹魏大墓 M1 因出土了不少刻铭石楬而受到注视[①]，对墓主的身份辨识也引起热烈讨论。刘连香综合分析曹魏历史人物及相关活动并比对墓葬诸因素，推测墓主可能为曹操次子曹彰[②]。潘伟斌则认为 M1 是曹魏明帝曹睿的高平陵，M2 应是魏文帝曹丕的首阳陵[③]。曹锦炎透过对石楬铭文分析认为 M1 应是曹魏的帝陵[④]。时军军针对石牌铭文"朱绶"进行考察，并结合墓中男女用品皆备的现象，推测该墓可能为某曹魏宗室诸侯王夫妇的合葬墓[⑤]。王咸秋、欧佳等人亦对墓主的身份、石楬名物考证、冥婚习俗进行研讨[⑥]。前者结合墓葬证据及文献记载推断西朱村 M1 为曹魏平原懿公主曹淑和甄黄的合葬墓[⑦]。后者对 M1 出土的"三蔽髻"石楬所记礼服首饰的相关问题进行初步讨论，认同 M1 为平原公主曹淑及甄黄合葬墓的推断[⑧]，并推断"蝉"应是饰物"附蝉"，推测该墓极有可能随葬多枚金附蝉，认为魏晋贵族孩童墓中多葬附蝉可能有特殊考虑[⑨]。赵超同样支持墓主为曹魏平原懿公主曹淑的说法，并通过对出土石楬的考察对墓主身份进行补证[⑩]。由此可见，使用出土石楬考证西朱村 M1 墓主身份的研究者颇多，但他们得出的结论却互不相同。目前支持曹淑和甄黄合葬墓说法的研究者为大宗。

2003 年山东临沂洗砚池发现的两座晋墓，根据简报提供的初步人骨年龄鉴定，M1 西室墓主年龄约 6~7 岁、东室则埋葬了一名 2 岁左右的幼儿及一名不满周岁的婴儿；

---

① 王咸秋、严辉、吕劲松：《河南洛阳市西朱村曹魏墓葬》，《考古》2017 年 7 期，71~81 页。

② 刘连香：《洛阳西朱村曹魏墓墓主探讨》，《博物院》2019 年 5 期，37~49 页。

③ 潘伟斌：《洛阳西朱村曹魏大墓墓主人身份的推定》，《黄河·黄土·黄种人》2017 年 6 期，29~35 页。

④ 曹锦炎：《洛阳西朱村曹魏大墓墓主身份浅析——兼谈石牌铭文所记来自一带一路的珍品》，《博物院》2019 年 5 期，21~28 页。

⑤ 时军军：《从出土石牌铭文"朱绶"看西朱村曹魏大墓等级》，《中国国家博物馆馆刊》2020 年 5 期，27~35 页。

⑥ 高双双编：《"问故事：汉魏宗室墓发掘材料研读会"纪要（下）——西朱村曹魏墓》，南京大学考古文物系微信公众号 2021 年 9 月 24 日，https://mp.weixin.qq.com/s/O3cWXIDQaognTPLGpQGz6Q。

⑦ 其观点最先发表于"问故事：汉魏宗室墓发掘材料研读会"，后撰文发表。参见王咸秋：《洛阳西朱村曹魏一号墓墓主考》，《华夏考古》2021 年 3 期，88~93、116 页。

⑧ 欧佳、王化平：《洛阳西朱村曹魏墓 M1 出土"三镶蔽髻"石楬所记礼服首饰》，《服装学报》2020 年 4 期，358~363 页。

⑨ 其观点最先发表于"问故事：汉魏宗室墓发掘材料研读会"，后撰文发表。参见欧佳：《洛阳西朱村曹魏墓 M1 出土石楬所记服饰考论三则》，《南京艺术学院学报（美术与设计）》2021 年 4 期，36~44、219 页。

⑩ 赵超：《洛阳西朱村曹魏大墓出土石牌定名与墓主身份补证》，《博物院》2019 年 5 期，29~36 页。

而 M2 埋葬的 2 具骨架为成年人 [①]。张爱东推测洗砚池晋墓群是司马家庭墓地 [②]。张学锋
认为东室墓主为司马焕及与其冥婚的女婴，西室墓主为司马安国 [③]。周晓莉同样推断一
号墓东室 2 岁的幼儿应是琅琊悼王司马焕，但对其余二人的判断与前者不同，认为不满
周岁婴儿是琅琊哀王司马安国，而西室墓主则是为焕纳娶的王妃 [④]。刘华同意这一说法
并借而讨论冥婚习俗 [⑤]。2016 年《临沂洗砚池晋墓》报告出版，并附录两则检测报告。
古 DNA 的性别检测结果推翻了此前的研究推论，证实了 M1 发现的三个未成年个体性
别均为女性 [⑥]，由是墓主的身份判断需重新考虑，目前学术界对此仍未能有一致共识。
以此墓为例，在缺乏人骨证据或明确的性别年龄鉴定结果的情况下，无论是墓主身份抑
或冥婚的推敲均存在不确定性，应用于其余个案研究时同理。

　　隋代李静训墓发现于陕西省西安市梁家庄附近 [⑦]，先后发表了简报及综合性报告。
据墓志记载，李静训家世显赫，九岁夭亡后埋葬于京兆长安县休祥里万善尼寺 [⑧]。其尊
贵的身份、特殊的埋葬方式和未经盗扰的墓葬令研究者津津乐道，对该墓的葬制、葬
俗、葬仪的讨论相当多。魏秋萍撰文讨论隋代李静训墓墓主背景、葬制及金冠饰等问
题 [⑨]。周繁文从墓葬位置、形制、葬具和随葬品等方面总结了李静训墓特殊葬制的表现，
指出墓主身份、家庭背景及丧主意愿与情感是造成这一特殊性的主要原因 [⑩]。李婉明则
进一步阐述李静训使用"塔葬"的原因，认为该墓呈现的是礼与法两种观念的调和 [⑪]。
林伟正在第六届古代墓葬美术研究国际学术会议中以《何嗟夭寿——李静训墓的情感表

①　冯沂：《山东临沂洗砚池晋墓》，《文物》2005 年 7 期，4 ~ 37 页。

②　张爱东：《探析洗砚池晋墓群墓主》，《中国科技博览》2012 年 33 期，1 页。

③　张学锋：《山东临沂洗砚池晋墓墓主身份蠡测——以随葬品的考察为中心》，《文史》2008 年 1 期，
31 ~ 49 页。

④　周晓莉：《羲之故居晋墓浅析》，《文史博览（理论）》2009 年 6 期，6、7 页。

⑤　刘华：《从洗砚池晋墓看我国冥婚习俗》，《卷宗》2012 年 1 期，2 页。

⑥　山东省文物考古研究所、临沂市文化广电新闻出版局：《临沂洗砚池晋墓》，文物出版社，2016 年。

⑦　唐金裕：《西安西郊隋李静训墓发掘简报》，《考古》1959 年 9 期，471、472 页；中国社会科学
院：《隋代李静训墓》，《唐长安城郊隋唐墓》（第贰部分），文物出版社，1980 年；3 ~ 28 页。

⑧　唐金裕：《西安西郊隋李静训墓发掘简报》，《考古》1959 年 9 期，471、472 页；中国社会科学
院：《隋代李静训墓》，《唐长安城郊隋唐墓》（第贰部分），文物出版社，1980 年，3 ~ 28 页。

⑨　魏秋萍：《万善尼寺中的金枝玉叶——关于隋代李静训墓的几个问题》，《文物世界》2014 年 2 期，
23 ~ 27 页。

⑩　周繁文：《隋代李静训墓研究——兼论唐以前房形石葬具的使用背景》，《华夏考古》2012 年 1 期，
100 ~ 110、119 页。

⑪　李婉明：《李静训墓研究——兼论隋唐时期的"塔葬"》，北京大学考古文博学院。未发表，征得
作者同意阅读。

达》为题发言，认为该墓呈现许多有违礼制的不寻常之处，均是皇室为安葬未成年的李静训所做的特殊安排及情感表达[①]。李梅田在此前研究的基础上，重新解读遗存堆积状态、墓志、墓主身世等信息，以复原葬仪的过程[②]。

引起广泛关注的墓例多半规模较大、规格较高；随葬品数量丰富、类别多样并制作精良；墓主社会地位较高且身份明确。研究者普遍将之当作特殊葬俗考虑。一些墓葬或因未发现身份标识物、无法保存遗骨及遭受盗墓的情况而难以确定墓主身份，只能根据发掘材料结合文献、地望、周边环境等进行推测。推论或存争议性，但同时亦推动了学术发展。

以上的个墓研究补充了文献未记载的夭殇葬实例，然而仍有更多寂寂无名的未成年人，静候着被发现。

（四）合葬、祔葬墓研究

除了兴建墓葬单独埋葬未成年人，汉唐时期亦间常可见未成年人以合葬或祔葬形式与成年人一起埋葬，两者之间应有亲缘关系。对于祔葬墓、合葬墓及多人葬的形制、出现和发展原因，学者普遍认为与核心家庭模式及私人土地制出现相关。例如李如森指出因土地兼并、庄园经济发展而导致的以夫妇为主体的核心家庭观念兴起，是汉代合葬习俗流行的缘由[③]。齐东方认为祔葬墓是三国两晋南北朝时期广泛流行的一种埋葬方式，以家庭为单位，祔葬者通常是墓主人的直系亲属[④]。他继而指出祔葬墓的流行是缘于土地所有制、生产经营和财产关系发生了变化，以及社会组织中以血缘关系为主的家庭地位增强而致[⑤]。韩国河注意到多人合葬墓的分布数量在南北方有所差异，呈北方多、南方少的现象，认为这与南北方经济实力差距、风俗相异、家庭结构不同等原因有关[⑥]。杨哲峰则提出多人葬的出现可能与政治、宗教及瘟疫原因有关[⑦]。焦南峰在北京大学人文社会科学研究院的邀访学者论坛中以《西汉帝陵祔葬墓再探》为题，认为西汉帝陵的

---

① 参见林伟正会议发言纪要。林伟正《何嗟夭寿——李静训墓的情感表达》，《墓葬美术的方法与观念：古代墓葬美术研究国际学术会议侧记》，芝加哥大学北京中心微信公众号 2019 年 8 月 2 日，https://mp.weixin.qq.com/s/FZGRtgOjzlznTHG4ovHoEA。

② 李梅田：《再读隋李静训墓及其葬仪》，《华夏考古》2021 年 5 期，85～90、112 页。

③ 李如森：《从汉墓合葬习俗看汉代社会变化轨迹》，《史林》1996 年 2 期，19～24 页。

④ 齐东方：《三国两晋南北朝时期祔的葬墓》，《考古》1991 年 10 期，943～949 页。

⑤ 齐东方：《祔葬墓与古代家庭》，《故宫博物院院刊》2006 年 5 期，26～51 页。

⑥ 韩国河：《试论汉晋时期合葬礼俗的渊源及发展》，《考古》1999 年 10 期，69～78 页。

⑦ 杨哲峰：《洛阳地区汉墓所见"多人葬"问题——以烧沟和西郊墓群为中心》，《洛阳汉魏陵墓研究论文集》，文物出版社，2009 年，180～189 页。

祔葬墓墓主除了是"五官"以上的后宫嫔妃外，亦不排除有皇帝未成年的子女祔葬其中[①]。吴小龙列举几列唐代墓志铭，指出殇折的孩童亦常见于祔葬中，是古代丧葬礼俗体现之一[②]。这些研究虽关注到未成年人祔葬的现象，亦指出祔葬现象出现的原因，但较少将之置于夭殇葬情境下讨论。

三、其他相关研究

骨骼考古是最直观的"发现"未成年人的方式，利用骨骼形态分析，结合科技手段，可了解未成年个体的性别、年龄、健康、饮食、行为、遗传结构等信息。例如上述提到的洗砚池晋墓的古 DNA 检测报告以更精准的方式鉴定未成年个体的性别及亲缘关系[③]，填补了此前无法对未成年人骨骼进行性别鉴定的遗憾。但总的来说新的骨骼考古技术及方法仍较少应用于历史时期。

汉晋时期的儿童玩具类遗存亦引人关注。日本学者林巳奈夫在《汉代的文物》中提出随葬鸠车可能是汉代埋葬早夭儿童的葬俗[④]。王子今指出汉代儿童墓中发现的鸠车应是墓主生前喜爱之物，并认为鸠车是民间较流行的儿童玩具[⑤]。孙晨结合图像材料、出土实物、传世文献及史料探讨汉晋时期鸠车的形态、功能及文化内涵，将之分为蒲车玩具和鸠车玩具[⑥]，是目前对鸠车较为综合性的讨论。

然而，器物研究往往缺乏对材料的检验及反思，即欠缺统一的标准判断一类器物是否具备玩具功能，是否为未成年人拥有。例如，墓葬中出土的鸠车始终占少数，如何检验它作为未成年人随葬品的功能？另外，目前有关甄别未成年人使用的器具或参与手工业活动的痕迹等论题并未引起国内学术界的关注，这固然受限于材料稀缺，同时亦局限于传统的研究视角未将未成年人当作社会建设的参与者。

有学者利用儿童图像推测夭殇者的身份和年龄。郑岩认为山东临淄石刻艺术陈列馆藏的一件刻石是为画像中的夭亡儿童王阿命制作的，并认为它是对一座墓葬的封土和祠

①　参见焦南峰发言纪要。焦南峰：《西汉帝陵祔葬墓再探》，《邀访学者论坛纪要》，北京大学人文社会科学研究院微信公众号 2022 年 4 月 29 日，https://mp.weixin.qq.com/s/lbJt4DyC-wX3Lu5gB0Ypbg。

②　吴小龙：《从墓志铭看中国古代丧葬礼俗》，文博中国微信公众号 2021 年 6 月 15 日，https://mp.weixin.qq.com/s/3zDXSOpdt4RTXUD-QBz4sQ。

③　杜盼新、骆潇沁、文少卿、蒙海亮、谭婧泽、李辉：《临沂洗砚池晋墓遗骸 DNA 研究报告》，《临沂洗砚池晋墓》，文物出版社，2016 年，166 ~ 170 页。

④　〔日〕林巳奈夫：《汉代の文物》，京都大学人文科学研究所，1976 年，416、417 页。

⑤　王子今：《汉晋"鸠车"考识》，《湖南省博物馆馆刊》，2019 年，404 ~ 414 页。

⑥　孙晨：《汉晋鸠车研究》，《秦汉研究》，2019 年，326 ~ 339 页。

堂的模拟、微缩和简化[①]；徐津则推测美国堪萨斯城纳尔逊—阿特金斯艺术博物馆藏北魏孝子棺的墓主身份为 9 岁夭折的林虑郡王元文[②]。以图像考察未成年人墓主的方法存在一定问题，只能列作参考性质。王娟则利用画像石图像对东汉许阿瞿墓进行个案研究，认为画像石及厚葬形式承担了对成为"儿鬼"的许阿瞿举行象征性的"成年礼"及驱祟仪式的功能[③]。

王冉透过灵魂观念及礼乐制度两方面论析中国古代未成年人的丧葬与成人丧葬埋葬方式、埋葬地点、埋葬规格的差异[④]。该研究无疑丰富了未成年人丧葬议题的讨论，但文中只阐述了相关的丧葬习俗及文化观念，并没有系统整理墓葬材料，也缺乏纵向及横向对比未成年人丧葬习俗的变化。姚平系统梳理了唐代早亡人墓志的材料，认为墓志的内容成为了唐代父母哀悼未成年子女的媒介，该类墓志的盛行反映了佛教死亡观和追悼仪式的强烈影响[⑤]。钱耀鹏及徐敏在梳理古代殇礼规范的基础上，较系统地考察了史籍记载和考古发现的殇子埋葬现象[⑥]。

四、评述与展望

作为人类历史的一部分，未成年人的身影遍布社会的方方面面。他们或健康成长，或因故夭折。遗憾的是，此前对未成年人的考古研究尚嫌不足。造成这一缺憾的原因有三：一是源于未成年人的遗骨保存较差。未成年个体的骨骼未发育成熟，加之受保存条件、埋藏环境、土壤及气候等原因影响而难以保存完整。二是难以辨认未成年人的物质遗存。大部分的墓葬与器物都缺乏具有标识身份或年龄的指向性证据。比如在没有或缺乏遗骨、棺椁、随葬品及墓志的情况下，很难准确识别及确定墓主的身份、性别及年龄。属于未成年人的物品则更难辨别。无论是实用器、祭奠器、微型明器等器物组合，还是装饰、衣物、玩具等个人物品，均不能直接与墓主 / 使用者年龄挂钩，必须结合遗址性质、出土情境、摆放位置、器物功能等多方面综合考察方能判断，同时还要考虑有机质的保存问题。三是以成年人为观察对象的研究长期占据了学科的主导位置。史籍中

① 郑岩：《山东临淄东汉王阿命刻石的形制及其他》，《逝者的面具：汉唐墓葬艺术研究》，北京大学出版社，2013 年，98～125 页。

② 徐津：《孩而至孝：北魏孝子棺墓主身份考证》，《美术大观》2022 年 1 期，101～106 页。

③ 王娟：《厚葬的殇者，驱祟的仪式——南阳许阿瞿画像石墓个案研究》，《河南科技大学学报（社会科学版）》2013 年 6 期，22～24 页。

④ 王冉：《中国古代未成年人丧葬习俗的文化学分析》，《群文天地》2012 年 24 期，24、25 页。

⑤ 姚平：《殇之痛：唐代墓志中的悼亡子女》，《中古探微：伊沛霞中国史研究》，上海古籍出版社，2023 年，315～332 页。

⑥ 钱耀鹏、徐敏：《殇礼与殇子埋葬现象的初步考察》，《西部考古》2022 年 2 期，175～185 页。

有关未成年人的记载往往只得只言片语，文本记录的缺失导致他们长期偏离学术研究的中心。加之早期的墓葬材料较零散，难以如成年人墓葬般展开系统的研究。

随着考古发掘的增加及材料的积累，夭殇葬逐渐引起学术界关注。未来的田野工作可更多地关注不同类型的未成年人墓葬特征，尽可能详细地公布信息，令材料能更有效地被利用起来。

整体而言，目前的研究以瓮棺葬的讨论较多，可梳理出较为系统的学术史脉络①。个别墓葬因墓主身份等级较高而广受关注，因而开展了专题研究。合葬、祔葬及多人葬的讨论中可见零星埋葬有未成年人的墓例。虽然亦有以未成年人墓葬为命题的综合性研究面世，但当前仍较缺乏对汉唐未成年人墓葬类型的系统梳理及整体认识。

另外，文本记录与考古材料的讨论依旧是"两张皮"，未能很好地融合。尽管文献提及夭殇的处理应从简，但实际考古发现却偶尔反其道而行，显然夭殇葬在一定程度上游离在礼制之外，不一定受到官方制度规范。探讨夭殇葬成因时需充分考虑历史文化情境。两汉至隋唐，国家的政治控制力、族群的流动与互动、地方一脉相承的风俗，以及宗教的渗入等各种因素无一不影响着社会制度、文化及思想观念等方面。墓葬除了提供与丧葬有关的信息，以及折射时人的生死观外，还可从中窥探不同年龄层的未成年人所承担的社会身份及责任。对逝去的未成年人的埋葬行为同时反映了时人对其的认知。夭殇葬实际上是一个属于史学与考古学相互交叉的课题，除了墓葬材料及传世文献以外，骨骼、图像、器物、墓志、诗歌、笔记小说及碑文等材料均需涉猎，才能对汉唐时期的夭殇葬有更完整的认识。未来的研究亦可适度借用社会学、历史学、人类学的研究理论与方法进行讨论，更进一步拓展研究视野及空间。

A Review of Research on Burial Practices of Minors during the Han to Tang Dynasties

Wong ChiTung

Abstract: This article aims to provide a comprehensive understanding of the current discoveries and research status on the funerary practices of minors during the Han to Tang dynasties. Vast numbers of burials belonging to the Han-Tang dynasties have been found, and

---

① 具体可参考黄帆及白岩论文中的材料梳理部分。参考黄帆：《论汉代瓦棺葬》，中山大学硕士学位论文，2012 年；白岩：《北京地区战国秦汉瓮棺葬的考古学研究》，《四川文物》2021 年 4 期，70~84 页。

there are four factors generally used as the criteria for determining the burials of underage, including the types of burial furniture, human bone remains, epitaph inscriptions, as well as the size of the tomb or coffin. The current discussions mainly focus on urn burials, with some studies providing comprehensive discussions of the burials of minors. A few of graves have garnered significant attention because of the high social status of the deceased. Additionally, underage individuals can be observed in joint burials with their family members. There are various types of burials of minors from the Han to Tang dynasties. However, there is a lack of overall sorting of different types of minor burials and the reasons behind their formation and diversity.

Keywords: Minor Burials; The Han-Tang Dynasties; Underage Individuals

南朝画像砖墓中的仪卫图像及相关问题

高庆辉[1]　王志高[2]

（1.江西科技师范大学旅游与历史文化学院，南昌，330038；2.南京师范大学文博系，南京，210024）

摘要： 通过梳理文献材料可知，直阁因直卫上阁而得名，职责是维护"禁中"的安全，这是南朝帝陵仪卫图像以"直阁"为名的原因。南京地区仪卫图像有着较严格的使用限制，但这种等级制度的影响区域有限，流行于帝陵的直阁图像因此被改造成规格、服饰、名称有差但又大同小异的形象，出现在多地。

关键词： 南朝　仪卫　直阁　分布

仪卫是南朝画像砖墓中颇具特色的题材，是辨别墓主身份、地位的重要内容之一。根据表现形式，可以将此类图像分为出行类仪卫与宿卫类仪卫两种。本文关注的是后者，其主要特征是拄刀（仗、剑）分立于墓室内。关于宿卫类仪卫，学界已有注意，不过聚焦点多是其功能或图像本身的形成过程。有研究者提出小横山墓地的"左、右将军"可能与道教中"道左（右）将军"等神祇鬼官有关[①]，也有研究者认为南朝披甲门卫图像可能是图像、武士俑、镇墓文等多种因素叠压生成的产物[②]。二者所论虽各有根据，但却忽视了此类图像在多地流行且又拥有共同意象——拄刀（仗、剑）分立于墓室内的事实，而仅选取其中部分进行论述，似乎难以对此做出完全的解释。不过，如果变换观察视角，从一个更加广阔的历史背景中去审视此类图像，对于宿卫类仪卫的渊源、分布等问题，或许会有不同的认识。本文拟以出土材料结合文献记载，对上述问题进行考察。

---

① 蒋天颖：《余杭小横山南朝墓左右将军考》，《中国国家博物馆馆刊》2020年2期。

② 白炳权：《从属吏侍奉到将军守门：南北朝墓葬披甲门卫图的诞生》，《南京艺术学院学报（美术与设计）》2022年4期。

一、仪卫图像的发现与类型

目前宿卫类仪卫图像主要集中于江苏南京，浙江余杭，湖北武汉、襄阳，福建南安，广西融安及各自周边地区。根据仪卫服饰的差别，大致可以将这些图像分为四类。

（1）A类：头戴小冠、身着筒袖铠。这类图像仅存于丹阳胡桥吴家村墓、建山金家村墓（图一），分立于甬道两侧[①]。不过，根据学者对齐梁帝陵装饰的规制总结看[②]，丹阳胡桥南朝大墓和南京狮子冲南朝大墓M1、M2也有此仪卫图像[③]，其名称为"直（值）阁"。

（2）B类：头戴小冠、身着裲裆铠，有披膊或裙甲。此类图像见于余杭庙山南朝墓[④]，小横山M8、M9、M10、M27、M65、M100、M107、M109[⑤]。其中，小横山M10、M27、M107的图像位置未知，M8的仪卫图像在甬道第一层券门朝向墓室的一面（图二），庙山南朝墓图像在棺室侧壁，余下的皆在棺室前壁。根据小横山墓地的出土砖铭看，这类图像的名称为"左将军"和"右将军"。

（3）C类：头戴小冠、外着裲裆铠、内穿广袖袴褶。此类图像主要见于邓县南朝画像砖墓[⑥]、襄阳贾家冲画像砖墓[⑦]、襄阳麒麟清水沟南朝画像砖墓[⑧]。仪卫图像所处位置，除了邓县南朝墓砖券墓门（图三）发现一处外，其他大多分布在墓室内，或在砖柱上，或处在墓砖的端面。

（4）D类：头戴小冠、身着广袖袴褶，宽松肥大。南京东善桥砖瓦一厂南朝墓[⑨]、油

①　南京博物院：《江苏丹阳县胡桥、建山两座南朝墓葬》，《文物》1980年2期。

②　许志强、张学锋：《南京狮子冲南朝大墓墓主身份的探讨》，《东南文化》2015年4期。

③　南京博物院：《江苏丹阳胡桥南朝大墓及砖刻壁画》，《文物》1974年2期；南京市考古研究所：《南京栖霞狮子冲南朝大墓发掘简报》，《东南文化》2015年4期。

④　杭州市文物考古所：《浙江省余杭南朝画像砖墓清理简报》，《东南文化》1992年3、4期。

⑤　小横山墓地有关仪卫图像的标识有多种，既有含"将军"名称的砖铭，也有仅指示图像方位文字的，如"左下""右上中"等，但异名同实。参见杭州市文物考古研究所、余杭博物馆编著：《余杭小横山东晋南朝墓（上）》，文物出版社，2013年，63、74、82、114、142、189、206、217页。

⑥　陈达章：《河南邓县发现北朝七色彩绘画象砖墓》，《文物参考资料》1958年6期；河南省文化局文物工作队：《邓县彩色画象砖墓》，文物出版社，1958年，7页。

⑦　襄樊市文物管理处：《襄阳贾家冲画像砖墓》，《江汉考古》1986年1期。

⑧　襄阳市文物考古研究所：《湖北襄阳麒麟清水沟南朝画像砖墓发掘简报》，《文物》2017年11期。

⑨　南京市博物馆：《江宁东善桥砖瓦一厂南朝墓发掘简报》，《东南文化》1987年3期。

图一　金家村墓东、西壁仪卫

（采自《中国画像砖全集·全国其他地方画像砖》，图版8）

图二　小横山 M8 甬道口外西、东侧仪卫

（采自《余杭小横山东晋南朝墓下》，彩版三〇，3、4）

坊桥南朝画像砖墓^①、江宁胡村南朝墓^②、常州戚家村墓^③（图四）、小横山 M12^④、武昌东湖三官殿梁墓^⑤、黄陂横店南朝墓^⑥、福建南安丰州南朝墓^⑦、广西融安县南朝墓^⑧出土的仪卫图像均可归为此类。这些图像主要出现在甬道或棺室两侧，融安南朝墓还有部分图像位于砖砌祭台上。

从目前公布的资料看，A 类均出土于帝陵级别墓葬，砖室总长在 13 米以上，甬道内有两道石门。其主要特征是身着筒袖铠，御仗氛围浓厚。刘宋时期，筒袖铠是宫廷仪仗的重要装备，宋明帝刘彧曾以此赐给殷孝祖，"御仗先有诸葛亮筒袖铠帽，二十五石弩射之不能入，上悉以赐孝祖"^⑨。得此殊荣的还有王玄谟^⑩。B 类、C 类图像均出土于当地大型墓葬，砖室一般长在 5~9 米，参照南京地区南朝墓葬的分等^⑪，可知墓

图三　邓县南朝画像砖墓券门仪卫
（采自《中国出土壁画全集 5·河南》，
图 100、图 101）

---

① 南京市博物馆：《南京油坊桥发现一座南朝画像砖墓》，《考古》1990 年 10 期。

② 南京市博物馆：《南京市江宁区胡村南朝墓》，《考古》2008 年 6 期。

③ 常州市博物馆：《常州南郊戚家村画像砖墓》，《文物》1979 年 3 期。

④ 杭州市文物考古研究所、余杭博物馆编著：《余杭小横山东晋南朝墓（上）》，文物出版社，2013 年，92 页。

⑤ 武汉市博物馆：《武昌东湖三官殿梁墓清理简报》，《江汉考古》1991 年 2 期。

⑥ 黄陂县文化馆：《湖北黄陂横店南朝墓清理记》，《考古》1991 年 1 期。

⑦ 福建省文物管理委员会：《福建南安丰州东晋、南朝、唐墓清理简报》，《考古通讯》1958 年 6 期。

⑧ 广西壮族自治区文物工作队：《广西壮族自治区融安县南朝墓》，《考古》1983 年 9 期。

⑨ （南朝梁）沈约：《宋书·卷八六·殷孝祖》，中华书局，1974 年，2190 页。

⑩ （南朝梁）沈约：《宋书·卷七六·王玄谟》，中华书局，1974 年，1976 页。

⑪ 冯普仁：《南朝墓葬的类型与分期》，《考古》1985 年 3 期；韦正：《长江中下游、闽广地区六朝墓葬的分区和分期》，北京大学博士学位论文，2002 年，12、30、39 页；周裕兴：《南京南朝墓制研究》，《南京大学历史系考古专业成立三十周年纪念文集》，天津人民出版社，2002 年，311~330 页；王志高：《六朝帝王陵寝述论》，《南京晓庄学院学报》2004 年 3 期；王志高：《南京及周边地区六朝墓葬概观》，《南京学研究（第 1 辑）》，南京出版社，2020 年，41~64 页。

图四　常州戚家村墓仪卫
（采自《常州南朝画像砖墓多元信仰主题阅读》，封二，图三）

主具有较高的经济、社会地位。其主要特征是身着裲裆铠，这是当时将士所普遍穿着的服饰，如薛安都为鼓舞士气，"乃脱兜鍪，解所带铠，唯着绛衲两当衫，马亦去具装，驰奔以入贼阵。"[①] 甚至梁、陈时期的直阁将军也是"正直绛衫，从则裲裆衫"[②]。稍有区别的是，B 类在裲裆铠外，还有披膊、裙甲，相较于 C 类，其戎装色彩更重。D 类的情况稍显复杂，南京及附近地区除油坊桥南朝画像砖墓外，其他墓葬甬道内皆设有一道石门，表明墓主可能是王侯一级的高级贵族或官吏。余下地区墓葬砖室长度为 5～8 米，墓主身份应与 B 类、C 类相仿。此类人物身着的广袖袴褶，则流行于当时社会的各个阶层[③]。

但南朝墓葬使用仪卫图像的动机何在？服饰差别又代表了什么？这些更为深入的追问，并非苛求图像的细节所能解决，而应该从其他史料，尤其是图像的自名中寻找答案。南京狮子冲南朝大墓 M1、M2 出土的"直阁"由此显得重要，这类图像不仅出现的时间最早、等级最高，名称又可与文献互证，成为理解其他南朝墓葬使用仪卫图像的线索。

二、仪卫图像的渊源

首先需要说明的是南朝帝陵以直阁命名仪卫图像的原因[④]。这要从直阁在现实中的执掌上考虑。在南朝建康宫诸阁之中，以上阁最为重要，它是除宫墙、殿墙外，宫内第三道重要的门禁，是出入"禁中"的门；根据研究，其位置应当在云龙门和东中华

---

① （南朝梁）沈约：《宋书·卷七七·柳元景》，中华书局，1974 年，1984 页。

② （唐）魏征等：《隋书·卷一一·礼仪志六》，中华书局，1973 年，225 页。

③ 周晓薇、王菁：《三至九世纪流行的袴褶服与南北文化的融合》，《浙江社会科学》2011 年 1 期。

④ 张金龙先生认为南朝直阁将军有着固定的官品，胡晓明先生则认为南朝的直阁将军始终没有成为正式官职名称，而一直是官员的临时差遣，相比较而言，本文主要采信胡晓明的观点。参见张金龙：《南朝直阁将军制度考》，《中国史研究》2002 年 2 期；胡晓明：《南朝直阁将军再探讨》，《北京教育学院学报》2018 年 2 期。

门、神虎门和西中华门之间的两条道路北端,即太极东堂之东和太极西堂之西[①]。直阁或因宿卫上阁而得名。元嘉三十年(453 年)宋孝武帝刘骏"初置殿门及上阁屯兵"[②],有研究指出,直阁将军的设置应以此为标志,它始于元嘉三十年六月,统领殿门和上阁屯兵者,就是直阁将军,它的直接起因可能与宋文帝刘义隆因皇宫警卫疏漏被弑身亡有关[③]。可见设立直阁,目的在强化"禁中"的安全。

刘宋以后,又陆续出现"直后""直斋""直厢"等禁卫武官。有学者认为,这是根据直阁值卫地点和方位不同产生的变称[④],但其中尚有可申辩之处。《南齐书》卷七《东昏侯》:"直后张齐斩首送梁王。"[⑤]"直后",《梁书》作"直阁"[⑥],《建康实录》作"直后阁"[⑦]。由此,直后似为直后阁的简称,二者又可统称为直阁。但《梁书》中还是有大量"直后"的记载,并没有都称为直阁。值得注意的是《南齐书》卷五十一提供的信息,曰:"时少帝昏乱,人情咸伺事隙。欣泰与弟前始安内史欣时密谋结太子右率胡松、前南谯太守王灵秀、直阁将军鸿选、含德主帅苟励、直后刘灵运等十余人,并同契会。"[⑧]如果直后是直后阁,且可称为直阁,那么此处"直阁"是指哪一阁?为何将鸿选与刘灵运分开称呼,而不是采用同书卷四《郁林王》中"直阁将军曹道刚、周奉叔"一般连称的方式呢?实际上,直阁与直后等禁卫武官既不同名,也不同实,并且执掌也有轻重之分。

《南齐书》卷三十《曹虎》:"宋明帝末,为直厢……太祖为领军,虎诉勋,补防殿队主,直西斋……上受禅,增邑为四百户。直阁将军,领细仗主。"[⑨]从一般的宦途迁转逻辑看,曹虎在萧衍称帝后所领直阁将军的权重应当是要高于直厢与直斋的。《隋书》卷十二《礼仪志七》载:"梁武受禅于齐,侍卫多循其制。正殿便殿阁及诸门上下,各以直阁将军等直领。"[⑩]有学者据此认为,梁代直阁将军负责正殿便殿阁及诸门上下之直卫,为诸直卫之长[⑪]。其说可从。直厢等属于"诸直卫"的范畴,《南齐书》卷二十九载

① 陈苏镇:《东晋南朝建康宫"第三重宫墙"考》,《祝总斌先生九十华诞颂寿论文集》,中华书局,2020 年,329~342 页。另外,本文所涉及的"禁中""殿中"等概念,亦是参考陈苏镇先生的研究成果。

② (南朝梁)沈约:《宋书·卷六·孝武帝》,中华书局,1974 年,111 页。

③ 胡晓明:《南朝直阁将军再探讨》,《北京教育学院学报》2018 年 2 期。

④ 胡晓明:《南朝直阁将军再探讨》,《北京教育学院学报》2018 年 2 期。

⑤ (南朝梁)萧子显:《南齐书·卷七·东昏侯》,中华书局,1972 年,106 页。

⑥ (唐)姚察、姚思廉:《梁书·卷一六·张稷》,中华书局,1973 年,271 页。

⑦ (唐)许嵩:《张忱石点校·建康实录》,中华书局,1986 年,596 页。

⑧ (南朝梁)萧子显:《南齐书·卷五一·张欣泰》,中华书局,1972 年,884 页。

⑨ (南朝梁)萧子显:《南齐书·卷三〇·曹虎》,中华书局,1972 年,561 页。

⑩ (唐)魏征等:《隋书·卷一二·礼仪志七》,中华书局,1973 年,279 页。

⑪ 张金龙:《南朝禁卫武官组织系统考》,《史学月刊》2005 年 1 期。

周山图曾"转黄门郎，领羽林四厢直卫"①。而"厢"为太极殿之四厢，只是"殿中"的一组建筑，"宋元嘉世，诸王入斋阁，得白服帢帽见人主，唯出太极四厢，乃备朝服，自比以来，此事一断。"②直阁既为直卫之长，又在君主或当政者理政的太极东、西堂侧，担负着维护"禁中"安全的任务，南朝帝陵级别墓葬设置直阁图像的动机，可以从这一角度得到解释。

另有研究者指出，不仅宫中禁卫可称为直阁将军，一些高级官员和地方官员的署僚中也有直阁③，观察甚是细致。事实上，地方王国的防阁将军也是如此，"江左之制，禁卫有直阁将军，王国有防阁将军。"④《梁书》卷十八《昌义之》："（曹）武为雍州，以义之补防阁，出为冯翊戍主。"⑤昌义之担任的是雍州刺史曹武的防阁，不是直卫地方王国的殿阁。《南齐书》卷二十六《王敬则》："其夜，呼僚佐文武樗蒲赌钱，谓众曰：'卿诸人欲令我作何计？'莫敢先咨。防阁丁兴怀曰：'官祇应作耳。'"⑥丁兴怀作为王敬则的文武僚佐之一，担任的是防阁。这些事例，显示了在南朝中央禁卫系统影响下的地方或私人侍卫制度的进展。

这样看来，理论上很多仪卫图像都可以"直阁"为名，但为何小横山墓地是以"左、右将军"自名呢？有研究认为，"或许受墓葬等级所限，小横山两墓的宿卫武士只能冠以"将军"⑦，应是可以参考的观点。由于直阁并不是正式的官职，只是临时差遣性质，所以直阁一名的使用应不会受到太多的限制，然而一旦成为图像进入帝陵，并有了相关礼制规范，则必然会受到一定的约束。联系到小横山墓地出土了帝陵使用的大型羽人戏龙图像，却不见帝陵中常见的"竹林七贤与荣启期"壁画，表明小横山墓葬壁画的使用仍然遵守了一定规制。从这一层面看，小横山墓地着裲裆铠的"左、右将军"或也可以解释地方为规避礼制而对都城身着筒袖铠的"直阁"将军加以改造的结果。C类、D类图像本身没有自名，考虑到其使用等级较低、出现时间较晚，也可以视为各自为遵循制度，而以"直阁"为原型制造的大同小异的形象。

但令人感到费解的是，南京及周边地区仪卫图像大多出土在王侯及以上级别的墓葬，等级色彩鲜明，而其他地区显然大多只是地方豪族，该如何理解这种矛盾现象呢？这可能需要从都城建康的内部及与地方的关系上考虑。

---

① （南朝梁）萧子显：《南齐书·卷二九·周山图》，中华书局，1972年，543页。

② （南朝梁）萧子显：《南齐书·卷二二·豫章文献王》，中华书局，1972年，410页。

③ 胡晓明：《南朝直阁将军再探讨》，《北京教育学院学报》2018年2期。

④ （北宋）司马光等：《资治通鉴》，中华书局，1952年，4186页。

⑤ （唐）姚察、姚思廉：《梁书·卷一八·昌义之》，中华书局，1973年，293页。

⑥ （南朝梁）萧子显：《南齐书·卷二六·王敬则》，中华书局，1972年，486页。

⑦ 许志强、张学锋：《南京狮子冲南朝大墓墓主身份的探讨》，《东南文化》2015年4期。

三、仪卫图像的分布与相关问题

目前南京地区公布的南朝墓葬已有九十余座，但发现墓室壁画特别是仪卫图像的仅是凤毛麟角，且大都出土于帝陵及个别王侯级墓葬，这不太可能是墓葬艺术自然演变的结果，而像是由外部因素强制干预造成的。联系到南朝陵墓壁画可能诞生于南朝早期[①]，这使人想到当时的皇权强化和礼制重建。

南朝初期的皇权强化，始于刘裕时期宗王出镇的制度化，高潮则在宋孝武帝当政时期，他不仅通过改革官制、设置王畿等措施进一步加强了皇权，并鉴于文帝末年局势，开始极力削弱和限制宗室诸王。如录尚书事的废除与郢州、东扬州、湘州、南豫州、兖州、南兖州的设置，都属于孝武帝抑制宗室的内容[②]。史载，"孝建以来，抑黜诸弟，广陵平后，复欲更峻其科。"[③]

不仅如此，宋孝武帝对宗王婚丧吉凶等关系日常生活的礼仪规范也极为重视。"孝武嫌王侯强盛，欲加减削"，于是将江夏王刘义恭和竟陵王刘诞上表改革诸王车服制度的九条扩展至二十四条，其中涉及王侯的丧葬仪制，有如下规范："诸王子继体为王者，婚葬吉凶，悉依诸国公侯之礼，不得同皇弟皇子。"[④]明确指出宗室诸王的葬仪不得同于皇室制度。尽管目前关于刘宋墓葬制度仍不甚清晰，但就齐梁帝陵与诸侯宗王墓的发掘情况来看，墓葬装饰和题材应是王侯与皇室葬制差异的内容之一。《南齐书》录齐武帝萧赜诏言当时礼俗曰："三季浇浮，旧章陵替，吉凶奢靡，动违矩则。或裂锦绣以竞车服之饰，涂金镂石以穷茔域之丽。至斑白不婚，露棺累叶，苟相姱衒，罔顾大典。"[⑤]增饰"茔域之丽"是违背规制，"罔顾大典"的做法，可见当时砖刻壁画一类的墓室装饰确实是受到礼制规范的。

与此同时，萧赜诏言也提示了仪卫图像出现在王侯等墓葬的原因，即政权更迭带来的仪制缺失与漏洞，从而出现了逾制行为。尽管朝廷有时会派遣侍中、谒者监护丧葬事，但其出现并被记录在案，说明并不是常例。况且诸王平日既有"营造服饰，多违制

---

① 南朝陵墓壁画出现的时段尚存在争议，其争论的焦点便是西善桥宫山大墓的年代，主要有东晋末刘宋说等，然而从宫山大墓的平面形制、随葬器物以及各类花纹砖与砖印壁画来看，墓葬年代应在南朝中晚期，墓主很可能是废帝陈伯宗。另外，尽管目前南朝帝陵壁画最早见于南朝齐，但考虑到南朝礼制改革与陵墓石刻出现的时间，南朝帝陵壁画出现的时间也应更早。参见王志高：《简议南京西善桥"竹林七贤"砖印壁画墓时代及墓主身份》，《中国文物报》1998 年 12 期。

② 杨恩玉：《治世盛衰："元嘉之治"与"梁武帝之治"初探》，齐鲁书社，2009 年，132 页。

③ （南朝梁）沈约：《宋书·卷八二·沈怀文》，中华书局，1974 年，2104 页

④ （南朝梁）沈约：《宋书·卷一八·礼王》，中华书局，1974 年，522 页。

⑤ （南朝梁）萧子显：《南齐书·卷三·武帝》，中华书局，1972 年，57 页。

度"①；"玩弄羽仪，多所僭儗，虽咫尺宫禁，而上终不知"②的现象，因此在相对私密的葬事安排中违制使用画像花纹砖，也是可以想见之事。而除了逾制因素外，文献中也常见皇帝对重臣贵戚诏赐"东园秘器""殊礼"等内容。如梁右卫将军、东兴县开国侯郑绍叔卒后，"给鼓吹一部，东园秘器，朝服一具，衣一袭，凶事所须，随由资给"③。齐司徒褚渊薨逝，"给东园祕器"④。陈特进、金紫光禄大夫沈恪卒，"诏给东园秘器，仍出举哀，丧事所须，并令资给"⑤。有关画像砖与"东园秘器"等关系虽尚不明晰，但在观察南京地区画像砖墓的分布、传播时，或也是一个值得考虑的方向。以上大概就是仪卫图像在南京地区流布的历史背景。

　　而南京地区以外仪卫图像的发现，虽然显示出分散化的态势，但其分布仍可以大致划分为以襄阳为中心的长江中游区、以余杭为中心的吴兴郡和广义上的岭南地区。这些地区图像年代集中在南朝中晚期，与其区域势力消长呈现出正面相关的联系⑥。有研究者从地方豪族与建康的互动论述了余杭小横山墓地出土墓室壁画的可能⑦，也有研究者着眼于梁陈之际的人口迁徙和阶层变动，指出老牌贵族的没落和新豪族的崛起，是进入陈后常州、余杭等地发现画像砖的原因之一⑧。两种观点的阐述角度虽不一致，但均倾向于认为地方豪族的崛起是画像砖墓出现的重要背景。这无疑是正确的认识。

　　但就仪卫图像的分布来说，还有两点值得注意：一是图像等级的区域化。就小范围看，前揭南京地区是一处，小横山墓地也是一处。规模较大、等级较高的墓葬仪卫均是大型砖拼壁画，而规模较小、等级略低则是单幅模印画像。就大的范围看，南京地区王侯级别墓葬只是单幅模印画像，而余杭则采用了帝陵级别的大型砖拼壁画。可见当时建康的礼仪规制影响范围有限，即使在邻近的吴兴郡亦不适用。二是余杭、襄阳与南京地区仪卫图像的差异性。其中余杭与南京地区无论是单幅模印还是拼砌砖画都十分相似，如装饰铠甲、采用线刻形式等，而襄阳地区则显示出许多差异性。其中原因，除了各地

① （南朝梁）萧子显：《南齐书·卷四〇·庐陵王子卿》，中华书局，1972年，703页。

② （南朝梁）萧子显：《南齐书·卷二一·文惠太子》，中华书局，1972年，401页。

③ （唐）姚察、姚思廉：《梁书·卷一一·郑绍叔》，中华书局，1973年，210页。

④ （南朝梁）萧子显：《南齐书·卷二三·褚渊》，中华书局，1972年，430页。

⑤ （唐）姚思廉：《陈书·卷一二·沈恪》，中华书局，1972年，195页。

⑥ 有关这方面的研究成果颇多，举其要有何德章：《释"荆州本畏襄阳人"》，《魏晋南北朝史研究》，湖北人民出版社，1996年，191～199页；胡守为：《南朝岭南社会阶级的变动》，《中山大学学报（社会科学版）》2000年1期；赵丽云：《吴兴豪族的崛起与陈朝的建立》，《首都师范大学学报（社会科学版）》2007年1期。

⑦ 张学锋：《读〈余杭小横山东晋南朝墓〉札记》，《东南文化》2014年3期；刘卫鹏：《余杭小横山南朝画像砖的特点和地位》，《东方博物（第71辑）》，中国书店，2019年，24～42页。

⑧ 韦正：《南北朝墓葬礼制研究》，上海古籍出版社，2022年，148～151页。

图像粉本来源受制于地域因素外，可能也与不同地方与建康的互动方式有关。众所周知，襄阳豪族专事武力，他们虽可借助宗王出镇获得入直台阁的机会，但他们进入建康后同时亦注重襄阳地方的经营[①]。其乡里基础和双边兼顾的生存策略一定程度上帮助他们摆脱了对皇权的依赖，襄阳豪族在宋齐的几次沉浮和在梁的重新崛起，即是强证。而余杭所在的钱塘县等地，虽有像杜氏这样的武力豪强[②]，但其他见诸记载的如朱异、范述等大都以文学见长，他们对于皇权或者建康的依赖，显然要高于襄阳豪族。余杭、襄阳与南京仪卫图像的相似性差异，或也从一个侧面反映了二者与皇权或都城建康的这种依赖、疏离关系。

四、结　语

作为生者身后的居所，墓室装饰在很大程度上是对地面的模仿。由于自宋孝武帝之后，直阁一直作为直卫之长，在上阁维护着"禁中"的安全，这是南朝帝陵将直阁纳入墓室壁画的重要背景。而在追求尊卑有别的儒家政治理念下，婚丧吉凶等关系日常生活的礼仪规范受到当政者的空前重视，为此，他们制定了一套较为细密的等级规范。其结果是，流行于帝陵的直阁图像被改造成规格、服饰、名称有差但又大同小异的形象，出现在各地。另外，当政者对于丧葬礼制的规范，本是想在源头上对"逾制"行为进行有效控制，然而其影响区域却相当有限，以仪卫图像为代表的都城墓葬等级制度只有部分为地方所接受，这不仅与南朝时期中央与地方的互动模式有关，也为观察南朝国家权力干预社会生活的深度，提供了一个很好的视角。

Images of Guards of Honor in Portrait Stone Tombs of the Southern Dynasties and Relevant Issues

Gao Qinghui　Wang Zhigao

Abstract: By combing the literature, we know that Zhige General is named after "Zhiwei (guards on night duty) Shangge", responsible for guarding the "forbidden palace". That is why the guards of honor for the Emperor Mausoleum of the Southern Dynasties is named "Zhige

① 王永平、徐成：《东晋南朝时期襄阳豪族集团的社会特征》，《河南科技大学学报（社会科学版）》2010 年 2 期。

② 赵丽云：《吴兴豪族的崛起与陈朝的建立》，《首都师范大学学报（社会科学版）》2007 年 1 期。

General".There are strict restrictions on the use of images of guards of honor in the Nanjing area, But the influence area of this hierarchy is limited. The images of the guards of honor are popular in the imperial mausoleum and were transformed into similar images with different sizes, clothes, and names, appearing in many places.

Keywords: The Southern Dynasties; The guards of honor;Zhige; Spread

余杭庙山南朝墓的壁画布局与空间营造

张新泽

（中国人民大学历史学院，北京，100872）

摘要： 余杭庙山南朝墓作为一座发现较早的壁画墓，长期以来受到的关注较少，且原报告在图像内容辨识上存在对"凤凰""鹊尾式长柄香炉"的错判。在校正图像内容的基础上，在墓葬的空间情境中分析壁画整体设计，可知该墓壁画有意采用了反常的人物布局，构建了极具个性的僧人行香侍从、凤凰接引、墓主升往净土佛国的图像叙事。该墓的壁画布局和空间营造，反映了南朝后期兴盛的净土信仰，为观察南朝墓葬文化的发展变化提供了很好的视角。

关键词： 余杭庙山墓　壁画布局　空间　图像叙事

一、余杭庙山南朝墓概况

余杭庙山南朝墓，1987 年发现于浙江杭州余杭县闲林埠镇东北庙山西北坡，由杭州市文物考古所清理发掘，是一座方向北偏西 70° 的砖构单室券顶墓，平面呈"凸"字形，全长 7.6 米，分墓室和甬道两部分，墓室中部有砖砌棺床（图一）。该墓在形制上具有南朝墓葬中常见的墓壁外弧的特征，以后壁表现得最为明显。据发掘报告，墓葬被发现时已经盗扰，随葬品所剩不多，仅见盘口壶、青瓷碗、滑石猪、铜钱、铁剪等共 8 件[①]。总体而言，该墓中最值得重视的发现，当属分布在墓室壁面、顶部，沿券顶正中对称分布的模印拼镶砖画。

原发掘报告中将余杭庙山墓中的拼镶砖画按主题分作三类：人物、朱雀、莲花。其中，人物图像由多块模印有花纹的立砖、平砖拼镶而成，具体包括门吏武士、对谈二人、并列僧人三种题材，门吏武士两侧壁各一，对谈二人、并列二僧则每侧壁各见两组；报告识别为朱雀的图像，则由数块立砖拼成，除两侧壁东端以单体鸟形式出现外，大多以对鸟形式呈现，共计十八组，见于墓室侧壁及后壁（图二）；莲花图像若干，每

---

① 杭州市文物考古所：《浙江省余杭南朝画像砖墓清理简报》，《东南文化》1992 年 3、4 期，123～126 页。

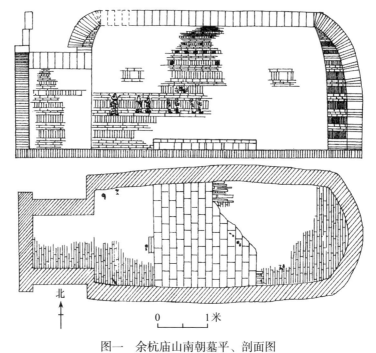

图一　余杭庙山南朝墓平、剖面图

（采自《浙江省余杭南朝画像砖墓清理简报》,《东南文化》1992 年 3、4 期，图一）

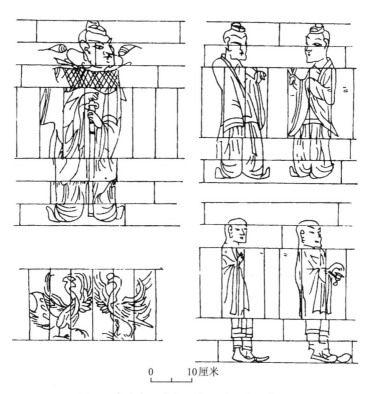

图二　余杭庙山南朝墓中的拼镶砖画摹本

（采自《浙江省余杭南朝画像砖墓清理简报》,《东南文化》1992 年 3、4 期，图二）

个以两块立砖拼成，大量集中分布于墓室上部券顶位置。这种以拼镶砖画装饰墓室的做法，大多见于建康地区及其周边的南朝墓葬中，尤以齐梁时期帝陵等级大墓中精致的大幅拼镶砖画为突出代表。原报告基于砖画的工艺、风格，结合墓室壁面外弧的特点，推断该墓的时代当在南朝晚期。

　　现已出土的众多南朝壁画墓[①]，大多墓室保存不甚完好，尤其是墓顶部分常见不同程度的坍塌，这便使得图像的整体组合和布局经常无法得到完整的呈现。余杭庙山墓虽遭盗掘，但墓室却难能可贵地得到了比较完整的保留，这就为从整体上研究该墓壁画系统的设计思路，探索其背后的思想观念提供了很好的条件。庙山墓中的画像，在艺术水平上自不能与建康地区帝陵等级墓葬中的砖画相及，不过其内容却颇具个性，出现的并列僧人、对谈人物等形象未曾见于其他南朝墓中，可能是为此墓专门定制；与此同时，庙山墓的图像布局规整、层次有序，可见其应经过精心的规划设计。综合而言，该壁画墓的情况十分值得关注。

　　然而，就既有的研究情况来看，余杭庙山墓的意义和价值尚未得到充分的重视。已有的涉及余杭庙山墓的研究，多是将其中的一些图像元素，比如僧人形象、武士形象、香炉等拆解出来单独纳入研究，如崔叶舟《试论鹊尾式长柄香炉的来源》一文在讨论南北朝时期的长柄香炉时援引了余杭庙山墓中的图像材料[②]；韦正[③]、吴桂兵[④]在讨论南朝墓葬中的佛教因素时将庙山墓中出现的僧人形象作为案例等。这些相关研究可从不同角度丰富我们对于庙山墓壁画的认识，但是它们也都将个别图像从庙山墓整体的图像空间原境中剥离了出来，隐去了"经营位置"方面的信息，因而难以直接推进对于图像具体内涵、意义的理解。近来，白炳权《拄刀守门与持刀侍佛——南朝墓葬拄杖人像的变迁》一文已对庙山墓的空间问题有所关注，提出墓室上部壁面装饰的朱雀、莲花分别构成天界、佛国景象，同时指出门吏武士图像所处位置在墓室侧壁，与常见情况差别较大，很难视为严格意义上的"门卫形象"[⑤]。不过，由于该文研究对象并不集中于庙山墓，且关注侧重于门吏武士图像，有关庙山墓壁画的整体讨论并未能进一步深入。

　　鉴于以上情况，本文试从余杭庙山墓整体的空间情境入手，结合与其他南朝壁画墓的对比分析，再对余杭庙山墓作专门探讨。值得说明的是，在 2010 年以前，浙江地区南朝壁画墓所见甚少，可与余杭庙山墓进行对比研究的材料基本集中在建康地区，至 2011 年，余杭小横山墓群被发现，该墓群中包括数十座画像砖墓，其资料的完整公布，

---

① 　在此，壁画取其广义，包括彩绘壁画、拼镶砖画、画像砖等各种形式的墓室壁面图像装饰。

② 　崔叶舟：《试论鹊尾式长柄香炉的来源》，《东南文化》2017 年 2 期，62 ~ 67 页。

③ 　韦正：《试谈南朝墓葬中的佛教因素》，《东南文化》2010 年 3 期，91 ~ 100 页。

④ 　吴桂兵：《中古丧葬礼俗中佛教因素演进的考古学研究》，科学出版社，2019 年，185 页。

⑤ 　白炳权：《拄刀守门与持刀侍佛——南朝墓葬拄杖人像的变迁》，《中国美术研究》2022 年 3 期，17 ~ 25 页。

为南朝墓葬图像研究提供了一大批新材料①，极大地扩展了问题探讨的空间。结合小横山墓群这一新发现，针对余杭庙山墓的图像研究可为我们通过墓葬研究南朝的丧葬思想演变提供更多的可能。

二、墓葬图像的识别和修正

首先需要说明的是，原发掘报告在对庙山墓部分图像内容的识别上，存在一些认识偏差。为保证图像解读的准确性，在对图像布局进行整体研究之前，有必要先对这些图像作重新识别，修正报告给出的认识。

其一，原报告将立砖拼砌出的对鸟形象，识别为四神中的"朱雀"，这一判断并不妥当。汉代以降，传统四神图像中的朱雀在墓葬中通常是独立表现，一般具有较强的方位秩序意义②，有时兼具祥瑞性质。庙山墓中大量出现的对鸟，既未在布局上表现出明确的方位属性，在表现形式上又与传统的朱雀图像不符，因此恐怕很难与朱雀联系在一起。2013年出版的《余杭小横山东晋南朝墓》报告中也注意到了庙山墓报告中对鸟图像识别的问题，指出其与朱雀在形象、结构上有一定差异，转而简单以"对鸟"称之③。实际上，若结合与南朝其他壁画墓中所见鸟图像的比对，我们是可以对庙山墓"对鸟"的身份作出较可靠的推定的。

从报告给出的摹本来看，庙山墓中的对鸟图像细节并不十分清晰，但仍可见左、右二鸟在形象上存在一定区别：一鸟头顶为一圆状鼓包；另一鸟头顶则为一扇状物。二者间的这一差异，对于我们把握其身份有重要意义。在常州地区戚家村④、田舍村⑤的两座南朝画像砖墓中，均有外形与庙山墓对鸟类似而表现更清晰的鸟形象发现，其典型特点是一只有冠，一只无冠。两墓的发掘报告均将有冠的鸟识别作"凤"，无冠的识别作"凰"（图三，1、3）。这一认识的正确性可从邓县画像砖墓中的"凤皇"榜题画像砖得

① 杭州市文物考古研究所、余杭博物馆：《余杭小横山东晋南朝墓》，文物出版社，2013年。

② 朱雀的方位秩序意义包括相对方位、绝对方位两方面：相对方位意义上指代前方（在二维平面上则一般指上方），《礼记·曲礼上》："行，前朱雀而后玄武，左青龙而右白虎"；绝对方位意义上指代南方，如《论衡·物势》载"东方，木也，其星仓龙也；西方，金也，其星白虎也；南方，火也，其星朱鸟也；北方，水也，其星玄武也。"引文见（清）孙希旦撰，沈啸寰、王星贤点校：《礼记集解》卷四《曲礼上》，中华书局，1989年，84页；（汉）王充著，黄晖撰：《论衡校释》卷第三《物势篇》，中华书局，1990年，150、151页。

③ 杭州市文物考古研究所、余杭博物馆：《余杭小横山东晋南朝墓》，文物出版社，2013年，341页。

④ 常州市博物馆：《常州南郊戚家村画像砖墓》，《文物》1979年3期，32～41页。

⑤ 常州市博物馆、武进县博物馆：《江苏常州南郊画像、花纹砖墓》，《考古》1994年12期，1097～1103页。

到验证——该砖画面中心的鸟形象与常州田舍村墓中的"凤"完全一致（图三，4）。近年新出的狮子冲南朝墓为一座帝陵等级的大墓，在其墓中石门楣线刻画像的上部，亦可见到表现极其精细的对鸟形象，同样可以有冠、无冠区分，其无冠者头顶唯见一凸起，此二鸟无疑也是凤与凰（图三，2）。以上诸多图像材料中，对凤冠的表现各有差异：戚家村墓中的凤冠形状近似鸡冠，这或许与《广雅》中记载"凤皇，鸡头燕颔，蛇颈鸿身"[1]有关；狮子冲墓、邓县学庄墓的凤冠后部细长如飘带；田舍村墓中的凤冠则似居于两种表现之间。由是可知，南北朝时对凤冠形态的想象并不固定，只是以冠之有无作为凤、凰之区别而已。综上所述，不难判断庙山墓中一鸟头顶简约以"扇形"表现的应即是凤冠，至于另一鸟头顶的圆状鼓包，可能意在表现"凰"头顶的凸起。

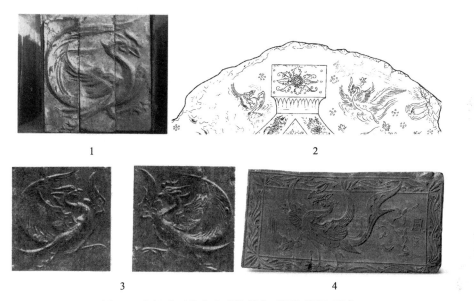

1

2

3　　　　　　　　　　　　4

图三　南朝壁画墓中出现的部分"凤""凰"形象

1. 常州田舍村墓"凤"形象　2. 狮子冲 M2 门楣石图像中的凤凰
3. 常州戚家村墓"凤"（右）、"凰"（左）　4. 邓县学庄墓"凤皇"榜题画像砖

（图片采自：1. 常州市博物馆、武进县博物馆：《江苏常州南郊画像、花纹砖墓》，《考古》1994 年 12 期，图版柒，4；2. 南京市考古研究所：《南京栖霞狮子冲南朝大墓发掘简报》，《东南文化》2015 年 4 期，图二十六；3. 常州市博物馆：《常州南郊戚家村画像砖墓》，《文物》1979 年 3 期，图一七、图一八；4. 中国国家博物馆官网，https://www.chnmuseum.cn/zp/zpml/kgdjp/202008/t20200824_247254.shtml）

　　凤凰是先秦已有的神鸟，据《尔雅·释鸟》："鶠，凤；其雌，皇。"杜预于下注凤凰为"瑞应鸟"[2]。以对鸟形式表现雄凤雌凰，既可表现祥瑞，又可强调阴阳和谐之意。凤凰在传统文化中还具有辅助升天升仙的功能，如刘向《列仙传》中萧史吹箫引凤，最

---

① （清）王念孙著，张其昀点校：《广雅疏证》卷第十下《释鸟》，中华书局，2019 年，879 页。
② （晋）郭璞注，周远富、愚若点校：《尔雅》卷十七《释鸟》，中华书局，2020 年，217 页。

终同其妻弄玉"皆随凤凰飞去"的故事①，即是广为流传的经典。但须说明的是，"凤凰"并非一贯有雄雌之意涵。如潘攀指出的那样，先秦文献中便很少见到对凤、凰在性别方面的区分②。如《山海经·南山经》中载"有鸟焉，其状如鸡，五采而文，名曰凤皇。首文曰德，翼文曰义，背文曰礼，膺文曰仁，腹文曰信。是鸟也，饮食自然，自歌自舞，见则天下安宁"③，其表述也是将"凤皇"作为一个独立个体。从文献角度来看，对凤、凰的雌雄区分观念，应当是在汉代逐渐兴起的。不过，即便汉代后的传世文献中也鲜见对凤、凰形象差异的说明，就此而言，南北朝时期的墓葬图像材料很好地补充了我们的认识。另外，从邓县画像砖墓中"凤皇"榜题画像砖只着重表现一鸟来看，更传统的独立"凤皇"观念和"凤""凰"二元观念，在南北朝时期应当是并行不悖的，前者相较之下更加强调凤作为百鸟之王的地位。

其二，对于庙山墓"二僧"图像中前一僧人手持的物件，原报告理解为"净水器皿"，该认识有误。如崔叶舟指正的那样，此器实应为鹊尾式长柄香炉④。庙山墓图像中僧人一手持香炉，一手作搓粉状，应是在向香炉中添加香料。类似的添香人物形象在南北朝时期的石窟艺术中亦可见，如巩县石窟1窟、4窟的礼佛图中即有刻画形象的实例。在敦煌莫高窟第203、314、334窟的经变画像中，还可看到包括鹊尾式长柄香炉在内的成套的香具（图四）。这种形式的长柄香炉是南北朝时期新兴的礼佛仪式法器，常用于

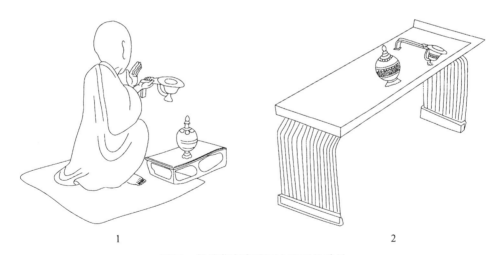

1　　　　　　　　　　　　　　　　　　2

图四　敦煌莫高窟壁画中出现的香具

1.莫高窟第314窟龛北供养香具　2.莫高窟第334窟供养香具

（采自王惠民：《莫高窟第276窟〈行香说偈文〉与道安的行香之法》，《敦煌研究》2009年1期，图1、图4）

① 王叔岷撰：《列仙传校笺》卷上《萧史》，中华书局，2007年，80页。

② 潘攀：《汉代神兽图像研究》，文物出版社，2019年，80页。

③ 周明辑撰：《山海经集释》卷一《南次三经》，巴蜀社，2019年，25页。

④ 崔叶舟：《试论鹊尾式长柄香炉的来源》，《东南文化》2017年2期，64、65页。

佛教的行香仪式中。目前已发现最早的此型香炉形象，见于炳灵寺 169 窟的西秦时期壁画中 ①。据魏洁、章鸿的研究，行香仪式按仪式行为可分为两种：跪坐式行香和行进式行香 ②。余杭庙山墓壁画中僧人的情况显然属于后一种情况——合掌行礼的僧人与持长柄香炉的僧人共同构成了行进式行香的组合。

三、墓室壁画的布局设计

在修正部分图像内容认识的基础上，根据报告给出的图像位置描述，可以大致对墓室壁画的布局情况整理如图五所示。

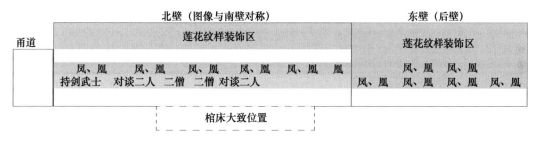

图五　余杭庙山墓壁画布局示意图

（笔者据报告自制）

不论侧壁还是后壁，莲花以外的图像均作两层排布。后壁的两排内容比较纯粹，均由凤、凰对鸟图像构成；侧壁的内容则相对丰富，人物图像集中出现在下层，上层则全部为凤、凰图像。值得注意的是：每侧壁的六组对鸟中，最后一组仅见单只鸟，报告说明其面向朝左，就北壁而言，该单鸟应为无冠的凰；另外，下层的人物图像大体只分布在墓室前半段，至于后半段则完全留白。这应当不是由于画像砖数量不足造成的结果：在墓壁的营造过程中，通过调整人物图像之间的间距，工匠完全可以将诸组人物匀称地分布在壁面上，就如上层的凤、凰一样，然而实际情况却完全没有这样做。对于这一现象，下一节中将再作具体讨论。

综合侧壁、后壁的情况，总体而言，在结构上可将墓室壁画从纵向上分出三个层次：第 1 层，由侧壁的世俗人物和后壁的凤、凰构成；第 2 层，由连续的数组凤、凰构成；第 3 层，是由大量莲花图像构成的墓顶部分。可以观察到，第 2、3 层的题材是单一的，唯在第 1 层中，题材出现了混合——世俗人物和作为神禽的凤凰并处于同一层位。

① 李力：《从考古发现看莫高窟唐代壁画中的香炉》，《1990 敦煌学国际研讨会文集：石窟考古编》，辽宁美术出版社，1995 年，300～307 页。

② 魏洁、章鸿：《以身度物：行香仪式对柄香炉形制秩序的影响》，《南京艺术学院学报（美术与设计）》2022 年 1 期，96～101 页。

这种在壁画下层混合世俗人物和仙人神兽的设计，在南朝墓葬中实际上颇为常见，可能是南朝一种流行的壁画布局方法，在南朝的邓县学庄墓①、襄阳贾家冲墓②、常州田舍村墓等壁画墓，乃至建康地区的帝陵等级大墓壁画中，都有类似的表现，关于该问题在此不作专门展开论述，仅以结构图示意（图六），以便与庙山墓的情况对照。概言之，这种布局设计的核心思想应是表现原属天上的仙人神兽降下，引导墓主完成向彼世的过渡。

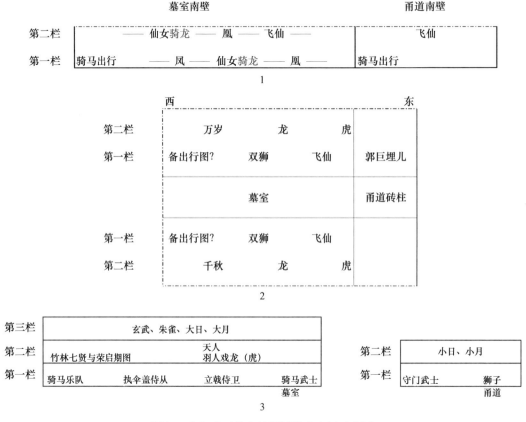

图六　南朝壁画墓中的题材混合布局示意图

1.常州田舍村墓壁画布局　2.襄阳贾家冲墓壁画布局　3.南朝帝陵等级大墓壁画布局

（笔者据各墓发掘报告自制。图中虚线表示其外部分为残缺）

尽管在分层的设计思路上，庙山墓的壁画和南朝其他壁画墓中常见的做法保持了一致，但与南北朝时期诸多壁画墓相比，庙山墓的壁画却又有极为特殊的情况：人物的方向基本均朝向墓内，就连门吏武士也不例外，只有对谈人物，由于二人相向，其中一人方才面朝墓门方向（图七）。在南北朝时期，无论南方、北方，通常只要墓葬壁画中存

---

① 河南省文化局文物工作队：《邓县彩色画象砖墓》，文物出版社，1958年。

② 襄樊市文物管理处：《襄阳贾家冲画像砖墓》，《江汉考古》1986年1期，16～32页。

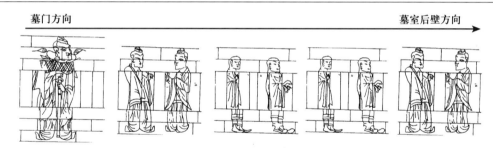

图七　庙山墓壁画人物面向示意图

（笔者自制）

在一致方向性，那么这个方向就是整齐向外的。这大体上反映了一种由墓室出发，开启向彼世旅途的思维。庙山墓的情况恰恰与一般通行的做法相悖。那么，这种在方向上的反常，是否会是工匠营建墓室时装反了两壁画像砖造成的意外结果呢？

对于这一问题，墓中拼镶画像砖上留下的"一""二""三"诸字样，为我们提供了一个观察的途径。如前已述，庙山墓的图像都是由多块单砖拼镶而成，这一点上与南朝帝陵中的大幅拼镶砖画保持了一致。在南朝帝陵等级大墓中，由于大幅砖画的拼合难度较大、操作复杂，为了组装便利，工匠往往会在拼镶画像砖侧留下铭文记号，如"右具张三""右天人上六""小日二"等，以便砌墓时对号入座。在庙山墓的画像砖中，也有类似的记号存在，见于画像砖有纹饰一侧。参考帝陵等级大墓中的情况，原报告认为，庙山墓的模印字样"显然"也是"在制作人物花纹砖的过程中，为拼砌方便"而留下的编号。然而，这里却存在两个关键疑点：第一，庙山墓中出现的铭记只有一至三，且内容只是简单的一个汉字，并不像帝陵等级墓葬中的画像砖编号那般成体系，似乎不能很好地起到辅助组装的作用；第二，庙山墓的铭记只出现在僧人、对谈人物图像的立砖上，且覆盖很不全面，特别是在用砖最多、最复杂的门吏武士图像上，反而没有任何标记，这一情况从便利组装画像的功能角度是难以理解的。

在此，不妨重新回到帝陵等级大墓中的拼镶砖画再作观察。对于南朝帝陵中拼镶砖画的工艺，耿朔曾作出过专门的研究，对于其编号系统尤有深入的认识。耿朔指出：南朝帝陵等级墓葬中画像砖上的数字铭记，均是按自墓门向后壁的方向从"一"开始依次编排的[1]。在余杭小横山墓群中的壁画墓内，我们也可以看到与南朝帝陵等级墓葬完全相同的画像砖编号方式（图八），可知这种编排在南朝墓葬中应是比较普遍的做法。以上情况反映出，在画像砖的编号背后，实际上隐含着明确的方向性。由此来看，似乎存在这样一种可能——余杭庙山墓中简单的标记，实际上并不是出于拼装必要，而是为了指示壁画人物的方向。

由临摹图可知，二僧图像上出现的数字标记是"二、一、二"，但从第一个僧人的

---

① 耿朔：《层累的图像：拼砌砖画与南朝艺术》，人民美术出版社，2020年，122～130页。

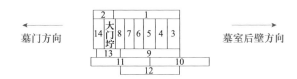

图八　余杭小横山 M8 墓室西壁吹笙飞仙画像砖组合局部编号

1. 吹生上第一　2. 吹　3. 吹生建六　4. 生吹生建五　5. 吹生建四　6. 吹生建三　7. 吹生建二　8. 吹生建一
9. 吹生下三第一　10. 吹生下中二　11. 吹生下中一　12. 吹生下第一　13. 吹笆（1/3 砖，无图案）　14. 直棂窗
（改自《余杭小横山东晋南朝墓》，62 页，图 9-3）

上衣线条判断，其身体左侧明显缺失了一块模印立砖，而这块所缺砖上原本很可能也有一个 "一" 在。如此还原，则组成二僧的立砖上的标记为 "一、二、一、二"，由于当时砌墓顺序是自墓门一侧开始，这些标记恰好可以帮助工匠确认各个人物的朝向。对谈人物画像砖上出现的 "一、二、三" 也是同理。

综上讨论，可以推断：庙山墓的图像规格较小、形象较少，且构成并不复杂，原本不必要有标记提示，只需现场比对即可，之所以加入编号，应是墓葬图像的设计者为了防止现场组墓的匠人弄错两壁画像的组合方向，将人物朝向拼反而刻意做出，以起到提醒作用。由是观之，墓葬壁画的设计者恰恰是在十分了解当时主流的做法是图像组合朝外的情况下，有意反常道而为之。可以说，人物向内的朝向正是余杭庙山墓特殊图像程式的重要组成部分。

四、余杭庙山墓的图像叙事

如彼得·伯克所指出的那样，一个时代的艺术家、观众 "对于过去的一系列画像比较熟悉，这一事实使画中不同于传统模式的哪怕是微小差异都增添了一定的意义"[①]，庙山墓布局朝向对传统的反背是值得特别关注的：墓中何以采用反常的朝向布置人物图像？图像之间、图像与墓室空间的互动如何？在此有必要更进一步探讨余杭庙山墓图像叙事的问题。

如白炳权注意到的那样，门吏、武士像，在南朝墓葬中一般位于墓门、甬道或墓室门壁两侧，在庙山墓中，武士却被转移到墓室两侧壁上。此外，庙山墓武士另一与众不同的表现在于，其视线是看向墓内而非墓门外。这便不免使得镇守墓门的意义表达被弱化。因此，白炳权提出庙山墓中的武士 "可能与佛教丧仪紧密联系，具有更浓厚的护持往生色彩"[②]，这一观点有其合理性。就空间角度而言，设计者将武士图像置于侧壁，这

---

① 〔英〕彼得·伯克著，杨豫译：《图像证史》，北京大学出版社，2008 年，35 页。

② 白炳权：《挂刀守门与持刀侍佛——南朝墓葬挂杖人像的变迁》，《中国美术研究》2022 年 3 期，19 页。

便使其与图像中其他一众人物发生了更紧密的关联：作为由外向内图像序列中的首位人物，武士的朝向和视线可以引导观者的目光，带领观者进入整个丧葬空间的图像叙事中。

武士之后，原报告作"对谈人物"的二人，除朝向相对外，动作也明显有别：里侧一人，手中持有一分叉状物，但由于图像比较简约，难以辨识具体为何。但从其后的僧人图像看，或为某种香料的可能。壁画中的四位僧人，为两组一人合掌、一人手持鹊尾炉的组合，如前所述，应是在进行"行进式行香"的仪式。关于行进式行香的具体情景，文献中不乏记录，如《大唐西域记》卷九中载："其南则有观自在菩萨立像。或见执香炉往佛精舍，周旋右绕"①，《邺中记》中一则木人礼佛的神奇故事中，则记到"又十余木道人，长二尺余，皆披袈裟，绕佛行，当佛前，辄揖礼佛；又以手撮香投香炉中，与人无异"②，可知行进行香仪式一般应是持香炉绕佛礼拜，其间手撮香料投入香炉。不过，上引文献所记的佛教行香，均是在礼佛之时，然而在墓葬空间里，并无佛教偶像，行香又是为何？

魏洁、章鸿根据《炉香赞》记载"炉香乍热。法界蒙薰。诸佛海会悉遥闻。随处结祥云。诚意方殷。诸佛现全身。南无香云盖菩萨摩诃萨"，提出"古人对柄香炉的物用观念源自对佛陀世界的模仿与想象，故而持香炉焚香诵经寄托神明，渴望以行香仪式遇见佛祖真身"③。这一认识颇具启发性。以行香令墓主得见诸佛、求得解脱，可能是庙山墓壁画中设置行香僧人形象的一个重要动机。

不过，南朝帝陵等级墓葬中的拼镶砖画还为理解行香提供了其他线索：在丹阳吴家村墓中的"羽人戏龙图""羽人戏虎图"中，引导龙、虎行进的羽人即一手持大棒仙草，一手持鹊尾炉（图九）④。壁画中生动地描绘了香气自炉中升起，斜飘向羽人身后的龙虎的场景。值得特别注意的是，画面中香气飘动的方向，与天上飞动的云气、莲花等事物所表现出的是截然相反的，此处显然是画家有意区别处理的结果，一方面可以突出羽人飞舞的动势，另一方面又可突出炉上香气与神兽的联系，强调其对神兽的诱引表现。由此细节可知，鹊尾香炉之香还应有诱导神兽的作用。从这一角度出发考量，庙山墓图像中行香的行为和人物行列上方、墓室后壁的凤凰，应当存在直接的有机联系——正是行香起到唤引凤凰降临的作用。就壁画来看，人物队列行进的去向，也正是后壁的凤凰。

---

①　（唐）玄奘撰著，（唐）辩机编次，芮传明译注：《大唐西域记译注》卷第九《那烂陀寺及其周近地区》，中华书局，2019年，639页。

②　（晋）陆翙撰，王云五主编：《邺中记·晋纪辑本》，商务印书馆，1937年，8页。

③　魏洁、章鸿：《以身度物：行香仪式对柄香炉形制秩序的影响》，《南京艺术学院学报（美术与设计）》2022年1期，96页。

④　须要说明的是，南朝帝陵等级墓葬中的壁画表现并不完全相同，如在丹阳金家村墓中的"羽人戏虎图"上，羽人伸向神兽的手掌即是空置的，并未握有鹊尾炉。

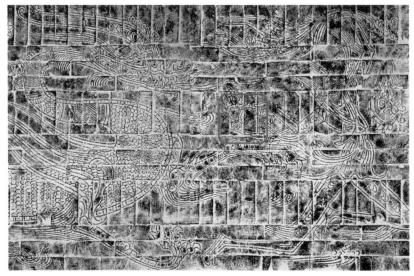

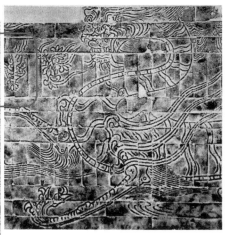

图九　丹阳吴家村墓砖拼壁画中的鹊尾炉
（改自姚迁、古兵编著，郭群影摄：《六朝艺术》，文物出版社，1981年，图一九一～图一九四）

须另外注意的是，在庙山墓的墓室空间中，僧人图像所处的位置，刚好在棺床两侧的壁面上，可与棺床对应（图五）。宋代程大昌的《演繁露》记载："东魏静帝尝设法会，乘辇行香，高欢执香炉步从，鞠躬屏气。按凡云行香者，步进前而周匝道场，仍自炷香为礼也。静帝，人君也，故以辇代步，不自执炉，而使高欢代执也。"①以程大昌之说，如人君这样地位高者礼佛可不必亲自执香炉行香。这一观点可以在巩县石窟保存的帝后礼佛图中得到验证（图一〇）：图像中心的皇帝并未亲持长柄香炉，而由一边站立的侍者代劳。在庙山墓这一丧葬空间内，墓主自是绝对的中心，是地位最高者，而棺床

①　（宋）程大昌撰，许逸民校证：《演繁露校证》卷七，中华书局，2018年，447页。

图一〇　巩义石窟 1 窟帝后礼佛图局部

（采自中国美术全集编辑委员会编：《中国美术全集·雕塑编 13 巩县天龙山响堂山安阳石窟
雕塑》，文物出版社，1989 年，41 页，图四八）

又是墓主不可见的灵魂所处位置的标识。在这种情况下，墓中的壁画布局可能暗示着墓主未以图像形式表现的灵魂正与僧人同处，而僧人行香则正是代表墓主行之。

　　僧人之后，世俗人物的行进队列最终由另一组对谈二人收尾，侧壁的图像在墓室略过半的进深上戛然而止。也即是说，实际表现出的人物队列并没有"抵达"后壁，参与葬礼的人们看到的是一幅部分"留白"的壁画。自后壁观之，此时，成群的凤凰已经"降下"；而在侧壁世俗人物上方，由凤凰构成的一层壁画以尽头单只的"凰（凤）"收尾，但朝向却是朝着墓门——既与壁画中人物队列的朝向相呼应，又与参与葬礼人们的视线相迎。概言之，壁画实际已然预示出画中队列最终将会抵达的去处。这样的图像设计，无疑能给观者留下充分遐想的空间，其重要内在优点是：在葬礼开始之时，图像的叙事尚处在一个"未完成态"——与之相匹配的是，行香的僧人们在壁画中的表现也是静态地驻足，似乎在等待着葬礼中墓主棺椁的送入和行程的正式开始。

　　那么，墓主最终的归宿究竟为何？对此，我们需要关注完全由莲花构成的墓顶。在花纹的使用上，庙山墓显然经过了有意识的挑选和设计：不见钱纹等当时流行于南朝墓葬中的其他花纹，而只采用和佛教直接相关的莲花，且莲花均集中于墓顶部。借由此，墓顶被转化为了佛教的佛国净土，也即墓主旅程的目的地。

当墓主的灵魂抵达后壁，凤凰将作为接引墓主升往净土的信使，辅助墓主完成最后的旅途。凤凰本就是中国本土信仰中与升天、登仙密切相关的神兽，在南北朝时期，佛教当是吸收了这一汉地传统形象。尽管在佛教文献中，凤凰被提及不多，但从图像材料，我们仍可得到直观的体会：在余杭小横山墓群的壁画墓中，可见多例头顶凤冠的凤鸟立于莲花之上、口衔莲花一支的图像（图一一，1），与之类似的形象在北魏洛阳时期的石棺线刻图像中也有发现[1]，推测其应当为六世纪前后于南北方新兴的墓葬图像题材。在净土信仰中，莲花是重要的接引信物，在《观无量寿经》对"九品往生"的描述中，多次直接提到"莲花接引"；敦煌发现的唐五代时期的引路菩萨像绢画中，接引亡魂往生净土的引路菩萨手持的标志物也正是莲花[2]。再结合小横山壁画墓中常与立莲凤鸟同见的莲花化生人物图像（图一一，2），应可确定，作为传统祥瑞形象的凤凰已经被融入了佛教净土信仰，获得了新的内涵。

图一一　余杭小横山凤鸟踏莲、莲花化生图像

1.余杭小横山 M7 凤鸟踏莲及宝轮画像　2.余杭小横山 M7 莲花化生图像

（采自《余杭小横山东晋南朝墓》，55、56 页，图 8-5、图 8-6）

---

① 黄明兰编著：《洛阳北魏世俗石刻线画集》，人民美术出版社，1987 年，48 页。

② 对于净土信仰中的往生观念和引路菩萨形象之讨论，可参见刘益民：《往生净土的象征——试论晚唐五代宋初煌引路菩萨像的起源》，《宗教学研究》2022 年 2 期，133～138 页。

综上讨论，余杭庙山墓的壁画设计巧妙地构建了完整的叙事：从侧壁表现队列行进、僧人行香、凤凰汇集，到后壁表现凤凰降下、墓主被接引，再到墓顶表现莲花净土之最终归宿。这一整个旅程都在墓葬壁画塑造出的分层空间内完成。相较于同时代的墓葬壁画，在内容表达上强调将死者灵魂"送出"墓室，去往仙界或天界，庙山墓转而选择将彼岸的净土搬入墓内，在表达上开始强调"迎入"，代表了一种与众不同的叙事设计模式。这种模式的出现，应当与佛教信仰观念在南北朝后期进一步进入墓葬，挑战、冲击汉文化传统的生死观有关。

五、结　语

南北朝时期，无量寿信仰在南方率先盛行[1]。在公元六世纪后，死后托生西方无量寿佛净土的愿望广泛流行于南、北方，影响力日盛[2]。随着佛教净土信仰逐渐深入人心，其相关元素也开始慢慢进入这一时期墓葬中，与传统的墓葬内容发生交融，并得到越来越多的表现[3]。余杭庙山墓的壁画布局与设计，须要放到这一大的时代背景下来理解。庙山墓壁画塑造的墓主灵魂旅行，一反传统地将全过程都勾勒于墓室之内，甚至将净土佛国直接搬到了墓室中，以此直接明确地表达归处，背后折射出的是受到新兴信仰激发的创造活力。

应当说明的是，庙山墓在墓葬中营造佛国的做法，并不是南朝墓葬中的孤例。如韦正指出的那样：在梁代，诸多宗室王及高级官员的墓葬都采用大量莲花纹砖营建墓室，而非选择使用内容丰富的壁画作为装饰[4]。结合近年的发现来看，不独高等级墓葬，在余杭小横山墓群中，M7、M8、M10、M117、M119等诸多墓葬也可见类似的以大量莲花装饰墓室的做法，这些墓中即便存在少量天人、神兽形象，亦往往不构成完整叙事，仅作点缀装饰而已。这样的现象与对净土佛国的信仰应当不无关系，或许有将墓室整体转换为净土佛国的用意。

① 宿白：《南朝龛像遗迹初探》，《中国石窟寺研究》，生活·读书·新知三联书店，2019年，212~247页。

② 北朝的造像记可以反映出这一趋势，相关研究参见侯旭东：《佛陀相佑——造像记所见北朝民众信仰》，社会科学文献出版社，2018年，187~195页。

③ 李星明：《南朝墓葬中的莲花化生图像与弥陀净土信仰》，《丝绸之路研究辑刊（第5辑）》，社会科学文献出版社，2020年，25~54页。

④ 韦正：《历史巨变的地下投影》，《将毋同：魏晋南北朝图像与历史》，上海古籍出版社，2019年，193页。

The Mural Layout and Spatial Creation of the Southern Dynasty Tomb in Miaoshan Yuhang

Zhang Xinze

Abstract: The Southern Dynasty tomb in Miaoshan is an earlier discovered brick tomb with portraits, which has received relatively little attention for a long time. The original excavation report of this tomb misjudges the images of Phoenix and Magpie-Tail-Handled Incense Burner in the mural. Based on correcting image content recognition, by analyzing the overall design of the mural in the spatial context of the tomb, it can be seen that the tomb mural intentionally adopts an abnormal character layout, thus constructing a highly personalized image narrative. The mural layout and spatial design of the tomb reflect the flourishing belief in Pure Land in the later period of the Southern Dynasty, providing a good perspective for observing the development and changes of the Southern Dynasty tomb culture.

Keywords: The Southern Dynasty tomb in Miaoshan; Mural layout; Space; Image Narrative

墓志文献所见北魏夫妻合葬习俗研究

谷天旸[1, 2]　张国文[3]　宋国定[4]

（1. 中国科学院古脊椎动物与古人类研究所中国科学院脊椎动物演化与人类起源重点实验室，北京，100044；2. 中国科学院大学人文学院考古学与人类学系，北京，100049；3. 南开大学历史学院考古学与博物馆学系，天津，300350；4. 北京联合大学考古研究院，北京，100191）

摘要： 墓志文献内容保留了墓主人身份及家族关系的丰富信息，通过与文献史料记载相互佐证，一定程度上对研究当时的丧葬习俗具有重要意义。山西大同和河南洛阳地区发现有大量北魏时期的墓志，为研究当时的丧葬习俗，探讨夫妻合葬制度提供了重要的实物资料。基于对北魏夫妻合葬墓志文献的解读与分类研究，并结合文献史料与合葬墓的考古发现，从合葬行为发生时间的角度进行考察，初步认为北魏合葬墓中既有由一次葬或二次迁葬而形成的同时合葬，也存在大量的异时合葬现象，印证了文献中对北朝"启墓合葬"及"迁葬合葬"的记载；此外，合葬墓志内容在一定程度上也反映了夫妻双方在家庭关系中的不同地位。本文将出土墓志内容、文献史料和考古背景资料相互结合，将对研究北魏时期的夫妻合葬习俗，理解北魏先民接受汉文化和不断汉化的过程大有裨益。

关键词： 北魏　墓志文献　合葬习俗

合葬，在由血缘关系维系的宗族社会中，是夫妻家庭意识增强和小家庭地位提升在丧葬上的一种具体表现，是对一段时间内夫妻关系、宗族家庭制度、丧葬礼俗、政治经济状况等多方面问题的反映。北魏时期流行夫妻合葬，除对考古发现的合葬墓进行直接研究外，墓志、碑刻、墨书题记等出土文字内容中也保留了大量有关墓主身份及家族关系的信息，通过与文献史料记载进行比对，很大程度上可以作为研究当时丧葬习俗的一项重要佐证。

学界目前从墓志角度探索北魏合葬习俗的相关研究数量相对较少。张承宗在考察魏晋南北朝时期的合葬墓志的基础上，归纳出北魏墓葬中"启墓而合葬"和"移葬不同坟"的习俗①。司晓洁通过对北朝夫妻合葬墓中墓志形制、字体样式、摆放位置等进行比对，认为墓志的情况能够反映出墓主在家庭、婚姻中的地位，以及女性在婚姻中他者地位的依赖和归属性②。总体来说，目前对北魏墓志中"夫妻合葬"相关信息的解读和利用仍不够深刻、全面，有待进一步深入挖掘。

在此基础上，本文拟通过对北魏合葬题材墓志的内容进行解读与分类研究，并结合相关文献史料，从合葬行为发生时间的角度探讨其具体做法，以期对当时夫妻合葬习俗的研究有所补益。本文的主要研究对象为墓志资料，包括石质墓志、砖铭、葬具文字（棺木漆皮文字、石椁铭刻）等，其中绝大多数为随墓葬发掘而出土的，但可能也存在少量无出土信息而仅在书籍中有所著录的情况。

一、涉及合葬题材的北魏墓志出土概况

（一）分 布 地 域

从地域上来看，北魏夫妻合葬墓志集中出土于山西大同、河南洛阳两地，河北、山东、陕西等地也有少量发现，这与北魏墓志的区域分布情况基本一致。

使用墓志是中原地区较为流行的丧葬习俗。迁洛前，北魏墓志主要出土于平城地区，由于拓跋鲜卑族的墓葬中基本没有使用墓志的习惯，因此这些墓志的主人大多为汉人或受汉文化影响较深的其他民族；而迁洛以后，受到孝文帝的诏令限制，已经迁往洛阳的人们无故不能归葬回平城，因此平城地区北魏后期的墓志使用更为稀少，而洛阳地区墓志的使用则愈加普遍，除汉人之外，墓志也受到更多拓跋鲜卑人，即那些汉化程度更深的皇室贵族成员的青睐③。因此，北魏时期的出土墓志或书迹对研究当时夫妻合葬习俗有一定意义，也是北魏丧葬习俗受到汉文化影响、不断汉化的见证。

（二）北魏合葬墓志的统计与分类

通过对截至2015年已发表的北魏时期墓志530余方进行分类统计，共发现与"夫妻""合葬"等题材相关的墓志60方，约占北魏墓志总数的1/10，根据其内容大概可分为四类（图一）：

①　张承宗：《魏晋南北朝夫妇合葬习俗考》，《扬州大学学报（人文社会科学版）》2010年1期，87～95页。

②　司晓洁：《北朝女性墓志考古学研究》，郑州大学博士学位论文，2018年。

③　刘连香：《民族史视野下的北魏墓志研究》，文物出版社，2017年。

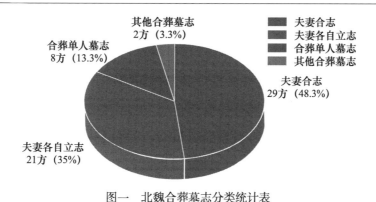

图一　北魏合葬墓志分类统计表

1. 夫妻合志

即夫妻二人共享 1 方墓志，墓志中有"合葬、合窆、并葬"等明确词汇，表明其为合葬墓的，此类下有 29 方，约占合葬题材墓志总数的 48.3%。

此类夫妻合志以北魏延兴六年（476 年）《陈永并命妇刘夫人墓志》①和北魏神龟二年（519 年）《元腾暨妻程法珠墓志》（图二）②等为代表，在志文题目和内容中均包含夫

图二　《元腾暨妻程法珠墓志》
（引自赵万里：《汉魏南北朝墓志集释》）

---

① 殷宪：《北魏平城砖瓦文字简述》，《山西大同大学学报（社会科学版）》2009 年 1 期，38～41 页。

② 赵超：《汉魏南北朝墓志汇编》，天津古籍出版社，2008 年，109 页。

妻二人的家世及经历，分别对夫妻生卒年月及丧逝原因进行详细描述，并表明为夫妻合葬。夫妻合葬共享一方墓志，此种做法可能为二人入葬时间相近时所采用，抑或是后亡者去世合葬时所补立的。

2. 夫妻各自立志

即夫妻同穴或异穴合葬，但各自有墓志的，此类下有 11 对夫妻共 21 方[①]，约占 35%。

此类以北魏延兴四年（474 年）《钦文姬辰墓志》和北魏太和八年（484 年）《司马金龙墓志》[②]为代表，虽为合葬，但夫妻仍各自立志，分别详述个人生平与家世渊源。部分夫妻墓志虽分开，但共享一志盖，如永熙三年（534 年）李翼及夫人崔徽华的墓志（图三）[③]。此类墓志多见于夫妻异时合葬或迁葬的同时合葬墓。

图三　《李翼墓志》

（引自中国社会科学院考古研究所河北工作队：《河北赞皇县北魏李翼夫妇墓》，《考古》2015 年 12 期）

---

① 山东临淄北朝崔氏夫妻合葬墓中出土崔鸿及张玉怜的 2 方墓志，其中崔鸿葬于北魏孝昌二年（526 年），而张玉怜葬于东魏天平四年（537 年），故后者墓志未纳入统计。参见山东省文物考古研究所：《临淄北朝崔氏墓》，《考古学报》1984 年 2 期，221 ~ 244、282 ~ 289 页。

② 山西省大同市博物馆、山西省文物工作委员会：《山西大同石家寨北魏司马金龙墓》，《文物》1972 年 3 期，20 ~ 33、64、89 ~ 92 页。

③ 中国社会科学院考古研究所河北工作队：《河北赞皇县北魏李翼夫妇墓》，《考古》2015 年 12 期，64 ~ 77 页。

3. 合葬单人墓志

即单人墓志，但志文内容表明其为合葬的，此类下有 8 方，约占 13.3%。

此类墓主多为女性，如正光二年（521 年）《宣武帝贵嫔司马氏墓志》[①]、神龟二年（519 年）《高祖孝文皇帝贵人高照容墓志》[②]，为皇帝嫔妃死后祔葬；又如正光三年（522 年）《辛凤麟夫人胡显明墓志》（图四）[③] 等，志文提及其死后与先君合葬，通常也为异时合葬墓或祔葬墓。

图四 《辛凤麟妻胡显明墓志》
（引自王天庥：《北魏辛祥家族三墓志》，《文物季刊》1992 年 3 期）

4. 其他合葬墓志

此类下有 2 方，约占 3.3%。根据其墓志内容或墓葬出土情况，推测墓主有父子、母子等亲属关系。

此外，还有约 45 方墓志内容提及墓主妻子家世等信息，但未明确是否合葬，虽无明确的夫妻合葬指征，但相较于多数北魏墓志而言，此类简要描述了墓主夫人的宗族、

① 赵超：《汉魏南北朝墓志汇编》，天津古籍出版社，2008 年。

② 朱亮主编：《洛阳出土北魏墓志选编》，科学出版社，2001 年。

③ 王天庥：《北魏辛祥家族三墓志》，《文物季刊》1992 年 3 期，80～86 页。

家世及生育情况，也可作为研究当时宗族、夫妻、家庭关系的一项参考依据。

从上述墓志的内容来看，夫妻合葬墓志（即前三类）共有 58 方，约占北魏时期合葬墓志总数（60 方）的 96.7%，占有相当比例，说明夫妻合葬在当时是十分流行的埋葬方式。上述具体墓志信息见附表一。

二、出土墓志所见北魏夫妻合葬习俗

根据墓志记载，北魏时期夫妻合葬墓之间的入葬顺序和时间略有不同，可由此将其分为同时合葬和异时合葬两类，其中同时合葬又可分为夫妻同时亡逝并完成合葬，与夫妻先后亡逝迁葬合葬两种情况。

（一）同 时 合 葬

同时合葬，即多名合葬成员均在同一时间完成合葬，整个过程中墓葬仅开启、使用一次，依合葬者死亡时间的差异又可具体分为一次葬和二次葬（迁葬）两种。

1. 一次葬

此类即为夫妻二人同时或相继死亡，于是同时葬入一座墓穴之中，这种情况虽发生的概率较低，但在出土墓志的记载中却有实例。以大同东郊的魏元公元淑墓为例，此为夫妻同时合葬。据墓志记载，元淑先逝，卒于正始四年（507 年）十月，而其妻卒于正始五年（508 年）三月，二人的死亡时间相近，于永平元年（508 年）十一月一并合葬在白登之阳（今马铺山南）①。元淑墓墓室内设一椁二棺，与墓志所载情况相同。

相似的情况如北魏正光三年（522 年）《张卢暨妻刘法珠墓志》所载，张卢正光三年三月卒于京师，行年八十又三，而后"夫人慈孝，老而弥笃，临终明悟，不忘妇道，行年八十，同月而殂"，因此二人得以同时合葬于瀍涧之东②。

除夫妻二人相继自然死亡外，据《魏书》记载，部分一次葬的同时合葬中可能还存在少量妻子为夫殉葬的现象，且这种做法得到了上层统治者的支持，可能是早期拓跋鲜卑旧俗的延续。不过，相应记载均年代较早③，此后这类习俗在文献中则基本不见。但

---

① 大同市博物馆：《大同东郊北魏元淑墓》，《文物》1989 年 8 期，57~65 页。

② 赵超：《汉魏南北朝墓志汇编》，天津古籍出版社，2008 年。

③ 《魏书》卷三四《王洛儿传》：北魏永兴五年（413 年），"太宗亲临哀恸者数四焉。乃鸩其妻周氏与洛儿合葬。"800 页；北魏泰常元年（416 年），《魏书》卷二九《叔孙建传》附《叔孙俊传》："初，俊既卒，太宗命其妻桓氏曰：'夫生既共荣，没宜同穴，能殉葬者可任意。'桓氏乃缢而死，遂合葬焉。"参见魏收：《魏书》，中华书局，1974 年。

由于此类夫妻短时间相继死亡或同时死亡的情况实属巧合，故而，目前所见绝大多数同时合葬墓应为迁葬所致。

2. 二次葬（迁葬）

同时合葬并不意味着合葬者均为同时死亡，实际还存在如迁其前亡者遗体与后亡者合葬至一处，或将先后死亡的多人重新合葬至一处等其他情况，由于合葬行为的全过程仅在后亡者死后完成，故也属于同时合葬。此类迁葬同时合葬墓在当时较为常见，北魏墓志中对这种葬俗有多处记载。

前者以石家寨司马金龙墓为例，墓主夫妇二人虽同棺合葬，但各有一方墓志[①]。据墓志记载，姬辰先于延兴四年（474 年）去世，间隔十年之久，到了太和八年（公元484 年）司马金龙才与之合葬。因墓中同时出土有司马金龙寿砖，故该墓应该是太和八年前后司马金龙去世时建造的，墓葬建成后又将先逝的妻子姬辰迁葬至此，与之完成同棺合葬之礼。显然，此墓为一座典型的夫妻异时去世的迁葬同时合葬墓。

后者如出土于河北赞皇的李翼夫妇合葬墓，该墓为同穴双棺合葬，据墓志记载：李翼卒于建义元年（528 年）河阴之变，其妻崔徽华孝昌三年（527 年）卒于洛阳，当时即已分别入葬，时隔多年后又于永熙三年（534 年）归葬故郡，重新合葬于永宁岗。夫妻二人虽各自立志但共享志盖，且志文最末列"永熙三年"与前文字体有异，疑为补刻所致[②]。又如杨机及妻梁氏的墓志所载，梁氏与杨机分别卒于普泰二年（532 年）、永熙二年（533 年），后于东魏孝静帝天平二年（535 年）三月廿七日，由王法标等将其"迁附于阌口之右，飞山之东北，去洛阳七十里"。故而上述两墓亦为迁葬合葬墓。

（二）异 时 合 葬

在自然死亡的状态下，即使是关系很亲近的夫妻也极难做到同时去世，因而，前述同时合葬的情况一般较为罕见，或更常见于早期墓葬之中。而另一种分批次入葬的异时合葬方式似乎更符合情理，在实际考古发现中也较为多见。

异时合葬，即合葬者之间死亡和下葬的时间不同。一般需要提前营造好墓室，合葬成员依照其各自的死亡时间分批次入葬，整个过程中墓室需要开启、使用多次，合葬行为并非在同一时间完成，有别于上文所讨论的同时合葬。

---

① 山西省大同市博物馆、山西省文物工作委员会：《山西大同石家寨北魏司马金龙墓》，《文物》1972 年 3 期，20 ~ 33、64、89 ~ 92 页。

② 中国社会科学院考古研究所河北工作队：《河北赞皇县北魏李翼夫妇墓》，《考古》2015 年 12 期，64 ~ 77 页。

北朝时期有"启墓而合葬"的习俗，这在北魏墓志中也有所体现，如齐郡王元祐及齐郡王妃常氏墓志所载：元祐神龟二年葬于北邙之旧茔，四年后常氏薨，正光四年"启齐王之墓而合葬"（图五）[①]。河北赞皇李仲胤夫妇墓中，夫妻二人为各自立志，据志文记载，墓主人李仲胤先逝并较早下葬，而夫人邢僧兰的下葬时间与其相隔长达27年，显系异时合葬。发掘过程中所见的甬道封门墙底部及上部用砖颜色、砌筑方式的差异，以及2方墓志摆放朝向的不同，均可能与"启墓合葬"行为相关[②]。此外，也存在少量合葬墓的墓志中仅提及男性墓主的情况，如和平二年（461年）安乐子梁拔胡墓、太和元年（477年）宋绍祖墓[③]，虽实为夫妻合葬墓，但墓志或壁画题记内容较为简略，仅涉及男性墓主的信息。这种情况也应属于异时合葬，可能是由于墓志为男性墓主先丧时所

图五　《齐郡王妃常氏墓志》
（引自赵万里：《汉魏南北朝墓志集释》）

①　赵超：《汉魏南北朝墓志汇编》，天津古籍出版社，2008年。

②　中国社会科学院考古研究所河北工作队：《河北赞皇县北魏李仲胤夫妇墓发掘简报》，《考古》2015年8期，75～88页。

③　仝家湾M9朱书题记内容为："大代和平二年岁在辛□三月丁巳朔十五日辛未□□（散）骑常侍选部□□安乐子梁拔胡之墓"，宋绍祖夫妇墓墓铭砖内容为："大代太和元年岁次丁巳幽州刺史敦煌公敦煌郡宋绍祖之枢"，两墓均为夫妻合葬，但题记内容只涉及男性墓主的相关信息。参见山西省考古研究所、大同市考古研究所：《大同市北魏宋绍祖墓发掘简报》，《文物》2001年7期，19～39页；《山西大同南郊仝家湾北魏墓（M7、M9）发掘简报》，《文物》2015年12期，4～22、97、98页。

记，但待女性墓主逝世与之合葬时却并未一并补全信息。

因北魏后期已迁都洛阳，故异时合葬中涉及归葬故郡或旧都平城与否的两种情况。归葬平城者，因夫妻二人死亡时间不同，后亡者虽薨于洛阳，但仍需要随前亡者迁葬回平城，如正始元年《城阳宣王拓跋忠及妃司马妙玉墓志》所载，城阳宣王早逝，太和四年既已先葬于平城祖茔，而此后相隔数十年，其妻司马氏妙玉于景明五年才在位于洛阳清明里的家中去世，于是按照当时迁葬的习俗将其灵柩移至代都平城，与其夫一同合葬在永固白登之阳①。可见在拓跋忠去世之后，其妻虽已迁洛，但死后仍随夫归葬平城。关于迁洛后南迁之人及家属如何合葬的问题，《魏书》记载孝文帝诏令中有较为明确的规定：若夫先葬代北（旧都平城），而妇丧于洛阳，则妇人应从夫归葬代北；若妻葬代北，夫死于洛，则不必以尊就卑归葬旧都。而户属其余诸州者，可自行决定是否迁葬②。出土墓志资料基本印证了当时对迁葬合葬的这一规定。

不过，后亡者归葬原籍时还可能遇到另一种情况，即若彼时已不便启墓合葬，则需要在附近另立新坟，即形成了北朝时期的另一种合葬习俗，即"移葬不同坟"。如河北曲阳出土的正光五年韩贿妻高氏墓志写道："侯有宿志，故不同坟。虽在世为异，良合古典，镌石图文，永不湮坠。"③志文解释了高氏与韩贿合葬时没有同穴而葬的原因，表明这种现象当时虽然较为少见，但符合古代的传统。这段志文对合葬现象的解释也说明夫妻先后亡逝而启墓合葬的习俗在当时是较为流行的。此类合葬墓，因入葬时间先后不同，应该也多是夫妻各自立志。

（三）夫妻未能合葬

北魏时期流行夫妻合葬，不过出土墓志中也反映了部分女性死后并未与夫合葬的现象。北魏迁洛后亡逝的，若因各种原因未能归葬平城，夫妻二人则只得分别各葬一处。此类如元郁（伏生），元郁于太和十五年（491年）早逝，其妻慕容氏随后于熙平元年

---

① "薨于洛阳清明里第"，"粤十一月甲辰朔六日己酉，谨惟周典改岁迁兆，阖窆于代都永固白登之阳阿。"参见殷宪：《〈魏故城阳宣王（拓跋忠）墓志〉考》，《中国国家博物馆馆刊》2014年3期，76～83页。

② "迁洛之人，自兹厥后，悉可归骸邙岭，皆不得就茔恒、代。其有夫先葬在北，妇今丧在南，妇人从夫，宜还代葬。若欲移父就母，亦得任之。其有妻坟于恒、代，夫死于洛，不得以尊就卑；欲移母就父，宜亦从之；若异葬亦从之。若不在葬限，身在代丧，葬之彼此，皆得任之。其户属恒、燕，身官京洛，去留之宜，亦从所择。其属诸州者，各得任意。"参见魏收：《魏书》，中华书局，1974年，527、528页。

③ 郑绍宗：《河北曲阳发现北魏墓》，《考古》1972年5期，33～35、72～75页。

（516年）与之合葬，夫妻二人的墓志①在平城地区被发现。但他（伏生）的另一位妻子舆龙姬的砖志却单独出土于洛阳②，应为其在元郁薨后迁洛，但死后因身份低微或没有子嗣等诸多原因，未能随夫归葬平城所致。

此外，则有和平元年《毛德祖妻张智朗石椁铭刻》中记载其为毛德祖之妻，但死后并未与之合葬③。毛德祖泰常八年（423年）入魏，时年五十九岁，张氏仅三十一岁，为老夫少妻。张氏享年六十八岁卒于大代和平元年（460年），此时毛德祖应已亡逝多年④。二人未得合葬，究其缘由，可能与夫妻二人的年龄和去世时间相差较远，彼时已不易再行开启前亡者墓葬等原因相关。

北朝时期，还存在前后多次婚娶者与妻合葬较少的情况⑤。这类习俗，在魏书中亦有相关记载，认为"多次娶妻者，合葬于礼不合，无需同穴"，《魏书》列传第五十四、第九十二中都有记载，青州刺史崔光韶、定州刺史魏子建等均认为自己多次娶妻，合葬于礼相背，嘱托子孙待其死后不必与先亡之妻合葬⑥。

三、合葬葬俗产生的原因及其所反映的夫妻家庭关系

基于对北魏时期合葬墓出土墓志及文献史料的解读，从合葬行为发生时间的角度进行考察，北魏合葬墓中既有由一次葬或二次迁葬而形成的同时合葬，也不乏异时合葬的现象。

（一）合葬习俗产生的原因

首先是同时合葬，其中夫妻相继亡逝、同时入葬的一次葬所见甚少，且年代较多集中于北魏早期。结合考古发现可知，北魏早期夫妻同棺合葬的形式较为流行，客观上要求二人在相同或相近时间去世并同时下葬，势必造成殉葬风气的一时盛行，这种习俗应是对代北拓跋鲜卑族旧俗的沿袭、保留⑦。

---

① 王连龙：《新见北魏〈济阴王元郁墓志〉考释》，《古代文明》2010年4期，77~82、112页。

② 郭培育、郭培智主编：《洛阳出土石刻时地记》，大象出版社，2005年，32页。

③ 殷宪、殷亦玄：《北魏平城书迹研究》，商务印书馆，2016年，119~123页。

④ 持志、刘俊喜：《北魏毛德祖妻张智朗石椁铭刻》，《中国书法》2014年7期，120~123页。

⑤ 谢宝富：《北朝婚丧礼俗研究》，首都师范大学出版社，1998年，189~191页。

⑥ "吾既运薄，便经三娶，而汝之兄弟各不同生，合葬非古，吾百年之后，不须合也。"（列传第五十四）；"吾生平契阔，前后三娶，合葬之事，抑又非古……如此足以，不必祔合。"（列传第九十二）。参见魏收：《魏书》，中华书局，1974年。

⑦ 张国文、谷天旸：《山西大同地区北魏合葬墓研究》，《考古》2023年9期，2、100~114页。

其次，与上述一次同时合葬相比，二次葬的迁葬合葬，多次开启墓室、分批次入葬，抑或是同茔异穴的异时合葬习俗，既能实现时人对夫妻"没亦同穴"和"魂归故里"的美好愿景，且于情于理都较为合适，在实际操作中也并无太多困难，因此这几种合葬习俗到北魏中后期仍然十分常见，也影响到之后历朝历代的丧葬礼俗。

北魏时期的墓志及史料中也记载了一部分夫妻未能合葬的情况，究其缘由，一方面是二者死亡时间相差甚远，或死亡地点不同，在这种情况下再行合葬费时费力，于是便不再强求，仅在墓志中著录原因即可；另一方面，则与北魏时期婚丧嫁娶等风俗习惯有关，当时的婚姻制度带有明显的民族特色，婚姻关系较为自由，且妇女的家庭社会地位较高，因而当时一夫一妻现象成风①。时人受到"从一而终"等思想的影响，故部分多次娶妻者并未与妻子合葬。

此外，北朝时期墓志中与"合葬"相关的一些表述在一定程度上也反映了当时人们对夫妻合葬的看法。西魏华山郡主元氏墓志铭中写道："合葬非古，始自周公，式镌玄石，传之不穷。"北齐元子邃的墓志铭记载："古无合葬，诗有同穴，先后几何，夫妻并灭。"②他们认为合葬并非自古就有，而是始于周公，并赋予了合葬一定的感情色彩，是夫妻二人之间的一种特殊的丧葬处理方式。时人将对夫妻"死而同穴"的美好期许刻石流传，也反映了鲜卑人对中原汉人礼俗的了解和学习，是丧葬习俗汉化的一种体现。

（二）合葬所反映的夫妻家庭关系

通过对北魏时期的夫妻合葬墓志进行分类、比较，可以推测当时在选择合葬方式的倾向性上存在一定规律，尤其是在夫妻各自立志的情况中更为明显。

夫妻二人先后死亡的情况下，若丈夫先亡，则妻子死后通常会在其已有墓穴的基础上完成"启墓合葬"，或在同一茔域内另设墓穴祔葬；若妻子先亡并入葬，则通常会在丈夫死后重新营建墓穴，并迁其妻子遗骸、遗物与之完成合葬。

统计发现，夫妻二人中丈夫先亡的情况较为常见，如李仲胤及夫人邢僧兰墓、齐郡王及妃常氏墓，或在墓志中对"启墓"行为有明确记载，或在墓室中遗留有二次开启的迹象，均为异时合葬墓。除此之外，部分墓志虽对合葬方式的描述较为模糊，但较多表达中含有"（将）合葬于……（丈夫）之穴（神陵、神兆）"等字眼，由此也可推测其大概率亦是"启墓合葬"。此类以高猛及夫人长乐公主元瑛的墓志为代表，元瑛虽贵为孝文帝之女、皇室公主，其死后仍要合葬于先亡的"司空文公之穴"③。而妻子先亡的情况

①　阎晓磊、黄红霞、杨兴香：《论北魏的婚姻法律制度》，《山西大同大学学报（社会科学版）》2016年1期，39~44页。

②　赵超：《汉魏南北朝墓志汇编》，天津古籍出版社，2008年。

③　黄吉军、黄吉博：《北魏高猛及夫人元瑛墓志浅释》，《中原文物》1996年1期，94~96页。

则较为少见，以司马金龙墓、杨机墓和李翼墓为代表，墓志记载或考古发现均证实上述墓葬为丈夫死后所建，即迁葬的同时合葬墓。

如上述规律确实存在，则可以由夫妻合葬墓志的内容管窥当时的夫妻家庭关系，认为合葬往往是以男性墓主为核心的丧葬行为，女性则大多处于从属或依附的位置。此外，孝文帝对南迁贵族、士人及家属如何合葬的规定中，也明确了若先后丧于两地，妇人宜从夫合葬，而丈夫则不必以尊就卑迁葬故都、故郡，这也能够体现夫妻二人在合葬问题上的地位不尽相同。

进而也可推知，尽管北魏时期婚姻关系相对自由，女性拥有一定的社会地位，但在夫妻家庭关系中仍然存在明显的"男尊女卑"现象，且这一点在北魏夫妻合葬墓志中有所体现。

四、结　　论

北魏中后期，夫妻合葬成为了盛行一时的丧葬习俗，墓志中对此也有大量记载。这既体现了其在入主中原后对汉人墓葬及丧葬习俗的效仿和自我改进，也是在当时重视夫妻家庭亲情、强化血缘关系这一社会思想背景下，人们表现夫妻亲密感情，展现婚姻幸福、家庭美满的意愿和诉求的一种表现。

本文以北魏时期夫妻合葬题材的墓志资料为研究对象，通过对其进行分类、比较研究，深入剖析了当时夫妻合葬中启墓合葬、迁葬合葬的习俗，并尝试分析这些合葬方式产生的原因，及其背后所反映的夫妻家庭关系。通过将出土墓志内容与文献史料、考古发掘资料相互对照，应对当时夫妻合葬习俗的研究有所补益。

附记：本文是国家社科基金冷门绝学研究专项学者个人项目"汉唐时期鲜卑融入中华文明的考古学综合研究"（项目编号：23VJXG032）阶段性成果。

附表　北魏夫妻合葬题材墓志统计表

序号	墓主人身份	葬埋时间	公元纪年（年）	葬埋地点	墓主关系
夫妻合志					
1	万纵□及妻樊	太延二年四月九日	436	—	夫妻
2	陈永并命妇刘夫人	延兴六年六月七日	476	山西大同	夫妻
3	元弼（扶皇）	太和二十三年九月二十九日	499	河南洛阳	夫妻
4	城阳宣王及妃司马妙玉	正始元年十一月六日	504	山西大同	夫妻
5	李蕤	正始二年十二月廿四日	505	河南洛阳	夫妻
6	奚智	正始四年三月十三日	507	河南洛阳	夫妻
7	元淑	永平元年十一月十五日	508	山西大同	夫妻

序号	墓主人身份	葬埋时间	公元纪年（年）	葬埋地点	墓主关系
8	王文爱及妻	熙平元年三月四日	516	—	夫妻
9	王遵敬并妻薛氏	熙平元年九月八日	516	—	夫妻
10	元郁（伏生）	熙平元年八月十四日	516	山西大同	夫妻
11	兰幼标	熙平元年十一月廿二日	516	河南洛阳	夫妻
12	赵盛及夫人索氏	熙平二年二月廿三日	517	河南洛阳	夫妻
13	元腾暨妻程法珠	神龟二年十一月九日	519	河南洛阳	夫妻
14	李叔胤夫人崔宾媛	神龟二年四月十二日	519	河北元氏	夫妻
15	刘滋	正光元年十一月十五日	520	河南洛阳	夫妻
16	叔孙协	正光元年十一月三日	520	河南洛阳	夫妻
17	封魔奴	正光二年十月廿日	521	河北景县	夫妻
18	张卢暨妻刘法珠	正光三年三月廿三日	522	河南洛阳	夫妻
19	奚真	正光四年十一月廿七日	523	河南河阴	夫妻
20	刘篡	正光四年十二月廿一日	523	河南洛阳	夫妻
21	王节	正光五年五月十二日	524	河南洛阳	夫妻
22	张问	孝昌元年十一月八日	525	河南洛阳	夫妻
23	吴高黎	孝昌二年正月十三日	526	河南洛阳	夫妻
24	宁懋暨妻郑氏	孝昌三年十二月十五日	527	河南洛阳	夫妻
25	长孙盛	普泰元年三月二日	531	河南洛阳	夫妻
26	张玄	普泰元年十月一日	531	山西蒲坂城	夫妻
27	长孙季	太昌元年十一月十八日	532	河南洛阳	夫妻
28	石育暨妻戴氏	永熙二年十一月二十五日	533	河南洛阳	夫妻
29	王悦及妻郭氏	永熙二年	533	河南洛阳	夫妻
夫妻各自立志					
1	钦文姬辰	延兴四年十一月二十七日	474	山西大同	夫妻（女）
2	司马金龙	太和八年十一月十六日	484	山西大同	夫妻（男）
3	杨文弘	建元四年（以后）	482	陕西略阳	夫妻（男）
4	杨文弘妻姜太妃	正始元年十一月十八日	504	陕西略阳	夫妻（女）
5	元简	太和二十三年三月	499	河南洛阳	夫妻（男）
6	元简常妃	—	—	河南洛阳	夫妻（女）
7	李仲胤	正始四年三月一日	507	河北赞皇	夫妻（男）
8	李仲胤夫人邢僧兰	永熙三年二月壬申十九日	534	河北赞皇	夫妻（女）
9	辛祥妻李庆容	永平三年十二月十七日	510	山西太原	夫妻（女）
10	辛祥	神龟三年四月三十日	520	山西太原	夫妻（男）

续表

序号	墓主人身份	葬埋时间	公元纪年（年）	葬埋地点	墓主关系
11	高道悦	神龟二年二月廿日	519	山东德州	夫妻（男）
12	高道悦妻李氏	神龟二年二月廿日	519	山东德州	夫妻（女）
13	齐郡王元祐	神龟二年二月廿三日	519	河南洛阳	夫妻（男）
14	齐郡王妃常氏	正光四年二月廿七日	523	河南洛阳	夫妻（女）
15	高猛	正光四年十一月二日	523	河南洛阳	夫妻（男）
16	高猛夫人元瑛	孝昌二年三月七日	526	河南洛阳	夫妻（女）
17	杨机妻梁氏	普泰二年二月十三日	532	河南洛阳	夫妻（女）
18	杨机	永熙二年八月五日	533	河南洛阳	夫妻（男）
19	李翼	永熙三年二月七日	534	河北赞皇	夫妻（男）
20	李翼夫人崔徽华	永熙三年二月七日	534	河北赞皇	夫妻（女）
21	崔鸿	孝昌二年九月十七日	526	山东临淄	夫妻（男）
合葬单人墓志					
1	宋绍祖	太和元年	477	山西大同	男
2	王琚妻郭氏	永平四年十一月己酉	511	河南洛阳	女
3	元遥妻梁氏	神龟二年八月	519	河南洛阳	女
4	孝文帝贵人高照容	神龟二年	519	河南洛阳	女
5	宣武帝贵嫔司马氏	正光二年二月廿二日	521	河南洛阳	女
6	辛凤麟夫人胡显明	正光三年六月十三日	522	山西太原	女
7	韩贿妻高氏	正光五年十一月三日	524	河北	女
8	张夫人殷伯姜	孝昌元年八月十二日	525	河南洛阳	女
其他					
1	元寿妃魏氏	正始四年八月十六日	507	河南洛阳	母子
2	贾瑾	普泰元年十月十三日	531	山东长山	父子

注：万纵□及妻樊、王文爱及妻、王遵敬及妻薛氏墓志出土信息不明，志文在赵超《汉魏南北朝墓志汇编》等书籍中有所著录；元简常妃墓志仅余志盖，志阙，年月等信息缺失。

A Study on the Customs of Joint Burial of Couples in Northern Wei Dynasty as Seen in Epitaph Documents

Gu Tianyang　Zhang Guowen　Song Guoding

Abstract: The content of the epitaph retains a wealth of information about the tomb owner, which is of great significance to the study of funeral customs through corroboration with historical materials. Many epitaphs of the Northern Wei Dynasty have been found in Datong (Pingcheng) and Luoyang, which provide essential materials for studying funeral customs and exploring the joint burial system of couples. Based on the interpretation and classification of the epitaphs, combined with the historical documents and the archaeological findings, and from the perspective of the time when the joint burial occurred, it is preliminarily believed that there were not only simultaneous burials formed by primary burial or secondary relocation but also a large number of burials in batches, which confirms the records in the literature about "Open the tomb to be buried together" and "combined burial of relocation". In addition, the content of coburial epitaph also reflects the different status of husband and wife in the family relationship. By combining the contents of the unearthed epitaphs, historical documents and archaeological background information, this paper will greatly benefit the study of burial customs among couples and provide a deeper understanding of the process by which the ancestors embraced Han culture during the Northern Wei Dynasty.

Keywords: Northern Wei Dynasty; Epitaph documents;Custom of the joint burials

张掖西城驿遗址彩陶化学组成和岩相分析

郁永彬[1]　陈国科[2]　崔剑锋[3]

（1.国家文物局考古研究中心，北京，100013；2.甘肃省文物考古研究所，兰州，730015；3.北京大学考古文博学院，北京，100871）

摘要： 本文对甘肃张掖市西城驿遗址一至三期文化层出土的 67 件彩陶样品进行了化学组成和显微结构分析。结果表明：西城驿遗址马厂类型晚期、西城驿文化和四坝文化各类型彩陶钙和镁的含量均普遍较高，夹砂陶矿物组成与风成黄土比较接近，推测陶工可能使用红黏土或红黏土掺和一定比例的黄土制作陶器；在马厂类型进入河西走廊后，彩陶手工业在西城驿文化时期发生了变化。本文还结合考古新发现及研究新成果，讨论了彩陶手工业变化与社会背景之间的联系。

关键词： 西城驿遗址　青铜时代　彩陶　制陶工艺　岩相分析

一、引　言

　　西北地区是中国彩陶出现时间较早的地区之一，从新石器时代老官台文化，一直到青铜时代的四坝文化均有出土。中外学者关于中国彩陶文化的研究已取得较多结果，基本认定其传播方向是自东向西的[①]。与此同时，不少科技工作者对这一地区彩陶进行了检测分析。20 世纪 60 年代，Sundius 注意到甘肃地区的黄褐色彩陶比河南仰韶村出土的红色彩陶具有较高的 CaO 含量[②]。1964 年，周仁等指出甘肃彩陶标本高 CaO 含量特征明

---

① 安特生：《中华远古之文化》，文物出版社，2011 年；苏秉琦：《关于仰韶文化的若干问题》，《考古学报》1965 年 1 期，51～82 页；严文明：《甘肃彩陶的源流》，《文物》1978 年 10 期，62～76 页；李水城：《半山与马厂彩陶研究》，北京大学出版社，1998 页；韩建业：《"彩陶之路"与早期中西文化交流》，《考古与文物》2013 年 1 期，28～37 页。

② Nils Sundius. Some Aspects of the Technical Development in the Manufacture of the Chinese Pottery Wares of Pre-Ming Age. *Bulletin of the Museum of Far Eastern Antiquity*, 1961, (33): 103-124.

显不同于黄河流域中下游出土的仰韶陶片[①]。1982 年中国硅酸盐学会主编的《中国陶瓷史》[②]和 1998 年李家治主编的《中国科学技术史·陶瓷卷》均指出[③]，甘肃马家窑文化彩陶样品普遍具有较高的 CaO 和 MgO 含量，而其他地区彩陶中的钙镁含量相对较低。90年代，马清林等研究了甘肃新石器到青铜时代多个遗址陶器的制作工艺，尝试通过化学分析探讨不同时期陶器的制作工艺变化及成因[④]。2012 年，洪玲玉等运用化学组成分析探讨了不同地区马家窑文化彩陶是否存在贸易的问题，认为马家窑彩陶存在区域间的交换[⑤]。

　　甘肃地区经检测并已发表的彩陶有老官台文化、前仰韶文化、仰韶文化半坡类型、庙底沟类型、马家窑文化石岭下类型、马家窑类型、半山类型、马厂类型、齐家文化、四坝文化、辛店文化、寺洼文化和沙井文化等，"过渡类型"的彩陶尚未见诸报道。"过渡类型"遗存在武威皇娘娘台 1957 年和 1975 年的发掘中已被发现[⑥]。在张掖西城驿遗址 2010～2015 年度发掘中，得到大面积揭露，并被命名为"西城驿文化"，其主要分布在河西走廊，西达东天山地区[⑦]。西城驿遗址文化层可分为三期：一期为马厂晚期遗存，年代为距今约 4100～4000 年；二期遗存文化内涵丰富，年代为距今约 4000～3700 年；三期为四坝文化遗存，年代为距今 3700～3600 年，下限可至 3500 年前后[⑧]。西城驿遗址彩陶数量较多，施红色或黄白色陶衣，绘黑彩，部分为紫彩，个别为红彩；图案主要有菱形网纹，倒三角网纹、对三角纹、折线纹、弧边三角纹、棋盘格纹、蜥蜴纹等。为从制作工艺的角度研究西城驿文化彩陶，及探讨西城驿遗址马厂晚期—西城驿文化—四坝文化彩陶手工业技术与社会提供了珍贵材料。鉴此，本文拟对西城驿遗址出土彩陶进

① 周仁、张福康、郑永圃：《我国黄河流域新石器时代和殷周时代制陶工艺的科学总结》，《考古学报》1964 年 1 期，1～28 页。

② 中国硅酸盐学会：《中国陶瓷史》，文物出版社，1982 年。

③ 李家治：《中国科学技术史·陶瓷卷》，科学出版社，1998 年。

④ 马清林、李现：《甘肃古代各文化时期制陶工艺研究》，《考古》1991 年 3 期，263～272 页；马清林、苏伯民、胡之德、李最雄：《甘肃秦安大地湾遗址出土陶器成分分析》，《考古》2004 年 2 期，86～93 页。

⑤ 洪玲玉、崔剑锋、陈洪海：《移民、贸易、仿制与创新——宗日遗址新石器时代晚期陶器分析》，《考古学研究·九》，文物出版社，2011 年，325～345 页。

⑥ 甘肃省博物馆：《甘肃武威皇娘娘台遗址发掘报告》，《考古学报》1960 年 2 期，53 页；甘肃省博物馆：《武威皇娘娘台遗址第四次发掘》，《考古学报》1978 年 4 期，421 页。

⑦ 李水城：《"过渡类型"遗存与西城驿文化》，《早期丝绸之路暨早期秦文化国际学术研讨会论文集》，文物出版社，2014 年，9～21 页；陈国科、王辉、李延祥：《西城驿二期遗存文化性质浅析》，《早期丝绸之路暨早期秦文化国际学术研讨会论文集》，文物出版社，2014 年，22～33 页。

⑧ 甘肃省文物考古研究所等：《甘肃张掖市西城驿遗址》，《考古》2014 年 7 期，3～17 页。

行检测分析研究，为深入认识甘肃地区新石器到青铜时代彩陶技术发展和演变提供更多的科学依据，具有重要意义。

二、样品与方法

（一）样 品 选 择

西城驿遗址位于张掖市甘州区明永乡东北部，东距黑水河 10 千米。2010～2015 年，甘肃省文物考古研究所等单位对该遗址进行了 6 个年度的发掘，出土了大量的陶器、玉石器以及动、植物遗存和冶铸遗存等。本文选取 67 件西城驿遗址一至三期文化层出土彩陶样本进行检测分析，其中第一期（马厂晚期）选取 15 件，包括粉砂泥质 3 件、夹砂 1 件、夹细砂 4 件、泥质 7 件；第二期（西城驿文化）选取 37 件，包括粉砂泥质 17 件、夹砂 10 件、泥质 10 件；第三期（四坝文化）选取 15 件，包括粉砂泥质 5 件、夹细砂 6 件、泥质 4 件。样品类别及特征详见表一。

（二）化学成分分析

本文使用北京大学考古文博学院的日本 Horiba 公司生产的 XGT-7000 型 EDXRF 测定样品胎体的化学组成。仪器测试条件是：X 入射线光斑直径 1.2 毫米；X 光管管电压 30 千伏；X 光管管电流 0.029 毫安；数据采集时间为 120 秒。采用国家土壤标准物质 GSS-4，共分析了 Na、Mg、Al、Si、K、Ca、Ti、Mn、Fe 等元素，其均以氧化物表示。所测部位均为陶胎新鲜断面，因此检测结果主要反映彩陶胎体中黏土的化学组成及其含量。测试结果详见表一。

（三）显微结构分析

陶器岩相分析能够提供羼合料来源、加工工艺、陶器功能等方面的信息[1]。这种分析方法是由岩石薄片岩相分析发展而来，利用偏光显微镜观察陶器胎体的显微结构。陶器岩相分析首先要选择典型陶器样本，对样本进行磨片处理，制成厚度为 0.03 毫米的光薄片；再利用尼康 LV-100N-POL 偏光显微镜观察光薄片，识别薄片样品的偏光显微特征，包括陶衣与陶胎的结构、夹杂物（羼合料或陶土夹带的颗粒物）的主要种类及形状、黏土基质、孔洞大小和分布等，再对薄片样品的特征进行量化统计与分析，进而探讨其所反映的考古学文化信息。

---

① Stolman, J.B. The role of petrography in the study of archaeological ceramics. *Earth Sciences and Archaeology*, New York: Plenum Publishers, 2001: 297-326.

表一　西城驿遗址陶器化学组成的均值和标准差

遗址地层	编号	类别	样品特征	Na₂O	MgO	Al₂O₃	SiO₂	K₂O	CaO	TiO₂	MnO	Fe₂O₃
西城驿一期（马厂晚期）	T0301H40：2	粉砂泥	黑彩无衣，绘网格纹	1.00	5.46	13.48	57.91	2.01	9.79	0.74	0.17	9.42
	T0301H40：3	粉砂泥	黑彩无衣，绘平行纹	1.17	3.58	12.52	66.70	2.33	4.77	0.58	0.11	8.24
	T0301H40：8	粉砂泥	黑彩红衣	0.99	4.91	16.79	60.33	3.54	4.00	0.54	0.20	8.69
	T0202H58③：6	夹砂	黑彩无衣	1.08	4.54	13.81	61.91	2.84	6.43	0.61	0.17	8.62
	T0202H58③：1	夹细砂	黑彩红衣，橙黄胎	1.02	2.91	15.34	64.52	3.21	6.39	0.40	0.04	6.00
	T0202H58③：3	夹细砂	黑彩，橙黄胎	0.98	3.67	18.70	59.94	3.70	4.64	0.56	0.10	7.72
	T0202H58③：4	夹细砂	黑彩无衣，橙黄胎	0.97	4.69	17.79	59.09	3.18	4.20	0.61	0.14	9.32
	T0202H58③：5	夹细砂	黑彩，橙黄胎	0.99	3.43	19.31	59.53	3.88	4.22	0.55	0.12	7.95
	T0301H40：1	泥质	黑彩红衣，橙黄胎	0.99	5.38	17.73	59.80	3.64	2.93	0.51	0.15	8.87
	T0301H40：5	泥质	黑彩红衣，绘交叉条带状	1.01	5.15	18.49	60.39	3.51	2.46	0.44	0.12	8.41
	T0301H40：6	泥质	黑彩红衣	0.95	5.02	18.95	60.89	4.07	2.01	0.46	0.11	7.54
	T0301H40：7	泥质	黑彩红衣	0.92	6.52	18.87	55.93	4.06	3.92	0.48	0.13	9.02
	T0202H58③：2	泥质	黑彩红衣，绘三条带状彩	1.03	5.09	15.84	62.39	3.71	3.86	0.52	0.12	7.32
	T0202H58③：13	泥质	黑彩红衣	0.97	5.46	18.24	59.68	3.73	3.27	0.51	0.11	8.02
	T0202H58③：15	泥质	黑彩红衣	0.93	4.49	18.84	57.40	3.80	5.38	0.55	0.15	8.46
西城驿二期（西城驿文化早段）	T0301H23①：8	粉砂泥	黑彩，橙黄胎	1.62	4.62	15.71	58.50	2.14	5.32	0.75	0.18	11.02
	T0301H23①：9	粉砂泥	黑彩，橙黄胎	0.95	2.51	18.10	60.85	3.50	4.40	0.51	0.15	8.78
	T0301H23①：11	粉砂泥	黑彩红衣	2.36	6.15	15.65	57.63	2.09	5.44	0.67	0.07	9.65
	T0301H23①：13	粉砂泥	黑彩红衣	0.96	2.87	15.63	62.63	1.84	4.76	0.52	0.14	10.24
	T0302H23⑤：15	夹砂	黑彩无衣	1.02	4.78	16.15	61.61	2.25	2.99	0.73	0.12	10.33
	T0301H23①：10	泥质	黑彩白衣	2.99	1.99	16.70	61.33	3.09	5.22	0.51	0.07	8.08
	T0302H23③：4	泥质	紫色彩	1.10	4.27	13.84	60.86	1.92	6.16	0.74	0.14	10.99
	T0302H23③：5	泥质	黑彩红衣	1.08	3.87	16.73	63.84	3.54	2.81	0.51	0.13	7.50

续表

遗址地层	编号	类别	样品特征	Na₂O	MgO	Al₂O₃	SiO₂	K₂O	CaO	TiO₂	MnO	Fe₂O₃
西城驿二期（西城驿文化中段）	T0302⑥C：6	粉砂泥	黑彩	1.05	5.23	14.92	65.00	3.24	3.70	0.46	0.07	6.32
	T0302⑥C：7	粉砂泥	黑彩		4.34	14.87	63.51	3.62	6.79	0.40	0.10	6.09
	T0302⑥C：8	粉砂泥	黑彩	1.39	5.51	16.79	58.20	2.47	7.20	0.49	0.10	7.84
	T0302⑥C：9	粉砂泥	黑彩	0.18	3.36	16.79	60.58	2.08	4.23	0.65	0.11	11.65
	T0302⑥C：10	粉砂泥	紫色彩	0.99	4.22	16.87	62.28	3.89	3.98	0.44	0.08	6.97
	T0302⑦C：5	粉砂泥	黑彩红衣，红胎酥松	1.01	5.32	14.98	59.59	2.77	5.20	0.81	0.14	10.18
	T0302⑦C：6	粉砂泥	红衣黑彩，红胎酥松	1.04	4.68	15.06	59.67	2.18	3.83	0.82	0.17	12.13
	T0302⑥C：11	泥质	黑彩无衣，素面	0.99	4.93	16.53	59.13	3.13	4.45	0.59	0.13	9.98
	T0302⑥C：12	泥质	黑彩无衣，素面	0.97	5.12	15.61	58.80	3.03	3.16	0.71	0.13	12.46
	T0302⑦C：7	泥质	黑彩无衣，素面	0.95	4.53	17.23	55.73	5.10	5.57	0.59	0.23	9.41
	T0302⑦C：8	泥质	黑彩无衣，素面	1.00	4.27	18.81	59.27	4.56	2.82	0.46	0.12	8.70
	T0302⑦C：9	泥质	黑彩无衣，素面	0.98	5.87	15.15	55.97	2.88	8.97	0.62	0.14	9.05
	T0302⑦C：10	泥质	黑彩无衣，素面	1.00	5.11	16.80	59.90	3.10	5.40	0.54	0.14	8.00
西城驿二期（西城驿文化晚段）	T0302H8③：12	粉砂泥	黑彩，橙红胎	1.04	5.27	14.92	58.97	2.14	5.52	0.85	0.16	11.04
	T0302H8④：31	粉砂泥	紫彩	0.96	3.93	18.00	58.57	3.80	5.67	0.57	0.09	7.44
	T0302H8④：32	粉砂泥	紫彩	3.47	3.93	17.82	56.94	4.12	4.92	0.59	0.10	7.89
	T0302H8⑤：37	粉砂泥	黑彩	1.02	4.61	16.39	59.29	3.00	4.53	0.66	0.18	10.23
	T0302H8⑥：41	粉砂泥	紫彩	2.41	4.49	18.55	56.43	3.02	5.61	0.53	0.10	8.70
	T0302H8⑥：42	粉砂泥	紫彩	0.97	3.84	17.75	59.35	4.12	4.36	0.68	0.12	8.80
	T0302H8②：3	夹砂	黑彩，红胎，素面	1.06	3.54	15.48	61.45	4.70	3.92	0.58	0.07	6.48
	T0302H8③：11	夹砂	黑彩白衣，素面	0.90	5.42	14.62	59.51	2.55	7.41	0.72	0.08	8.54
	T0302H8④：29	夹砂	黑彩	1.04	4.72	16.94	59.52	3.99	4.42	0.77	0.11	8.49
	T0302H8④：30	夹砂	黑彩	0.96	5.69	15.73	56.54	3.03	5.59	0.86	0.16	11.27
	T0302H8⑤：33	夹砂	黑彩	0.97	5.04	15.46	58.62	2.14	6.09	0.77	0.17	10.48
	T0302H8⑤：34	夹砂	黑彩	2.06	3.97	13.45	62.69	2.00	5.25	0.57	0.11	8.89

续表

遗址 地层	编号	类别	样品 特征	Na$_2$O	MgO	Al$_2$O$_3$	SiO$_2$	K$_2$O	CaO	TiO$_2$	MnO	Fe$_2$O$_3$
西城驿 二期 （西城驿 文化 中段）	T0302H8⑤：36	夹砂	黑彩红衣， 红胎	2.03	4.71	14.40	59.17	2.79	7.00	0.67	0.13	9.11
	T0302H8⑤：35	夹砂	黑彩白衣， 红胎	1.06	4.01	14.30	59.29	2.07	8.30	0.64	0.12	10.18
	T0302H8⑥：40	夹砂	红胎	0.99	3.16	18.67	61.58	3.62	3.84	0.56	0.08	7.36
	T0302H8③：13	泥质	紫彩	0.98	4.76	15.96	56.22	3.67	7.99	0.74	0.11	8.70
西城驿 三期 （四坝 文化）	T0301F1：11	粉砂泥	黑彩红衣	1.03	5.01	16.56	58.17	2.51	5.23	0.60	0.13	10.76
	T0301④C：1	粉砂泥	黑彩红衣， 红胎较厚	1.03	5.00	14.18	57.88	2.04	6.24	0.78	0.16	12.57
	T0301④C：2	粉砂泥	黑彩红衣， 红胎	1.02	4.21	17.85	60.19	4.65	4.21	0.48	0.07	7.31
	T0301④C：3	粉砂泥	黑彩虹衣， 红胎较薄	0.96	5.42	16.27	56.48	1.97	6.47	0.68	0.14	11.52
	T0302②：5	粉砂泥	黑彩红衣， 胎较厚	6.62	3.89	16.63	54.34	3.07	6.13	0.61	0.12	8.52
	T0301F1：1	夹细砂	黑彩红衣	1.02	5.25	16.20	60.63	2.41	4.63	0.62	0.11	9.13
	T0301F1：5	夹细砂	黑彩红衣， 橘红胎	1.96	4.69	15.88	58.27	2.33	4.13	1.05	0.11	11.49
	T0301F1：6	夹细砂	黑彩红衣， 橘红胎	1.08	3.92	14.41	64.05	2.38	4.52	0.68	0.11	8.82
	T0301F1：7	夹细砂	黑彩红衣， 橘红胎	1.00	3.59	18.35	59.65	4.16	4.10	0.57	0.08	8.50
	T0302F1①：3	夹细砂	黑彩红衣	0.97	5.48	15.73	57.10	1.99	4.43	0.77	0.15	13.37
	T0302F1①：4	夹细砂	黑彩红衣	1.00	5.66	14.24	57.28	1.68	5.19	0.74	0.15	13.45
	T0301F1：10	泥质	黑彩红衣， 胎薄	1.07	3.19	16.61	61.11	3.28	5.04	0.58	0.18	8.93
	T0301F1：12	泥质	黑彩红衣， 胎薄	0.98	4.80	15.87	56.83	4.03	5.24	0.75	0.15	10.62
	T0302②：3	泥质	黑彩红衣， 胎较薄	4.81	5.08	16.60	56.41	2.40	4.49	0.54	0.14	9.51
	T0302②：6	泥质	黑彩红衣， 胎较薄	1.02	4.87	15.72	60.46	2.14	2.89	0.81	0.12	11.79

三、分析结果与讨论

（一）西城驿遗址彩陶化学组成特征

从 EDXRF 分析结果看（表一），西城驿遗址马厂晚期、西城驿文化和四坝文化三个时期的彩陶，含量在 2% 以上的主量元素有 Si、Al、Fe、Ca、Mg、K 等六种，其中 Al_2O_3 含量变化范围在 12.5% ~ 19.3% 之间，SiO_2 在 54.3% ~ 66.7% 之间波动，CaO 在 2.5% ~ 9.8% 之间，MgO 在 2% ~ 6.5% 之间，K_2O 在 1.7% ~ 5.1% 之间，Fe_2O_3 波动范围较大，在 6% ~ 13.5% 之间，其他元素的含量多不到 2%。

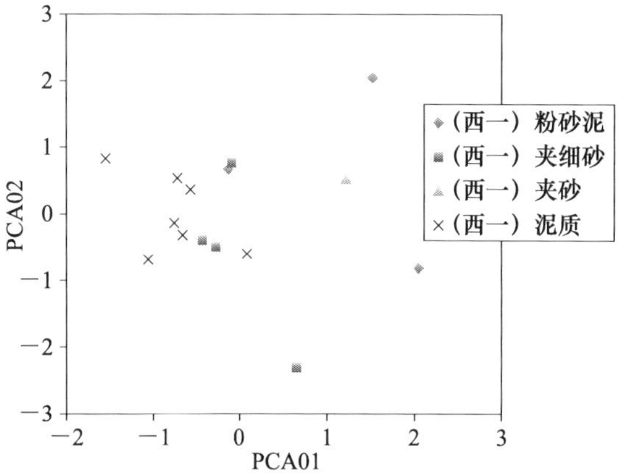

结合各文化时期彩陶胎体的类型，使用 SPSS18 软件对 67 件彩陶样品的主次量元素组成进行主成分分析，如图一至图四，再以 MgO 和 CaO 百分含量为坐标做二维散点图，如图五至图八。主成分分析表明，西城驿遗址一期遗存（马厂晚期）粉砂泥、夹细砂和夹砂彩陶的数据点落在一较大范围内，泥质陶的数据点落在另一范围内（图一）；西城驿二期遗存（西城驿文化）早、中、晚三段的粉砂泥、夹细砂、夹砂和泥质彩陶的数据点落在一较大范围内，表明西城驿文化各类彩陶可能是使用同一类陶土烧成的（图二）；西城驿三期遗存（四坝文化）粉砂泥、夹细砂和泥质彩陶的数据点也落在一较大范围内（图三）。西城驿三个时期不同类型彩陶的主成分分析结果与其 MgO/CaO 散点分析结果相吻合（图五~图七）。值得

图一　西城驿一期遗存彩陶化学组成因子分析散点图

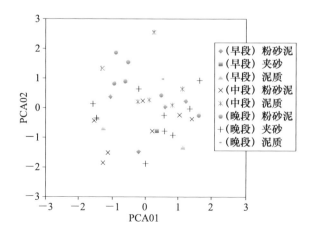

图二　西城驿二期遗存彩陶化学组成因子分析散点图

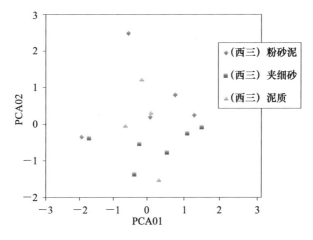

图三　西城驿三期遗存彩陶化学组成因子分析散点图

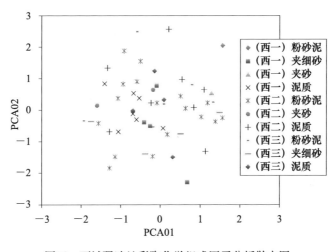

图四　西城驿遗址彩陶化学组成因子分析散点图

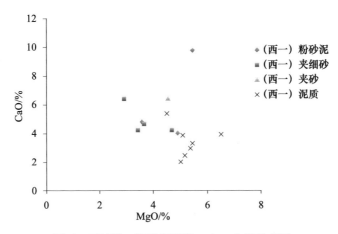

图五　西城驿一期遗存彩陶 Ca/Mg 含量散点图

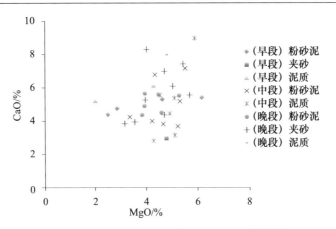

图六　西城驿二期遗存彩陶 Ca/Mg 含量散点图

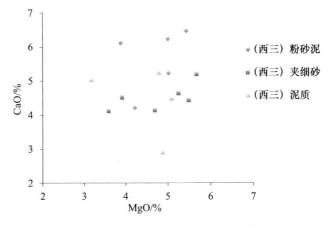

图七　西城驿三期遗存彩陶 Ca/Mg 含量散点图

注意的是，西城驿遗址马厂晚期、西城驿文化和四坝文化三个时期的各类彩陶主成分分析数据点相对集中在一个较大范围内（图四），这一结果与西城驿遗址不同类型彩陶 MgO/CaO 散点图所反映的结果基本相同（图八），表明除马厂晚期泥质彩陶化学组成与西城驿一期遗存其他类别的彩陶有异外，西城驿三个时期的遗存中各类彩陶可能均使用了同一类型的陶土制成。

　　研究表明，甘肃地区彩陶的显著特征是 CaO 和 MgO 含量普遍较高。根据李家治主编的《中国科学技术史·陶瓷卷》公布的数据，甘青地区马家窑文化彩陶的 CaO 含量皆高于5%[1]。马清林对甘肃地区新石器文化彩陶分析指出，CaO 含量亦相当高[2]。洪玲玉

①　李家治：《中国科学技术史·陶瓷卷》，科学出版社，1998年。

②　马清林：《甘肃新石器时代与青铜时代制陶工艺、陶器颜料及陶器成分分类研究》，兰州大学博士学位论文，2000年。

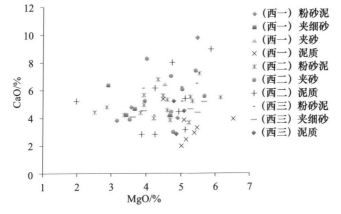

图八　西城驿遗址出土彩陶 Ca/Mg 含量散点图

等对甘青地区多个新石器遗址彩陶分析指出，马家窑文化石岭下、马家窑、半山和马厂类型彩陶均具有较高的 CaO、MgO 含量，其 CaO 的含量通常高于 5%，部分达 15% 左右，MgO 的含量一般稳定在 2%～4%[①]。西城驿遗址马厂晚期、西城驿文化和四坝文化各类型彩陶 CaO 含量集中分布在 2%～8%，MgO 集中在 3%～6%。从分析结果看，西城驿遗址不同文化时期的彩陶与马家窑文化不同类型的彩陶 CaO、MgO 含量所分布的区间有所差异，但它们的绝对含量均较高，甘肃地区其他考古学文化的彩陶 CaO、MgO 含量也较高[②]，高于中原地区仰韶和龙山文化时期彩陶的含量[③]。

　　学者们对甘肃地区彩陶的制作原料也进行过讨论，普遍认为其是使用该地区的红黏土制成。如 90 年代，马清林指出西北地区彩陶胎体使用含钙量较高的红黏土制成[④]。洪玲玉对甘肃地区马家窑文化多个遗址彩陶进行研究认为，钙含量相对较高的第三纪红黏

①　洪玲玉、崔剑锋、陈洪海：《移民、贸易、仿制与创新——宗日遗址新石器时代晚期陶器分析》，《考古学研究·九》，文物出版社，2011 年，325～345 页；洪玲玉等：《川西马家窑类型彩陶产源分析与探讨》，《南方民族考古（第七辑）》，科学出版社，2011 年，1～58 页。

②　马清林、李现：《甘肃古代各文化时期制陶工艺研究》，《考古》1991 年 3 期，263～272 页；马清林、苏伯民、胡之德、李最雄：《甘肃秦安大地湾遗址出土陶器成分分析》，《考古》2004 年 2 期，86～93 页。

③　Nils Sundius. Some Aspects of the Technical Development in the Manufacture of the Chinese Pottery Wares of Pre-Ming Age. *Bulletin of the Museum of Far Eastern Antiquity*, 1961, (33): 103-124；周仁、张福康、郑永圃：《我国黄河流域新石器时代和殷周时代制陶工艺的科学总结》，《考古学报》1964 年 1 期，1～28 页。

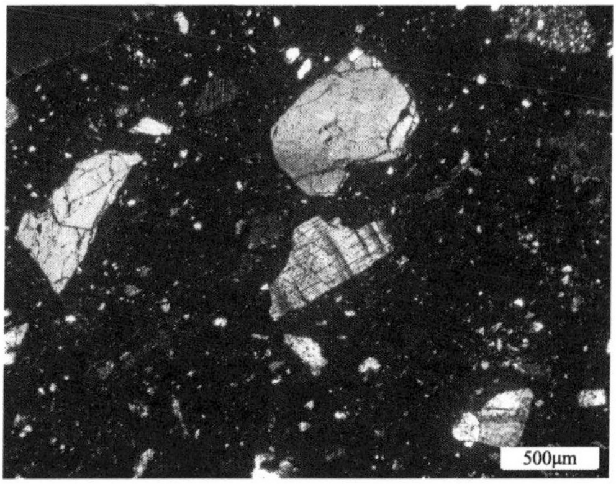

图九 马厂晚期夹砂彩陶 T0202H58 ③：1 显微结构 正交光 X5

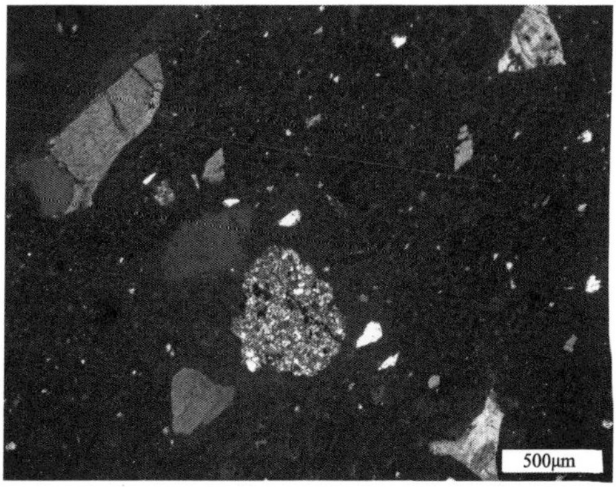

图一〇 马厂晚期夹砂彩陶 T0202H58 ③：3 显微结构 正交光 X5

与夹砂彩陶胎料黏土基质处理工艺相似。

西城驿文化早、中、晚三段的夹砂彩陶胎体物相组成相近，其均由大小不等、种类多样的颗粒物组成，矿物相主要包括石英、长石，此外还有辉石、云母、赤铁矿、褐铁矿、伊利石和蒙脱石类，部分样品中还有碳酸盐矿物，这些矿物颗粒尺寸从 10 ~ 1000 微米不等（图一一 ~ 图一三）；泥质彩陶胎体显微特征也相近，其均为经过加工筛选后的黏土制成，并夹杂有少量细小颗粒物，包括石英和岩屑等，尺寸在 30 ~ 200 微米不等（图一四、图一五）。

四坝文化夹砂彩陶矿物相也大小不等、种类多样，主要包括石英、长石，还有角闪石、辉石、黑云母、赤铁矿、伊利石、蒙脱石和高岭石类，部分样品中有碳酸盐矿物，夹杂颗粒尺寸多在 10 ~ 1000 微米之间，个别样品夹杂颗粒尺寸大于 1000 微米；泥质彩陶胎体原料经过加工筛选，去除陶土中尺寸较大的颗粒物，使得胎料较为细碎均匀，其胎体均由黏土基质和大量细小颗粒物组成，颗粒物尺寸基本在 10 ~ 200 微米之间（图一六 ~ 图一八）。

西城驿遗址马厂晚期彩陶胎料工艺与西城驿文化和四坝文化彩陶胎料工艺显著不同，西城驿文化与四坝文化彩陶胎料工艺相似。经显微分析的西城驿文化、四坝文化夹砂彩陶的显微特征相似，陶胎夹杂颗粒种类多样、大小不等，多在 10 ~ 1000 微米之间，颗粒磨圆度差，棱角分明，矿物种类与风成黄土黏土基质比较接近[①]。马厂晚期夹砂彩陶的胎料可能经过一定的筛选处理，然后掺入一定量的“羼合料”，“羼合料”尺寸多在 100 ~ 500 微米之间，颗粒磨圆度较好。泥质胎的陶器原料均经过筛选处理，但处

① 丁仲礼、孙继敏等：《黄土高原红黏土成因及上新世北方干旱化问题》，《第四纪研究》1997 年 2 期，147 ~ 157 页；刘秀铭、安芷生等：《甘肃第三系红黏土磁学性质初步研究及古气候意义》，《中国科学 D 辑》2001 年 2 期，192 ~ 205 页。

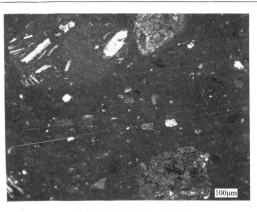

图一一　西城驿文化早段夹砂彩陶 T0302H23
⑤：15 显微结构　正交光　X10

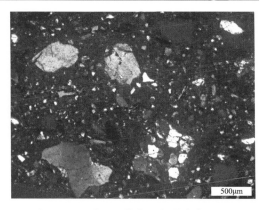

图一二　西城驿文化中段夹砂彩陶 T0302
⑥C：6 显微结构　正交光　X5

图一三　西城驿文化晚段夹砂彩陶
T0302H8④：29　正交光　X5

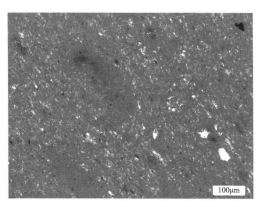

图一四　西城驿文化中段泥质彩陶
T0302⑥C：8　正交光　X20

图一五　西城驿文化晚段泥质彩陶
T0302H8④：31　正交光　X5

图一六　四坝文化夹砂彩陶
T0301F1：8 正交光　X10

理工艺从马厂晚期以后有所变化，西城驿文化泥质彩陶与马厂晚期相似，胎体中均夹杂少量尺寸在 10~200 微米之间的颗粒物，到四坝文化时期，胎料细腻程度降低，尺寸在

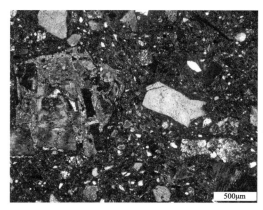

图一七　四坝文化粉砂泥彩
陶 T0301 ④ C：2　正交光　X5

图一八　四坝文化夹细砂 T0301F1：7
正交光　X10

10～200 微米之间的颗粒物显著增多。这些特征表明，马厂类型进入河西走廊后，彩陶手工业在西城驿文化、四坝文化时期发生了重大变化。

（三）西城驿文化彩陶技术文化内涵

西城驿文化彩陶代表的一类遗存，主要分布在河西走廊，东起武威，西至瓜州、敦煌，南及民乐，北抵金塔的全部地区，甚至远达新疆东部，在青海及内蒙古境内也有发现[1]；其发现地点主要分布在张掖、酒泉地区，集中在黑水河流域。从目前的考古资料看，酒泉以西地区西城驿文化陶器单独出现，以东地区西城驿文化陶器往往与马厂晚期、齐家文化陶器等共存。西城驿二期遗存（西城驿文化）早、中、晚三段各类型彩陶化学组成数据点落在一较大范围内，各段夹砂彩陶胎体显微物相主要包括石英、长石，此外还有辉石、云母、赤铁矿、褐铁矿、伊利石和蒙脱石类等，部分样品中还有碳酸盐矿物，这些矿物颗粒尺寸从 10～1000 微米不等，颗粒磨圆度差，棱角分明；泥质彩陶胎体显微特征也相近，其均为经过加工筛选后的黏土制成。这些技术特征表明，西城驿文化彩陶为使用夹杂各种原生矿物的同一类陶土烧成；结合前面的分析，本文认为这类陶土可能就是红黏土或红黏土掺和一定比例的黄土，这种配方在现代甘肃临洮、临夏和兰州红古区的现代彩陶工艺厂里仍得到普遍使用[2]。

西城驿文化彩陶手工业较马家窑文化马厂类型的变化，可能与当时整个社会的变化有密切关系。前文指出，马厂类型进入河西走廊后，彩陶手工业在西城驿文化时期发生

---

① 陈国科、王辉、李延祥：《西城驿二期遗存文化性质浅析》，《早期丝绸之路暨早期秦文化国际学术研讨会论文集》，文物出版社，2014 年，22～33 页。

② 郎树德、贾建威：《彩陶》，敦煌文艺出版社，2004 年，15、16 页。

了重大变化，到四坝文化时期胎料处理工艺更加粗糙。从考古发现来看，西城驿文化、四坝文化相较于马家窑文化出现了新的变化，如农业、畜牧业在生业模式中居于主导地位①，居住遗存从半地穴式—半地穴式、地面立柱、地面土坯建筑—地面立柱、地面土坯建筑的变化②，铜冶金手工业的兴起③，以及自然环境的变化等④，均是促成西城驿遗址社会变革的重要因素。西城驿遗址马厂晚期—西城驿—四坝文化的制陶系统对陶土原料筛选处理的精细程度显著降低，表明西城驿—四坝文化彩陶手工业较马家窑文化有下坡现象，这可能跟当时社会变革出现"新经济形式"有关，譬如冶金手工业的兴起等。

四、结 语

西城驿遗址为甘肃河西地区青铜时代的重要遗址，出土彩陶代表该地区青铜时期早期彩陶发展的新成就。本文通过化学组成和显微结构分析初步揭示了西城驿遗址彩陶的技术与文化信息，具体如下：

西城驿遗址马厂晚期、西城驿文化和四坝文化的各类型彩陶主成分分析数据点相对集中在一个较大范围内，其与西城驿遗址各类型彩陶 MgO/CaO 散点分析反映的结果一致，各类彩陶的钙和镁含量均普遍较高，其与甘肃地区黄土和第三纪红黏土化学组成特征相似。

西城驿文化和四坝文化夹砂彩陶的夹杂颗粒种类多样、大小不等，磨圆度差，棱角分明，与风成黄土矿物组成比较接近，马厂晚期夹砂彩陶胎料可能经过一定筛选处理，再掺入"羼合料"，颗粒磨圆度较好。

马厂类型进入河西走廊后，彩陶手工业在西城驿文化时期发生了变化，到四坝文化时期，胎料细腻程度降低，彩陶手工业技术下坡，其可能跟当时社会变革出现冶金等"新经济形式"有关。

---

① 张雪莲、张君、李志鹏等：《甘肃张掖市西城驿遗址先民食物状况的初步分析》，《考古》2015年7期，110~120页。

② 甘肃省文物考古研究所等：《甘肃张掖市西城驿遗址》，《考古》2014年7期，3~17页。

③ 李延祥、陈国科、潜伟、王辉：《张掖西城驿遗址冶铸遗物研究》，《考古与文物》2015年2期，143~152页；陈国科，李延祥、潜伟、王辉：《张掖西城驿遗址出土铜器初步研究》，《考古与文物》2015年2期，129~142页。

④ 夏正楷：《环境考古学——理论与实践》，北京大学出版社，2012年；水涛：《甘肃地区青铜时代的文化结构和经济形态研究》，《中国西北地区青铜时代》，科学出版社，2001年。

Chemical Composition and Petrographic Analysis of Painted Pottery at the Xichengyi Site in Zhangye

Yu Yongbin　　ChenGuoke　　Cui Jianfeng

Abstract: This paper presents the chemical composition and petrographic analysis results of 67 painted pottery samples unearthed from cultural layers of Phase Ⅰ-Ⅲ of the Xichengyi site, Zhangye, Gansu. The results show that all the samples of the Machang type of Majiayao culture, Xichengyi culture, and Siba culture generally contained a high calcium and magnesium content. The mineral composition of sand pottery is similar to eolian loess, which suggests that the potters may use red clay or clay with a percentage of the loess pottery to make pottery. Moreover, when the Machang type of Majiayao culture came into the Hexi corridor, the painted pottery handicraft industry changed during the period of Xichengyi culture. Based on the new archaeological findings and research results, this article discusses and explores the contact between the painted pottery handicraft industry change and the social background at that time.

Keywords: Xichengyi site; The Bronze Age; Painted pottery; Pottery process; Petrographic analysis

空间信息技术在克亚克库都克烽燧考古中的应用

徐佑成[1]　　江红南[2*]

（1.新疆文物考古研究所，乌鲁木齐，830011；2.新疆大学地理与遥感科学学院，乌鲁木齐，830017）

摘要： 在文物遗址考古发掘过程中，常常伴随着大量的遗迹、遗物等文物遗存出现，如何将这些出土文物信息进行科学保存和管理。近年来，空间信息技术在考古中的不断探索与应用，为文物遗址的调查、勘探、发掘，推测、解释、还原古代社会及古代人类活动提供有力的技术支持。本文通过空间信息技术在克亚克库都克烽燧考古发掘中的综合应用，对出土文物位置与属性信息进行数据库建设，基于时间与空间轴上对出土文物遗存进行综合分析，绘制烽燧遗址考古发掘成果图，诠释文物遗址重要价值与作用。

关键词： 空间信息　烽燧　考古

一、引　言

文物资源不可再生，在文物遗址考古发掘过程中，不可避免会对文物造成不同程度的损害，而且是不可逆的。因此，借助现代科技手段科学记录和留存不同层位出土的文物遗存信息，尤为重要。诸多学者在文物数字化与三维可视化领域进行了卓有成效的研究，为文物遗址考古发掘工作提供了技术与方法。空间信息技术是20世纪60年代以来以获取、管理、处理分析表达与地理位置相关的空间信息为主体的信息技术总称，具体集成了全球卫星导航系统、遥感、地理信息系统及虚拟现实等技术[①]，能快速准确获取发掘出土文物的三维模型、地表高程与空间位置等多种数据源，为文物遗存考古研究

---

* 通讯作者。

① 毛锋、周文生、黄健熙：《空间信息技术在文化遗产保护中的应用研究》，《城市与区域规划研究》2008年3期。

与直观展示提供真实客观的数据成果。本文以克亚克库都克烽燧遗址为例，将测地型GNSS接收机测量、无人机低空航测、地理信息系统及实景三维等技术综合应用于烽燧遗址考古中，多种技术和方法获取出土文物遗存的影像数据、空间数据及属性数据，对烽燧遗址进行信息化建设与空间系统分析[1]，通过地图直观表达遗址出土文物空间分布特征，阐释烽燧遗址考古发掘新成果与新收获。本文以克亚克库都克烽燧遗址为例，介绍空间信息技术在考古发掘中的探索与思考。

二、克亚克库都克烽燧遗址概况

克亚克库都克烽燧遗址地处尉犁县孔雀河流域中下游北岸，遗址本体修筑于椭圆形的红柳沙堆之上，地表有红柳、芦苇、胡杨等耐旱植被，属荒漠化干旱气候。1896年，瑞典探险家斯文·赫定首先发现了该烽燧，1914年英国探险家斯坦因对该烽燧遗址进行了调查记录，拍摄了照片，绘制了烽燧遗址平面图，确定了居住遗址与烽燧本体相对位置关系[2]（图一）。

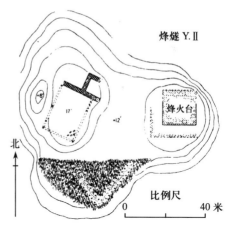

图一　烽燧遗址照片及平面图（1914年）

2019～2021年对烽燧遗址进行了全面系统发掘，发掘总面积为2300平方米，发现该烽燧遗址由烽燧本体、房屋、土埂、道路、水塘、木栅栏、灰堆等12处遗迹共同构成的一处军事设施。烽燧本体位于沙堆平台上的东侧，平面大致呈方形，由三层或四层土坯夹铺一层芦苇，中部夹放胡杨木砌筑而成，在沙堆西侧修筑有三间半地穴式房

---

① 毛锋：《空间信息技术考古学应用方法》，电子工业出版社，2016年。

② 〔英〕奥雷尔·斯坦因原著，巫新华、秦立彦、龚国强、艾力江译：《亚洲腹地考古图记·第二卷》，广西师范大学出版社，2004年，1068、1069页。

图二　开元四年八月四日牒下界内所由为
加远番探侯防备等事

屋①。累计发掘出土各类遗物1450余件（组），均为戍边将士日常生活与工作使用的器物残件，质地有陶、铜、铁、木（漆）、石、骨、角、纸、皮、草、纺织品等，其中尤其以出土的一批纸质文书、木简等价值极其珍贵。遗址中出土纸文书、木简883件，是近年国内烽燧遗址出土数量最大的一批唐代汉文文书资料，文书内容丰富，涉及军事、政治、经济、文化、交通、社会生活、宗教信仰等诸多方面（图二）。出土文书显示，克亚克库都克烽燧遗址为焉耆镇下属军事预警设施，在唐代被称为"沙堆烽"，同时也是一处游弈所治所，属于焉耆镇东境军事防线——"楼兰路"上一处基层军事管理机构②。

为从烽燧遗址中寻找更多文物信息，该项目综合应用了空间考古、环境考古、动植物考古等多学科技术，从科学的角度，为烽燧遗址提供了大量的论证材料，确保新发现成果的科学性与准确性。该项目首次将空间信息技术作为田野考古发掘的一项重要内容，从对遗址整体到地层中遗迹、遗物细部进行影像拍摄、实景三维建模、空间位置与属性信息采集，进行多源数据处理与集成，为后期的考古成果展示与输出提供数据支撑。

三、技术与方法

烽燧遗址地处荒漠无人区，常年风沙肆虐，加之1200余年的风沙沉积，不仅为遗址考古发掘工作带来困难，也给空间信息化采集工作带来了诸多难题，比如田野考古中，只能借助发电机为无人机、测地型GNSS接收机等设备电池充电，采用测地型GNSS接收机基准站进行设站，移动站测量进行文物点坐标采集，利用无人机对遗址进行常态化航测。此次将空间信息技术贯穿于烽燧遗址考古全过程，不仅基于时间轴展现揭露烽燧遗址全貌的过程，而且也展现出土文物遗存空间分布形态，再现了戍边士兵工作与生活的历史场景。空间信息技术主要思路与方法如下：

---

① 胡兴军、蔡浩强、徐佑成等：《"沙堆"寂无声烽火映山河》，《中国文物报·考古专刊》2022年2月25日。

② 胡兴军：《新疆尉犁县克亚克库都克烽燧遗址考古发掘收获》，《文物天地》2021年总361期。

一是制定目标与计划。烽燧遗址覆盖面积约为6000平方米，地势高差约为10米，根据烽燧遗址分布范围与地势高差，该项目采用统一的国家2000坐标系，无人机飞行航高为20～30米，在遗址区内布设控制网、探方网格和像控点。

二是田野数据采集。无人机低空航测技术获取烽燧遗址大范围航片影像数据，采用单反相机获取地下狭小区域文化层或遗迹的影像数据，测地型GNSS接收机测量获取像控点、探方层位、遗迹、遗物等遗存的位置坐标与属性数据。

三是数据编辑与处理。利用实景三维建模、地理信息系统等专业软件对发掘出土的遗迹、遗物等各类数据进行编辑、处理、统计分析与图形展示。

四是成果输出。空间信息技术能将出土文物海量数据进行分层管理，如不同阶段出土的文物遗存实景三维数据库、正射影像数据库、点线面数据库及属性数据库等，通过叠加、空间密集度、图表形统计等分析手段，深入挖掘和提取文物遗存信息，绘制考古所需的专题图成果（图三）。

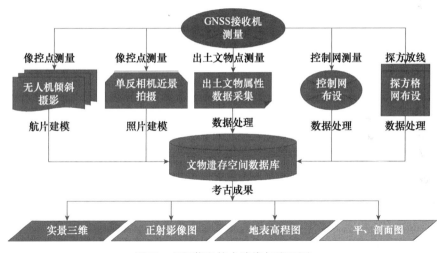

图三　空间信息技术路线与流程图

四、主要研究成果

克亚克库都克烽燧历经3年考古发掘，汇集了不同发掘时间段的图形与文字数据资料，按照传统资料管理方式，难以进行有效管理与分析。空间信息技术将航测正射影像、地表高程、遗迹、遗物等各类数据按照标准和规则进行集成管理与分析，形成了形式多样的考古成果资料，直观再现烽燧遗址发掘不同时间段考古成果，以及烽燧主体、房屋、水塘、灰堆等遗迹局部细节，对出土文物空间密集度分布分析，呈现出土文物主要分布区域及种类。主要考古专题图成果有以下几方面：

（1）烽燧遗址实景三维展示。利用实景三维建模技术，结合测地型GNSS接收机测量像控点，生成具有空间坐标的实景三维影像，可通过三维浏览软件对烽燧遗址进行坐标、长度、面积及体积的近距离查询，也可对烽燧遗址进行发掘前后的三维影像对比，可以看出，发掘前烽燧遗址房址、土埂、道路等遗存原始地表存在明显地表高程异常，地表残存少量木栅栏、房屋等遗迹现象，这些地表遗迹进行清理发掘后，埋藏地下文物遗迹清晰呈现出来。水塘处于该遗址中地势低洼处，距地表5.5米，风沙填埋较深，为考古发掘中最后发现的一处重要遗迹，通过与原始影像对比发现，水塘所在位置的地表周边红柳植被长势旺盛，反映了地下水塘与地表植被之间紧密的特征联系（图四）。

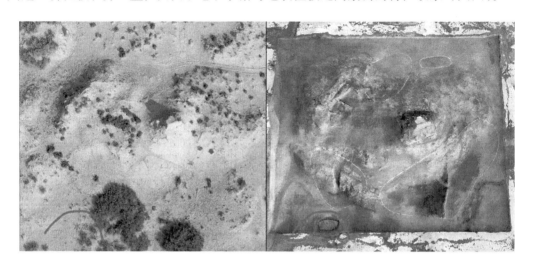

图四　烽燧遗址考古发掘前、后三维影像变化图

（2）烽燧遗址发掘层位图。文化层堆积反映了人类活动的早晚关系，由于烽燧遗址风沙松软，难以形成较好探方隔梁与文化层剖面，为解决遗址文化层数据获取难题，此次主要利用无人机航测技术对发掘过程重要层位进行航拍与建模，在同一剖面位置对不同层位的三维影像模型进行切片处理，通过地层叠加，绘制烽燧遗址地层剖面图，反映文化地层堆积过程。在遗址发掘过程中，选择距探方起点北26米处对烽燧遗址进行横向解剖（东西向），距探方起点东49米处进行纵向解剖（南北向）（图五），从烽燧遗址横向剖面来看，烽燧遗址修筑于沙堆平台上，地势较高，具有较好的通视性和瞭望作用，东侧分布有斜坡状堆积的灰堆文化层，一直延伸至沙堆底部；沙堆平台西侧残存有3间房屋遗址（图六）；从烽燧遗址纵向剖面来看，南侧地势低，灰堆文化层呈斜坡状堆积，表层风沙沉积比北侧厚（图七）。

（3）烽燧遗址出土文物遗迹空间分布。空间信息技术将出土文物地表高程数据与点、线、面数据进行分层管理，根据考古专题图要求对不同的数据源进行叠加融合，可直观展现文物遗迹功能布局与分布范围，以及地表影像信息，可快速绘制文物遗迹分布图。从烽燧遗址地表高程与遗迹点线面数据叠加分布图看到，烽燧本体西侧沙堆平台为戍边士兵的工作与居住场所，灰堆主要分布于烽燧本体周边区域，呈斜坡状堆积，沙堆平台南侧主要分布有水塘、土埂、道路与木栅围栏等遗迹，戍边士兵在南面区域进行取

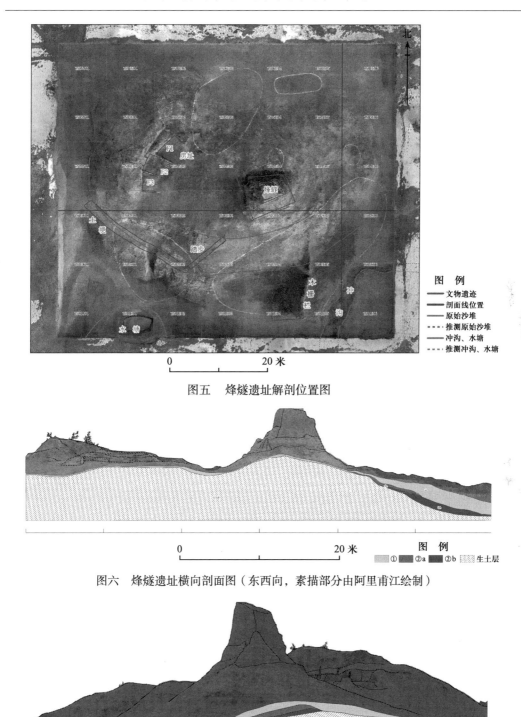

图五　烽燧遗址解剖位置图

图六　烽燧遗址横向剖面图（东西向，素描部分由阿里甫江绘制）

图七　烽燧遗址纵向剖面图（南北向，素描部分由阿里甫江绘制）

水、养马等活动，分析其主要原因是该区域地势较低，处于避风区，靠近孔雀流域北岸（图八）。

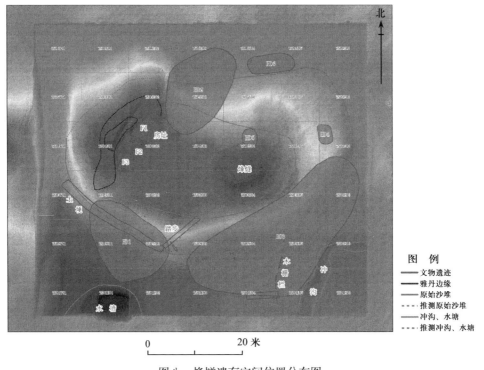

图八　烽燧遗存空间位置分布图

（4）烽燧遗址出土文物小件统计分析。烽燧遗址发掘过程中出土有大量不同空间位置与种类文物小件，将出土文物小件的位置与属性信息导入地理信息系统中，通过数据库处理，可对出土的文物小件进行空间密集度与三维侧视分析，从平面可以看到，出土文物集中分布于1、2、3号灰堆及房址区域，其他北面沙堆及烽燧本体区域有少量文物小件分布（图九），从前视图（北向南）与左视图（东向西）来看，沙堆顶部西侧房址区域出土文物较为稀疏，主要以木器、石器为主，沙堆底部区域主要分布有大量文书、木简、骨器等（图一〇、图一一）。从地势高差与文物小件空间密集度推测，南面地势较低，成为较好的背风区，应为戍边士兵日常活动区，1号、3号灰堆区域出土遗物最为集中，出土文书数量最多。

五、结　　论

（1）无人机低空航测技术能快速完成烽燧遗址二维影像与三维模型的采集、处理和成果图输出，直观展示烽燧遗址的发掘变化过程，有助于文物遗迹的判定与预测分析，能客观反映文物遗迹的纹理信息。

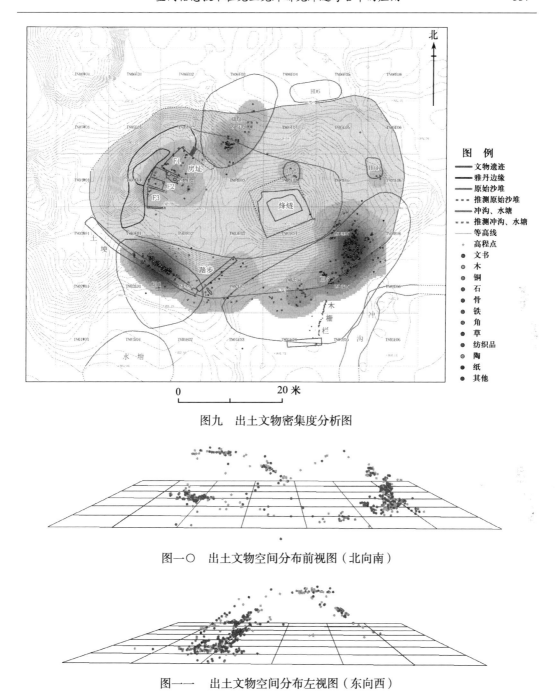

图例

— 文物遗迹
— 雅丹边缘
— 原始沙堆
--- 推测原始沙堆
— 冲沟、水塘
--- 推测冲沟、水塘
— 等高线
· 高程点
● 文书
● 木
● 铜
● 石
● 骨
● 铁
● 角
● 草
● 纺织品
● 陶
● 纸
● 其他

0   20 米

图九 出土文物密集度分析图

图一〇 出土文物空间分布前视图（北向南）

图一一 出土文物空间分布左视图（东向西）

（2）烽燧遗址成果输出主要包含三方面内容：一是平面分布上，应包含正射影像、地表高程及出土文物的点线面信息，通过不同数据层叠加，能快速绘制烽燧遗址空间分布图；二是剖面层位上，应获取剖面正射影像与地层信息，能直观展现文化层堆积剖面图；三是时间轴上，将发掘前后遗址正射影像、遗迹矢量图进行叠加分析，能反映遗址发掘前后的变化过程。

（3）建立烽燧出土文物小件空间数据库，基于 GIS 进行文物小件空间密度分析能直观反映文物集中分布区域，为后续定量图表统计、查询分析提供数据支持。

（4）空间信息技术在烽燧遗址考古掘中应用，解决了田野考古中三大难题：一是让航片或照片数据快速生产具有空间坐标的实景三维模型、正射影像与地表高程数据；二是能将出土文物位置与属性数据纳入统一数据库中，与正射影像、地表高程等数据源进行叠加融合；三是基于烽燧遗址多源数据库，能实时为考古人员提供查询、分析与制图功能。

附记：本文是新疆维吾尔自治区社科基金项目"孔雀河流域烽燧空间分布与环境关系研究"（批准号：22BKG058）的阶段性成果。

The Application of Spatial Information Technology in the Archaeology of the Keyakekuduke Beacon Tower

Xu Youcheng   Jiang Hongnan

Abstract: In the archaeological excavation of cultural relics, numerous relics and artefacts often appear. How to scientifically preserve and manage unearthed cultural relics information is a problem worthy of in-depth research. In recent years, the continuous exploration and application of spatial information technology in archaeology have provided strong technical support for the investigation, exploration, excavation, speculation, interpretation of cultural relics, and restoration of ancient society and human activities. This article comprehensively applies spatial information technology in the archaeological excavation of the Keyakekuduke beacon tower, establishes a database of the location and attributes information of unearthed cultural relics, comprehensively analyzes the unearthed cultural relics in time and space, draws maps of the archaeological excavation results of the beacon tower site, and interprets the critical value and effects of the cultural relics site.

Keywords: Spatial information technology; Beacon tower site;Archaeology

民族文化视域下滨海地区的波尔采文化

O. B. 季亚科娃[1] 著　　盖莉萍[2] 译

[1.俄罗斯科学院远东分院远东民族历史、考古与民族研究所，符拉迪沃斯托克（海参崴），690001；2.黑龙江大学历史文化旅游学院，哈尔滨，150080]

摘要： 俄罗斯远东地区波尔采文化遗址分布非常广泛。在俄罗斯境内分布在阿穆尔河沿岸地区和滨海边疆地区，在中国境内分布在东北地区。波尔采文化形成于古代向中世纪过渡时期，这是一段复杂的历史时期，其中包括"民族大迁徙"时期。不同地区对波尔采文化的研究程度各异。在阿穆尔地区，波尔采文化发展研究脉络为：热尔托亚罗夫时期（公元前7～前6世纪）、波尔采时期（公元前6～前1世纪）、库克列时期（公元1～4世纪）。梳理波尔采人与中世纪通古斯—满洲人（靺鞨文化载体）的联系，并按地区时间编年划分出两组与波尔采—靺鞨传统相关的遗址，即布拉戈斯洛文宁组和内费尔组（公元4～9世纪）。中国将其划分为三组形式。俄罗斯滨海地区的波尔采文化研究是值得商榷，这表现在考古学文化的划分上。绥丰文化、奥利金文化、波尔采文化、波尔采文化族群、斯莫尔尼文化与尼古拉耶夫文化，这些都是独立的考古学文化。但是，按照确定的文化划定标准观察滨海地区单层遗址，即莫纳基诺4、夫兰格利3、米哈伊洛夫城址，其结果表明，我们面对的是在时间和空间中不断发展变化的波尔采文化。波尔采的文化传统在远东地区古代亚洲民族（尼夫赫人）的物质文化中留存并延续至今。

关键词： 滨海地区　波尔采文化　斯莫尔尼文化　奥利金文化　尼古拉耶夫文化　文化　地层　陶器

在俄罗斯滨海地区考古学研究中，波尔采文化因其文化形成时间是一段复杂的历史时期，即自古代向中世纪过渡时期，这一时期包括"民族大迁徙"，因而占据非常独特的地位。在俄罗斯，波尔采遗址主要分布在阿穆尔河沿岸地区和滨海地区；在中国，主要分布在东北地区；在朝鲜人民共和国，主要分布在朝鲜半岛的东北部。波尔采文化的起源、根源、发展动态、相关联性、遗址的同步性以及文化的地域性类别等方面的研究存在不均衡性和不一致性。针对阿穆尔沿岸地区波尔采文化，研究其自铁器时代早期至中世纪的发展动态，将其划定了三个发展时期，即热尔托亚罗夫时期（公元前 7～前 6 世纪）、波尔采时期（公元前 6～前 1 世纪）、库克列时期（公元 1～4 世纪）。梳理波尔采人与中世纪通古斯满洲人（靺鞨文化载体）的联系，按地区时间编年划分出两组与波尔采—靺鞨传统相关的遗址，即布拉戈斯洛文宁组和内费尔组（公元 4～9 世纪）①。在阿穆尔女真陶器上发现了波尔采文化元素②。中国考古学者在黑龙江省三江地区划分了三种包含波尔采传统的文化，即蜿蜒河文化（公元前 2 世纪～公元 2 世纪）—波尔采阿穆尔的同类文化；公主岭文化（公元前 2 世纪～公元 2 世纪）；凤林文化（公元 3～4 世纪）。在俄罗斯滨海地区波尔采文化的研究现状比较复杂。奥克拉德尼科夫院士开启了其研究并溯源波尔采居民在公元前 4～前 3 世纪沿阿穆尔河及其支流移居到了滨海地区③。此后不久，出现了争议，其讨论延续至今。争议的结果出现了一系列文化的新名称，即绥丰文化④、奥利金文化⑤、波尔采文化⑥、波尔采文化族

---

①　Derevyanko A. P. 1976. *Priamur'ye (I tysyacheletie don. e.)* [Amur Region (I Millennium BC)]. Novosibirsk, Nauka Publ. P. 384. Dyakova O.V. 1984. *Rannesrednevekovaya keramika Dalnego Vostoka SSSR kak istoricheskij istochnik (4-10-vv.)* [Early Medieval ceramics of the Far East of the USSR as a historical source (4-10 centuries)]. M:Nauka publ. 206 p; Dyakova O.V. 1993. *Proiskhozhdenie, formirovanie I razvitie srednevekovyh kultur Dalnego Vostoka* [Origin, formation and development of medieval cultures of the Far East]. chast-1. Vladivostok:Dalnauka. P. 176.

②　Medvedev V.E. 1986. *Priamure v konce I tys n. eh.* [Amur region at the end of the I millennium AD]. Novosibirsk, Nauka. P. 185.

③　Okladnikov A.P. 1959. *Dalyokoe proshloe Primorya* [The distant past of Primorye]. Vladivostok, Prim. kn. izd-vo, 291 p; Okladnikov A.P., Derevyanko A.P. 1970. Polce-poselenie rannego zheleznogo veka u s. Kukelevo[Polce is an early Iron Age settlement near the village of Kukelevo]. *Materialy polevyhmissledovanij Dalnevostochnoj-arheologicheskoj-ehkspedicii*. Novosibirsk, IIFF SO RAN SSSR. P. 304.

④　Pronina G.I. , Andreeva Zh. V. 1964. Primore v I tysyacheletii do n.eh. [Primorye in the first millennium BC]. *Drevnyaya Sibir. Maket I toma Istorii Sibiri*. Ulan-Udeh. P.537-552.

⑤　Andreeva Zh. V.1970. *Drevnee Primorya* [Ancient Primorye]. Nauka publ. P. 146; Yanshina O.V. 2010. Poselenie Zheltyj Yar: k probleme sootnosheniya polcevskih I olginskih pamyatnikov [The settlement of Yellow Yar: On the problem of the ratio of the Polcevskih olish and Olginskih monuments]. *Priotkryvaya zavesu tysyacheletij. K 80-letiyu Zh. V. Andreevoj*. Vladivostok-OOO REYA. P. 259-272.

⑥　Okladnikov A.P., Glinskij S.V., Medvedev V.E. 1972. Raskopki drevnego poseleniya Bulochka u goroda Nahodka v Suchanskoj doline[Excavations of the ancient settlement of Bulochka near the town of Nakhodka in the Suchanskaya Valley]. *Izvestiya SO AN SSSR. Ser. Obshchestv.-nauk, vyp 2-6*. P.66-71.

群①、斯莫利宁文化②、尼古拉耶夫文化③。

现在存在两方面的问题：一方面，研究奥克拉德尼科夫发掘考古遗址的研究方法；另一方面，奥克拉德尼科夫学派的研究人员把重点放在划分波尔采层的地层特征、材料分类和年代上④。这方面的例证是对索普卡布洛奇卡村的大型考古发掘，由此可能区分出波尔采层的分期，并将其从克罗乌诺夫文化层和中世纪文化层中区分出来⑤。此后，在诺沃戈尔杰耶夫城址的发掘中也确认了那种地层状况⑥。在符拉迪沃斯托克（海参崴）

① Kolomiec S.A., Afremov P. Ya, Dorofeeva N. A. 2002. Itogi polevyh issledovanij pamyatnika Glazovka-gorodishche [The results of field research of the Glazovka-gorodishche monument]. *Arheologiya i kulturnaya antropologiya Dalnego Vostoka*. Vladivostok. P.142-155; Kolomiec S.A. 2005. Pamyatniki polcevskoj kulturnoj obshchnosti yuga-Dalnego Vostoka Rossii [Monuments of the Polish cultural community of the South of the Russian Far East]. *Rossijskij-Dalnij Vostok v drevnosti I srednevekove. Otkrytiya-problemy-gipotezy*. Vladivostok, izd-vo Dalnauka. P. 381-393.

② Shavkunov V. Eh. 2015. *Pamyatniki Smolninskoj kultury Primorya po materialam raskopok gorodishch Smolninskoe I Shajga-redut* [Monuments of Smolninsky culture of Primorye (based on the materials of excavations of the settlements Smolninskoye and Shaiga-Redoubt].Vladivostok. P. 163; Shavkunov V. Eh. 2017. K voprosu o vydelenii Olginskoj arheologicheskoj kultury [On the issue of the allocation of the Olginsky archaeological culture]. *Rossiya i Kitaj istoriya i perspektivy sotrudnichestva. Materialy mezhdunarodnoj nauchno-prakticheskoj konferencii*. Blagoveshchensk-Hehjheh-22-23-maya 2017, vyp-7. Blagoveshchensk. P. 167-173.

③ Gelman E.I. 2006. Keramika chzhurchzhehnej Primorya [Ceramics of Jurchen Primorye]. *Rossiya i ATR*. No 1. P. 93-104.

④ Derevyanko A.P. 2000. *Polcevskaya kultura na Amure* [Polcevskaya culture on the Amur]. Novosibirsk, IAEHT SO RAN.P. 68.

⑤ Okladnikov A.P., Glinskij S.V., Medvedev V.E. 1972. Raskopki drevnego poseleniya Bulochka u goroda Nahodka v Suchanskoj doline[Excavations of the ancient settlement of Bulochka near the town of Nakhodka in the Suchanskaya Valley]. *Izvestiya SO AN SSSR. Ser. Obshchestv.-nauk, vyp 2-6*. P.66-71; Derevyanko A.P., Medvedev V.E. 2008. K problem preobrazovaniya kultur-pozdnejshej fazy drevnosti na yuge Primorya po materialam issledovanij poseleniya Bulochka [On the problem of transformation of cultures of the later phase of antiquity in the South of Primorye (based on the materials of research of the settlement of Bulochka)]. *Arheologiya, ehtnografiya i antropologiya Evrazii*. № 3-35. P. 14-35.

⑥ Boldin V. I., Dyakova O.V., Sidorenko E.V. 1990. Novogordeevskoe gorodishche kak istochnik dlya periodizacii kultur Primorya [Novogordeevskoye settlement as a source for the periodization of Primorye cultures]. *Problemy srednevekovoj-arheologii Dalnego Vostoka proiskhozhdenie, periodizaciya, datirovka, kultura*. Vladivostok. DVO AN SSSR. P. 19-30.

学术考古中，最初，研究人员希望从阿穆尔沿岸地区考古中区分出滨海边疆区考古的"特性"。但是，这种"特性"的依据主要是由多组遗址发掘的资料论证的，其中就包括未做分层处理的波尔采、渤海和克罗乌诺夫的遗物。这也是持不同学术观点学者一再提及的问题①。地层模糊和资料杂乱等问题严重地阻碍了对滨海地区波尔采文化的客观分析。只有对同一地层的遗址进行连续多年发掘，区分其民族文化元素，并在时间和地域空间中确定其是否是一种文化亦或是其他的文化。应该指出，至今仍然没有制定出判定滨海地区波尔采文化的文化标准，研究人员在甄别遗址文化时仍参照阿穆尔河沿岸的波尔采文化资料。确定阿穆尔河沿岸波尔采文化的依据是：手制颈形粗平底罐，罐体覆有曲折纹；轮制喇叭口细颈平底罐，侈口有肩，罐体有横竖纹、指甲以及手指印等纹饰；陶碗；铁器—直背铁刀；三角形扁平箭镞；矩形铁甲片。

　　现在滨海边疆区按照已经公布的田野考古资料确定出56处考古遗址，研究人员将其归为波尔采文化、奥利金文化、斯莫利宁文化和尼古拉耶夫文化。本文将这些古城址、村址和墓葬定义为波尔采圈文化（图一）。

　　确定文化属性并在同一层连续发掘的遗址仅有三处，即莫纳基诺-4墓葬，米哈伊洛夫城址，弗兰格尔-3村址。这些遗址的研究情况如下：

　　莫纳基诺-4大型墓葬（滨海边疆区游击区）（图一，43）位于莫纳基诺村东北2.8千米处。2011年，农耕时俄罗斯科学院远东分院远东民族历史、考古与民族研究所考古队发现了该墓葬②。墓建在山岭西斜坡上，其南面有科兹洛夫山泉流过。莫纳基诺墓

---

① 　Dyakova O.V. 1993. *Proiskhozhdenie, formirovanie I razvitie srednevekovyh kultur Dalnego Vostoka* [Origin, formation and development of medieval cultures of the Far East], chast-1. Vladivostok:Dalnauka. P. 176; Brodyanskij D.L. 2014. Rudanovskoe gorodishche - anuchinskaya-i-polcevskaya kultury v Primore [Rudanovskoye settlement (Anuchinskaya and Poltsevskaya cultures in Primorye)].*Tihookeanskaya arheologiya, vyp 28*. Vladivostok, DVFU. P. 133; Brodyanskij D.L. 2010. Polcevskie neyasnosti [Polcevskie ambiguities]. *Muste Zabajkalya zagadochnye dogu I drugie drevnosti Tihookeanskih Stran*. Vladivostok, DVFU. P. 179-184; Shavkunov V. Eh. 2017. K voprosu o vydelenii Olginskoj arheologicheskoj kultury [On the issue of the allocation of the Olginsky archaeological culture]. *Rossiya i Kitaj istoriya i perspektivy sotrudnichestva. Materialy mezhdunarodnoj nauchno-prakticheskoj konferencii*. Blagoveshchensk-Hehjheh-22-23-maya 2017, vyp-7. Blagoveshchensk. P. 167-173.

② 　Artemeva N.G. 2011. Otchet ob arheologicheskih issledovaniyah na pamyatnikah Krasnopole-1, Monakino-4, Ratnoe-3, Ratnoe-5 v Partizanskom rajone Primorskogo kraya v 2011 g.//*Arhiv IIHAEH DVO RAN. F. 1*. no. 683. P. 330; Artemeva N. G. 2011. Pervyj mogilnik polcevskogo vremeni na territorii Primorya [The first burial ground of the Polcevsk time on the territory of Primorye]. *Drevnosti po obe storony Velikogo okeana*.Vladivostok, DVFU. P. 159-178.

▲ 波尔采文化村址
17. 马雷耶 克柳奇（小泉）1
18. 克柳奇（泉）1
19. 克鲁托伊 亚3（苏霍伊 克柳奇）(枯泉)
20. 伊曼
21. 梅利尼奇
22. 乌捷斯 克鲁恰
23. 达利尼 库特3
24. 达利尼 库特15
25. 索博利内2
26. 韦尔赫尼 佩列瓦尔村址26
27. 列尼诺
28. 苏德祖赫 - 奥斯特罗夫（岛）
29. 苏德祖赫 5
30. 阿布拉莫夫卡 7
31. 列季霍夫卡 - 格奥洛吉
32. 诺沃弗拉基米罗夫卡 3
33. 扎戈罗德 XIV
34. 达纽什金 克柳奇村
35. 博戈波利
36. 弗兰格尔 -3
37. 马拉亚 博杜合奇卡
38. 索普卡 布洛奇卡
39. 克鲁格拉亚 多利纳
40. 西尼耶 斯雷（蓝石岗）
41. 谢尼基纳 沙普卡
42. 萨马尔加
43. 莫纳基诺 -4

● 波尔采古城址
1. 贡恰罗夫卡 3
2. 格拉佐夫夫 古城址
3. 克拉斯内 克柳奇（红泉）
4. 鲁达诺夫夫 古城址
5. 阿努奇诺 2
6. 小古城址 拉特诺耶 - 泰加
7. 米哈伊洛夫夫 城址
8. 阿里阿德2 城址
9. 乌雷洛夫夫 城址
10. 波德戈尔夫 城址 1
11. 杜博夫夫 城址 3
12. 科克沙罗夫卡 6

● 波尔采文化层的城址
13. 阿乌罗夫夫 城址
14. 鲍里索夫夫 城址
15. 诺沃戈尔捷耶夫夫 城址
16. 马列夫卡 1 城址

1 : 3 000 000

图一　滨海地区波尔采文化遗存地图

葬由 30 座小墓组成，占地 1000 平方米。墓用当地规格不一的石块堆成。墓基直径不超过 10 米，高为 1.5～2 米。中心墓坑直径为 1.5～2 米，深为 0.8 米。沿山脚的北面可见高约 2 米的石堤。发掘并清理了两座墓葬，墓底层是用石块砌成的环形，继续叠加，然后形成墓堆。在一座墓葬"在其环形墓葬的中心，在清理周边时，在一些地方发现垂直竖立的石块，类似墓室的室壁。"在另一座墓葬"发现了一些地方竖立的石块，用同样方法堆成小石棺。"小石棺宽 0.6～0.8 米，长 1.5～1.8 米，深 0.4 米。从外部看，小石棺类似一个墓室，其在铁器时代的墓葬中也发现过。小石棺底部铺设了石块。"[1]。在这里发现了有肩陶罐、铁甲片、燧石箭镞、球腹陶罐。莫纳基诺 -4 大型墓葬被划为波尔采文化，通过与阿穆尔河沿岸地区比较，其时间为公元前 1 千年末期。

① Artemeva N.G. 2011. Otchet ob arheologicheskih issledovaniyah na pamyatnikah Krasnopole-1, Monakino-4, Ratnoe-3, Ratnoe-5 v Partizanskom rajone Primorskogo kraya v 2011 g.//*Arhiv IIHAEH DVO RAN. F. 1*. no. P. 683. 330.

总之，根据发现陶器的典型元素，即有肩陶罐、铁甲片、燧石箭镞、球腹陶罐，按照民族文化依据衡量，其符合阿穆尔河沿岸地区波尔采文化。墓葬内部的小石棺为创新点，在阿穆尔河沿岸地区除此之外还没有其他发现。

弗兰格尔-3村址（滨海边疆区纳霍德卡市）（图一，36）。它坐落在日本海纳霍德卡弗兰格尔海湾东部港口附近。村址分布在一座小山丘的台地、斜坡和顶部。在2021年农耕时，俄罗斯科学院远东分院远东民族历史、考古与民族研究所考古队进行了研究①。在5000平方米的范围内分布着50余座地上住宅的房址，它们分布在山丘斜坡的台地上。房址一面是嵌入山丘里的。石炕是住宅房址的供暖系统。在此发现了数千件陶器，通体刻纹的平底陶罐、有肩竖向刻纹平底罐、碗、钟形底座的陶罐。村址确定为波尔采文化，在克罗乌诺夫综合体发现的遗存，即炕、钟形底座的陶罐。依据历史史料和初步公布的发掘报告，查阅村址发掘出土的文物，本文认为，在研究文献发表后，弗兰格尔-3村址将列入滨海边疆区波尔采文化的古迹名录。

总之，根据发现陶器的典型元素，即有肩通体刻纹的粗制陶罐和碗，弗兰格尔-3村址的创新之处在于其符合阿穆尔河沿岸地区波尔采文化的民族文化依据，它是这一地区同时期典型文化的延续。炕和钟形底座陶罐印证了波尔采人与克罗乌诺夫文化载体之间的联系。

米哈伊洛夫城址（滨海边疆区奥利金区）（图一，7；图二；图三）。位于米哈伊洛夫卡村东南4000米处，在阿瓦库莫夫卡河左岸第二道洪泛台地上的高5～9米地岬上。2019年，阿穆尔—滨海联合考古考察对古城址进行了勘察②。遗址总面积为2500平方米。城址平缓，略向西倾斜。古城址设有三道城墙和沟渠。古城址北临阿瓦库莫夫卡河，地岬陡峭，高达5米，没设护城墙。其南面平坦，逐渐过渡为河谷谷地。从冲积河床判断，远古时期这里流经一条小溪。有一条小路通向古城址的西北角，南面有护城墙，西面是一处坍塌的小建筑物（图二）。古城址南面设有三道城墙和沟渠，并连通一条道路。古城址内城墙呈"Γ"型，其东南角为直角并与西城墙连接。内城总长度为55米（东段为23米，南段26米，西段6米）。中段城墙和外城墙呈"Γ"型，东南角为圆形。城墙角朝向东南。城墙中段长度为89米（东段31米，南段58米）。外城墙长65米（东段41米，南段24米）。在城墙之间伴有0.6～0.4米深度不等的沟壕。内城墙自底部至墙顶的高度为1.15米，城墙中段部分高1米，外城墙高为0.32米。内外城

① Artemeva N.G. 2011. Otchet ob arheologicheskih issledovaniyah na pamyatnikah Krasnopole-1, Monakino-4, Ratnoe-3, Ratnoe-5 v Partizanskom rajone Primorskogo kraya v 2011 g.//*Arhiv IIHAEH DVO RAN. F. 1*. no. 683. P. 330.

② Dyakova O. V. 2019. Otchet Amuro-Primorskoj arheologicheskoj ehkspedicii o raskopkah Mihajlovskogo gorodishcha v Olginskom rajone Primorskogo kraya v 2019 g. *Arhiv IIHAEH DVO RAN*. F. 1. no. 801. P. 180.

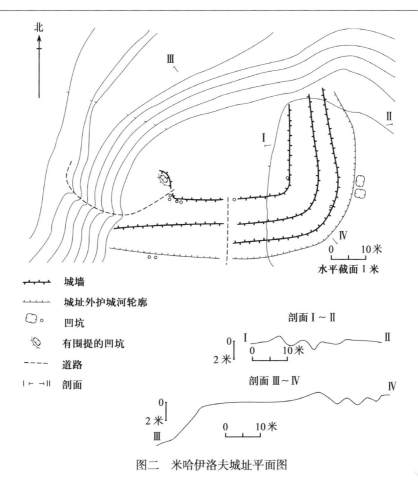

图二 米哈伊洛夫城址平面图

墙相间 4~7 米并相互防护，在内城墙和外城墙的墙角内侧做了直径为 1 米，厚度为 0.2 米的圆形内加固。沿内城墙脊分布着柱础坑，可能是其上用木墙加固的立柱坑。这是滨海地区古代防御工事中首次发现的这种结构。城墙的原料是石头和砾石沙土，从沟壕取土填充。内城墙外侧铺砌了石块。在城墙和沟壕连接处，以及在壕沟的底部都做了相同的石铺砌。

古城址有两个入口：南面和西面入口。南面入口位于平坦的地岬上，这是一处用土石填铺的平台，这块平台连接了古城的城墙和沟壕。长方形的平台长 17.5 米，其中段宽 3.2 米。从古城外至平台有一条道。在古城内，道路横穿平台，直通入口门，入口门附近存有立柱坑。立柱坑的间距为 4.5 米。坑直径为 0.6 米，深 0.3 米。西入口处（自古城至小溪）由一处小哨所守卫。

在古城内设有一处金属冶炼综合体，包括采矿、生产作坊、工具坊、铸造模具、炉渣和铁粒（图三，9、10；图四，12）。

发现的陶器分三种：手制颈形曲折纹陶罐；轮制瓶形粗陶器，罐体横排有指印纹、

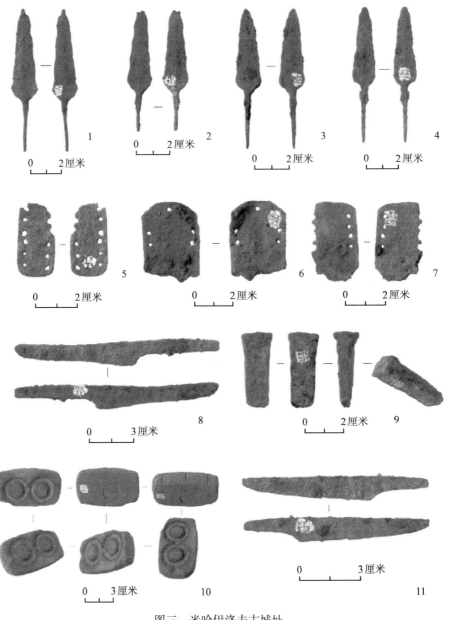

图三　米哈伊洛夫古城址

1~4. 铁箭镞　5~7. 铁甲片　8、11. 铁刀　9. 凿子　10. 模具

直线纹和波浪纹，刮刀刻出的凹痕腰线（图四，1~13）；轮制灰黏土曲折纹的陶片，上面压有菱形纹和表面烧黑。发现一块蒸煮陶罐的底部碎片。

　　铁制品是铁甲片、箭镞、刀和凿子。铁甲片（图三，5~7）分三种：长方形宽 17 毫米有 6 对孔铁甲片；长方形宽 24~25 毫米有 4 对孔的铁甲片；有切角的类矩形宽 30 毫米铁甲片。米哈伊洛夫古城址的类矩形铁甲片与阿穆尔河沿岸地区波尔采文化的铁甲

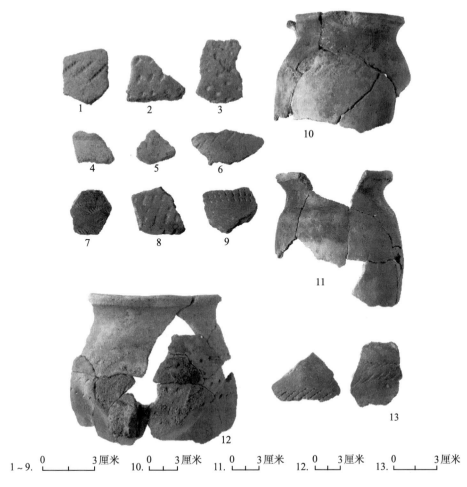

图四 米哈伊洛夫古城址华夫纹饰壶形罐

1 ～ 13. 陶器

片相符合[①]。

箭镞是火焰形镞（三角形和菱形）（图三，1～4）。按箭镞截面分为五种：扁平三角形无柄箭镞、菱形无柄箭镞、菱形平柄箭镞、扁平三角形平柄箭镞、"Z"形无柄箭镞。扁平三角形无柄箭镞是阿穆尔河沿岸地区波尔采文化的传统箭镞，通过文化元素特征可

---

① Dyakova O.V., Shavkunov V.Eh. 2020. Ehtnokulturnyj landshaft polcevskoj kultury Vostochnogo Primorya po-materialam metallicheskih izdelij Mihajlovskogo gorodishcha [Ethnocultural landscape of the Polish culture of the Eastern Primorye (based on the materials of metal products of the Mikhailovsky settlement)]. *Rossiya I ATR*, 3. P. 7-19.

以辨识。在远东地区考古文化中其他箭镞分布十分广泛 [①]。

刀（图三，8、11）有三种类型：直背刀，刀刃末端有刀闸；直背刀，在刀背和刀刃两面均有刀闸；凹背刀，刀刃末端有刀闸。直背刀，刀刃末端有刀闸，这是阿穆尔河沿岸地区波尔采文化中首次出现的，在研究人员确认的波尔采文化、斯莫尼尔文化、奥利金文化和尼古拉耶夫文化中的遗址都有发现这种刀。目前，这种类型的刀是阿穆尔河下游地区古亚洲居民传统使用的刀具 [②]。值得注意的是，17 世纪前尼夫赫人也居住在滨海地区。直背刀，以及刀刃和刀背两面均有刀闸的直背刀，这两种刀是中世纪通古斯满洲人（靺鞨文化、渤海文化和女真文化）的传统刀具。它们在公元 1 世纪上半叶就在阿穆尔河沿岸地区和滨海地区存在了，直到现代的那乃人和乌德盖人仍有使用。

凿子为楔形。横断面是矩形（图三，9）。在阿穆尔河沿岸地区波尔采村落的 7 号房址中发现了类似工具 [③]。

结 　 论

根据民族文化指标，即根据手制和轮制的陶器、铁刀、铁甲片、扁平三角形箭镞、凿子等铁物件，米哈伊洛夫古城址与波尔采文化具有一致的相关性。与此同时，根据米哈伊洛夫古城址陶器的形状和纹饰可以追溯其类型学的进一步发展。经过放射性碳测年确定了中世纪时期米哈伊洛夫古城的功能，其建筑时间约为公元 6 世纪（LE-12102：1520±40；俄罗斯科学院地理研究所"放射性碳测年和电子显微镜实验室"和美国佐治亚大学应用同位素研究中心：1535±30；1550±30），在城址内炉灶附近发现的轮制曲折纹饰灰黏土陶罐与并这一时间不产生矛盾。在阿穆尔河沿岸地区，在公元 1 世纪后半期的阿穆尔女真人文化的许多遗址遗存发现中均有记载过同一种类的陶器 [④]。

①　Dyakova O.V., Shavkunov V.Eh. 2020. Ehtnokulturnyj landshaft polcevskoj kultury Vostochnogo Primorya po-materialam metallicheskih izdelij Mihajlovskogo gorodishcha [Ethnocultural landscape of the Polish culture of the Eastern Primorye (based on the materials of metal products of the Mikhailovsky settlement)]. *Rossiya I ATR*, 3. P. 7-19.

②　Orlova E. P. 1964. Nozhi gilyakov[knives-gilyakov]. *Materialy po istorii Sibiri. Drevnyaya Sibir. Vyp-1, arheologiya i ehtnografiya Dalnego Vostoka*. Novosibirsk. P. 215-222.

③　Derevyanko A. P. 1976. *Priamur'ye (I tysyacheletie don. e.)* [Amur Region (I Millennium BC)]. Novosibirsk, Nauka Publ. P. 384.

④　Medvedev V.E. 1986. *Priamure v konce I tys n. eh.* [Amur region at the end of the I millennium AD]. Novosibirsk, Nauka. P. 185.

讨 论 结 果

因此，通过对以莫纳基诺-4、弗兰格尔-3、米哈伊洛夫城址单层遗址墓葬的长期研究，从获取的资料中，可以确定测定其民族文化指标：轮制平底轮廓简单的陶罐，通体有曲折纹饰；轮制平底陶罐，陶罐肩部有沿，罐体有刻纹、贝壳纹、凹痕纹、指甲和指痕纹饰；碗；金属物件——直背铁刀；三角形扁平箭镞；铁甲片。滨海地区遗址中的这些民族文化指标符合阿穆尔河沿岸地区波尔采文化遗址的文化元素（民族综合体的元素），在很大程度上它们是其衍生物，因为它们在时间和空间上持续发展了（图五）。滨海地区波尔采文化的"特点"就是在滨海地区一些遗存物品中较早地存在了波尔采文化的元素。在波尔采人到来的克罗乌诺夫文化的区域里，他们采用了石炕取暖系统，使用了钟形底座的陶器和蒸煮陶罐。这些是 A.П.奥克拉德尼科夫在发掘布洛奇卡山冈时首先发现的，并由其后的 A.П.杰烈维扬科和梅德韦杰夫确认的[①]。

波尔采圈文化	喇叭口壶 	曲折纹饰罐 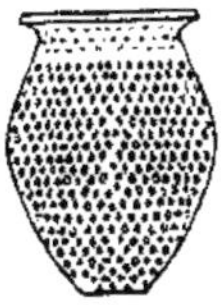	三角箭镞 	直背刀 
阿穆尔河沿岸地区波尔采文化	+	+	+	+
滨海地区波尔采文化	+	+	+	+
斯莫利宁组	−	+	+	+
奥利金组	+	+	+	+

图五　波尔采文化圈民族文化指标关联表

波尔采的传统直背刀在阿穆尔沿岸地区的古亚细亚人（尼夫赫人）延续使用至今。尼夫赫人是远东地区古老的原住民，他们居住在阿穆尔河下游地区，保留着自己的语言和文化。根据文献记载，至公元8世纪前尼夫赫人一直生活在滨海地区，但是，目前仍然没有发现他们中世纪晚期的考古遗存，又或者研究人员暂时还没有查询到其考古遗存。确切的民族文化指标表明，自古代至中世纪滨海地区的波尔采文化发挥了其应有的作用。波尔采文化的起源与古亚细亚居民（尼夫赫人）密切相关，其传统仍保留至今。

---

① Derevyanko A.P., Medvedev V.E. 2008. K problem preobrazovaniya kultur-pozdnejshej fazy drevnosti na yuge Primorya po materialam issledovanij poseleniya Bulochka [On the problem of transformation of cultures of the later phase of antiquity in the South of Primorye (based on the materials of research of the settlement of Bulochka)]. *Arheologiya, ehtnografiya i antropologiya Evrazii.* № 3-35. P. 14-35.

Cultures of the Poltsevsky Circle of Primorye in the Context of Ethno-cultural Indicators

Olga V. Dyakova

Abstract: The area of distribution of monuments of the Poltsevskoy culture of the Far East is extensive. In Russia, it covers the territories of the Amur region and Primorye, in China-Manchuria. The time of the functioning of culture falls on a difficult historical period-the transition from antiquity to the Middle Ages, including the era of the "great migration of peoples". The degree of study of Poltsevskaya culture in the territories varies. In the Amur region, the dynamics of the development of the Poltsevskaya culture was revealed: Zheltoyarovskaya (Ⅶ-Ⅵ centuries BC); Poltsevsky (Ⅵ-Ⅰ centuries BC); Kukelevsky (Ⅰ-Ⅳ centuries AD) and traced the contact of the Poltsevsky people with medieval Tungus-Manchus (carriers of the Mokhe culture) and identified two locally-chronological groups of monuments with Poltsevsko-Mokhe traditions: Blagoslovenninskaya and Naifeldskaya (Ⅳ-Ⅸ centuries A.D.). In China, three of its varieties are distinguished. In Primorye, the study of culture is debatable. In Primorye, the study of culture is debatable. This is manifested in the multiplicity of cultural names – Suifunskaya, Olginskaya, Poltsevskaya, Poltsevskaya cultural community, Smolninskaya, Nikolaevskaya. All of them claim independence. However, the identified cultural indicators on the single-layer monuments of Primorye: Monakino 4, Wrangel 3, Mikhailovskoye settlement show that we have a Poltsevskaya culture developing in time and space. The Poltsevskaya traditions are preserved in the material culture of the Far Eastern Paleoasiates (Nivkhs) up to the present.

Keywords: Primorye; Poltsevskaya; Smolninskaya; Olginskaya; Nikolaevskaya; Culture; Stratigraphy; Ceramics

乌斯特鲁沙那西北部的葡萄酒酿造作坊

A. Э. 别尔金穆拉多夫[1] 著 李瑞雪[2]

蒋洪恩[2] 译 王 博[3] 校

（1. 乌兹别克斯坦共和国科学院考古研究所，塔什干，100047；2. 中国科学院大学人文学院考古学与人类学系，北京，100049；3. 新疆维吾尔自治区博物馆，乌鲁木齐，830000）

摘要： 本文介绍了一处位于阿布兹村（乌兹别克斯坦吉扎克地区加利亚拉尔区）的中世纪早期遗址。遗址位于一座椭圆形小丘之上（长 12 米，宽 17 米，高 3 米），共发掘出三个房址。1 号房址分为榨汁场地和榨汁槽两个部分。榨汁平台长 2.8 米，宽 2.8 米，用卵石铺成。榨汁槽直径为 1.2 米。证据表明这座房子曾属于酿酒师。房梁的残余物表明房子是平顶的。这是首次在乌斯特鲁沙那发现此类建筑。从榨汁槽来看，该葡萄酒酿造作坊酿造了大量葡萄酒。其年代在公元七世纪至八世纪之间。

关键词： 乌斯特鲁沙那 酿造作坊 房址

乌斯特鲁沙那西北部的酿酒作坊位于萨扎尔河（p. Санзар）右岸吉扎克州（Джизакская обл.）加利亚拉尔区（Галляаральский р-на）的阿布兹村（Абуз），吉金尔—捷佩城堡（Замок Кингир-тепа）以南 200 米，其年代大约在中世纪早期。考古调查结果显示，该遗址的平面是一个大小为 12 米 ×17 米的椭圆形，凸出地表高 2 米（译者按：摘要中为 3 米）。酿酒作坊遗址整体沿城堡往南北方向延伸（图一）。1979 年笔者对这三个房址进行了发掘。

1 号房址为长方形，10.1 米 ×2.8 米，它被一块 50 厘米宽的帕萨[1]（пахса）板墙隔开为两个部分。在房址的西面，距离隔墙地面 60 厘米深的地方，有着涂抹着甘契[2]（ганч）的卵石铺成的地面。这里还有着一个小浅井，且井壁的剖面可显示出紧密叠压在一起的三层圆形卵石层。卵石砌体下面有夯土。墙壁西部卵石厚度为 20 厘米，东

---

① 一种坚固耐用的黏土材料，可用于墙壁和地基，见于中亚的建筑。

② 中亚的一种建筑材料，经过烘烤含有石膏和黏土的石状岩石而获得。

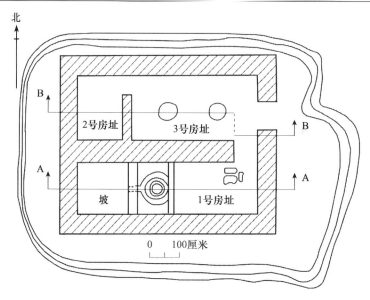

图一　阿布兹村酿酒作坊平面图（译者按：原图比例尺无长度单位）

段为 10 厘米。地面的东侧有一定坡度。由卵石掺和甘契铺成的场地为方形，面积为 2.8 米 ×2.8 米。方形场地的墙壁内壁也涂着甘契。

　　房址的东侧堆积着帕萨残块。地面上有灰层和腐殖质层，其中包含木材、石块、动物骨骼和陶器残片。

　　在房址东北角清理出一个宽 1.3 米的入口。入口的西南部铺砌着规格为 1 米 ×0.3 米，1.2 米 ×0.8 米，0.6 米 ×0.8 米的三层石块，石块厚 3 厘米。

　　在把房址分成两部分的墙下发现了一根 0.95 米长的陶管，轮制。管径 10 至 15 厘米，壁厚 3 厘米。

　　在管子两端都有甘契固定，其中一根管子安装在平台的斜坡下，另一个安装在坑的边缘（图二，剖面图 A-A）。坑的直径为 1.2 米。坑里有一个陶罐。在坑边缘 50 厘米深的地方清理出了它的口部。陶罐为轮制，高 1.4 米，口沿直径 70 厘米。从陶罐的口沿

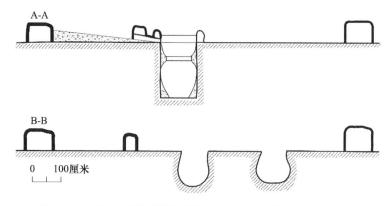

图二　A-A 和 B-B 剖面线图（译者按：原图比例尺无长度单位）

到坑口边缘的坑壁上覆着两排用甘契仔细黏合的鹅卵石。砌体表面也顺次涂上了甘契。这样，陶罐的口沿就被很好地固定住了，并与坑壁相连。陶罐周围是夯土。坑的边缘与房址地面由一层高 20 厘米，厚 15 厘米的薄黏土墙围起来，并沿坑的圆周延伸。坑的总深度为 1.9 米。坑与房址东段用土坯墙隔开，土坯墙厚 9.3 厘米，高 0.2 米。房址北墙厚 1.2 米，其余墙厚度均小于 1 米。保存下来最高的墙高约 0.5 米。房址西面涂抹有土坯层。

2 号房址为长方形，2.5 米 ×3.5 米。南墙厚 1.2 米，西墙和北墙厚 1 米，东墙厚 0.5 米。所有的墙涂抹着泥，在房址的北东角清理了一个 1 米宽的入口。

墙面高 0.5 米。房址里堆满了帕萨残块的小碎片。在地面上发现了动物骨骼和少量陶器碎片。

3 号房址为 7.5 米 ×3.5 米的长方形，南墙厚 1.2 米，其余厚 1 米。所有的墙都涂抹着泥。保存下的墙高 0.5 米。在房址东墙有一个宽 1.5 米的入口——这是唯一进入建筑的入口。房址填满了帕萨残块。在地面上发现了陶器碎片和动物骨骼。南墙附近清理了两个平面呈圆形的灰坑（图二，剖面图 A-A）（译者按：根据上下文，此处应为剖面图 B-B，第一个灰坑直径为 1 米，距离南墙 1 米。底部扩大，剖面近似梨形。坑深 1.2 米，坑壁经过火烧。坑中填有灰渣、陶器碎片、动物骨骼。第二个灰坑直径 90 厘米，深 1.1 米。

在 3 号房址的堆积和灰坑中发现了玻璃器皿的碎片和在撒马尔罕市模压的一枚 345 年的萨曼钱币（注：956 ~ 957 年）[1]。一个圆形金属带扣，扣舌已残。相似的金属带扣曾在公元八世纪的古代片治肯特（Пенджикент）（译者按：有学者译为品治肯特）城发现[2]。

玻璃器皿碎片以以下为代表：

（1）灰绿色细颈瓶碎片，有着伸长的主体，不高，微微向上伸展，狭窄的管状颈，直径为 1.5 厘米。小瓶子局部表面有黑色斑点，玻璃密实，无气泡。在瓶身两个相对面的位置有着波浪纹的装饰，在装饰末端变细。类似的小瓶在粟特南部[3]的库勒捷佩（Культепа）、和片治肯特都有发现[4]。有学者认为波浪纹的纹饰是象征辟邪的蛇形怪物的

---

① 〔俄〕莫斯科大学教授 Г. А. 费多诺夫 - 达维多夫鉴定的钱币。

② 〔俄〕拉斯波波娃 В. И.：《中世纪早期粟特金属制品》，莫斯科：科学出版社，1980 年，92 页，图 34、64 。

③ 〔俄〕卡巴诺夫 С. К.：《在古代和中世纪之交的纳赫舍布（公元 3 ~ 7 世纪）》，塔什干：范出版社，1977 年，82 页，图 39。

④ 〔俄〕别列茨基 А. М.：《古代片治肯特城发掘报告（1951 ~ 1953 年）》，《考古资料与研究（第 66 辑）》，1958 年，134 页，图 32。

造型[①]。

（2）直径为 1.5 厘米，高 3 厘米的细颈瓶，深褐色玻璃，外表面有一圈刮刻的之字形纹。

（3）器皿的底部，绿色（器底中心比边缘厚 4～8 毫米），局部涂有褐色的颜料。有压制的纹饰。

（4）管式小瓶颈部的残片，蓝色，直径 2 厘米，圆柱形颈，在器壁上有小气泡。

（5）直而高的绿色杯子碎片，器壁有椭圆形装饰。壁有小气泡，同样的小杯在阿夫拉西阿卜（АфрАсиАб）也有发现[②]。

我们发现的玻璃器与片治肯特和库勒捷佩的相似，年代在公元 6～8 世纪。

在发掘过程中，所有的房址都有陶片的发现。以下简述典型标本。

1 号房址的陶器为轮制，边缘微微弯曲并向下延伸到主体部分，直径 14.5 厘米，质细，坚实，夹杂着石灰岩。碎片断口为粉红色，无釉，烧制均匀（图三，4）。口沿直径 20.5 厘米，不高，近直立。主体向下微微向外扩张，质松散，夹杂沙子和细碎石，断面呈褐色（图三，8）。罐形容器口沿直径 8 厘米，口沿微微向外弯曲，边缘断裂。质细，坚实，夹杂着石灰岩，碎片断面呈粉红色（图三，7）。相似的容器在的乌斯特鲁沙那（Уструшанский）乌尔塔库尔干城堡（Замок Уртакурган）发掘中也有发现，年代在公元 7～8 世纪[③]。

2 号房址的陶器口沿为窄口，直径 12.5 厘米，边缘微微弯曲。容器主体向下扩张。质粗，不密实，夹杂着耐火黏土和沙土。表面凹凸不平，覆有光亮的釉，外表有煤烟的痕迹，烧制均匀（图三，3）。陶罐的口沿直径为 19.5 厘米，轮制。边缘加厚，有近似直角的轮廓。质一般，明显可在断面和表面观察到夹杂着云母。烧制不均匀。容器器壁厚，无釉（图三，5）。

3 号房址的陶器为有耳、高颈且宽口沿的陶罐，口沿边缘微向内收，直径 9 厘米，耳截面呈椭圆形。质地坚实，无杂质。陶器为轮制。质细，坚实，没有杂质。碎片断面棕色。表面施有光亮的釉（图三，1）。在奇胡杰拉城堡（Замок Чильхуджр）发现过类似的陶罐，年代在公元 6～8 世纪[④]。带管流的小型杯形容器，容器底部坚实。口沿直径 7.4 厘米，口径 6.2 厘米，高 5.5 厘米，碎片断面呈粉红色。外壁施有灰色的釉（图三，

---

① 〔俄〕别列茨基 А. М.，别朵维奇 И. Б.，博尔沙科夫 О. Г.：《中世纪中亚城市》，列宁格勒：科学出版社，1973 年，67 页。

② 〔俄〕维亚特金 В.Л.：《阿夫拉西阿卜—前撒马尔罕城市》，撒马尔罕—塔什干出版社，1926 年，64 页，表九。

③ 〔俄〕内格马托夫 Н. Н.，普拉托夫 У. П.，赫梅利尼茨基 С. Г.：《乌尔塔库尔干和吉尔米扎克吉巴》，杜尚别：多尼什出版社，1973 年，72 页，图38，21。

④ 〔俄〕普拉托夫 У.П.：《奇胡杰拉城堡》，杜尚别：多尼什出版社，1975 年，图 14，33。

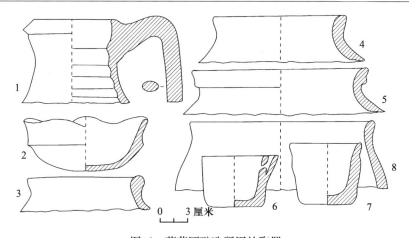

图三　葡萄酒酿造所用的陶器

1、2、6. 出土于 3 号房址　　3、5. 出土于 2 号房址　　4、7、8. 出土于 1 号房址

6）。碗口波浪状，口沿直径 14 厘米，高 6 厘米。碗主体扁平，制成了特别的形状。底厚，边较高，平面为四片花瓣形。在器物的壁上有一个凸棱，在边上可以清楚看到手指弯曲的弧度痕迹。在外表面底部有纺织品的痕迹（显然是为了便于将容器从模具上迁移过来）。

　　碗的碎片断面呈粉红色，质细，坚实，夹杂细沙（图三，2）。相似的碗在古代片治肯特也有发现。一些研究人员认为，这些容器的模型是来自萨珊王朝的银制有沟状浮雕的盘子[①]。在片治肯特的壁画中有着这样的描绘：男人们坐着，其中有一个人手中拿着平面为四片花瓣形的金碗[②]。这些容器的年代在公元 7 ～ 8 世纪[③]。

　　根据我们的研究，推测上述遗址的性质为葡萄酒酿造作坊。1 号房址的右边部分应该是压榨场地。将葡萄放在这里然后用脚进行压榨，产生的汁液通过陶瓷管道流到放置着大陶罐的储藏坑里。

　　综上，我们或可推测在这组房址内，酿酒的工匠曾居住于 2 号房址。在那里发现的横梁残存表明建筑可能是平顶。根据酿酒的储藏器的容积可以判断，这里曾生产过大量的葡萄酒。

　　在乌斯特鲁沙那地区曾首次发现葡萄酒酿造作坊。根据历史记载和考古材料证明，这里曾有许多的花园和葡萄园。据中世纪地理学家伊本·哈吾卡勒（Ибн Хаукаль）记

---

① 〔俄〕格里戈里耶夫 Г.В.：《关于古代粟特的艺术工艺》，《物质文化史研究所简报》（第十二卷），1946 年，96 ～ 103 页；马沙克 Б.И.：《7 ～ 8 世纪金属浮雕工艺对粟特陶器的影响》，《国立艾米尔塔什著作集》（第五卷），1961 年，188 页，表六。

② 〔俄〕别朵维奇 И.Б.：《片治肯特陶器》，《考古资料与研究（第 37 辑）》，1953 年，139 页，表六。

③ 〔俄〕阿卜杜卡利玛胡那夫 P.，别尔季穆拉多夫 A.，多尔米娜 C.，卡德洛夫 Э.：《金吉尔 - 捷佩的发掘》，《考古发现（1978 年）》，莫斯科出版社，1979 年。

载："在邻近有鲁斯塔科 - 扎明（рустак-Заамин）和吉扎克（Джизак）有着花园和葡萄园①。此外，在鲁斯塔科 - 法格卡特（РусТак-Фагкат）和布吉卡特（Бунджикат）种植了各类葡萄品种②。"据哈姆杜尔·卡兹瓦尼（Хамдулла Казвани）记载："在呼罗珊（Хорасан）和中亚种植了超过一百种葡萄品种。布哈拉（Бхара）和撒马尔罕（Самарканд）的葡萄种植曾在中亚以外的地方声名远扬③。"法尔哈德（Фархад）考古调查期间，在乌斯特鲁沙那北部地区的中世纪的穆齐克 - 捷佩（Замок Мучак-тепа）城堡，发现了装饰着面具和葡萄串造型的陶棺碎片④。这也可以对古代这一地区葡萄种植的研究提供判断的依据。

在位于哈尔卡纳（Харкана）的乌斯特鲁沙那的鲁斯塔科（рустак）地区，也曾报道过相关遗址。在文字史料中曾提到鲁斯塔科的名字，并讲这里曾是城堡。消息来源中没有更多关于哈尔卡纳的报道。乌斯特鲁沙那西北部地区葡萄酒种植业非常发达。

有关粟特的葡萄酒的消费情况的记载，我们可以从古代片治肯特附近的中世纪城堡穆格（Замок Муг）找到相关文件资料。相关文献表明，一些粟特贵族有着大量的葡萄酒储备⑤。

古代片治肯特地区有大量葡萄酒酿造作坊。位于片治肯特郊区的 9 号房址，年代在公元 7 ~ 8 世纪⑥。片治肯特葡萄酒酿造作坊的结构和我们发掘的非常地相似，但是也有一些特性上的区别。片治肯特的储藏，没有榨汁的陶罐。片治肯特榨汁储藏坑总深度为 1.35 米。坑底是倾斜的，有额外加深。在我们发掘的储藏坑里没有类似的加深处理，总深度在 1.9 米。片治肯特榨汁平台的面积不大（1.35 米 × 1.25 米）。壁由粗砖制成。片治肯特葡萄酒酿造作坊的储藏坑和榨汁池平台之间有一个细的小管连接。

另有一个中世纪时期的做过发掘的葡萄酒酿造作坊，位于巴克特里亚（БАктриия）北部的巴达 - 杰巴（Патта-тепа）居住址。这个的榨汁平台铺着一层小卵石碎和石膏。巴达 - 杰巴的葡萄酒酿造作坊在大小和结构上与已发表的作坊有所区别，规模上要小，

---

① 〔俄〕贝格 E. К.：《哈吾卡勒之子阿布勒卡塞玛的〈道路与国家〉》，《中亚国立大学著作集（第 111 卷）》，1957 年，21 页。

② 〔俄〕内格马托夫 Н.：《古代和中世纪早期的乌斯特鲁沙那》，斯大林纳巴德出版，1957 年，90 页。

③ 〔俄〕雅库博夫 Ю.：《公元 7 ~ 8 世纪帕尔加》，杜尚别：多尼什出版社，1979 年，69 页。

④ 〔俄〕盖杜克维奇 В.Ф.：《1943 ~ 1944 年在乌兹别克斯坦的法尔哈德考古调查工作》，《物质文化史研究所简报》1946 年 14 期，102 页，图 50。

⑤ 〔俄〕博戈柳博夫 М.Н.，斯米尔诺娃 О.И.：《经济文献：穆格山粟特文献》（卷三），东方文学通报出版社，1963 年，30 ~ 33 页。

⑥ 〔俄〕博尔沙科夫 О.Г.，内格马托夫 Н.：《片治肯特城近郊发掘报告》，《考古资料与研究（第 66 辑）》，1958 年，187 页，图 26。

结构上更简单[①]。

在古代的花剌子模，也发现几个这样的酿酒作坊。花剌子模酿酒作坊的榨汁平台要宽很多（5 米 × 4 米），底部铺有烧过的方砖，平台由厚 0.5 米的帕萨板围了起来。这里也用陶罐作为储藏罐。花剌子模葡萄酒酿造遗址的年代在公元 1 世纪[②]。

还有一个葡萄酒酿造作坊发现于古代的塔什干地区，在尤努萨巴德（Юнусабад）的阿克捷佩（актепа）城堡内。榨汁平台铺着烧过的瓷砖。堡垒的榨汁设施是唯一的例子[③]。

11 世纪中相似的葡萄酒酿造作坊在楚河谷（Чуйская долина）的古代城市萨雷格（Сарыг）也有发现[④]。

关于酿酒的技术，中世纪的东方学者留下了很多资料。例如，奥马尔·海亚姆（Омар Хайам）在论文集《诺鲁兹之名》（《Наурузнамэ》）记载了酿酒的方法："在花园里放一个桶，然后榨出葡萄汁，待桶装满，桶里的葡萄汁就可以开始发酵。园丁过来对国王说：'葡萄汁冒泡了，就像没有火力在锅里煮沸的水，从哪里出来的（气？）'。国王说：'当它安静下来，告诉我。'有一天园丁看到葡萄汁变得澄清又明亮，像红宝石一样闪烁，然后安静了下来……"[⑤]

О. Г. 博尔沙科夫（Большаков）和 Н. 涅格马多夫（Негматов）基于民族学资料注意到，酿酒技术从古至今并没有发生很大的变化[⑥]。

所有葡萄酒酿造作坊的发掘（已发表的）都位于大城市的附近，在居住址和城堡并且与遗址密切相关，和它们是同时期的。考虑到许多学者的观点：我们的葡萄酒酿造作坊，在金吉尔-捷佩城堡（Замок Кингир-тепа）有人居住的时候，也就是公元 7～8 世纪的时候也发挥着作用[⑦]。在葡萄酒酿造作坊的考古学材料的测年结果也支持这一点。在这里发现的萨曼钱币看来是晚一些时候在这里的。在整个发掘过程中，没有发现属于公元 9～10 世纪的上釉的陶器碎片。除此之外，在居住址周围区域也没有发现晚于公元 7～8 世纪的葡萄酒酿造遗址。

① 〔俄〕利特温斯基 Б. А.，谢多夫 А. В.：《特派沙》，科学出版社，1983 年，70、71 页。

② 〔俄〕涅拉齐克 Е. Е.：《花剌子模的农业居住遗址（1～16 世纪）》，《花剌子模考古和民族学调查工作》（第 9 卷），1976 年，39 页，图 17。

③ 〔俄〕菲拉诺维奇 М. И.：《塔什干》，塔什干：范出版社，1983 年，112 页，图 13。

④ 〔俄〕《楚河河谷》，伯恩施坦领导编辑的《考古资料与研究（第 14 辑）》，1950 年，44 页，表八，5。

⑤ 〔俄〕奥马尔·海亚姆：《论文集》，莫斯科：东方文学通报出版社，1961 年，218、219 页。

⑥ 〔俄〕博尔沙科夫 О. Г.，涅格马多夫 Н.：《片治肯特城近郊发掘报告》，《考古资料与研究（第 66 辑）》，1958 年，187、188 页。

⑦ 〔俄〕阿卜杜卡利玛胡那夫 Р.，别尔季穆拉多夫 А.，多尔米娜 С.，卡德洛夫 Э.：《金吉尔-捷佩的发掘》，《考古发现（1978 年）》，莫斯科出版社，1979 年，542 页。

北方民族考古（第16辑）

我们在葡萄酒酿造作坊的发掘，表明在早期中世纪的乌斯特鲁沙那、鲁斯塔科、哈尔卡纳有着成熟的果树栽培技术。

Vinery in North-weatern Ustrushan

A.E. Berdimuradov

Abstract: The author describes an early mediaeval site in the Village of Abuz (Gallyaar al District, Jizak Region, Uzbek SSR). It is an oblong hill (12 by 17 m and 3 m high), in which three rooms were excavated. Room No. 1, divided into two parts, contained a wine press and a tank. The pressing platform, 2.8 by 2.8 m, was paved with pebbles. The tank was 1.2 m in diameter. Evidently, the house belonged to wine-makers. Remnants of the beams indicate that the house had a flat roof. It is the first find of this kind in Ustrushan. Judging by the tank, the vinery produced large quantitied of wine. It is dated between the seventh and eighth centuries A. D.

Keywords: Ustrushan; Vinery; House

瓦尔因茫哈调查旅行记[*]

斋藤菊太郎[1] 撰　阿荣照乐[2] 译　李俊义[3] 校注

（1. 东洋文化研究所，日本；2. 赤峰学院资源环境与建筑工程学院，赤峰，024005；
3. 大连民族大学东北各民族交往交流交融史研究中心，大连，116600）

摘要： 本文主要介绍了作者在 1939 年 7 月至 9 月，对瓦尔因茫哈（辽庆陵）古墓壁画的调查旅行。在林东古城进行为期 5 天的调查，提出了从柱础群上就能看出辽文化确实受唐文化的影响的观点。还介绍了作者在白塔子村六天的行程，包括白塔子村的地理位置、天气情况、住宿条件、调查目标、白塔子村的布局和装饰、土城的实测、土城内的遗迹、白塔子土城附近的山和敖包所在的山顶的遗迹等。另外，在白塔子村停留期间，作者对东陵、中陵、西陵三个遗迹进行了参观，并参与了东陵入口的发掘。文中还详细描述了东陵中室四壁上的四季山水图，以及东陵壁画中人物画像。

关键词： 瓦尔因茫哈　古墓壁画　白塔子村

我们此次旅行，是为了调查位于瓦尔因茫哈[①]的辽代遗迹。那里至今还保留着九百年前的三座帝王陵。遗迹位于靠近乌珠穆沁旗境的兴安岭，距离赤峰西北二百多里的兴安西省巴林左翼旗林东旗公署管辖区内。

伪满洲国立博物馆收藏的契丹哀册[②]及册盖十五件，出自这三座——分别被称作东陵、中陵、西陵的圣宗、兴宗、道宗的三陵。这些哀册[③]虽然曾一度被告知下落不明。但以"伪满洲事变"为契机，大同二年[④]春，这些哀册[⑤]被发现隐匿在位于奉天商埠地

---

[*] 此日文原稿载于《满洲史学》第 3 卷第 2 号，昭和十五年（1940 年）三月刊行，7～34 页。

[①] "瓦尔因茫哈"，亦称"瓦儿漫汗""瓦儿曼汗""瓦儿满罕""瓦日茫哈""瓦里曼哈""瓦林茫哈""瓦林忙哈""瓦林满加""瓦尔曼哈""瓦尔满哈""瓦尔因曼哈""瓦尔本哈""洼尔满哈""瓦仁漫勒""洼林漫额""洼林漫额""洼林忙哈""乌尔曼哈""斡鲁蛮哈""韦尔麻哈"等，系蒙古语，义为"有瓦的沙地"。

[②] 日文原稿作"墓志"。

[③] 日文原稿作"墓志"。

[④] 伪满大同二年，即 1933 年。

[⑤] 日文原稿作"墓志"。

的汤佐荣私邸内，只是无人知道其发现者为田村实造。伪满洲国立博物馆——现在的奉天分馆开馆，这些哀册① 开始在国内外宣传，此乃后话。

　　已故关野② 博士生前曾亲自调查这三座陵之后，并将调查报告送至满日文化协会。其中，拍摄东陵壁画的工作被列入议事日程之中。昭和十年③ 七月，此项工作获得外务省文化事业部的资助。然而可惜的是，博士壮志未酬身先殁。按照博士临终遗愿，在池内④ 博士、黑田⑤ 博士、竹岛⑥ 工学士一行人的协作下，完成了是年夏季原定的计划。幸运的是，笔者因得到已故博士生前的知遇之恩，偕坂本⑦ 君等人，与上述三位同行。恩师辞世前几日，坐在病床上虔诚地侃侃而谈东陵的音容笑貌，历历在目。抚今追昔，叹惜不已！

　　此后，满日文化协会向国内外刊布这一罕见的辽朝遗迹，并委托京都帝国大学总长羽田博士负责组织撰写调查报告书的一切事宜。第二次调查瓦尔因茫哈，旨在补充第一次未竟的摄影工作，以及对该地的综合实测调查。京都帝大文学部讲师田村实造氏出任调查团长，由京大考古学教室助手小林行雄⑧ 氏、文学士钓田正哉⑨ 氏组成实测班，原田仁⑩ 氏及笔者承担协助田村团长的重任，与第一次一样，坂本万七氏承担照片拍摄工作。除了我们团员六人之外，画家杉本哲郎氏还因提请自愿临摹壁画而参与调查。

　　以下是这次调查旅行令人印象深刻的备忘录。

　　昭和十四年七月二十日晨，在以羽田总长等为首的众多老师、前辈、知友的目送下，我们离开了京都。

　　七月二十三日，我们抵达大连并登陆。意想不到的是，在码头的人潮中，我们发现了在旅顺的岛田贞彦。因为我们曾在所拍电报中提出申请，想看看营城子的古墓壁画。没想到他一大早就来迎接我们，实在令我们过意不去。在大和旅馆稍事休息后，我们乘两辆汽车在旅顺的街道中兜风。虽然我们通过阅读考古发掘报告书，对这里的壁画已经

---

①　日文原稿作"墓志"。

②　关野即关野贞。1934 年 9 月至 11 月，关野贞与弟子竹岛卓一在完成了热河调查之后，又调查了辽中京，经由赤峰，到林西、白塔子（辽庆州）、瓦尔因茫哈（辽庆陵）、林东（辽上京）。这是继鸟居龙藏、江上波夫、田村实造一行之后踏查庆陵的日本人。

③　昭和十年，即 1935 年。

④　池内即池内宏。

⑤　黑田即黑田源次。

⑥　竹岛即竹岛卓一。

⑦　坂本即坂本万七，摄影师。

⑧　小林行雄担任此次调查队副队长。

⑨　钓田正哉，京都帝国大学考古学院生。

⑩　原田仁，测量师。

很熟悉了，但谁都是第一次看实物。"满洲"现存的古老壁画墓的地理分布是：东汉壁画墓靠近伪满洲国这片土地的最南端[1]；受六朝影响的高句丽壁画墓位于最东端的通沟平原[2]；渤海壁画墓不用到最北端寻访，在北端的东京城就有其残片[3]；我们此行的目的地辽代壁画墓位于最西端[4]。这四个不同时代的代表性壁画墓，全都集中在偏僻的四方边境之地，这让人觉得很奇妙。

站在营城子古墓壁画面前，我痛恨报告书上描述的恶劣印象。其阔达的笔力甚至一度被誉为"东汉的鸟兽戏画"，这并不仅仅出于爱惜。听岛田氏说，这幅画曾一度被认为是乐书而被贬低，我有一种近乎义愤的感觉。这里的古墓保护工程有很多值得借鉴的地方，但也要意识到，这不能适用于瓦尔因茫哈的古墓保存。

我们再次乘车进入旅顺，旅顺博物馆馆藏以采集的辽代遗物为主。在此后的两天内，小林、钓田、原田等人留下来做展品调查，我与田村氏、坂本君三人则前往大连的旅馆。

七月二十四日，自大连出发，乘车夜行。

七月二十五日，在奉天下车，复至新京。

七月二十六日至二十七日，在新京停留两天。

七月二十八日，自新京至奉天。

七月二十九日至三十日，在奉天停留两天。

我和田村在日复一日地访问各地的官署，兼顾联络和问候后，好不容易回到奉天时，已经筋疲力尽。此间，我得到了以荣厚氏、杉村勇造氏为首的满日文化协会[5]、民生部、伪满洲国立博物馆、兴安局、交通部、满铁总局以及在各地的前辈知己的诸多关照。

---

[1] 此处东汉壁画墓遗迹之详情，参见〔日〕森修、内藤宽：《营城子：前牧羊驿附近的汉代壁画砖墓》，列为《东方考古学丛刊》甲种第四册，东亚考古学会，1934年10月刊行。

[2] 此处高句丽壁画墓遗迹之详情，参见〔日〕池内宏著，钱稻孙译：《通沟（卷上）：伪满洲国通化省辑安县高句丽遗迹》，中日文对照版，1940年7月刊行；池内宏、梅原末治著，钱稻孙译：《通沟（卷下）：伪满洲国通化省辑安县高句丽壁画墓》，中日文对照版，日满文化协会，1940年2月刊行。

[3] 此处渤海壁画墓遗迹之详情，参见〔日〕原田淑人、驹井和爱：《东京城：渤海国上京龙泉府址的发掘调查》，由东京帝国大学教授原田淑人作序，列为《东方考古学丛刊》甲种第五册，东亚考古学会，1939年3月刊行。

[4] 此处辽代壁画墓遗迹之详情，参见〔日〕田村实造、小林行雄著，李彦朴等译，李俊义等校注：《庆陵》（全二册），内蒙古大学出版社，2021年7月版。

[5] 1932年3月伪满洲国成立后，在日本外务省文化事业部的支持下，满日文化协会作为推进所谓伪满洲国文化事业的机构，于1933年10月成立，会长是罗振玉，常任理事是荣厚，理事是杉村勇造，主任是三枝朝四郎。

我们一行人再次在奉天聚齐，在此做最后的准备并收拾行装。我和钓田氏作为首批出发人员，于七月三十日前往通辽；其余人员晚一天出发。另外，为了监督东陵保护工程，吉林高等师道学校的教授山本守氏及民生部的广松健二郎氏、伪满洲国立博物馆的李文信氏等也将一同前往。承蒙三宅宗悦[①]氏厚爱，派遣奉天分馆的两位伙计随从调查，在此后的旅途中襄助多多。

七月三十一日，从奉天至通辽。

八月一日，从通辽至开鲁。

八月二日至三日，在开鲁停留两天。

在向内地出发之前就听说，因豫内各河川泛滥，完全不能使用卡车。至通辽后，果真被证实了。接下来的路，只能勉强维持人行往来，而货物的运输已经中断一个半月了。运输公司的仓库里装满了被扣押的行李，其中一部分放不下，堆到了宽敞的中庭。我们的行李里面有米、味增、罐头类的食品，还有用于实测的各种器具、帐篷、寝具、锅釜等生活用品，以及为拍摄地下三十尺的东陵壁画而带来的沉重发电机。如何搬运这些特大号行李，成为老大难问题。运输公司以出水地为挡箭牌一口咬定无法达成协议，连出动马车都不接受。经过两天的交涉，最后决定由我方负责运输途中的一切责任，他们只管把车集中起来。然而至开鲁为止，所谓危险的出水地反而很轻松。马夫们找到了久违的工作，满心欢喜毫无怨言。

通辽至开鲁八十六千米，途中四千米是出水地，泛滥后的痕迹是辽阔的田地上寸草不生。至开鲁有定期的公共汽车，但途经出水地必须步行。我们买了一辆大车，摇摇晃晃地走过了这段路程。尽管水已经退去，其痕迹尚存，走在湿润宽广的大地上，比走在车辙多的大道上更令人心旷神怡。在意想不到的地方有一条小河，它随意地流淌着。泥草也都倒向流动的方向，无边无际。我坐在摇摇晃晃的马车里，看着外面的样子，不由得想到了河水泛滥的可怕。我们雇佣的马夫灵巧地挥着长长的鞭子，声音从马背上划破天空，在澄澈的蓝天中发出轻响。那轻快的鞭子声，使我们的旅行心存不安。随着声响，三匹马拉着橡胶轮车也一次又一次地疾驰。

对我们来说，兴安西省公署所在地开鲁是最后的落脚点。一切都要麻烦总务厅长浅

① 原奉天省博物馆馆员李文信（后任辽宁省博物馆馆长）曾跟随三宅宗悦等人调查叶柏寿附近的遗迹。三宅宗悦撰写了《满洲国热河省叶柏寿附近之遗迹》（载于《考古学杂志》1941年第32卷第1号，27～38页）及《最早出土鸡冠壶之古墓》[载于《满洲帝国国立中央博物馆时报》（第五号），1940年，1～6页]；李文信撰写了《叶柏寿行纪》[原载于《满洲帝国国立中央博物馆时报》（第九号），1941年，32～39号；复载于《李文信考古文集》（增订本），辽宁人民出版社，2009年，24～29页]及《李文信考古与文博辑稿·考古报告卷》（万卷出版公司，2019年，15～24页）。

野良三氏统一安排；人事股大内健^①氏在此后的整个旅程中一直担任向导，我们自始至终都得到他的照拂。我们还在当地看到了大内健氏以前从西陵采集的绿釉筒瓦，这个后来为解决一个谜题发挥了作用，此瓦片背面有墨书"乾^②三年"字样。他还在白塔子村的白塔里找到了一面原本嵌在里面的铜镜，其上写有"乾统五年"字样。

八月二日傍晚，我们首次惊悉身边的村落里流行了腺鼠疫。虽然我想详细记录当时我们采取的方法，这里只写等待着从新京出发的人们，在四日黎明像逃难般离开这里的情形吧。必须坦白，我们在那里停留两昼夜的时光里，心如死灰。我们一方面害怕鼠疫的威胁，另一方面也有与腺鼠疫无关的其他烦恼。正如听说的那样，通往内地的每一条道路都因河流和湿地泛滥而交通闭塞。虽然我们知道在鼠疫区遭遇交通阻断之前必须离开这里，但又不知道如何选择道路。即使将和交通部和省公署相熟的当地人聚集在一起协商，也没有听到任何好办法。前一天回来的人说，水已经涨到马背位置了。

八月四日，从开鲁至福合泉村落。

八月五日，从福合泉至三段部落。

八月六日，从三段至林东。

从那以后的旅程，用一句话来说就是痛苦之旅。准备了六辆三头立的大车，并且缝制了圆柱形席子，用于遮风挡雨，如同几世纪前的内地旅行。不过，这种不方便的旅行方式在当时可谓是最保险的方式。走什么路，在哪里过河，每到一处，一边问，一边又当场临时改道。从中午到三点，因酷暑难耐，人和马步履维艰，只好坐在树荫下乘凉歇息，并且耐心地等待落日。第一天傍晚，因猛烈的雷鸣，没能按预定时间到达台河。对我们来说，最可怕的是遇上涨水，我们没有其他办法，只能望着雨云忧心忡忡地躲在烧锅房里。

我们在月色未明的深夜起身，装好马车，在黎明前离开了旅馆。走出西拉木沦的支流台河河畔，途中从一个村落中尽可能地召集农夫，这是为防备过河水涨落时遇到突发意外而做的准备。二十几个人站在一股浊流中，分成上、下两排，赤身裸体，水涨到了胸口附近。站在那里的人们感觉自己也好像要被冲走了，几匹马因为被车夫连续用劲挥鞭抽打，可以看到那高高抬起的前腿只比浊流高了一寸，展现幽灵般的身姿，向前一个猛扑，看似陷入深渊，却也奋力前行着。这几匹马的两侧，光着身子的人们杀气腾腾地呐喊着。在浊流中拉车的三匹马，在人们的叫喊和鞭打中被横冲直撞的水流推着前进，最终爬上了岸边。前面一辆还没到岸边，就有一辆接一辆的马车紧随其后，我们每个人

① 1942 年，在内蒙古自治区赤峰市巴林左旗林东（时属伪兴安西省）北塔下建文物陈列室十一间，称"兴安西省立林东史迹保存馆"。馆长为大内健，工作人员三人，于 1942 年 7 月 1 日开馆。当时公布全省保存文物 41 项，其中巴林左旗就占 25 项。馆内陈列着新石器时代以及唐、宋、辽、金、元、清各代历史文物。

② 墨书此字原作"乹"，乃"乾"之异体字。

都在车上紧紧抱着行李。

　　我站在岸边凝视着这一切，马和车就像浮在起泡的波浪上，从远处的岸边传来阵阵鞭打声，溅起浪花，杂夹着岸边的呼喊声。第六辆也是最后一辆马车驶到岸边时，边上的小马驹把绳子挠断冲了上来，剩下的两匹拼命挣扎，但还是被水流吞没，水都流入鼻孔。看到歪斜的车上的行李就要被冲走时，一下子二十个人从前后左右聚集了过来。受惊的两匹马在湍流中脱臼，那辆沉重的车只好用人力拖到了岸上。在这种情况下，每越过几条河，多少就会觉得自己远离了鼠疫之地，也算是一种微不足道的安慰。费尽周折渡过浊流，眼看着不断上涨的大水，我们也无法安心休息。一想到这条河的上游随时可能会泛滥，找准地形，越过湿地到达丘陵之前，我们来不及吃早饭。

　　我站在河畔的丘阜地，眺望一望无际的草原，放眼看到的全都是绿绿的草地。在这片草地的尽头，远处的天山在青色群中显得格外醒目。此山虽不高，但这是在草地尽头唯一可见者。我们以这座远山为目标，在高低不平的草地中前进。我想，我隐约感受到此河附近木叶山的神威。

　　这天，小林和钓田两人在河畔的丘阜地采集了石器和陶器。其中一件是赤峰式彩色陶器残片。到达林东古城之前的路途，也并不是无话可说。因为我们从开鲁出发后经常不规则地绕着间道走，所以遇到了许多意想不到的遗迹。

　　八月七日至十一日，在林东停留五天。

　　就在我们刚刚到达林东的时候，虽说已逾晚间八点，迎着落日朝正西而来的我们，因逆光线的遮挡，连山前的古城都没有注意到。然而随着日落，古城出现在我们的眼帘。作为堡垒延长的土城，被残留下来的淡淡光芒映照出来，飘浮在如带子般拉长的暮霭中。它蜿蜒起伏，匍匐于山脚，被三面的群山包围着。我们内心不由得被其雄伟的姿态所打动。南北两座砖塔看起来像这座王城的护符，其位置、经营以及作为都城庄严而具备的规模，都令我们震撼不已。

　　这座古城是调查伊始就定下的实测目标。关于辽上京临潢府被比定的这片土地，虽说已有很多考论，但截至目前仍没有一个完整的测绘图。当然，除了这一点之外，也没有其他所遗留的必要工作了。为此，抛开那些保守的方法，只专注于经纬仪的严密实测。可以说，停留五天的时间都用于完成这幅古城测绘测图，也因为在有限的时间内无法完成更多预期的工作。

　　实测班分为两组，第一组成员有小林、钓田、山本、李等人，第二组成员有原田、田村、大内等人，各自围绕专业领域进行调查。面对由南北两城相连而构成的这座广阔的土城，我们不知从何入手。我和坂本君一起，登上许多人踏查过的夯土台基，并给散落的龟趺和柱础拍照。至于详细的报告，估计还得交给田村氏。这里只是记录简单的数字：北城墙周长约 6150 米，南城墙周长约 6000 米。

　　这座土城内残存的柱础很多，至今仍有令人惊叹之处。我们到达林东的傍晚，从阿尔奇茂郭勒——巴音郭勒下游——河里拾到了一块莲花瓣的柱础。来到现场一看，数量之多令人叹为观止。只是这些柱础几乎全部都离开了原来的位置，实在是让人感到惋惜。而且，附近的人家把它搬出来用作踏脚石，或者砌进土墙里面。这对我们来说，实在是最可悲的事情。不过，每当看到那许多宏伟的柱础群，就能看出辽文化确实受唐文化的影响。虽然这是理所当然的，但通过直接接触实物，其张力和美妙程度，更加让人深深地感受到这种根深蒂固的真实。

在林东期间，我们得到当地旗公署全面的照顾。自离开林东之后，直至在白塔子完成工作，通过大内氏的沟通，各式各样的问题上都得到了照顾，感荷莫名。当我们见到该旗公署内保管的众多出土文物时，惊叹不已，这些资料实在是太珍贵了！关于这一点，在如此短的篇幅里，是无论如何也写不出来的。里面有一组是以白釉鸡冠壶为首的所谓辽三彩系明器五件，其中一件黄釉大盘的背面甚至可以看到墨书的契丹字"十"，出土于林东北北东四方城附近山地的一座古墓。而且，据说在其古墓附近有铭记辽道宗咸雍二年的陀罗尼塔。即使有所谓辽三彩是辽朝烧存下来的旁证，但在一直没有确切证据的今天，这些资料在陶瓷学上的贡献是不可估量的。

因辽金两朝的陶瓷史至今仍处于暗中摸索的阶段，所以在此阶段得到这一新资料，我感到无比幸福。我们从林东出发的前一天下午，在被比定为皇宫的北城丘陵地的山脚附近，发现了可以确认为辽朝的古窑，不得不说是幸运之至。从那里，出现了很多匣钵的碎片。那些带盖的匣钵里的上好的仿定窑烧屑，仿佛是从窑中直接取出来的样子。其中有几个，甚至就像纸一样薄，这不禁让人联想到流传下来的北宋官窑的做法。这些白定风格的瓷器碎片，并非全都无纹，有花纹也有刻印。除此之外，还发现了天目釉、茶末绿釉的碎片，还发现了一片青瓷碎片。上述所见，是在对一片片遗物进一步调查的基础上记录下来的。不过，姑且将其拟作辽之官窑，恐怕也不会出现太大的误差。我们后来也了解到，从辽代其他古城址中探取的众多瓷片中，有几片与该古窑地的瓷片类型完全吻合。

八月十二日，在雨中从林东经过满其格山[①]麓至王府。

八月十三日，雨，停留于王府。

八月十四日，雨后晴，自王府至和家村。

八月十五日，自和家村经小城子至乌牛台庙。

八月十六日，自乌牛台庙至白塔子。

比林东预定的逗留时间提前一天，我们冒雨前往白塔子。我们乘坐交通部道路局派给的卡车。在两天前，大部分行李都装上牛车运走了。如果不被雨水所困扰而一直急

---

① 满其格山，亦作"满其格乌拉""满济克山""满琪克山""漫岐嘎山""漫其嘎乌拉"，位于内蒙古自治区赤峰市巴林左旗查干哈达苏木政府驻地北九千米。山的南侧有两个石柱子，似山羊颈下的肉垂，由此而得名"满其格乌拉"，"满其格"系蒙古语，义为"羊颈下的肉垂"；"乌拉"系蒙古语，义为"山"；"满其格乌拉"义为"肉垂山"。此山方圆 16 平方千米，主峰海拔 1248 米。

驰的话，抵达白塔子只需一天的卡车旅途。然而我们却用了五天的时间，这还算是幸运的。如果按照原计划的出发日出行，我们便无法离开林东。因为后来听说，由于连续降雨，林东的路被阻断了将近一个月。

不停地降雨，对雨具不足的我们来说是种打击，每个人都被淋湿透了。抵达小巴林王府之时，卡车在泥泞中动弹不得，我们拖着湿漉漉的身体，在寒冷中颤颤巍巍地步行着。

第二天狂风大作，寸步难行，直到第三天午后，天气才逐渐转晴。听说手中已经没有一粒米，连掺了小米和粟子的储存也没有了，所以无论如何都必须尽快走到下一个村落。我们一行人加上男伙计和其他人，已上升至十八名之多。虽说随身携带的只有行李，但也有五辆牛车之多。凑够五头牛也花了半天时间。每件事都不能尽如人意，可是如果一件一件地计较，也就无法完成内地之旅了。

我们在离王府二十支里的和家村一个富足的蒙古人宅邸借宿，在那里受到盐蒸全羊宴款待，每个人都重新感受到蒙古之旅的乐趣。在接下来的两天里，我们又安排了两辆三架套大车，另备了五辆牛车以运输行李，以强行军的姿态奔向去白塔子的山路。

在这五天里，我们调查了两座古城遗址。一处位于林东附近的满其格山麓[①]，留存于此处的石室因鸟居博士的旅行记[②]而广为人知。令人惊讶的是，在这个土城内采集的一片莲瓣和十字纹黑釉瓦当，竟与渤海东京城出土的遗物一致。在辽代众多遗物中，从未发现过如此近似渤海的遗物。田村、钓田两人确认这座山附近留有的龟趺。另一座土城遗址位于王府和白塔子之间，俗称"小城子"或"岗岗庙"[③]。这两座古城遗址，究竟应该比定为哪座城，尚待田村氏考辨。

八月十七日至二十三日，在白塔子村停留六天。

我们走的路，是一条自上京临潢府至庆州的古道。行于该道，不由得联想起兴宗和道宗也是沿着这条道前往圣宗陵的。走到汗山山麓附近，隔着查干木伦河，看到在山荫下显得很小的庆州城址内的白塔。甚至可以遥望到位于其西北山背后的瓦尔因茫哈的庆云山。不过越是接近白塔，庆云山也好似躲起来一样。离白塔子村土城近在眼前的地方，我们再次面临如何渡过查干木伦河的烦恼。我们的五辆牛车正开始过河的时候，两天前从林东出发的牛车也集中到这里。

人和车都平安无事地到达了此行的主要目的地白塔子村，所以每个人都掩饰不住内

---

① 此处辽代遗迹之详情，参见〔日〕岛田正郎撰，李彦朴等译，李俊义等校注：《祖州城：内蒙古满其格山辽代古城址的考古学历史学发掘调查报告》，内蒙古大学出版社，2016年，3页。

② 鸟居龙藏著有《蒙古旅行谈》〔原载于《东洋时报》1909年第124号、第125号；后收入《鸟居龙藏全集》（第12卷），朝日新闻社，1976年，545～566页〕以及《蒙古旅行》〔东京博文馆，1911年；后收入《鸟居龙藏全集》（第9卷），朝日新闻社，1975年，1～248页〕。

③ 此处辽代遗迹之详情，参见张松柏：《辽怀州怀陵调查记》，《内蒙古文物考古》1984年3期。

心的喜悦，在辛勤地干活。堆放在狭窄中庭的用十辆牛车运来的行李，瞬间就被整理好了。没有一个人闲着，东西都被收拾得很好。在一个人把行李传给另一个人的时候，也只是感觉将互相的喜悦之情寄托在行李上亲手交给对方。

虽然我们心情激昂，但接下来的三天，雨下个不停，不禁让人想起梅雨季节而备感沮丧，就好像是被关在笼子里的龙一样别无选择。今年这场可谓是六十年或八十年不遇的连续降雨，导致所有房子的屋顶都塌了，没有一间可以令人满意的房间，我们住的房间也铺上了席子以防漏雨。每个人都希望能马上进入瓦尔因茫哈的山里，但在持续降雨的天气中，野营是危险的，再加上为了能确保晴天的调查时间，所以先着手调查白塔子。不过广松氏、杉本氏等一行人迫不及待地冒雨前往了东陵。直到一个月后，我们回到奉天才知道那篇壁画全部崩塌的报告曾一度被传播。

对我们来说，这并不是唯一令人沮丧的报告，但一想到这是本次的主要调查目标，就不由得叹息。在还没有亲眼目睹的情况下，总还抱有些许的期待和安慰。并且事到如今也没有变更计划的可能，索性按照最初的目标，愉快地等待着进山的日子。对我个人而言，它是我这五年来不能忘却的壁画。

我们不分早晚，伫立在位于土城西北角的白塔下。正如字面所示，这座白色的塔是八面七重的砖造建筑。一面是让人想起十二神将的砖刻立像面向拱门，另一面有璎珞和舍利塔。夹在舍利塔内的方形连子窗装饰下，有大象、狮子、胡人等类似西方的浮雕。浮雕以旋转式两面隔一面的方式包围着这座塔的整体。在夹于斗拱间的驼峰浮雕中，我们看到了有辽国特有的牡丹花纹和兽面纹，同时还加有胡服群像的特殊图案。这些全都涂着雪白的石灰泥。现在也在用石灰泥涂抹。虽然也听说了关于此举被指责过的话语，但对于这座历经九百年的白塔，恐怕没有比这更好的保存方法了。这些浮雕的美妙之处，都好像随着每一次的仰望又不断增加着。关于其建筑之美，已故关野博士甚至感叹其为"满支第一"。

我们趁着短暂的雨过天晴之时，漫步在古城内的遗迹中。那里散落着许多柱础和绿釉瓦片，可以看见白釉瓷片在含露珠的草阴处闪闪发光。有松虫草和龙胆的紫色花丛，也有这里那里到处开着的菊花和附子花。混杂在秋季草丛中的大理石陀罗尼塔身脱离开塔刹和底座倒在地上，其碑文的一部分里甚至可以读到"曹利用""攒塗殿""庆州"等熟悉的文字。

营建有圣宗陵的山即辽人所称的庆云山，接着兴宗和道宗也相继被葬在此山南麓，建造此等三帝陵墓的瓦尔因茫哈山正是现在的别称，其奉陵邑即为庆州。而今，在白塔子土城内存留的陀罗尼残石上能读到"庆州"字样，就是这个原因。伪满洲国立博物馆收藏的圣宗哀册[①]之首也有"皇帝崩于大福河之行宫，以其月八日甲申，发赴庆州"字

---

① 日文原稿作"墓志"。

样，接着是"八月丙子朔二十七日壬寅，殡于^① 攒涂殿之西阶"字样。殡宫或许营建于这座土城内的陀罗尼经塔附近。从"曹利用"的人名一起看"殡宫"这个名字，可以窥见这座陀罗尼经塔所营建的年代。笔者孤陋寡闻，在此哀册^② 以外的文献中未曾找到有关"攒涂殿"的记载。

像调查林东古城时一样，对土城的实测也以原田氏为主，采用了经纬仪。把整个地区切成方格，做了一米的小格，也要做好缜密记载的准备。幸运的是，在查干木伦河对岸发现了水准点，获得了海拔 897 米的基准点。原田氏为了在那里竖起红白色的测量旗，他甚至一只手拿着球游过了涨水的浊流。得到基准点，就意味着之后对该地方所有地区的实测起到了不可估量的辅助作用。由此也知道了我们所在的白塔子土城的海拔在九百米左右。关于其详细报告，还有待于其他时机。在此就只记载稍显长方形的古城南北 1100 余米，东西 950 余米。白塔的高度约为 207 尺 9 寸，也是根据实测而计算出的。离基底的高度有 217 尺 8 寸，这相当于圆楼高度的两倍以上。

我们对土城内许多夯土台基一个一个地编号，采集的瓦片和陶瓷片标本也分别装进不同的袋子里。小林氏忙于对夯土台基上的基石进行实测并制作拓本。白塔的实测也非同小可。田村氏和钓田氏雇用了十多名苦力，在被称为"第十六高地"的中央夯土台基完成了试掘沟。在最后三天的发掘中，我们不断地了解到新的事实，这是考量辽朝宫殿配置方法的基本资料。我和坂本君绕着标记好的夯土台基，完成拍照任务。我们俩为了俯瞰整个土城，登上了西北的山，在那里无意中接触到一处遗迹。

在白塔子停留的第五天，天气晴朗，没有风。清晨，只有广松、李、大内氏等三人踏上了归途。我们让苦力一人挑着行李，行走于带有露水的原野中，从土城西向北进发。深深的露水将膝盖处打湿，不得不几次挤裤脚里的水。在山脊的一个平缓坡道上，也盛开着紫色的花，紫藤色的葱花和树荫下的野胡枝子花儿在地面上争奇斗艳地盛开着。我们脚下突然飞起了山鹌鹑，被其振翅之声而惊扰。先站出六只，接着又站出两只，过短而圆滚的躯干被露水浸湿而显得沉重。隔了一段时间，最后一只也站出来。此后，我在那里发现了野生白芍药花。

那山脊的顶端附近是连绵的岩石，好不容易走到那里，发现了一座敖包。而在眼前，刚刚走过的土城整整齐齐的，像桝一样小。白塔屹立在西北角附近。在这片辽阔而南北打开的草地东侧，查干木伦的水流显得像线一样细。这条从东北山涧流淌而来的古黑水，连成半月湖而保留下，一直流到土城边角附近，蜿蜒曲折向南而下。回想起之前为了渡过那闪着银光的细细的河流而遭受的折磨，反过来觉得有些奇妙。在我们的东边，汗山展现着雄伟的风貌。隔着河往北延伸，是岩质的赤山（乌兰哈达）。北面被几

---

① 日文原稿引文此字误作"干"。

② 日文原稿作"墓志"。

座山脊所挡住了，无法完全展望，只有在一处山脊的鞍部，可以远远望见庆云山。

在半山腰上有三座岩山的庆云山，有着令人难忘的身影。就连中央山脚附近的东陵，也似乎能找到。在东陵上，绝对不可能看到的这座白塔。不过，一想到东陵和山陵可以从这座敖包上看到，就不禁考虑到这一地点所具有的重要性。如果真的可以用"遥拜所"这个词来称呼的话，我觉得用来称呼靠近白塔子土城的山巅是比较恰当的。

然而，在敖包所在的山顶上，却未发现辽代遗迹。只是我们在攀登这座山的途中，注意到在越过浮沉的西斜坡上，有一片不自然的阶梯状土地。我在调查那里之前，用测距器从山顶测量了各地的方位，这是为此后用经纬仪实测打基础。此举之目的，只为满足于遥望庆云山。同时，我又重新审视了长久以来的疑问，如关于这片土地现存的文献记载中的黑山、赤山及太保山等。

我们在从敖包所在的山顶到西边沼泽的途中，捡到一白瓷片。这是一件无法比拟的辽瓷片，令人联想到出自官窑的上等品。我们在到达那块阶梯状土地的同时，就发现那不是自然形成，而是在面对沼泽的石崖上由堆着的切石形成。阶梯由五级组成，在其最上部的平地上发现一块柱础。在树丛中，埋在土里一半以上的柱础，发掘起来很费工夫。它长约二尺六寸，做成圆圆的一面上刻着华丽的牡丹缠枝文。在白塔子土城内的柱础上，也没有见过这么美妙的东西。我们在实测和拍照的同时，还寻找了其他柱础，但之后找到的多数是瓦片类和陶质的碎片。

我甚至觉得，即使把那块白瓷片放在敖包所在的山顶和靠近山顶的遗迹之间，会有着有机性的直接联结。同时，我对长时间有疑惑的下列文字进行解读，找到了一条线索，这就是在圣宗第二位皇后钦爱皇后的哀册[1]中有云："太后崩于中会川行宫之寿安殿，旋殡[2]于庆州北别殿之西阶，粤[3]。"其中的"庆州北别殿"，也可以理解为庆州城内的殿宇，但我不知道为什么一开始就认为它在城外。钦爱皇后与此地的关系密切，从某种意义上来说，我们也应该重新思考一下她被幽禁在"庆州七括宫"的经过。考虑到遗迹位于古城以北，而附近的敖包所在的山顶作为遥拜所的话，我就会觉得，新发现的山上遗迹被称为"庆州北别殿"更为合适。

八月二十三日，自白塔子至瓦尔因茫哈。

这一天天气晴朗。我从黑暗中醒来，正思索着进山里野营的流程安排。这时从警察那里得到消息，暂时禁止我们一行人的出发。说是从昨晚开始，瓦尔因茫哈山附近出现了匪徒。大家都被骚动声惊醒。这几天难逢可以启程的晴朗早晨，实在是不想停下脚步，但只能无奈地回到自己的岗位上工作。

---

① 日文原稿作"墓志"。

② 日文原稿引文此字脱，此据哀册拓本补。

③ 日文原稿引文此字为下一句之发语词，应删除。

迎着静静的秋日阳光，站在高高的白塔基坛上俯视着，我不敢相信，这里的土城怎么会有骚动呢？我仔细检查白塔的浮雕时，被它的美妙所吸引，也忘却了烦恼。除了高高的高檐上的风铎传来的响声外，什么也听不见。

时近中午，讨伐土匪的骑兵列队返回土城。我们重新准备出发，带着七辆牛车和十五个苦力，下午一时许，从土城北门出来，以白塔为脊，一路向正北出发。

走出山口，是一片辽阔的草原。散落着几个蒙古包，绿色的草地上，羊群闪着白色的光。在略显蛮荒的远方沙漠地带，可以看到放牧的马和牛。我不禁想到五年前的这片土地，我当时访问的蒙古包，似乎也在同一个地方。那连绵不断的山、绿草如茵的大地，也使我怀念。在那茂盛的牧草间，我像五年前一样发现了一朵芥子花，那黄色的野生小花，在纤细挺拔的茎上伸展着美丽可爱的身姿。

从白塔子村出来大约两个小时，就在我们好不容易开始爬山的时候，下起了雷阵雨。之前还在眼前的庆云山，也隐藏在云雨中。寒风凛冽，我们也被大滴的雨淋湿了。我感受到，那云雨像牵着灰色的衣裳一样，沿着山峰向东边的山峰移动。与黑压压的天空相反，只有绿色的草地显得格外耀眼，有一束金色的光在那里洒落。载着重物的七辆牛车，走到被雨打湿的沙地上时，不管鞭子怎么抽打，牛也只是喘着气，勉强地拖着车子慢慢向前。

田村氏和我还有一二个人先站起来向前行，抵达野营地附近时，已经快五点了。一辆又一辆迟到的牛车躲在槲林里，都看不出迹象。我在找到东陵的位置之前，以南面的小山为目标，循着声音找到了野营地的方向，一片长得很高的深槲林和裂缝里的一片嫩绿的草地。盛开的紫色花草的阴影中，至今还残留着帐篷的沟壑，保留着昔日的模样。我想起之前的旅程，曾经捡拾过的野生芍药与黄栌渐行渐远。

我独自站在那里。在庆云山顶上，那平缓的山背就在眼前。伸出半山腰的三座岩石山，威严地对峙着，像陵墓所在的山那样。像雾一样的白云，像要掠过那个山顶一样以猛烈的速度流动着。在破碎的云彩的缝隙处，阵雨后的蓝天像闪闪发光一般清澈。在芦苇丛生的沼泽上，不断听见传来微微的落水声。

已故关野博士生前在病房里讲述过这三座岩石山所具有的意义。如果我没有听错的话，其大意如下所述：中央的岩石山在风水上相当于玄武，东西方的岩石山相当于青龙、白虎。南方的丘陵应该被称为案山（影壁山），在其之后的金星山位置相当于朱雀。从岩石山流下的溪流可以流经南山的两个山麓，在相当于玄武的岩石山正下方建造陵墓是很难移动的法式。今复见此地，万事皆备，东陵之所在正在玄武之下。从风水上看，陵墓位于西方的中陵、西陵这两个地方位置都太偏了，只有东陵是三陵中最适合风水的。据说这是第一座置于庆云山土地上的陵墓，作为永庆陵——圣宗陵与之若合符节。我从已故博士那里多次听到这个风水上的假设，连同他端严的身影，至今记忆犹新。

八月二十四日至九月六日，在瓦尔因茫哈停留两周。

九月七日，自瓦尔因茫哈至白塔子村。

在倾盆大雨中搭起帐篷，在雨中度过了第一夜。由田村、小林、钓田三人使用东侧的帐篷，山本、原田、杉本三人使用西侧的帐篷，而坂本君和我一组在正中间的位置搭起了帐篷。从半夜开始刮起的西北疾风猛烈地拍打着帐篷，让人无法入睡。五点半，我在油灯下写日记，连写字的手都快冻僵了。

第一天，大家一起参观了东陵、中陵、西陵三个遗迹。只有我一人带着十名苦力，为了发掘埋在土里的入口而留在东陵。从十一点开始挖了一个小时，挖到大约六尺长的地方，上部的沙土逐渐崩塌。由于长期下雨，地基整体变得松软。午饭后，大家齐去东陵。如果继续挖，三面的泥沙都会崩塌。我意识到打开入口洵非易事。按照原本就熟悉土木的原田氏的指示，安排了苦力的劳动顺序。

傍晚六点，在原田氏的邀请下，我和坂本君、原田氏三人登上了庆云山。一口气爬上秃岩陡坡，发现顶上有一座敖包。强风狂吹，高处不胜寒。出乎意料的是，在这座山的背后，居然是背靠落日的乌珠穆沁大高原，无边无际地展现在眼底。只见山坡，没有一处明显的阴影。缥缈而绵延几千里的雄伟景观，抓住了我们的心。我站在大兴安岭之巅，已设身处地领会其精髓。

从山顶下来，终于看到了山岩正下方的东陵。紧随其后的中陵和起源于沼泽的西陵都同样位于山麓附近，看起来很小。陵墓前面有宫殿遗址，神道和羊肠小道在槲林间穿行，接着进入疑似大虹门遗址之后。三座陵墓三座遗迹，每一座都仿佛拿在手里一样展现在眼前。遍布山麓的槲林，是九百年前契丹人的狩猎之地。我想起那些契丹人骑骏马猎鹿的场景，同时，也重新想起每年夏天巡游此地的圣宗对此地的依恋，曾说过："吾万岁后当葬此。"想起兴宗遵遗命经营永庆陵的经过。凡此种种，就好像今天刚刚发生一般。

我们看了很多，也想了很多。白塔子村的白塔被前山的山脊遮住了看不见，只看到我所称呼的"北别殿"坐落在远处山顶上，显得很小。除了汗山和赤山对峙屹立在这荒漠沙地上，只有庆云山和它东邻的尖锥形的黑岩山，才是这里最突出的山峦。我不由得再次想到文献中的三山。

至于黑山、赤山、太保山是否可以比定作那里的什么山，我们暂且不论。庆云山本就与黑山并称为黑岭。另外，我想起了契丹人所重视的事——即冬至祭拜黑山，出自《契丹国志》卷二十七"冬至"条：

> 冬至日，国人杀白羊、白马、白雁，各取其生血[①]和酒，国主北望拜黑山，奠祭山神。言契丹死，魂为黑山神所管。又彼人传云：凡死人，悉属此山

---

① 日文原稿引文此字误作"知"。

神所管，富民亦然。契丹黑山，如中国^①岱宗。云北^②人死，魂皆^③归此山。每岁五京进人、马、纸物各万馀事，祭山而焚之^④。其礼甚严，非祭不敢近山。

我不知道祭祀活动是从什么时间开始。另外，庆云山的黑岭与《契丹国志》冬至礼所说的"黑山"是同一座山，这也有旁证。如果在这里只写结论，那就是我不想就此解释三座帝王陵墓经营在同名黑岭上的意义，仅仅是因为兴宗遵圣宗之遗命。似乎契丹人关于"人死魂归此山"的信仰，给予庆云山土地注入了不可动摇的力量。

东陵入口的发掘工作在第二天、第三天持续进行。每挖二十尺、二十五尺，上部的沙土就会崩塌，挖到折角地方也会崩塌。十个苦力从早上八点开始只做这项工作，刚觉得接近入口的时候，同样的崩塌也随之而来。以每两个人作为一组，分成五组阶梯状，从下面向上搬运土，甚至连如何使用铲子都需要教。因为一边紧盯偷懒的人，一边要指导发掘的方法，我们的目光无法离开。在记下每个人的名字和相貌之前，把杉本先生画的人像素描放在手边，从上面大声呵斥。

由于泥沙的剧烈崩塌，谁也没有想到要花这么长时间，我们为此大伤脑筋。只是没有意识到泥沙崩塌，竟导致惊人的发现。拱形入口是制造料模栱的双层房檐，其上部的情况不为人知。第二天上午，先是部分泥沙崩塌，意外地露出了涂抹石灰的墙壁，接着在石灰面的两端处，露出了一对鸱尾壁画。据此发现，我们第一次知道了辽代的鸱尾形状。对这部分墓道也还没有完全了解。而且，我们在墓道的东墙角落里发掘出人物画的头部。这些壁画的发现，为其后的调查提供了可资借鉴的方法，以此新事实为中心是继续发掘的主要原因。

我们全体人员在第三天傍晚时分进入陵内。站在入口处，寒风从那黑暗的陵墓中飘来，冷得要命，连入口的地面上都结满了厚厚的冰。正如文献所述，虽是盛夏，冷若严寒，"掘深尺馀，有层冰"。

我们尽管得到陵内壁画全部剥落的准确信息，仍对其难以割舍。靠着苍白的汽油灯光，在黑暗中走下去。我们看到的第一样是墙边的地面，就像是落下的雪一样，那是因为穹窿顶上的白色石灰墙皮脱落了下来。我一边小心翼翼地尽量不踩在那上面，一边将灯照亮在这面我思念了五年的墙壁前。然而与我担心的相反，那面重要壁画上的人物还是一如既往地站立着。一个又一个熟悉的人脸，几乎毫不懈怠地在那里。中室的四幅四季山水的壁画，至今仍保留着九百年前的生动形象。我感到寒冷，在黑暗中的陵内巡视了一圈，其中一间房内的冰床上有一只冻死的兔子。

---

① 日文原稿引文此字之后衍"国"。

② 日文原稿引文此字误作"凡"。

③ 日文原稿引文此字脱。

④ 日文原稿引文此字误作"上"。

这座帝王陵墓在地下营建，内部由七个房间相连。全部都是辽代特制砖砌建筑，只有前室是拱形屋顶，紧接着的中室和后室，除了过道以外都是穹窿顶构造，深七十二尺有余。前室和中室，东西两侧各有同样的穹窿顶耳室。

四季山水图就画在这座陵内最大的房间，即直径十八尺有余的中室的四壁上。人物画在除了后室穹窿顶崩塌以外的所有墙壁上，当初大概画了八十名以上与真人大小等身的随臣，今残存于陵墓内的不到三十人。在画像的肩部，可以看到契丹文字的签名，可以认定是所画人物的笔迹。汇集如此多的亲笔契丹文字，除了此地之外绝无仅有。这些壁画虽然多少有些剥落，但可以说还保留着我以前看到的样子，只是屋顶上的藻绘墙毫无痕迹地掉了下来。与前一年相比，可以说是剥落了五分之一。估计当初错认为壁画全部损毁，可能是因为眼睛还不习惯此地黑暗而造成的吧。

在田村氏的总指挥下，苦力继续进行对墓道部分的发掘，挖到八尺四寸多宽、三十五尺深的地方，从入口往前一点一点地发掘，详细情况此处从略。经过近十天的发掘，挖出了同样的深度，东墙二十二尺有余，西墙十六尺有余。

最初在东墙角落发现的头部壁画是等身大小的一部分，而在那面墙上又发现了另一幅人物画；与此相对的西壁也同样出现了人物画。陆续出现的等身大小的人物画，在西壁出现了八人，在东壁出现了六人。此外，还有马的壁画。

关于这些新发现的壁画，我们的喜悦是无法形容的，想说的话实在太多了。我们仅仅因为得到近乎等身大小七尺左右马的壁画，就觉得过去所有的辛劳都得到慰藉。虽然没有明确的证据可以证实是辽代马的画迹，但根据壁画，可以知道在此之前不确定的出土文物应该是马具的一部分。

不过，关于这幅新发现的壁画，我们仍有未解之谜。因为从画人物画的墙壁裂缝处，可以看出个别人物画是重叠的。虽然没有看到重叠在一起的下层的全部图像，但可以看出这也是一幅等身大的人物画。我在没有解谜之前，也多少说一说陵内的壁画吧。

内部的壁画大致分为穹窿顶上的各种图案、四季山水图和人物画。主要的中室屋顶是红底双龙双凤纹与灵芝云纹，拱形的穹窿顶也是红底绿青相间，中间还点缀着牡丹花纹。其双龙双凤纹形态保留了唐代的风格。辽代特有是，总将描绘插于枓栱、驼峰、梁、柱等构件中的纹样，出现在此处的牡丹花纹、网目纹等与其他辽代木质建筑在相同的部位描绘着相同的纹样。其中一幅绘于阳马上的网目纹，与义县报国寺大雄宝殿的梁上的纹样如出一辙，枓栱的装饰也与奉国寺的纹样相契合。只是与描绘东陵的梁和枓样相比，后者只是实物梁和枓栱的差别。

被四条过道隔开的中室每一面石灰壁上，都按照从东到南的顺序画上了春、夏、秋、冬四季山水图。长九尺、宽六尺的壁面上，画有以水禽为主题的春季山水图，被放置在平远土坡间缓缓流淌的背景之下。稍显颓丧的土坡岸边，有绽放的李花和萌发的泥柳丛。花荫的水面上，有三四只天鹅漂游着。在画面中心附近，几只水禽在岸边的水流中玩耍。就像桃山时期的障壁画看到的一样，土坡之间的岸边还画有蒲公英的花和绿叶。如果分开看构图的话，就完全是大和绘风格；如果只看李花的话，就会想起波斯画。

在夏、秋、冬三图中，以群鹿为主题。夏之图中，描绘的是在伴有牡丹古树的平缓起伏的山丘上，四五只毛色光丽的雌鹿和仔鹿，各自舒展着身姿。在山上，一头雄鹿正追赶着另一头狂奔的小鹿。另有一只鹿从山后露出头，侧耳倾听着幽幽的声音。在盛开着红色姬百合和芥子花的山丘上，还有一些鹿正在吃草。在整幅灵动的夏之图中，牡丹花才是中心。可以说，毫不刻意而巧妙的笔挥洒墨，可以让馥郁的牡丹图看起来更加奔放。

秋之图以岩山为中心，在平缓山脊上，年老雄鹿的咆哮引人注目。在此图的诸多鹿中，再也找不到比这更好的了。雄鹿扬起枝头般的角，向天嚎叫的姿态，可以让人感受到它拖着尾巴的悲鸣，而这一切都在不经意间描绘出来。背后灌木上的红叶让整个壁画显得五彩斑斓，高高的山丁子树上结满了一串串穗状的黑色果实。这里所描绘的群鹿可以说是千姿百态。而冬之图呈现的是从冻结湿地走来的灰鹿，还有那染成茶色的非常醒目的枯槲叶。

这些只是四季山水图的一角，其实还有许多内容值得一提，而这种偏于一方的叙述可能会让未见过壁画的人感到疑惑。但我想说，全部山水图虽系平远山水，但鹿和水禽的写实，更是令人惊叹不已。另外补充一句，不仅仅是花鸟禽兽，背景中的山水画题材本身就脱胎于当地庆云山的实景。毫无疑问，辽朝当时的画家曾来此地写生，并创作此图。反过来想，如果用当时的其他画法来描绘此地，其山水图也许不会全面反映庆云山的风貌。

至于有山有岩的秋景图，我们无法用一句话就可以描述出其画风。在平缓的山脊中央唯一耸立的这座岩山，无论将其重新转换成院体画以后的任何一种画风，这种构图方法都无法成画。这种看起来不自然的平远山水画法，被认为是当时难以撼动的主潮。而将此岩山拟为庆云山的岩山的话，又脱离了画风，出现了实景。以山丁子的果实为主题，芥子和姬百合也出现在这座山上。槲林间，与牡丹相近的芍药叶连同紫衣秋草，被夹杂染成红色。

《辽史·穆宗本纪》关于此地"山水秀绝，麋鹿成群，四时游猎，不离此土"的记载，说明这幅四季山水图再无补充。我在这片土地上始终没有看到鹿的踪影，听说蒙古人现在仍会八月上旬猎鹿，就是为了得到鹿角。"麕岐角者，惟天子得射"，《辽史》卷七十八所述长着两枝角的雄鹿身姿，我在秋之图中也找到了。前面已经叙述过，辽圣宗曾巡访此地。契丹人也擅长鹿的写生，并没有什么不可思议，因契丹人每每出猎，必祭麖鹿神以祈多获。以东丹王李赞华的《千角鹿图》为肇端，辽代涌现出诸多画鹿名家。然不仅限于辽代，相传金代耶律履（东丹王七世孙）即为画鹿名家。但是，关于东陵壁画的作者，我并不想匆忙下结论。这四幅画表现四季山水并非什么不可思议的事情，但此四幅真迹应该是现存最古老的辽代作品了。

关于人物画的个别说明实在繁琐，笔者仅就粗略的观察进行记述。特殊的绘画技法在以前的游记中详细写过，与西欧的壁画所使用的绘画手法相同。此等身大的立像是庄严正面的姿态，所有肖像的眼睛方向都画得斜七分正三分，画在东西墙壁上的人，皆凝视着中室。这些人物既有武官也有文官，胡服和汉服混在一起。现在残存的壁画中，包括两位妇人画像。这些人物画大多数是单人立像，还有一部分是二人立像，一部分是群体立像。

这些人物面貌各异，只是用线条来区分每个人不同的个性。即使只取一个人的眼部来观察，也会浮现出所描绘的人物个性。这位东陵壁画的作者充分掌握了麋鹿细微的生动形象，在画这些众多的肖像时，无疑将唐代古老的传神画法遗留在了这面墙上，并非后世常见的肖像画。

这张脸采用铁线描技法，没有半点修饰。每一条没有阴影的墨线，反映出人物的真实面貌。不过这种画法仅限于脸部，一旦涉及衣冠，笔法就略显呆板。仅凭那强劲的笔力，就足以让人联想到时代的久远。就连看似随意画出的拳头，都有一种力量使观者之心随即绷紧。衣服上点缀着青绿、黄土、褐色等色彩，而胸前的圆形和衣袖的褶皱处都有描出的阴影。

另外，该肖像的描法独具特色。其脸部虽没有勾线描绘，却有几乎无法察觉到的褐色描绘。此非红笔绘制，而是在靠近铁线描的黑线旁添上一条褐色的线。虽然这种技法没有被用于所有的脸部描绘，但同样用于褐色胡服肖像，且成效显著，这种特殊的描绘技法加深了脸部的阴影。

从美术史的角度观察这些壁画的形成，让我思绪万千，但我并不打算一一记录。透过这里的肖像画，让人联想到这里盛行唐代写实画技法。我们在各地的遗迹上，曾无数次看到辽文化承袭唐文化的影子。即使站在这幅壁画的面前，也从另一种意义上证实了这一点。

由空海流传到古东寺的李真所描绘的五祖像，其技法被引用到这里也不无可能。此外，我又想到了醍醐寺五重塔壁画上的真言八祖像。笔者在此姑且提出拙见，恐怕东陵壁画的肖像是在其后八十年所画。将三幅画放在一起比较，东陵壁画的写实力度，从类型上看比破败的醍醐寺更胜一筹。即使比不上东寺，也可以看出其古和技法有唐代遗风。可以说，这里所描绘的壁画，恐怕要追溯到二百年前，李真时代的传神技法至今仍留存于兴安岭某山麓之辽陵中。

在继续写旅行印象记的过程中，笔者终于找到有关这幅壁画断代的主流观点，但始终无法确认位于庆云山的三座陵墓，分别属于圣宗、兴宗、道宗的究竟是哪一座。而伪满洲国立博物馆收藏的诸帝和皇后的哀册 [①]，曾经在汤佐荣的手中被随意搬运，这些哀

---

① 日文原稿作"墓志"。

册分别原置于哪座陵，现已无从得知。可以找到三座陵墓的比定，是我们在调查中特别期待解决的一个问题。关于此问题，笔者没有必须记述的责任。

经过以田村为首的调查团的通力合作，一方面，明确了三座陵的现状；另一方面，追溯此地的发现史时，我们发现三陵中，只有东陵是圣宗陵的旁证成立。这也与已故关野博士的风水学说一致^①。对于中陵和西陵，我们分别进行了考察。大内氏后来在西陵附近的享殿遗址捡到"乾^②三年"筒瓦，成为第一个线索。乾统三年（1103 年）即道宗驾崩三年，在此得到西陵是道宗陵的一个旁证。从其他意义上，可以证明中陵是兴宗陵。庆云山的三陵应该是从营建东陵开始，然后按照中陵、西陵的顺序营建。

关于这些记述之详情，将由田村氏来完成。我想在此重温东陵墓道上所描绘的人物画，只有将东陵作为圣宗陵来考量，才能解开双重人物画之谜。据哀册^③记载，圣宗驾崩的时间是太平十一年六月初三日，即公历 1031 年 6 月 25 日。而在被称为永庆陵的土地上举行的迁座礼是在冬十一月二十一日，即公历 1032 年 1 月 6 日。

东陵的营建时间短，陵内的壁画也在短期内完成描绘，这一点不难理解。如此大工程，并非一位画家力所能及。职是之故，我想再次引用空海关于李真所绘五祖像中的真实记录："和尚告曰：真言秘藏，经疏隐密，不假图画，不能相传。则唤供奉丹青李真等十余人，图绘绘胎藏金刚界等大曼陀罗等十一铺。"这也说明，两界曼荼罗及祖师像等十一铺画像工作的参与者，不仅有李真本人，还有十多名擅长画像的弟子。从东陵壁画的情况可以看出，当时工期紧迫，这幅壁画的绘制工作，应是在同行之间齐心协力完成的。

假设东陵即圣宗陵成立，可想而知的事实，就是在圣宗驾崩后，两位皇后进行了两次迁祔礼，两次均于东陵进行。第一次是钦爱皇后在清宁三年驾崩，清宁四年（1058

---

①　1935 年 4 月，为纪念伪满洲国皇帝溥仪赴日，在东方文化学院东京研究所与日满文化协会共同举办了首次文化演讲会，连续四周。4 月 9 日，鸟居龙藏研究员做了题为《考古学上所见契丹辽文化》的演讲，根据自己长年的田野调查，重点介绍了辽代的都城和庆陵的壁画、哀册、佛教等当时自己从考古学上研究辽文化的情况。4 月 23 日，连续三周，关野贞做了题为《满洲辽金时代的文化遗迹》的演讲，介绍了辽代建筑后，又论及了一年前实地踏查的庆陵。关野贞介绍了契丹文哀册，关于庆陵陵墓的比定，提出了自己一贯坚持的观点。有壁画且保存最好的东陵是圣宗的陵墓，中陵是兴宗的陵墓，西陵是道宗的陵墓，认为鸟居龙藏把东陵比定为兴宗陵是错误的。关野贞的学生竹岛卓一记录了乃师的讲演要点："而关于兴安岭中的东、中、西陵应属于哪三个皇帝，过去的报告有谬误，有壁画且保存最为完整的东陵是圣宗陵，中陵是兴宗陵，西陵是道宗陵，并列举了理由。"为支持此观点，竹岛卓一又撰写《风水说和支那历代帝王陵》一文 [载于《东亚学（第二辑）》，1940 年，207～250 页]。

②　墨书此字原作"乹"，乃"乾"之异体字。

③　日文原稿作"墓志"。

年）五月四日葬于圣宗陵。其后，仁德皇后于大康七年（1081 年）驾崩①，同样被迁葬于永庆陵。

自公元 1032 年圣宗陵建成以来，至钦爱皇后祔葬，前后历经二十六年；至仁德皇后迁祔，前后历经四十九年。很难想象当初描绘于墓道中的壁画，是在这样的风雨中历时半个世纪。现在也可以理解为什么双重的人物画会被留下来，大概是在两次举行迁祔礼期间，其中一次墓道内部被维修，在旧壁画上描绘了新壁画。而且新的人物图与陵内肖像画的笔法相比，不可同日而语。这种人物画的绘制类型，甚至不能作为最早的肖像画出现，被描绘的人物已经是一具遗骸。但更不可思议的是，这幅全新的人物画中，在衣皱的一部分上使用了颇具唐朝风格的隈取法，虽然已经残缺不全，却真实地遗留在这里。

我们在瓦尔因茫哈进行调查时，白塔子村警察派巡警骑马给我们带来了山本氏的信，这是住在林东的大内氏带来的音信，其内容是希望我们迅速下山，到白塔子之后立即用警察的电话联系他。接着只是说越快越好，不要犹豫，其他情况未细说。

我们无意中发现这座山附近有土匪出没的迹象，觉得事情非同小可。大部分人都于午后外出工作，只有山本氏和我还留在帐篷里。让人担忧的是，因公务而踏上返程的大内氏，按照原计划，此时应该已经回到开鲁，但他如今却还在林东。无论如何，我让山本氏把罐头之类的东西带上，商量万一发生什么事，如何联系。白塔子派来的巡警为山本氏备了一匹马，让一名巡警作为护卫跟着下山，不论吉凶，这都是一件冒险的事。虽然听说山本最晚会在第二天早上回来，但目送山本离开还是令人感到难过。两人都不怎么说话。安顿好装备的巡警在照顾山本上马后，向我举手行礼，随即跨上马鞍。这匹性情暴烈的马向后转身，在巡警熟练的控制下，径直冲进槲树林中，山本先生紧随其后。两人的背影在矮槲林时还隐约可见，穿过树枝后，人和马渐行渐远，踪迹不见。

我将这个突如其来的消息传达给大家。并补充传达道：在预定工作完成之前，也许同样会发生突然必须下山的情况。苦力们休息的时候，我仰面躺在东陵前的草地里，深渊般的蓝天美得令人妒羡。我脸侧不远处，有只蜜蜂停在松虫草的紫色花朵上，也看到了山本氏等人曾经穿过的槲树林在广阔的山麓向上延伸。与我视线一样高的山丘上，红白两层的测量旗在微风中招展。

那面高高飘扬的红白旗是原田氏在抵达瓦尔因茫哈的第一个早晨，登上那座小山竖立的。无论早晚，每当我们看到那面旗，在野营地独自工作的样子让人感到耳目一新，

---

① 原作者此处有误。仁德皇后自重熙元年（1032 年）仁德皇后去世，最初的安葬地点——祖州距离永庆陵约二百里。据《续资治通鉴长编》及《契丹国志》记载，仁德皇后起初被安葬于祖州以北的白马山，后来兴宗慨叹其坟墓之荒芜，遂于重熙三年（1034 年），将其迁至太祖陵。至大康七年（1081 年），其棺椁被迁至永庆陵为止，正好过了五十年。此与《仁德皇后哀册》所记"閟梓椁兮逍五十年""隔松阡兮向二百里"相合。

愉悦的心情充满张力。现在远远望着那面同样的旗帜，我没有往常的心情。我们未尽的调查工作也许会被迫中断，每念及此，顿觉怅然若失。我回想到迄今为止的艰辛旅程，在此紧要关头，胜利在望，我实在不甘心半途而废。

看到山本氏回来时是九点左右，天快黑了。他走在忽上忽下的坡道上，满是灰尘的疲惫的脸，显得憔悴。他知道我们为其担心，就尽快赶回来了。直到现在我回想起他，仍然会感到十分抱歉。来自林东的消息，不出所料的糟糕。但有一件事值得注意，我们的野营地是一个很好的藏身之处，现在去白塔子反而更危险。土匪所在的位置离我们有二百公里，而信息不仅仅只有这些。此后，警察也一连两回来接山本氏。

幸运的是，直到最后我们总算按预定计划完成了调查。东陵前方宫殿遗址的发掘工作，继续由小林、钓田两人带着五个苦力实施。我们在白塔子中央夯土台基的发掘中，见过了辽朝独有的殿宇配置法，所以知道这里也将会以同样的形式出现。被发掘出的奠基石数量多达百余块，而发掘出这些基石并非易事。说是土，但几乎都已被瓦片所覆盖。有精美的绿釉平瓦和兽面纹瓦片，也有茶末绿釉系的平瓦。在白瓷、青瓷碎片中，还捡到了影青碎片。"瓦尔林芒哈"之地名，其实是有很多瓦片的荒地的蒙古名，从地名来看就耐人寻味。"瓦尔"在中文中是瓦片的意思，"林"与英语中的"of"同义，"芒哈"是荒地乃至沙漠地的意思。

在此停留的第八天，我们开始了陵内的实测工作，同样由田村、钓田二人负责。此间，一直有人担心会有匪徒，但是不管谁，一旦开始着手工作，就忘却一切烦恼。当家用灯被点燃之时，汽油发动机忙碌的声音响彻陵墓内外。在类似机关枪扫射的强烈噪音下，我们连说话都听不清。大家都提高声量，扯着嗓子叫嚷。六盏亮度为一百烛光的电灯泡，照亮了黑暗中的每一个角落。只是这种光亮不能持续很长时间，由于发电机经常发生故障，当其噪音戛然而止之时，陵内就会变得比之前更黑暗。所有人充分利用这短暂的光亮，在各自的领域紧锣密鼓地工作。大家各司其职，没有余力去照顾彼此。如果错过了这短暂的光亮，工作将无法顺利进行，所以不管谁都干劲十足。

为了实测、拍照和观察壁画，大家挤在一个狭窄的地方，弯着腰飞快穿梭，一言不发，专注于各自的工作。苦力们被分散开，站着干活。发动机的噪音，使这杀气腾腾的氛围更加浓厚。

即使针对的是同一项调查，每个人看到的完全不一样。经过小林、钓田两人的手，砌筑墓室的用砖总量是被一块一块数出来的。陵内被埋在土里的那部分，经过清理也重新显露出来，通过使用平板和箱尺，平面和断面的细节都被测量得一清二楚。对于这种细致的量法，不应该由我这个门外汉来记载。这一切都将成为精密的图表，由小林氏来充分展示。

田村氏一边指挥发掘墓道，一边调查陵内的壁画，主要是留意人物画的服饰细节。杉本氏继续在画布上临摹肖像，只有坂本君耐心地修理易出故障的家用灯。这里也同样，由我决定坂本君拍摄照片的顺序。坂本君的老习惯虽保持了十年，但他很快就明白了我想要的照片角度。即使我提出了无理要求，坂本君也会把相机排列成我想要的位置和角度。五年前，我拍摄过许多壁画，并承接过校正壁画原色版的工作。这项工作让我积累了很多经验，我注重全面而无遗漏地呈现此处壁画独具特色的画风和笔调。

在东陵和野营地之间，我们不分早晚，踏着草来回走的地方，随着时间的推移，自然而然地变成了一条小径。稀疏的槲林缝间，也随着我们的足迹留下了一条奇妙之路。那些被踩过的草叶，于不知不觉间枯萎了。盛开的松虫草也枯萎了，只留下虫鸣。看到了远处群山山顶变成了深褐色，之后又一天一天地延伸到山麓，逐渐染上了颜色。

在瓦尔因茫哈停留的时间越来越少。在最后的四五天里，大米也吃光了，只能用麦面粉做面食。从西北刮来的强风，冷得刺骨。中陵及西陵的调查在即将结束的两天内进行。在山本氏的监督下，东陵入口的封闭工作继续进行。关于这些，另有记录。几乎全毁的中陵甚至留有积水，无法进入。我们从崩塌的圆形的穹窿顶放下绳梯，进入西陵内部。长时间的雨水积累，齐腰的积水冰冷刺骨。

我们一行冒着雨雪天气，牵着牛车下了这座山。牛车前后各站着一名骑马的巡警作为护卫。白塔子村长到野营地迎接我们。一想到要离开这片今后再无法访问的土地，我就很郁闷。在冷雨的景色中，一切都显得朦胧起来。野玫瑰的红色果实的山丁子的黑果实映入眼帘。我在那里看到了芍药的红叶，再次想起了壁画，那种"栩栩如生"的感觉，一切都立刻浮现在眼前。

昭和十四年十一月二十三日

后　记

在归途中，我们发现了一处古城址。之后在白塔子村停留的两天里，根据田村氏的调查，明确了这也是辽代遗迹。坂本君从该古城址中采集了一件辽三彩瓷片，恐怕这在学界也甚为罕见。九月十日，我们从白塔子村出发。日夜兼程两天，九月十一日到达林西。之后，一行人调查乌丹城、赤峰、义县等地遗迹遗物。九月十九日，我们平安回到奉天。

此次调查，应该记录并感谢的人很多，但遗憾的是没能写下来。在此，我对羽田总长、池内博士为首的诸贤表达崇高的谢意。在杉村主事的推荐下，我写此拙文，不胜惭愧之至！

Investigation Trip to Warinmanha

Saito Kikutaro

Abstract: This paper mainly introduces the author's investigation trip to the ancient tomb murals in Warinmanha (Qing Mausoleum of Liao Dynasty) from July to September 1939. The observation stay in the ancient city of Lindong for 5 days puts forward the view that the Liao culture is indeed influenced by the Tang culture from the pillars. The author's six-day stay in Baitazi Village is also introduced, including the geographical location of Baitazi Village, weather conditions, accommodation conditions, investigation objectives, the structure and decoration of the Baitazi village, the actual measurement of the Tucheng city, the remains of the Tucheng city, the mountain near Baitazi Tucheng and the remains of the hilltop where Aobao is located. In addition, during the stay in Baitazi village, I visited the three ruins of the Eastern Tomb, the Central Tomb and the Western Tomb, and participated in the excavation of the entrance of the Eastern Tomb. The paper describes in detail the four seasons landscape map on the four walls of the middle chamber of Dongling and the figure painting of Dongling murals.

Keywords: Warinmanha; Ancient tomb murals; Baitazi Village

燕土维宅　风物熙熙

——读《大都：元代北京城》

杭　侃

（北京大学中国考古学研究中心，北京，100871）

摘要： 2023 年在扬州中国大运河博物馆举办的"大都：元代北京城"展览同步推出了展览图录，收录了近 300 件文物精品和杭侃、尚刚、裴亚静、王祎、杨洁五位学者的专文。元代文化的多元性在都城中体现得最为明显，元大都在都城规划和生活习俗等方面表现有明显的草原文化因素。但也同时值得注意的是，整个展览给人印象最深的还是各种汉文化的文物，元代汉文化特色最浓的地方莫过于江南，而把江南和大都联系起来的是运河。图录收录的文物对元大都和运河的关系也给予了集中的展示。

关键词： 元代　《大都：元代北京城》　展览图录

2023 年 5 月 10 日，扬州中国大运河博物馆（以下简称"运博"）一则《元大都文物最集中的特展即将开幕》的微信推送引起了广泛的社会关注。这个名为"大都：元代北京城"的展览是运博"运河城市"系列展览的延续，分为大汗之城、河润大都、大都风华三个部分六个单元，经过历时两年的精心筹划。同步推出的展览图录收录了近 300 件文物精品，和杭侃、尚刚、裴亚静、王祎、杨洁五位学者的专文（图一）。

北京大学历史系张帆教授曾经撰文说："元代是中国历史上唯一由北方草原游牧民族建立的统一王朝，也是中国历代王朝中最具特色，或者说典型性最不明显的朝代。"我理解元代最具特色的文化现象，就是多元文化的呈现，刘迎胜先生在《丝路文化·草原卷》中说："地跨欧亚的蒙

图一　《大都：元代北京城》书影
（江苏凤凰文艺出版社，2023 年 5 月）

古帝国的建立，打破了历史上长期存在的国家间此疆彼界的限制。蒙古朝廷的声威与交通条件的改观，吸引了许多外国商使前往东方。同时蒙古人在遥远的西方立足，使东西方之间的联系变得比历史上任何时代都更为密切。"在这里，我没有用"交融"，而是用的"呈现"，是因为交融的结果更多是会传承到后代的文化现象，而呈现的东西可以多元，却未必能够有机地交融。

城市的建设对于蒙古人而言，本身就是一个悖论。成吉思汗曾经说："假如有一天我的子嗣和我的臣民都住进了用泥土建造的房子，那就是我所建立的蒙古要灭亡的时候了。"但是，成吉思汗的子嗣不但住进了泥土建造的房子，而且建造了被马可·波罗描绘为世界上最宏伟的都城——"汗八里"（元大都）（图二）。至元四年（1267年），忽必烈决定在金中都的东北营建新都，这座"右拥太行、左挹沧海、枕居庸、奠朔方"，北连朔漠、南控江淮的元大都城，在马可·波罗的笔下"全城地面规模有如棋盘，其美善之极，未可言宣"（图三）。展览图录除了在第一部分"大汗之城"的"壮哉帝居"单元讲述元大都的规划特点，还特辟第二单元"巧匠能工"，展示了与元大都的建设者刘

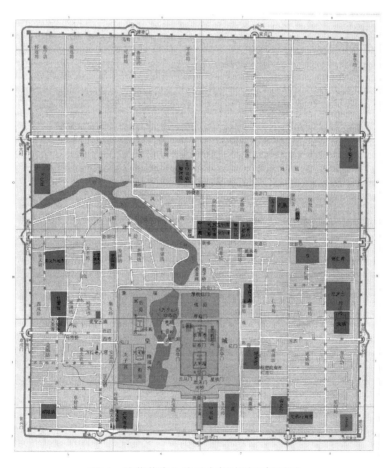

图二　徐苹芳先生绘元大都城平面复原图

图三　考古发现的元大都和义门瓮城城门

秉忠、张弘略、任仁发、范文虎、杨琼等人相关的文物。这两个单元都有大型的石刻，这和以往蒙元时期展览中多展书画和法帖不同。启功先生在《从河南碑刻谈古代石刻书法艺术》一文指出："古代碑志，在元代以前都是在石上'书丹'，大约到元代才出现和刻帖方法一样的写在纸上，摹在石上，再加刊刻的办法。"王祎的专文《元碑不出吴兴外——赵孟頫书碑浅说》介绍赵孟頫所书碑刻，就是先撰写墨迹，再由刻工摹刻上石。清末金石学大家叶昌炽在《语石》中对赵孟頫所书碑刻有一段评论："宋人书长于简札，而不宜于碑版，至赵文敏（赵孟頫）出，重规叠矩，鸿朗庄严，奄有登善（褚遂良）、北海（李邕）、平原（颜真卿）之胜，有元一代丰碑皆出其手。前贤谓韩文'起八代之衰'，余谓赵书亦起两宋之衰。溯其生平，泃历五朝，年登大耋，自至元以迄至治，所书碑版照耀四裔。"

　　元代文化的多元性肯定在都城中体现得最为明显。展览图录第三部分"大都风华"的第二单元"区宇升平"中虽然收录了梵文银盘、中央饰有十四臂准提菩萨像的铜镜、也里可温十字寺石刻、《勅赐十字寺碑记》等，但总的来说能够显示出元代文化多样性的文物并不多。蒙古人通过三次西征建立起世界范围内的大帝国，"元有天下，薄海内外，人迹所至，皆置驿传，使驿往来，如行国中"，正所谓"梯航毕达，海宇会同，元之天下视前代所以为极盛也"。他们在接触汉文明之前，就已经广泛接触西方文明，因此，他们对于各种宗教采取的是兼容并蓄的政策，工艺上也是博采众长，"蒙古族领有文明地区的历史既然先于灭宋，叙说他们的工艺美术也应该从更早的时代开始，尤其是在建元、灭宋之前，制约以后工艺美术发展的种种因素已然生成"。回望元朝，中亚、西亚、西藏地区的文化曾与汉文化相互激荡，因此，元代文化的多元与工艺的精湛，本应大有可观。但是，正如尚刚《大汗时代——元朝工艺美术的特质与风貌》中指出的，"有心人都该认同，元代的南北差异在实物中的反映不及文献强烈。这有造作以外的原因。由于蒙古族的特殊葬俗，其帝后亲贵的墓葬发现极少，难以指望官府文物在墓葬出土。对汉人、南人，蒙古贵族施行过严厉的种族压迫，到元末明初，民族仇恨爆发。明太祖朱元璋登基后，便屡禁胡服、胡语、胡姓、拆故宫、毁文物俨然一时大事，此风之下，蒙元官府产品也会被视作'胡器'而扫荡殆尽。"所以，整个展览给人印象最深的还是各种汉文化的文物。

元代汉文化特色最浓的地方，莫过于江南。张帆教授说："专业的元史研究者普遍认为，元代与前后王朝的关系是延续与断裂并存，而且毫无疑问以延续为主，只不过延续因素通常不如断裂因素那样引人注目，因此有时会引发一些错觉和误解。"江南，相对而言可以说是延续性最显著而断裂性较弱的地区。2001年，台北故宫博物院依托院藏文物，举办名为"大汗的世纪——蒙元时代的多元文化与艺术"的展览，整个展览分为"黄金士族、多民族的士人、班智达的慈悲、也可兀兰——伟大的工匠"四部分，希望"大体可以观测元代高层阶级的品味"，反映当时不同民族之主流艺术的成就。2021年，苏州博物馆举办了一场名为"元代的江南"的展览，以"印象、风物、信仰、雅集为脉络，择书画、器物珍品，重构氤氲隽永的江南图景，再现多元并包的元代风情"。这两个展览及配套图录都收录了许多文人书画。书画的确是最能显示文人传统的艺术门类，元代文人将诗、书、画、印结合，书法成为绘画的有机组成部分，独辟天地。但是，通过书画所呈现的元代文人风情，在我看来是有一丝苦涩的，正所谓"独荒寒一径，真元人神髓"。元人强调"艺贵自出"，艺术的教化功能在减弱，创作变成了艺术家抒情言志、怡情娱性的手段。其中，表现元代文人高蹈隐逸、寄情造化的山水画成为元朝足以与元曲比肩的艺术形式，梅兰竹菊四君子题材激增，都使得艺术显现更多的自我关照的态势，这是促成文人书画兴盛的根本原因。

把江南和大都联系起来的是运河。元大都是一座消耗性的都市，《元史·食货志》曰："元都于燕，去江南极远，而百司庶府之繁，卫士编民之众，无不仰给江南。"水运和海运的成本少于陆运，因此，元朝统治者注重内地运河和海运设置的治理与建设，与水运相关的运河、码头与沉船遗迹屡有发现。展览图录中的沉船出土文物丰富多彩，而元大都作为水运的重要目的地，出土了来自南方的大量陶瓷器。裴亚静《元大都出土景德镇窑青白釉瓷器及相关问题研究》集中讨论了北京历年考古发掘出土的景德镇窑青白釉瓷器，认为元大都出土的景德镇青白釉瓷器种类包括供器、酒器、花器、茶具、文具等多种，涵盖了都城生活的方方面面。

作为统一的王朝，元朝却享国不久，有的学者将其中的原因归结为元朝汉化的迟滞。的确，马上得天下的蒙古贵族在汉地却一直没有找到有效的治理措施。他们对有"城郭之可守，墟市之可利，田土之可耕，赋税之可纳"的中原文明十分陌生，不但"营帐所至，大致骚扰，伐桑蹂稼，生意悴然"，甚至提出过"汉人无补于国，可悉空其人以为牧地"的幼稚想法。这也直接导致了北方地区社会经济的整体衰落。文献记载"北地称真定府最为繁华富庶，有南人北游归而言曰，曾不及吴城十之一二。他州城郭，更荒凉不足取……中原太平规模，尽为寒烟衰草之荒凉，所以轶人绝望江南，如在天上"，这也是元代的江南显得更加重要的原因之一。蒙古人的统治在有些地方是严酷的，但在思想文化领域，有些地方又是松弛的，在文化上给江南文人一丝喘息的缝隙，使得江南文脉得以延续。

对于最后统一的南方地区，一方面存在严重的民族歧视，另一方面又因为不熟悉汉地的治理，到南方出任州县长官的蒙古、色目贵族大多昧于政事，即使北方汉人通常也不熟悉环境，地方治理不得不依赖于当地土豪大姓，后者花费重金拉拢利诱，致使"贪官污吏，吞其钩饵，唯命是听，欲行即行，欲止即止"。相对于北方，元朝在南方的治理能力更低，所以元朝终乱于南方。1368年，在明朝大将徐达北伐占领元大都之后，元朝残余势力退回蒙古高原，形成与明朝并存的游牧政权，直至1402年，史称"北元"。在此之后，蒙古人在明朝一直对中原形成威胁，这种现象可以视作其统治方式受游牧因素影响的一个方面，反映到都城建设中，这种游牧因素一定是明显存在的，故不能将元大都的建设一概视为汉文化影响下的产物。杭侃《巫臣马湩望空洒——元大都的游牧文化因素》即从保留在今北京团城里的渎山大玉海入手，阐述了元大都在都城规划和生活习俗等方面表现出的明显的草原文化因素。

广大的北方地区饱经战乱之后，经历了艰难的社会重组与秩序再建。以陕西关中为例，蒙古灭金的"壬辰之变"导致原住关中的居民大量消亡，一度出现"焚斩之余，八州十二县户不满万，皆惊扰无聊"的状况。葬俗是一个社会政治、宗教、经济、文化的折射，墓葬中陶俑组合和型式风格的确立，是社会状况趋于稳定的一个反映，杨洁《抟泥状貌 流播成俗——关中地区元代陶俑的"大历史"与"小时代"》就试图通过关中富有特色的陶俑，探讨时代的变迁和文化的交流。

回到张帆教授说的元朝典型性最不明显的话题上来，造成这种现象的缘由，我想既有交融不完全的因素，也有文献的缺载、考古材料的局限，所以，无论我们如何努力，都不可能通过一个展览、一本图录去完整地认识元代文化的面貌。从这个意义上说，展览注定了也是一门遗憾的艺术。

A Safe and Bustling Imperial Capital: Reading "Dadu: The Great Capital of the Yuan Dynasty"

Hang Kan

Abstract: The exhibition "Dadu: The Great Capital of the Yuan Dynasty", held at the Yangzhou Grand Canal Museum in 2023, launched the exhibition catalogue simultaneously, including nearly 300 cultural relics and essays by five scholars, HANG Kan, SHANG Gang, PEI Yajing, WANG Yi, and YANG Jie. The diversity of the Yuan Dynasty culture, which was most evident in the capital city, was showed through the exhibition and the catalog. However, it is worth noting that the most impressive aspect of the exhibition is the various relics reflecting Han culture. The cultural relics included in the catalogue also focus on the relationship between Dadu and the Grand Canal, since the Grand Canal is the convection between Dadu and south of the Yangtze River.

Keywords: Yuan Dynasty; "Dadu: The Great Capital of the Yuan Dynasty"; Catalogue

考古学的重大挑战 *

基思 W. 金泰格　　杰弗里 H. 阿特休尔　　玛丽 C. 博德里　　罗伯特
D. 德伦南　　安 P. 金兹格　　蒂莫西 A. 科勒　　W. 弗雷德里克·林
普　　赫伯特 D.G. 马斯纳　　威廉 K. 米切纳　　蒂莫西 R. 普科塔特
彼得·博雷克林　　杰里米 A. 萨布罗夫　　托尼 J. 威尔金森　　亨利
T. 赖特　　梅琳达 A. 扎德　　著

曹俊阳　　张　炼　译

（中国人民大学历史学院，北京，100872）

摘要： 何为考古学中的重大挑战？本文尝试系统性地回答这一问题。首先以
众包的方式，向考古学家广泛征集了意见。然后在为期两天的工作坊中，对
其进行了补充、排序和提炼。最终形成的 25 项"重大挑战"，聚焦于动态文
化进程和人地关系互动。本文将这些挑战归为五个主题：一是"涌现"、社群
和复杂性；二是弹性、持久性、转型和崩溃；三是移动、流动性和迁徙；四
是认知、行为和身份；五是人地关系互动。每个问题均附有讨论和参考文献。
确认以上挑战的重要目的，是为考古学基础设施投资提供决策依据。文章认
为，投资应优先用于解决最重要的问题。应对这些挑战，需要构建复杂的模
型并展开大规模综合研究，以上直到最近才有可能实现。在继续开展新的考
古田野工作的同时，深入研究过去几十年来系统收集的考古数据，将为我们
带来巨大的回报。

关键词： 科学挑战　动态文化进程　人地关系互动　田野工作

　　考古学家越来越认同，理解过去社会的长期发展轨迹，有助于分析当代问题，并提
供解决方案（Redman 2005；van der Leeuw and Redman 2002）。事实上，考古数据和解
释已经融入诸多政治、大众、学术议题的讨论之中。相关议题包括了人类对气候变化的

---

* 本文译自 Keith W. Kintigh, Jeffrey H. Altschul, Mary C. Beaudry, Robert D. Drennan, Annp. Kinzig, Timothy
A. Kohler, W. Fredrick Limp, Herbert D. G. Maschner, William K. Michener, Timothy R. Pauketat, Peter
Peregrine, Jeremy A. Sabloff, Tony J. Wilkinson, Henry T. Wright, Melinda A. Zeder. Grard Challenges for
Archaeology. *American Antiquity*, 2014, 79 (1): 5-24.

反应、消除贫困、城市化及全球化对人类的影响等等。

立足于田野发掘的历史重建，考古学把对当下的关注，与传统中对过去的关注相结合，促进了社会 - 生态耦合系统的研究，也使文化转型和变迁的进程愈加得到重视。相应地，北美高校的考古学也从人类学的子学科，转变为一门与多种自然、社会科学（包括人类学）有着强烈知识联系的独立社会科学。

这种学科研究趋势的转变，在本文所提出的当代考古学研究所面临的"重大挑战"中，也清楚地体现出来。对这些重大挑战的识别，源自于国家科学基金所资助的一个项目需求。该项目想要确定，投资哪些信息技术设施，可以最大程度地增强考古学家和其他考古数据研究者的能力，帮助他们回答最热门、最重要的学科问题。我们认为，最重要的问题理应获得最优先的投资。

未来25年内，考古学面临的重大挑战是什么？诚然，这取决于你问谁。本文采用众包的方式，想询问尽可能多的考古学家。在工作坊中，我们将这些回复进一步提炼为25个主要挑战。接下来将交代这些挑战是如何被确认的，并将其分为五类，一一列出，最后作简要总结。

一、确认重大挑战

（一）众包的方法

众包（Crowd Sourcing）利用人多的优势，提供比只询问少数人更好的答案。受美国国家科学基金会（National Science Foundation，2011）SBE2020 计划的启发，我们向北美和欧洲主要专业协会发送了电子邮件请求，并在列表服务器上发布众包信息[①]。我们请同行找出具有广泛科学和社会意义的问题，以推动未来十年及以后的考古学前沿研究。我们通过网络调查收集意见，要求受访者简要陈述其心中的某一重大挑战难题或疑问，还可以选择性地补充说明该问题的重要性及相关个人信息。

在 2012 年 4 月 1 日至 6 月 30 日之间，我们共收到了 181 份回复，确认了 190 项挑战，其中许多是重复的。网络调查将重大挑战定义为科学领域中的基础问题，并明确排除了"考古学实践中的一些学科性问题，如资金来源或法律框架等"。然而，约 40%

---

① 同意协助我们发布请求的协会包括：美国文化资源协会（American Cultural Resources Association）、美国考古协会（Archaeological Institute of America）、英国考古学家协会（Institute for Archaeologists UK）、加拿大考古协会（Canadian Archaeological Association）、欧洲考古协会（European Archaeological Association）、古人类学学会（Paleoanthropology Society）、专业考古学家名录（Register of Professional Archaeologists）、美洲考古学学会（Society for American Archaeology）、历史考古学学会（Society for Historical Archaeology），以及世界考古学会议（World Archaeological Congress）。

（77份）的回复涉及了这一类别。对科学中存在的根本问题的回复确实可被分为两类。第一类是本文所关注的，集中在科学问题上；第二类则确认了一些方法论问题和需求，其中很大一部分（25份）集中在资料获取来源的匮乏，以及对更多比较和综合研究的需要上。在与考古学实践有关的回复中，最常见的则是培训或公众教育的不足。

共有177份回复提供了"个人信息"，其中79%来自美国，12%来自欧洲，其他区域则相对较少。回复者分别来自学术界（45%）、咨询界（32%），以及政府机构（14%）[①]。年长者的回复多于年轻者，50岁及以上回复者所占比例（66%）是30~49岁回复者所占比例（32%）的两倍以上。遗憾的是，来自更年轻的考古学家和学生的回复很少（2%）[②]。我们对此无法作出解释，该年龄群体似乎就是更倾向于不回复调查。回复者中男性约占62%[③]。调查所使用工具以及所有的完整回复（包括一些我们尚未深入分析的回复）可通过数字考古学数据获得（Kintigh 2013）。

（二）重大挑战工作坊

本项目的指导委员会[④]设计了一次工作坊以补充、排序和提炼调查所获得的这些重大挑战。工作坊于2012年7月31日至8月1日在新墨西哥州的圣塔菲研究中心展开。指导委员会选择与会者，也就是本文作者，是因为他们考虑"全局"问题，并广泛代表了考古学对不同区域、不同理论视角以及不同社会复杂性的关注。曾在生态学领域开展相似工作的William Michener帮助组织了本次工作。首先，工作坊要求与会者各自提出重大挑战应满足的抽象标准。然后，小组对与会者的清单进行汇总和排序，最终形成了一套统一的标准。工作坊显示出了一种强烈的主张（这在众包回复中也表现得很明显），即重大挑战的问题不仅应适用于考古学之外的领域，还应与当代社会有关。这些问题应当具有全球意义，尽管它们可能涉及到从家户到帝国的不同时空尺度上的运作过程。我们排除了那些与特定时空范围高度绑定的问题，但留下了需要我们从中发现动态文化过程的问题。在原则上，重大挑战问题应当能够通过数据来研究。我们一致认为，为了解

---

① 作为参照，美洲考古学学会的3054名会员（2010年）中，36%来自学术界，19%来自咨询界，13%来自政府机构。

② 作为参照，美洲考古学学会列出年龄的3043名会员（2010年）中，23%小于35岁，41%在35至54岁之间，55%大于55岁。Zeder（1997年）收集的250名专业考古学家数据中，小于30岁、30~49岁之间、大于50岁的比例分别是7%、81%、11%。

③ 作为参照，美洲考古学学会列出性别的3051名会员（2010年）中，男、女所占比例分别为56%和44%。

④ 指导委员会包括三名学术界的考古学家Kintigh、Limp和Sabloff，一名咨询界的考古学家Altschul，一名生态学家Kinzig，以及一名信息科学家Michener。

决这些问题，应当扩展我们现有的方法与数据，并且常需要多学科 / 学科交叉 / 跨学科的合作。

在确立重大挑战需满足的标准后，工作坊的参与者先各自提出重大挑战，再一同遴选、按优先顺序排序。之后，参与者对众包工作中提出的挑战进行了考量、提炼和剔除，并将之整合到了参与者提出的名单之中。这确保了关键主题不会被遗漏，并使我们能够利用"大众"提出的问题和论点。详细结果见下文。工作坊结束后，作者们为每个挑战撰写了简明摘要并提供了说明性的参考文献。

二、重 大 挑 战

这里提出的25项重大挑战，不是指过去发生的某个特定事件，而是侧重于文化过程和人类、自然系统的耦合运转。这种倾向在考古学家看来是很正常的，但对于非专业人士，他们则可能会认为这缺乏对最早、最大以及其他独特现象的关注。关注文化动态并不意味着忽视史前史。实际上，过去的事实为探讨本文提出的问题提供了必要证据。按照标准，这些重大问题原则上应能被解决，或至少可用经验证据去研究。话虽如此，对于那些缺乏证据或可靠分析、综合机制的难题，我们仍然鼓励实践者去思考。

此处强调对于文化过程动态的理解，承认人类以文化作为媒介，既影响了自然环境，又受到它的影响。解决所提出的这些问题必然是很难的，作者们对此不抱幻想。然而，我们认为这些问题恰恰又是最为紧要的。最后，与数年前提出的类似挑战相比，本文中的问题与当代世界的联系会明显更为紧密。

我们认识到，一些挑战可以被归入同一类别，因此将这25个挑战划进了五个主题：涌现性、社群和复杂性；弹性、持久性、转型和崩溃；移动、流动性和迁徙；认知、行为和身份；人地关系互动。以下的每个问题都附有简短讨论以及可供读者深入学习的相关参考书目。在不同主题之内或之间，都存在一些明显部分重叠的问题。当然，这些重叠的出现是因为理解与模拟过去的社会动态所涉及的各个关键因素在本质上是高度联系的。

（一）涌现性、社群和复杂性

1. 领袖如何涌现，维系自身，并改变社会？

领袖的起源及其长时段的变革性影响是社会科学中的一个核心问题。从不同理论视角（物质性的、社会生物的、历史的）出发的考古学家都曾思考过这一问题。他们同时也在探究社会中组织化的、政治的、管理的部分及其领袖的涌现。近来关于记忆与能动性的考古及社会学研究进一步提出，领导权应被置于人与人及人与环境之间的关系网络中来分析，且某些特定网络更具涌现领导权的潜能。然而，在考古学上所能观察到的领袖角色，都是在相应历史事实已然发生之后留下的，并且还会受其被记述的方式所影响。

无论从哪个角度来看，关于不平等、权力和社会复杂性的起源和发展程度，以及宏观文化认同和国家的出现等问题的答案，都取决于领导权是如何以及为何被巩固或制度化的，以及它对社会产生影响的程度。不同类型的领袖是从什么样的关系或环境中出现的？一些外交、行政、宗教或政治领袖是否在某些社会领域中或多或少地影响着变革？领导权如何融入政府，领袖权力的基础是什么？领导权为何会丧失？利用不同时空下丰富的考古数据集，研究者在共识、能动性、记忆，和制度、社群与治理遗产的背景下，分析经济分化与机构、社区和政府之间的关系，评估领导权的起因与影响，从而形成对长时段、大规模变革的最终解释。反过来，这又将助益现代情境下对领导权特质如何关联社会属性和历史趋势的理解。

参考书目：Clark and Blake（1994）；Clark and Colman（2008）；Earle（1997）；Ingold（2000）；Vaughn et al.（2009）。

2. 社会不平等如何且为何涌现、成长、维持、减弱，以及会造成什么相应影响？

社会之内、之间普遍存在着个人财富、权力、资源获取和消费方面的巨大个体差异。在当代社会中，这些社会不平等也会在相当短的时间间隔内大幅波动。然而，尽管个体在力量、智力、能力，以及年龄和性别上存在差异，但当代和古代的觅食社会不能容忍财富或权力上的差异过大。

通过考古个案研究与民族志记录的巧妙结合，考古学家们构建出了世界上几个地区从平等社会向持久等级关系转变的连贯过程。这些变化显得不同寻常，因为从经济实验证据来看，人们是普遍厌恶不平等的。然而，最近，一些关于社会认知进化的研究有助于调整上述认识。在这些研究里，研究人员重点关注人类认知是如何促进或限制各种制度结果的。

大量证据表明，不平等程度与个体层面的健康和幸福分布，以及社会政治群体层面的社会和政治稳定有关。考古学家需要积极地进行比较研究。通过对景观、纪念碑、住宅和丧葬遗存的研究，我们可以系统地推断出不平等现象。反过来，这又将推动不平等、史前个体与社会经验在其他层面上的关系研究。定量的动态模拟方法能够在特定的史前和历史环境中考察社会政治变迁的一般模型。这一方法尽管目前尚处于起步阶段，但对我们的成功至关重要。

参考书目：Boehm（1999）；Dubreuil（2010）；Flannery and Marcus（2012）；Hayden（2011）；Henrich et al.（2005）；Kohler et al.（2012）；M. Smith（2012）。

3. 市场系统为何涌现、维持、演化，偶尔还会失效？

不同的文化传统发展出不同的经济体系。那种在"价格机制"调节下、买卖双方相互竞争的市场经济，只是各种经济体系中的一种，而非普遍现象。非市场经济已被正式建模，但尚需以考古学家的长期视角和数据来检验。而在考古学上，通过可溯源遗址的空间分布来评估交换模式的做法由来已久。

考察市场系统的涌现、维持和动态发展，需要在微观时间背景下对生产、获取、价值（以及间接的"价格"）和消费的短期波动进行直接的考古研究。如果市场系统是一种人类社会新兴而不是普遍的现象，那么我们便是在探讨一个对国家多样化和现代世界体系出现至关重要的问题。如果我们不能理解（并控制）市场竞争，我们便将无法应对这一塑造当今世界的核心力量。

参考书目：Earle and Ericson（1976）；Feinman and Garraty（2010）；Leone and Potter（1999）；Polanyi et al.（1957）；Renfrew（1969）；Sahlins（1972）；M. Smith（2004）。

4. 不同规模的人类社群组织如何从其成员的行动中产生并约束后者？

人类社群的规模从只有几个成员的游群到拥有数千万人口的城市不等。它们可以超越单一的地方，达到区域性的、超区域性的，甚至通过现代通讯达到全球性的规模。许多不同种类的互动——社会的、政治的、经济的和文化的——把成员相互联系在一起。社会关系的组织存在于这些交互的本质和它们的结构化方式之中。从这个意义上说，组织模式是无数个体行为的累积结果。与此同时，这些个体行为发生在已经结构化的人类互动矩阵中，正是这些矩阵定义了不同规模的社群。

在人类历史进程中，逐渐扩大的人类社群既是新型组织方式的产物，也是其驱动力，促使不同成员间形成更复杂的互动模式。

研究互动结构及作用其之上的人类行为这二者间的相互作用，可以更深入地理解人类组织变革的动力。

这种理解不仅仅具有学术意义。它对理解当今这个时间尺度、组织形式千差万别的世界也是重要的。在这个世界里，在有意识进行政策制定时，组织模式和个人行动都是需要考虑的问题。

参考书目：Barrett（2012）；Bicchieri（2005）。

5. 小规模人类社群如何且为何成长为在空间与人口规模上更大、政治上更复杂的实体？

今天，世界上所有人几乎都与数以百万计的无关联人群一同居住在大型国家之中。

然而，仅仅一万年前，数百人的社群就已经显得相当大了。人类是唯一能够形成由无关联个体组成的极大且相对稳定的群体的物种。我们如何且为何至此？

部分原因在于，由于植物和动物的驯化以及我们随后在技术与利用新能源的能力上的进步，土地承载能力大幅提高。但是，虽然这些发展有助于解释人口的增长，但社会群体规模的增加必然另有其因，并可能对生产资源和福祉的分配产生影响。

大型群体为何会出现？在认知、文化、社会和政治等诸多方面，是哪些创新使其在历史上占据了上风？我们需要理解世界各地不同的政治组织战略，在长期成功方面有何差异，对不平等、健康和福祉又有何影响。这不仅可以解决社会哲学和政治经济学中的经典问题，还能提供一个经验基础，以便对当今政治动荡导致的社会重组的长期后果展开讨论。

参考书目：Bocquet-Appel（2002）；Bowles and Gintis（2011）；Boyd and Richerson（2005）；Redmond and Spencer（2012）；Smil（1994）。

6. 对史前与历史时期城市景观的系统性探究，如何能够对引发城市化及其后果的社会与人口发展过程产生新启示？

无论是研究复杂社会的考古学家，还是研究城市长期发展的地理和历史学家，城市的涌现及本质都是其所关心的中心主题。考古研究有着独特的定位，尤其关注其与同时代其他相关因素的关系。什么条件会刺激或阻碍大规模的聚集？什么能被称作城市的"成功"，为什么有些城市能长期成功，而另一些却走向失败？网络效应和创新（经济与艺术上的）在城市的发展和成功中扮演着什么角色？在考虑到变化是城市生活的一个恒定因素的情况下，我们如何衡量和评估其持久性？

如何使用物质证据来识别和定义城市发展过程，这是考古学家面临的挑战，同时他们还要考虑诸如种族多样性和不平等等相关因素。城市景观的研究既需要依赖能揭示日常生活细节数据的技术，也需要考虑整体嵌套尺度（社区、区域和整个城市）下的数据。历史时期的城市有着特别丰富的考古和文献资料，揭示了导致城市布局、组织和可供性发生变化的社会和人口发展过程。关于城市的考古资料小到建筑细节和短暂出现过的城市，大到覆盖数平方千米的异质性城市构成及其各类广泛模式，呈现出数千年的历史深度。因此，若想要通过计算机建模来表现长时段的城市结构变化，并动画化相关行为，需要大量的数据档案和计算基础设施。

参考书目：Algaze（2008）；Betancourt et al.（2008）；Cowgill（2004）；Lilley（2009）；Mcintosh（2005）；Marcus and Sabloff（2008）；A. Smith（2003）；M. Smith（2010）；M. Smith（2003）；Storey（2006）。

7. 在复杂文化发展演化的过程中，冲突（包括社群内部派别间的暴力与外部的战争）扮演着怎样的角色？

长期以来，无论是对内还是对外，冲突都被认为对正式政治领袖和中央集权政府的发展具有促进作用。组织一支军事力量（无论是一支小型的突袭队还是一支庞大的常备军）、供养这一力量并对其进行管理，都需要相应的治理个体或机构。冲突还可能催生正式的经济供应体系，并可能影响社会和意识形态体系，或受其影响。冲突后的社会反应也很重要。因此，冲突有可能会影响人类文化的所有领域，并可以被视为复杂文化发展演化过程中的关键角色。

探索冲突与复杂文化发展演化之间的辩证关系，无疑将为考古学提供新的研究取向。众所周知，冲突很难通过考古遗存来确定和量化。虽然人们已经发展出了一些方法，但无疑需要更系统和更大规模的分析，才能彻底探讨这个问题。这些方法涉及骨科学和分子人类学中的创新，以及物质文化和技术比较研究的新进展。

冲突在当代人类生活中同样扮演着重要角色。理解其对我们祖先的影响必定会帮助我们识别出其在今天的影响，以及在未来的可能发展。由此，对古代冲突的探索会直接影响我们对于现代冲突的回应。

参考书目：Armit（2011）；Carniero（1970）；Ferguson and Whitehead（1992）；Korotayev（2008）；Lekson（2002）；Milner（1999）；Nielsen and Walker（2009）；Turchin（2005）。

（二）弹性、持久性、转型和崩溃

1. 什么因素造成了社会间持久性的不同？

地球或已无法支撑人口的持续增长与能源使用，这是我们亟需关注的问题。然而，考虑到技术能力的不同，社会超出其可用资源的问题有多普遍？社会为何会崩溃？考古学具有长时段和唯物主义视角，而且能够将社会科学和自然科学的分析应用于广泛社会上，因此，这些问题与考古学研究格外相关。

然而，我们还需要更多理论建设。最富有成效的路径是否来自稳健性理论或弹性理论？社会是否展现出了不同的演化能力，若是，为何如此？是否需要建立新理论以整合从漫长的史前时期中所形成的认识？无论如何，我们必须继续改进方法，以推测和模拟人口规模、资源生产力、气候和各种社会安排下的规模回报，并利用我们最有力的实证案例（如美国西南普韦布洛、波利尼西亚和西欧）来帮助指导其他地方的方法和理论。

参考书目：Burger et al.（2012）；Costanza et al.（2007）；Holling（1973）；Jen（2005）；Kirch and Rallu（2007）；Kohler and Varien（2012）；Wagner（2011）。

2. 社会和环境的多样性和复杂性在创造弹性方面有什么作用？它们的影响如何因社会规模而异？

多样性通常被认为是赋予生态系统弹性的原因。然而，当更广泛地考虑社会和生态耦合系统时，无论是在社会的多样性和弹性之间，还是在社会和环境多样性的不同层面如何相互作用以影响弹性上，都不存在简单的正相关关系。研究可持续性（sustainability）的学者通常将社会系统的复杂性（持久的、分层的社会政治形态）视为一种负担（liability）。与多样性一样，社会生态系统中复杂性与弹性之间的关系肯定更加微妙。事实上，大量的社会复杂性似乎对维持主导地球的更大、更密集的社会形态来说是必要的。

整合来自生态学和考古学的洞见，有助于理解多样性和复杂性在当下的社会生态系统弹性中的作用。当社会在特定尺度和领域应对公认的脆弱性时，它们必须关注其应对措施在其他方面造成的脆弱性。不同尺度下的多样性和复杂性存在潜在互动关系。增强对这种互动关系的认识，可为当代可持续发展政策提供信息。这对于许多在过去5000年来一直生活在小规模、自己自足经济，又最具生态脆弱性的社会来说，尤其如此。

参考书目：Elmqvist et al.（2003）；Hegmon et al.（2008）；Ives and Carpenter（2007）；Nelson et al.（2011）。

3. 我们能否以一种适用于不同文化的方式来描述社会崩溃或衰落的特征？是否有任何警告信号表明崩溃或严重衰落即将到来？

考古记录中充斥着从狩猎采集群体、到城镇和村落、再到文明等各种规模下社群兴衰的案例。随着近年来考古和历史研究在数量和质量上的进步，我们可以揭示社会崩溃在时空演化下的稳定模式。我们还可以更好地关注从崩溃中恢复与未恢复社会在文化和环境上的差异、崩溃和复苏的时间差，以及兴衰周期。不过，我们必须区分社会的全面崩溃与文化仍延续下的衰落。此外，考古学家还可进一步对比在相似与不同的生态背景下的崩溃与弹性案例。

考虑到对我们地球可持续性的日益关注，加之有据可查的人口和环境趋势和压力，对崩溃的成因和警告信号进行长期研究，有望为现代规划工作提供有用背景。另外，对文化和生态系统进行比较研究同样具备潜力。对动植物群落重大衰落以及濒危群落中的预警信号（如扰动后的恢复时间放缓、差异增大，冲突）的广泛生物和生态学研究，将是进一步探索的基础。因此，我们有望对社会崩溃同时作出具体的和一般的解释，并构建更广泛的关于崩溃何时何地发生与否的理论。

参考书目：Feinman and Marcus（1998）；McAnany and Yoffee（2010）；Scheffer et al.（2012）；Schwartz and Nichols（2006）；Tainter（1988）；Yoffee and Cowgill（1988）。

4. 意识形态如何构建经济、政治和仪式体系？

宇宙观和意识形态，作为一种关于社会性（sociality）和政治的符号化信仰体系，已成为考古学研究的重点。近年来，考古学家利用图像设计、建筑布局和社会关系的象征符号等物证，分析了过去的意识形态和宇宙观。考古学家当前面临的问题是如何把文化行为中被使用、修改和选择的行动者的意识形态框架刻画出来，而非停留在口头描述上。我们已经在一些既有考古学证据，又有民族史学/民族学/语言学证据的案例上取得了具体进展，但要对这些思想体系进行一般性的正式表述，仍是一项挑战。

若意识形态和相关图式（schemas）不改变，那么其所指导的政治和经济行动体系就无法转变，人类社会面临的紧迫问题也就无从解决。无论我们是否能在解释重要文化变迁的"宏大理论"方面取得进展，也无论历史偶然性是否阻碍我们构建预测性理论，我们都要为重大社会变革中所使用的文化策略及其成败建立起适当的模型。这将直接帮助预测哪些方案不会成功、哪些方案必须补充才能有成功的希望。

参考书目：Kirch and Green（2001）；Kus and Rahijaona（2000）；Ortman（2012）；Reilly and Garber（2007）。

（三）移动、流动性和迁徙

1. 什么过程导致了现代人的全球扩散？这又产生了什么影响？

大约在距今 6 万年前，现代人离开非洲，分散至旧大陆各地，而约在距今 1.2 万年前，他们开始在新大陆定居。这些殖民者面临着巨大的挑战——新的环境，新的原料和食物来源，以及，某些情况下还有其他人类物种或新的捕食者的存在。对这一领域的研究会引发一系列问题。例如，文化（社会组织、技术、意识形态）与扩散之间存在着怎样的辩证关系？不同的环境如何促进和（或）阻碍扩散？扩散对环境有着什么影响？这些影响又是如何塑造文化体系的？研究现代人类的全球扩散同时也引发了一些方法论上的问题。例如，什么是水下大陆架的考古学，我们应如何探究这些沉积材料？移民和原生本地人群间的混合对遗传有着什么持续贡献？现代语族与现代人类迁徙群体所拥有的原始语言之间有着什么关系？

这些问题需要方法和理论上的创新。也许更重要的是，要理解人类为什么会迁移到新的地区，以及他们如何适应这些地区。这直接涉及与人类利用环境有关的基本问题，以及文化塑造自然世界和被自然世界塑造的潜力。当前，我们正面临全球化和气候变化带来的巨大挑战。追问我们的祖先如何在拓殖世界过程中战胜同样巨大的挑战，这或许有助于解决我们今天看似棘手的问题。

参考书目：Abi-Rached et al.（2011）；Pagel et al. 2013；Peregrine et al.（2009）；F. Smith（2010）；Stone et al.（2007）；Wells and Stock（2007）。

2. 环境、人口动态、聚落结构，以及人类流动性之间具有什么样的关系？

今天的新闻中充斥着干旱、洪水、战争、政治动荡和宗教迫害的故事，其中往往伴随着流离失所的人口。虽然每个事件通常都可以用一个或几个直接原因来解释，但人口流动很少能如此容易地被探明。一些导致人口错位的力量发生在全球或区域尺度上，例如海平面的变化或天气模式的持续变化。另一些则发生在更小的尺度上，例如由于农业集约化或生育间隔缩短造成的土壤肥力枯竭。人类的流动性不仅仅是外部因素的结果，它也可以推动环境与社会变革。

长期以来，考古学家一直对人类迁徙的原因和后果感兴趣，考古调查持续从全球各地收集相关数据。然而，仅有数据是不够的。只有当我们以能被回答的方式构建问题时，变革性的进步才有可能实现。这种问题框架需要定义、衡量四个理论领域的基本方面：环境、人口动态、聚落结构和人类流动性。每个领域在空间尺度上都有小（如一片农田）有大（如一个地理区域），并且需要协调不同的时间尺度。有效地描述这些领域需要生物学、环境学、社会学、历史学、人类学和考古学的数据。

通常而言，考古学家们通过小规模研究项目获取考古和其他辅助数据，并在此基础上以个案研究的方法来探索人类流动性。然而，我们也认识到了区域性及大陆尺度下的研究的必要性，以使问题的尺度与特定人地交互活动的尺度相匹配。如果能够运用个案研究的结果，并用建模方法测试四个理论领域的变量间的理论关系，那么这将极大促进综合研究。

参考书目：Benson et al.（2009）；Fort et al.（2012）；Kohler and Varien（2012）；McCorriston et al.（2012）。

3. 人类如何占据极端环境，并由此诞生了怎样的文化与生物适应结果？

能否解释极端情况，是对理论的终极检验。在极端环境地区（高海拔、高纬度等）展开深入研究的直接价值，便在于在生存极限下检验文化适应的相关理论。在极限下，理论的弱点往往变得明显，而必然产生新的认识。

人类至少在末次盛冰期便进入了极度干旱的环境，并在几千年后进入了高山和极地环境。这些地方工作难度大、成本高，考古学家大多还停留在基本文化历史序列构建上，这也就不足为奇了。我们对这些地方人群的早期生活方式只有零星的定性认识。相较而言，对于北极的研究要比对于其他极端环境的研究更为全面，这要归功于相关专家们的能力和勇气。然而，即使在那里，也仍然存在许多令人兴奋的挑战，尤其是理解复杂社会是如何在这种极端情况下发展的。得益于当地丰富且经充分研究、记录的民族志和岩画材料，研究人员在澳大利亚沙漠地带取得了一定的理论进展。对撒哈拉沙漠和阿拉伯沙漠地区的研究也可能有着相当的水平。而作为重要高海拔地区的青藏高原，尽管在民族学和生物学上都有了一定的优秀研究，但相关的考古探索才刚刚开始。

随着北极环境的变化，以及地球大部分地区的干旱化，在这些令人生畏的地区，这些来之不易的生存经验——也许是文化上的而不是技术上的——对于维持人类的存在很有价值。

参考书目：Barton et al.（2007）；Beall（2007）；Fitzhugh（2007）；McGovern et al.（2007）；Mulvaney and Kamminga（1999）；Wendorf and Schild（1980）。

4. 迁徙为何发生？移民为何时而固守旧身份，时而采用新身份？

迁徙在历史上一直是一种广泛的现象，涉及个人及群体向新环境的移动。长期以来，考古学家一直认为移民是环境或文化变化的原因，或者是这些变化的结果。但这种简单的机械解释，现在已经让位于迁徙研究了，后者从根本上关注时间、物体、人和空间之间的关系。除了解释迁徙的原因外，当代学术还强调了人与物的纠缠性。考古学家面临的挑战是描述身份认同是如何在新的环境中形成的。我们认识到，个体会通过他们的身体、语言和物质文化不断地产生和表达身份认同，这使考古学家能够研究其形成与再生产的过程。

需要考虑的问题包括：新环境与旧环境有何不同？迁徙是暂时的还是永久的，是自愿的还是非自愿的？与旧环境接触或回到旧环境的容易程度和频率如何？移民是会融入新社会还是与之共存——无论是有意还是因其他人群排斥而被迫的？判断移民对传统模式的固守程度，以及这种程度如何通过物质文化表现出来，都有赖于对以上问题的回答。最后，考古学家意识到乡愁对移民的影响。移民试图通过宗教实践、饮食方式、室内陈设、穿着、建筑和景观等来复刻在"老家"的情形。

参考书目：Brettell and Hollifield（2000）；Burmeister（2000）；Cabana and Clark（2011）；Chapman and Hamerow（1997）；Colburn and Hughes（2010）；Hakenbeck（2008）；Van Tilburg and Vingerhoets（2005）。

（四）认知、行为和身份

1. 在现代人类行为演化中，生物物理、社会文化，以及环境是如何交互作用的？

解剖学意义上的现代人出现在距今约 15 万到 20 万年前的非洲。也有确凿的证据表明，行为意义上的现代人（拥有艺术和复杂工具）在距今约 4 万年前便出现在整个旧大陆。考古学家对距今 15 万年到距今 4 万年之间各个事件所发生的先后顺序争论不休。解剖学意义上的现代人在行为模式上也是现代的吗？起源是单一来源还是多个来源的？在非洲南部进行的调查提供了令人信服的证据，揭示了行为意义上现代人的早期发展特征，如抽象艺术、复杂技术、大量贸易或材料运输，甚至还可能存在对植物的有意识管理。但在距今 4 万年以前，相关材料仍存在很大的空白。

因此，我们需要知道，现代人是如何兴起的？是怎样的复杂相互作用为现代人类行为的出现提供了基础？对一些研究人员来说，这些现象来自于人群认知能力的突然变化——可能是由于神经系统的突变。其他研究人员则更强调来自外部过程的压力，如气候的急剧变化。然而，还有人认为，这是解剖学意义上的现代人达到临界人口数量后的必然结果。考古证据和对大量新出现的数据的分析对于解决这个问题至关重要——这是理解人类基本本质的关键。

参考书目：Henshilwood et al.（2011）；Mace（2009）；Mellars（2006）；Powell et al.（2009）；Schwartz and Tattersal（2010）。

2. 人群的身份认同是如何形成的？这些过程所导致的长时段、大规模影响是什么？

人类赋予自己和他人的身份认同是所有社会文化实践、决策策略和世界观的基础，影响着长时段、大规模的组织、宗教、政治、种族、国家和国际发展。身份的形成是一个连续的文化过程，它同时发生在个人、社群、区域和跨区域的尺度上，也发生在社会性和生物性的交界之上。但是，不同身份认同各式各样的形成过程和运作规模是如何与长时段、大规模的历史和演化发展联系起来的呢？如何解释为什么只有某些关系，而不是其他关系与身份认同有关？未来努力的关键是辨别人类身份认同（相对于其他物种的从属模式）是如何在生物与情感纽带这两方面影响下形成的。是否存在特定的社会间或社会内部情境（如宴飨、朝圣、移民）或经验模式（如戏剧、仪式、宗教）来产生不同的身份认同？

身份认同的建构发生在空间之中，涉及物质材料以及人们使用它们的方式。因此，这个过程可以通过本地和跨区域实践与表现所形成的物质遗存来衡量。大量的考古材料提供了人类身份认同在多个尺度和时间深度的无数背景下形成的证据。人类暴力或和平，以及政治稳定或变革，都往往取决于身份认同的问题。事实上，理解这些过程可以让我们更有效地解决当代的地缘政治问题。

参考书目：Canuto and Yaeger（2000）；Dietler and Herbich（1998）；Fowler（2004）；Inomata and Coben（2006）；Jones（1996）；Nielsen and Walker（2009）。

3. 景观与经验场所的空间与物质重构如何影响社会发展？

在某种程度上，居住在一个景观之中或与一些物质场所发生交互，直接涉及对文化信仰和社会的构置。对这些景观或场所中人、地点和事物的重构便等同于实践的、政治的或宗教的变化。空间和物质是人类经验的基本维度，它们塑造并制约着认知发展、社会变革和生物进化的方向。无论是从技术、房屋到景观、网络空间，还是从制造、行动、感知、居住到事物、存在，这些都与人类神经发育、文化信条、身份认同的形成、社会结构和政治变革息息相关。

景观和经验场所的空间与物质（以及实践与政治）的重构如何影响社会发展？相关研究将改变我们对自然与文化、演化与历史之间长时段关系的科学理解。它们将使我们能够回答一系列关于人类演化和狩猎采集者适应的关键问题：如何解释智人的扩张？为什么群体和部落中普遍存在集体性的价值观？对植物和动物的抚育如何改变社会关系？纪念碑性、不平等和身份认同之间的因果关系是什么？

这一基本问题将看似不同的学科和学派融合在一起，形成了对当今世界具有深远影响的关注文化过程的科学考古学。当然，跟踪和评估某区域的物质构置与重构，需要对数字空间数据集进行大量投资，这些数据集综合了激光雷达、地球物理和其他的三维数据，以供进一步的虚拟化探索与分析。

参考书目：Bradley（2000）；Dobres（1999）；Ingold（2000）；Parker-Pearson et al.（2006）；Robb（2007）；Robb and Pauketat（2013）。

（五）人地关系互动

1. 人类活动如何塑造地球的生物和物理系统？

人类何时成为这些系统的主要驱动力？人类在地球气候和生态系统变化中的作用是什么？这是 21 世纪科学探索和公共政策关注的核心。近年来，地球科学家提出地球已经进入到新纪元——"人类世"，人类已成为塑造地球生态系统、大气层和地貌的主导力量。关于人类世的争论大多集中在确认其大气或地质指示物上。其他领域的研究者则将人类世的开端分别追溯到公元 1800 年的工业革命、距今 8 千年的水稻耕作和畜牧业，或远至距今 1.4 万年的更新世巨型动物的灭绝。

考古学家尽管提供了关键数据，但他们在很大程度上被排除在这一讨论之外。这是一大缺憾。利用跨学科工具，揭示出人类在地球系统中日益重要的作用，考古学能带来一种深层次的时间视角，可以为理解人类如何塑造地球做出重大贡献。我们面临的挑战是，如何将各方面的努力结合起来，形成一项基础广泛的计划，整合现有的和新的考古生物学、地貌学、古环境、人口学，以及其他相关数据，为人类与环境的相互作用建立模型，从而为这场辩论提供依据。考古学具有双重优势，既能追溯"人类世"的开端，又能为理解人类如何成为塑造地球的主导力量提供独特视角。

参考书目：Crutzen（2002）；Doughtry et al.（2010）；Fuller et al.（2011）；Rick and Erlandson（2008）；Zalasiewicz et al.（2008）；Zeder et al.（2006）。

2. 什么因素推动或限制了人口在史前和历史时期的增长？

自马尔萨斯1798年首次发表专著以来，人口学和人口增长一直是全球政策辩论的核心。之后的讨论往往延续了他的悲观论调。尽管古代人口方面的考古学数据仍很零散，但有必要对人口规模、增长率以及人类对环境影响强度进行更精确的估算。

我们需要超越人口增长指数曲线这类为人所熟知的、简单的描述。人口学恰如其分地处于一种学科网络的"选择和约束"之中，这一网络将人类行为、能动性，以及生物、环境、社会经济、政治等因素都考虑进去。围绕人口增长进行讨论，对考古学来说是相当适宜的。因为考古学可以从长时段视角估计人口水平，评估人类对环境的影响，帮助理解人口增长的驱动和制约因素。

许多因素既推动又制约着人口增长，例如资源可得性、人类生育率和生理机能、农业生产、健康、技术发展、政治经济、社会经济和历史进程等。其中，后三者可以提高人口增长的上限，从而导致人口增长的限制不断放宽。这种观念有助于理解人口过多和城市快速扩张这一现代性困境。现代城市中心人口因移民而增加的同时，往往也会经历较高死亡率。对这一现象的研究需要在千年而非百年尺度下进行。

生物考古、历史和区域调查数据库已被用于估算古代人口，但只有在地方、区域和全球范围内整合这些数据来源，才有可能得出更可靠的估算。虽然古代人口水平远不如现代，但我们可以从考古数据中了解人类在接近人口上限时的反应，从而在根本上为政策辩论做出贡献。不过，古代人口研究需要跨越广阔地理区域的多学科合作和比较研究。

参考书目：Bocquet-Appel and Bar-Yosef（2008）；Chamberlain（2006）；Costanza et al.（2011）；Livi-Bacci（1992）；McAnany and Yoffee（2010）；Meadows et al.（2004）；Roberts and Buikstra（2003）。

3. 什么因素影响了史前和历史时期的健康和福祉？

尽管现代医学和营养饮食的优势远未普及，但当今世界很可能生活着有史以来地球上最健康、最长寿的居民。考古学家现在将古今DNA研究和人类遗骸的生物考古学分析，与考古记录和文献（如有）的背景信息结合起来，以记录新石器时代人口变迁、城市化和近期流行病（人口）变迁过程中健康和营养的重大变化。

当前信息表明，不同时间尺度上的复杂相互作用，而不是简单的单向因果链，导致或伴随了这些变化。例如随着村庄和城市的形成，传染病（包括人畜共患病）导致人类死亡率增加，但最终自然选择提高了人类对疾病的抵抗力。此外，在平均主义社会中，个体表现出相似的发病模式，而在阶级和财富分化的国家层面上，这些模式则大相径庭。

考古学家需要不断深化与其他领域专家的合作，以确定气候变化、不平等的出现、人口 / 资源平衡、饮食和微生物组对健康和福祉的影响（正如身材、骨科病症和人口比率所揭示的），以及这些影响在不同人群中的分布。这些主题引起了公众的极大兴趣（例如关于"旧石器时代饮食"的大量文献）。因此，重建和论证因果关系的准确性应是我们重要的公共责任。

参考书目：Barnes et al.（2011）；Barrett et al.（1998）；Danforth（1999）；Gage（2005）；Steckel and Rose（2002）。

4. 觅食者为何参与动植物管理？何种情况下其对动植物的管理导致了驯化？

古今觅食者管理动植物群落以提高资源的可预测性和所在领地的人口承载力。这种有意识的资源管理是驯化的基础。人类自主发明新行为的能力，以及通过社会学习将这些行为传授给他人的能力，使人类生态位构建活动的范围和影响远超其他动物。当然，这也导致了在人类改造的生态系统中，受管理的动植物物种大幅增加。

在处理塑造人类资源管理的因素，以及与动植物驯化有关的未决问题上，21 世纪的考古学具有独到优势：什么情况导致了人类生态位建构行为的多样化和强化？为何某些狩猎采集者群体专注于特定的领地和资源？这些活动为何以及如何导致某些动植物物种而非其他物种的驯化？这些活动造成的长期环境和文化影响是什么？

要解决这些问题，我们需要整合古今觅食者的资源策略信息，收集他们应对气候和环境变化的信息，并从被管理动植物的 DNA 中识别人类管理的迹象。这需要在不同的地理尺度上进行分析，以找出人类资源管理和驯化的背景、过程和结果的共性和差异。此外，还需要探讨其他理论立场，这些立场认为觅食者的适应是由最优化、风险降低、社群或信仰体系等原则驱动的。通过整合考古工具和数据集，研究人员可以阐明人类如何以及为何将地球上的大部分地区，转变为由驯化物种和其他依赖人类生存的物种所主导的人工管理景观。

参考书目：Kelly（1995）；Kennett and Winterhalder（2006）；Laland and O'Brien（2010）；B. Smith（2011）；Zeder（2012）。

5. 农业经济为何会出现、传播和强化？生产能力、人口和创新之间有什么关系？

世界各地的人们如何以及为何发展和采用驯养经济，仍然是考古学研究的一个核心问题。确定导致农业经济兴起、传播和强化的动态过程是一个巨大的挑战。农业经济包括多种多样的家养动植物物种，这些物种具有着不同的生态需求和生产策略。它们存在于广泛的社会和政治体系中，其中既包括了社会经济差异极小、几或没有中心领导的小规模社会，也包括了由高度经济分工推动、并围绕严格社会经济和政治等级制度构建的广域帝国。

有三个密切相关的因素对于理解农业经济如何产生、发展，以及在某些情况下如何崩溃至关重要：一是生产能力——在不同生产制度和环境条件下各种作物和牲畜的热量产出；二是人口——生产者和消费者在景观上的规模和分布；三是创新——技术、实践和调解生产能力与人口关系的制度的发展。围绕这些因素展开的结构性研究，激发了对以下问题的探索：人口规模和密度及其对农业起源和传播的影响；等级控制结构如何调解风险和提高（或限制）生产力；以及没有农业的情况下所能达到的文化复杂性。

我们需要多样化的数据集和先进的计算、建模能力，以分析这些关系如何在时间推移中塑造农业经济。分析的内容包括相关农作物和驯养动物、农业实践、环境参数、聚落规模和分布、影响农业生产力的社会结构，以及塑造农业群体身份认同的符号系统等。对以上种种的综合研究，将揭示构建农业经济的各种关系。随着农业经济难以养活日益增长的、现已超过 70 亿的世界人口，这些关系将有助于理解当今创新与能力之间的相互作用。

参考书目：Johnston（2003）；Killion（1992）；Morrison（1996）；B. Smith（2007），Wills（2012）。

6. 人类如何应对突如其来的环境变化？

2004 年 12 月 26 日，一场由地震引发的大海啸席卷了印度洋，造成超过 25 万人死亡。参与小规模觅食经济、园圃农业和商业渔业的原住民受到了这次事件的严重影响，但另一些如安达曼群岛的觅食者，似乎没有受到大的干扰。全球对这一事件的立即响应是增加科学资金，以更好地预测和监测海啸，但几乎没有任何资金用于调查海啸对人民生活和地区社会的动态影响，或传统定居和生计方式对这些事件的反应。

突发性环境变化，如海啸、地震、火山爆发、短期天气事件和野火等，通常是灾难性的。它们对特定社会既可能产生消极影响，也可能产生积极影响。调查社会和政治对这些外部变化因素的反应和适应情况，是理解它们在社会变革、移民、经济和人口变化中发挥主要作用的关键。要检测和评估考古学记录中突发性和短期环境扰动的强度和频率，我们需要整合聚落考古学、动物考古学、古生态学、沉积学、地震学、地貌学和相关学科的数据。

参考书目：Cooper and Sheets（2012）；Grattan and Torrence（2007）；Maschner and

Jordan（2008）；Sandweiss and Kelley（2012）；Sintubin（2011）；Torrence and Grattan（2002）。

7. 人类如何感知和应对长短期气候和自然环境的变化？

环境变化对人类社会的影响一直是考古研究的主题。虽然有些人认为这种关系是单方面的，即环境决定或极大地限制了文化反应，但近些年的大多数探索认为这种关系更加动态，即环境与人类社会相互塑造。

人们不断监测环境的各个方面，并通过将他们的观察结果与他们的目标、知识和生活经验相结合，应对感知到的变化。虽然经过考虑的应对措施通常会改善特定年份的结果，但从长远来看，这些决定可能会对环境造成严重破坏。此外，在有连续观测记录的复杂社会中，对于那些难以感知的缓慢环境变化，如地球温度、海平面、溪流和土壤成分变化等，人们即便想要做出恰当的回应，也是一件困难的事。

考古学家成功记录下了社会对短、长期环境变化的反应。然而，大多数关于某一文化为何如此反应的解释都是事后的、功能性的。随着个案的积累，这些解释只是表面上令人信服，实际则难以进行概括。由于技术和算力的限制，理论模型的地理范围也受到限制。我们面临的挑战是如何从个案或区域研究转向更大规模的比较研究。此外，我们还要概括性地去解释，人们如何根据认知中的普遍偏见进行决策，并对这些偏见的演化过程进行研究。

参考书目：Garrison and Dunning（2009）；Gigerenzer et al.（2011）；Ingold（2011）；Kelly et al.（2013）；Sandweiss and Kelly（2012）；Shepard et al. 2012；Turner and Sabloff（2012）。

三、结　论

很多与这些挑战相关的文化进程，无疑涉及复杂的非线性关系，其中的因果关系不易区分。人类对问题的短期回应，往往会产生意想不到的短、长期后果，这使我们的任务愈加复杂。因此，要应对其中的许多挑战，我们需要复杂的建模和大规模的综合研究，这些直到近些年才有可能实现（Kintigh 2006）。

尽管新的田野工作必不可少，但利用自 20 世纪以来积累的系统考古数据进行复杂研究，将为我们带来巨大回报。遗憾的是，目前这些数据绝大多数都难以获取，有些甚至根本无法找到。因此，无论是建模还是综合研究，都倚仗更全面的在线数据获取途径。所需要的数据既包括有详尽记录的原始研究数据，也包括未发表的报告和其他文件，以提供比较分析所需的丰富背景信息。在重大挑战调查的众包回复中，在线访问的必要性也得到了高度的强调。

除了严峻的智力挑战，我们还面临着一个不幸的事实，即考古学记录正在减少，在世界的许多地方尤其迅速。这对记录的不同方面产生了不同的影响。考古研究一直是研究对象直系后代社群所关心的问题，今后也将继续如此。有时，这种关心会成为我们科学工作的严重阻碍。然而，我们过去二十年的经验表明，与这些群体进行相互尊重的互动，可以极大促进我们对过去事件和发生过程的系统性知识的积累。最后，许多问题的解决需要密集的跨学科合作。尽管这些合作要求高、耗时长，但它们有可能产生变革性的成果，其连锁影响将远远超出考古学的范畴。

附记：作者向通过网络调查提出重大挑战的匿名考古学家表示感谢。这些答复极大地促进了我们的研究。我们还感谢圣达菲研究所慷慨地主办了研讨会，从而确定了本文提出的挑战。本材料基于美国国家科学基金会（National Science Foundation）12-02413号的资助。感谢 Oralia Cabrera Cortez 翻译了摘要，以及 Mason Thompson、Kirsten Clary 和 Lauren Kuby 的精心编辑。最后，本文得益于《美国古物》五位审稿人的诸多深思熟虑的意见。

参 考 书 目

Abi-Rached, Laurent, Matthew J. Jobin, Subhash Kulkarni, Alasdair McWhinnie, Klara Dalva, Loren Gragert, Farbod Babrzadeh, Baback Gharizadeh, Ma Luo, Francis A. Plummer, Joshua Kimani, Mary Carrington, Derek Middleton, Raja Rajalingam, Meral Beksac, Steven G. E. Marsh, Martin Maiers, Lisbeth A. Guethlein, Sofia Tavoularis, Ann-Margaret Little, Richard E. Green, Paul J. Norman, and Peter Parham

2011 The Shaping of Modern Human Immune Systems by Multiregional Admixture with Archaic Humans. *Science* 334 (6052): 89-94.

Algaze, Guillermo

2008 *Ancient Mesopotamia at the Dawn of Civilization: The Evolution of an Urban Landscape.* University of Chicago Press, Chicago.

Armit, Ian

2011 Violence and Society in the Deep Human Past. *British Journal of Criminology* 51: 499-517.

Barnes, Ian, Anna Duda, Oliver G. Pybus, and Mark G. Thomas

2011 Ancient Urbanization Predicts Genetic Resistance to Tuberculosis. *Evolution* 65: 842-848.

Barrett, John C.

2012 Agency: A Revisionist Account. In *Archaeological Theory Today* (2nd edition), edited by Ian Hodder, pp. 146-166. Polity Press, Cambridge.

Barrett, Ronald, Christopher W. Kuzawa, Thomas McDade, and George J. Armelagos

1998 Emerging and Re-emerging Infectious Diseases: The Third Epidemiologic Transition. *Annual*

Review of Anthropology 27: 241-11.

Barton, Loukas, P. Jeffrey Brantingham, and Duxue Ji

2007 Late Pleistocene Climate Change and Paleolithic Cultural Evolution in Northern China: Implications from the Last Glacial Maximum. *Developments in Quaternary* Sciences 9: 105-128.

Beall, Cynthia M.

2007 Two Routes to Functional Adaptation: Tibetan and Andean High-altitude Native. *Proceedings of the National Academy of Sciences* 104 (Suppl. l): 8655-8660.

Benson, Larry V., Timothy R. Pauketat, and Edward R. Cook

2009 Cahokia's Boom and Bust in the Context of Culture Change. *American Antiquity* 74: 467-483.

Betancourt, Luis M. A., Jose Lobo, and Geoffrey B. West

2008 Why Are Large Cities Faster? Universal Scaling and Self-similarity in Urban Organization and Dynamics. *European Physical Journal B* 53: 285-293.

Bicchierri, Cristina

2005 *The Grammar of Society: The Nature and Dynamics of Social Norms*. Cambridge University Press, Cambridge.

Bocquet-Appel, Jean-Pierre

2002 Paleoanthropological Traces of a Neolithic Demo- graphic Transition. *Current Anthropology* 43: 637-650.

Bocquet-Appel, Jean-Pierre, and Ofer Bar-Yosef (editors)

2008 *The Neolithic Transition and Its Consequences*. Springer, Dordrecht, Netherlands.

Boehm, Christopher

1999 *Hierarchy in the Forest: The Evolution of Egalitarian Behavior*. Harvard University Press, Cambridge.

Bowles, Samuel, and Herbert Gintis

2011 *A Cooperative Species: Human Reciprocity and Its Evolution*. Princeton University Press, Princeton.

Boyd, Robert, and Peter J. Richerson

2005 *The Origin and Evolution of Cultures*. Oxford University Press, Oxford.

Bradley, Richard

2000 *An Archaeology of Natural Places*. Routledge, London.

Brettell, Caroline B., and James F. Hollifield

2000 *Migration Theory: Talking across Disciplines*. Rout- ledge, London.

Burger, Joseph R., Craig D. Allen, James H. Brown, William R. Burnside, Ana D. Davidson, Trevor S. Fristoe, Marcus J. Hamilton, Norman Mercado-Silva, Jeffrey C. Nekola, Jordan G. Okie, Wenyun Zuo

2012 The Macroecology of Sustainability. *PLoS Biology* 10 (6): el001345.

Burmeister, Stefan

2000 Archaeology and Migration. *Current Anthropology* 41: 539-567.

Cabana, Graciela S., and Clark, Jeffrey J. (editors)

2011 *Rethinking Anthropological Perspectives on Migration*. University Press of Florida, Gainesville.

Canuto, Marcello A., and Jason Yaeger (editors)

2000 *The Archaeology of Communities: A New World Perspective*. Routledge, London.

Carniero, Robert

1970 Theory for the Origin of the State. *Science* 169: 733-738.

Chamberlain, Andrew

2006 *Demography in Archaeology*. Cambridge University Press, Cambridge.

Chapman, John, and Helena Hamerow (editors)

1997 *Migration and Invasion in Archaeological Explanation*. British Archaeological Reports International Series 664. Archaeopress, Oxford.

Clark, John E., and Arlene Colman

2008 Time Reckoning and Memorials in Mesoamerica. *Cambridge Archaeological Journal* 18: 93-99.

Clark, John E., and Michael Blake

1994 The Power of Prestige: Competitive Generosity and the Emergence of Rank Societies in Lowland Mesoamerica. In *Factional Competition and Political Development in the New World*, edited by Elizabeth M. Brumfiel and John W. Fox, pp. 17-30. Cambridge University Press, Cambridge.

Colburn, Henry P., and Ryan C. Hughes

2010 Movement and Materiality: Mobile Cores and the Archaeology of Political Boundaries. *Archaeological Review from Cambridge* 25: 43-56.

Cooper, Jago, and Payson Sheets (editors)

2012 *Surviving Sudden Environmental Change: Answers from Archaeology*. University of Colorado Press, Boulder.

Costanza, Robert, Lisa J. Graumlich, and Will Steffen (editors)

2011 *Sustainability or Collapse? An Integrated History of People on Earth*. MIT Press, Cambridge.

Costanza, Robert, Lisa J. Graumlich, Will Steffen, Carole Crumley, John Dearing, Kathy Hibbard, Rik Leemans, Charles Redman, and David Schimel

2007 Sustainability or Collapse: What Can We Learn from Integrating the History of Humans and the Rest of Nature? *Ambio* 36: 522-527.

Cowgill, George L.

2004 Origins and Development of Urbanism: Archaeological Perspectives. *Annual Review of Anthropology* 33: 525-542.

Crutzen, Paul J.

2002 The "Anthropocene." *Journal de Physique IV* 12 (10): 1-5.

Danforth, Marie Elaine

1999 Nutrition and Politics in Prehistory. *Annual Review of Anthropology* 28: 1-25.

Dietler, Michael, and Ingrid Herbich

1998 Habitus, Techniques, Style: An Integrated Approach to the Social Understanding of Material Culture and Boundaries. In *The Archaeology of Social Boundaries*, edit- ed by Miriam T. Stark, pp. 232-263. Smithsonian Institution Press, Washington, D. C.

Dobres, Marcia-Anne

1999 Technology's Links and Chaines: The Processual Unfolding of Technique and Technician. In *The Social Dynamics of Technology: Practice, Politics, and World Views*, edited by Marcia-Anne Dobres and Christopher R. Hoffman, pp. 124-146. Smithsonian Institution Press, Washington, D. C.

Doughtry, Christopher E., Adam Wolf, Christopher B. Field

2010 Biophysical Feedbacks between the Pleistocene Megafauna Extinction and Climate: The First Human-induced Global Warming? *Geophysical Research Letters* 37: 1-5.

Dubreuil, Benott

2010 *Human Evolution and the Origin of Hierarchies: The State of Nature*. Cambridge University Press, Cambridge.

Earle, Timothy K.

1997 *How Chiefs Come to Power: The Political Economy in Prehistory*. Stanford University Press, Stanford.

Earle, Timothy, and Jonathan Ericson (editors)

1976 *Systemic Models of Exchange*. Academic Press, Orlando.

Elmqvist, Thomas, Carl Folke, Magnus Nystrom, Garry Peter- son, Jan Bengtsson, Brian Walker, and Jon Norberg

2003 Response Diversity and Ecosystem Resilience. *Frontiers in Ecology and the Environment* 1: 488-494.

Feinman, Gary. M., and Christopher P. Garraty

2010 Preindustrial Markets and Marketing: Archaeological Perspectives. *Annual Review of Anthropology* 39: 39-167.

Feinman, Gary M., and Joyce Marcus (editors)

1998 *Archaic States*. SAR Press, Santa Fe.

Ferguson, R. Brian, and Neil Whitehead (editors)

1992 *War in the Tribal Zone: Expanding States and Indigenous Warfare*. SAR Press, Santa Fe.

Fitzhugh, William H.

2007 Biogeographical Archaeology in the Eastern North American Arctic. *Human Ecology* 25: 385-418.

Flannery, Kent, and Joyce Marcus

2012 *The Creation of Inequality: How Our Prehistoric Ancestors Set the Stage for Monarchy, Slavery, and Empire*. Harvard University Press, Cambridge.

Fort, Joaquim, Toni Pujol, and Marc Vander Linden

2012 Modeling the Neolithic Transition in the Near East and Europe. *American Antiquity* 77: 203-219.

Fowler, Chris

2004 *The Archaeology of Personhood: An Anthropological Approach*. Routledge, London.

Fuller, Dorian Q., Jacob van Etten, Katie Manning, Cristina Castillo, Eleanor Kingwell-Banham, Alison Weisskopf, Ling Qin, Yo-Ichiro Sato, and Robert J. Hijmans

2011 The Contribution of Rice-agriculture and Livestock Pastoralism to Prehistoric Methane Levels: An Archaeological Assessment. *The Holocene* 21: 743-759.

Gage, Timothy B.

2005 Are Modern Environments Really Bad for Us? Revisiting the Demographic and Epidemiological Transitions. *Yearbook of Physical Anthropology* 48: 96-117.

Garrison, Thomas, and Nicolas P. Dunning

2009 Settlement, Environment, and Politics in the San Bartolo-Xultun Territory, El Peten, Guatemala. *Latin American Antiquity* 20: 525-552.

Gigerenzer, Gerd, Ralph Hertwig, and Thorsten Pachur (editors)

2011 *Heuristics: The Foundations of Adaptive Behavior*. Oxford University Press. Oxford.

Grattan, John and Robin Torrence (editors)

2007 *Living Under the Shadow: The Cultural Impacts of Volcanic Eruptions*. Left Coast Press, Walnut Creek, California.

Hakenbeck, Susanne

2008 Migration in Archaeology: Are We Nearly There Yet? *Archaeological Review from Cambridge* 23: 9-26.

Hayden, Brian

2011 Big Man, Big Heart? The Political Role of Aggrandizers in Egalitarian and Transegalitarian Societies. In *For the Greater Good of All: Perspectives on Individualism, Society, and Leadership*, edited by Donelson R. Forsyth and Crystal K. Hoyt, pp. 101-118. Palgrave Macmillan, New York.

Hegmon, Michelle, Matthew Peeples, Ann Kinzig, Stephanie Ku- low, Catherine M. Meegan, and Margaret C. Nelson

2008 Social Transformation and Its Human Costs in the Prehispanic US Southwest. *American Anthropologist* 110: 313-324.

Henrich, Joseph, Robert Boyd, Samuel Bowles, Colin Camerer, Ernst Fehr, Herbert Gintis, Richard McElreath, Michael Alvard, Abigail Barr, Jean Ensminger, Natalie Smith Henrich, Kim Hill, Francisco Gil-White, Michael

Gurven, Frank W. Marlowe, John Q. Patton, and David Tracer

　　2005 "Economic Man" in Cross-cultural Perspective: Behavioral Experiments in 15 Small-scale Societies. *Behavioral and Brain Sciences* 28: 795-815.

Henshilwood, Christopher S., Francesco d'Errico, Karen L. van Niekerk, Yvan Coquinot, Zenobia Jacobs, Stein-Erik Lauritzen, Michel Menu, and Renata Garcia-Moreno

　　2011 A 100, 000-Year-Old Ochre-Processing Workshop at Blombos Cave, South Africa. *Science* 334: 219-222.

Holling, C. S.

　　1973 Resilience and Stability of Ecological Systems. *Annual Review of Ecology and Systematics* 4: 1-23.

Ingold, Tim

　　2000 *The Perception of the Environment: Essays in Livelihood, Dwelling and Skill.* Routledge, London.

　　2011 *Being Alive.* Routledge, London.

Inomata, Takeshi, and Lawrence S. Coben (editors)

　　2006 *Archaeology of Performance: Theaters of Power, Community, and Politics.* AltaMira Press, Walnut Creek, California

Ives, Anthony R., and Steven R. Carpenter

　　2007 Stability and Diversity in Ecosystems. *Science* 317: 58-62.

Jen, Erica (editor)

　　2005 *Robust Design: A Repertoire of Biological, Ecological, and Engineering Case Studies.* Oxford University Press, Oxford.

Johnston, Kevin J.

　　2003 The Intensification of Pre-industrial Cereal Agriculture in the Tropics: Boserup, Cultivation Lengthening, and the Classic Maya. *Journal of Anthropological Archaeology* 22: 126-161.

Jones, Sian

　　1996 *The Archaeology of Ethnicity: Constructing Identities in the Past and Present.* Routledge, London.

Kelly, Robert L.

　　1995 *The Foraging Spectrum: Diversity in Hunter-gatherer Lifeways.* Smithsonian Institution Press, Washington, D. C.

Kelly, Robert L., Todd A. Surovell, Bryan N. Shuman, and Geoffey M. Smith

　　2013 A Continuous Climatic Impact on Holocene Human Population in the Rocky Mountains. *Proceedings of the National Academy of Sciences* 110: 443-447.

Kennett, Douglas J., and Bruce Winterhalder (editors)

　　2006 *Behavioral Ecology and the Transition to Agriculture.* University of California Press, Berkeley.

Killion, Thomas W.

　　1992 *Gardens of Prehistory: The Archaeology of Settlement Agriculture in Greater Mesoamerica.*

University of Alabama Press, Tuscaloosa.

Kintigh, Keith W.

2006 The Promise and Challenge of Archaeological Data Integration. *American Antiquity* 71: 567-578.

2013 Grand Challenges for Archaeology: Crowd Sourcing Report. The Digital Archaeological Record.

Kirch, Patrick, and Roger Green

2001 *Hawaiki, Ancestral Polynesia: An Essay in Historical Anthropology*. Cambridge University Press, Cambridge.

Kirch, Patrick, and Jean-Louis Rallu (editors)

2007 *The Growth and Collapse of Pacific Island Societies: Archaeological and Demographic Perspectives*. University of Hawai'i Press, Honolulu.

Kohler, Timothy A., Denton Cockburn, Paul L. Hooper, R. Kyle Bocinsky, and Ziad Kobti

2012 The Coevolution of Group Size and Leadership: An Agent-based Public Goods Model for Prehispanic Pueblo Societies. *Advances in Complex Systems* 15 (1 & 2)115007.

Kohler, Timothy A., and Mark D. Varien (editors)

2012 *Emergence and Collapse of Early Villages: Models of Central Mesa Verde Archaeology*. University of California Press, Berkeley.

Korotayev, Andrey

2008 Trade and Warfare in Cross-cultural Perspective. *Social Evolution and History* 7: 40-55.

Kus, Susan, and Victor Rahijaona

2000 House to Palace, Village to State: Scaling up Architecture and Ideology. *American Anthropologist* 102: 98-113.

Laland, Kevin N., and Michael J. O'Brien

2010 Niche Construction Theory and Archaeology. *Journal of Archaeological Method and Theory* 17: 303-322.

Lekson, Steven

2002 War in the Southwest, War in the World. *American Antiquity* 67: 607-624.

Leone, Mark P., and Parker B. Potter, Jr.

1999 *Historical Archaeologies of Capitalism*. Kluwer Academic/Plenum, New York.

Lilley, Keith D.

2009 *City and Cosmos: The Medieval World in Urban Form*.

Livi-Bacci, Massimo

1992 *A Concise History of World Population*. Blackwell, Oxford.

Mace, Ruth

2009 On Becoming Modern. *Science*.

Marcus, Joyce, and Jeremy Sabloff (editors)

2008 *The Ancient City: New Perspectives on Urbanism in the Old and New World.* SAR Press, Santa Fe.

Maschner, Herbert D. G., and James W. Jordan

2008 Catastrophic Events and Punctuated Culture Change: The Southern Bering Sea and North Pacific in a Dynamic Global System. In *Time and Change: Archaeological and Anthropological Perspectives on the Long Term,* edited by Dimitra Papagianni, Herbert Maschner, and Robert H. Lay- ton, pp. 95-113. Oxbow Press, Oxford.

McAnany, Patricia A., and Norman Yoffee

2010 *Questioning Collapse: Human Resilience, Ecological Vulnerability, and the Aftermath of Empire.* Cambridge University Press, Cambridge.

McCorriston, Joy, Michael Harrower, Luise Martin, and Eric Oches

2012 Cattle Cults and the Arabian Neolithic and Early Territorial Societies. *American Anthropologist* 114: 45-63.

McGovern, Thomas H., Orri Vesteinsson, Adolf Fri_riksson, Mike Church, Ian Lawson, Ian A. Simpson, Ami Einarsson, Andy Dugmore, Gordon Cook, Sophia Perdikaris, Kevin J. Ed- wards, Amanda M. Thomson, W. Paul Adderley, Anthony Newton, Gavin Lucas, Ragnar Edvardsson, Oscar Aldred, and Elaine Dunbar

2007 Landscapes of Settlement in Northern Iceland: Historical Ecology of Human Impact and Climate Fluctuation on the Millennial Scale. *American Anthropologist* 109: 27-51.

Mcintosh, Roderick J.

2005 *Ancient Middle Niger: Urbanism and the Self-organizing Landscape.* Cambridge University Press, Cambridge.

Meadows, Donella H., Jorgen Randers, and Dennis L. Meadows

2004 *Limits to Growth: The 30-Year Update.* Universe, New York.

Mellars, Paul

2006 Why Did Modern Human Populations Disperse from Africa ca. 60, 000 Years Ago? A New Model. *Proceedings of the National Academy of Sciences* 103: 9381-9386.

Milner, George R.

1999 Warfare in Prehistoric and Early Historic Eastern North America. *Journal of Archaeological Research* 7: 105-151.

Morrison, Kathleen D.

1996 Typological Schemes and Agricultural Change: Beyond Boserup in Pre-colonial South India. *Current Anthropology* 37: 583-604.

Mulvaney, John, and Johan Kamminga

1999 *Prehistory of Australia.* Smithsonian Institution Press, Washington, D. C.

National Science Foundation

2011 *Rebuilding the Mosaic: Fostering Research in the Social, Behavioral, and Economic Sciences at the National Science Foundation in the Next Decade*. National Science Foundation, Arlington, Virginia.

Nelson, Margaret C, Michelle Hegmon, Stephanie R. Kulow, Matthew A. Peeples, Keith W. Kintigh, and Ann P. Kinzig

2011 Resisting Diversity: A Long-term Archaeological Study. *Ecology and Society* 16 (1): 25.

Nielsen, Axel E., and William H. Walker (editors)

2009 *Warfare in Cultural Context: Practice, Agency, and the Archaeology of Violence*. University of Arizona Press, Tucson.

Ortman, Scott

2012 *Winds from the North: Tewa Origins and Historical Anthropology*. University of Utah Press, Salt Lake City.

Pagel, Mark, Quentin D. Atkinson, Andreea S. Calude, and Andrew Meade

2013 Ultra conserved Words Point to Deep Language Ancestry Across Eurasia. *Proceedings of the National Academy of Sciences* 110 (21): 8471-8476.

Parker-Pearson, Michael, Joshua Pollard, Colin Richards, Julian A. Thomas, Christopher F. Tilley, Katherine Welham, and U. Albarella

2006 Materializing Stonehenge: The Stonehenge Riverside Project and New Discoveries. *Journal of Material Culture* II (l/2): 227-261.

Peregrine, Peter N., Ilia Peiros, and Marcus Feldman (editors)

2009 *Ancient Human Migrations: A Multidisciplinary Approach*. University of Utah Press, Salt Lake City.

Polanyi, Karl, Conrad Ahernsburg, and Harry W. Pearson

1957 *Trade and Market in the Early Empires: Economies in History and Theory*. Free Press, Glencoe, Illinois.

Powell, Adam, Stephen Shennan, and Mark G. Thomas

2009 Late Pleistocene Demography and the Appearance of Modern Human Behavior. *Science* 324: 1298-1301.

Redman, Charles L.

2005 Resilience in Archaeology. *American Anthropologist* 107: 70-77.

Redmond, Elsa M., and Charles S. Spencer

2012 Chiefdoms at the Threshold: The Competitive Origins of the Primary State. *Journal of Anthropological Archaeology* 31: 22-37.

Reilly, F. Kent, and James F. Garber

2007 *Ancient Objects and Sacred Realms: Interpretations of Mississippian Iconography*. University of Texas, Austin.

Renfrew, Colin

1969 Trade and Culture Process in European Prehistory. *Current Anthropology* 10: 151-169.

Rick, Torben C, and Jon M. Erlandson (editors)

2008 *Human Impacts on Ancient Marine Ecosystems: A Global Perspective.* University of California Press, Berkeley.

Robb, John E.

2007 *The Early Mediterranean Village: Agency, Material Culture, and Social Change in Neolithic Italy.* Cambridge University Press, Cambridge.

Robb, John E., and Timothy R. Pauketat (editors)

2013 *Big Histories, Human Lives: Tackling Problems of Scale in Archaeology.* SAR Press, Santa Fe.

Roberts, Charlotte A., and Jane E. Buikstra

2003 *The Bioarchaeology of Tuberculosis: A Global View on a Re-emerging Disease.* University Press of Florida, Gainesville.

Sahlins, Marshall

1972 *Stone Age Economics.* Aldine-Atherton, Chicago.

Sandweiss, Daniel H., and Alice R. Kelley

2012 Archaeological Contributions to Climate Change Research: The Archaeological Record as a Paleoclimatic and Paleoenvironmental Archive. *Annual Review of Anthropology* 41: 371-391.

Scheffer, Marten, Stephen R. Carpenter, Timothy M. Lenton, Jordi Bascompte, William Brock, Vasilis Dakos, Johan van de Koppel, Ingrid A. van de Leemput, Simon A. Levin, Egbert H. van Nes, Mercedes Pascual, and John Vandermeer

2012 Anticipating Critical Transitions. *Science* 338: 334-348.

Schwartz, Glenn M., and John J. Nichols

2006 *After Collapse: The Regeneration of Complex Societies.* University of Arizona Press, Tucson.

Schwartz, Jeffrey H., and Ian Tattersall

2010 Fossil Evidence for the Origin of *Homo Sapiens. Year- book of Physical Anthropology* 53: 94-121.

Shepard, Glenn H. Jr., Taal Levi, Eduardo Goes Neves, Carlos A. Peres, and Douglas W. Yu

2012 Hunting in Ancient and Modern Amazonia: Rethinking Sustainability. *American Anthropologist* 114: 652-667.

Sintubin, Manual

2011 Archaeoseismology: Past, Present and Future. *Quaternary International* 242: 4-10.

Smil, Vaclav

1994 *Energy in World History.* Westview Press, Boulder.

Smith, Adam T.

2003 *The Political Landscape: Constellations of Authority in Early Complex Polities.* University of California Press, Berkeley.

Smith, Bruce D.

2007 *Rivers of Change: Essays on Early Agriculture in Eastern North America. University of Alabama Press, Tuscaloosa.*

2011 General Patterns of Niche Construction and the Management of "Wild Plant" and Animal Resources by Small- scale Pre-industrial Societies. *Philosophical Transactions of the Royal Society of Biological Sciences* 366: 836-848.

Smith, Fred H.

2010 Species, Populations, and Assimilation in Later Human Evolution. In *A Companion to Biological Anthropology,* edited by Clark Spencer Larsen, pp. 357-378. Wiley-Blackwell, Hoboken, New Jersey.

Smith, Michael E.

2004 The Archaeology of Ancient State Economies. *Annual Review of Anthropology* 33: 73-103.

2010 Sprawl, Squatters, and Sustainable Cities: Can Archaeological Data Shed Light on Modern Urban Issues? *Cambridge Archaeological Journal* 20: 229-253.

Smith, Michael E. (editor)

2012 *The Comparative Archaeology of Complex Societies.* Cambridge University Press, Cambridge.

Smith, Monica L. (editor)

2003 *The Social Construction of Ancient Cities.* Smithsonian Institution Press, Washington, D. C.

Society for American Archaeology

2010 Report on the 2010 Member Needs Assessment Survey. Society for American Archaeology, Washington, D. C.

Steckel, Richard H., and Jerome C. Rose

2002 *The Backbone of History: Health and Nutrition in the Western Hemisphere.* Cambridge University Press, Cambridge.

Stone, Linda, Paul Lurquin, and Luigi Luca Cavalli-Sforza

2007 *Genes, Culture, and Human Evolution.* Blackwell, Oxford.

Storey, Glenn R. (editor)

2006 *Urbanism in the Preindustrial World: Cross-Cultural Approaches.* University of Alabama Press, Tuscaloosa.

Tainter, Joseph

1988 *The Collapse of Complex Societies.* Cambridge University Press, Cambridge.

Torrence, Robin, and John Grattan

2002 *Natural Disasters and Cultural Change.* Routledge, London.

Turchin, Peter

2005 *War and Peace and War: The Life Cycles of Imperial Nations.* Pi Press, New York.

Turner, Billie L., and Jeremy A. Sabloff

2012 Classic Period Collapse of the Central Maya Lowlands: Insights about Human-Environment Relationships for Sustainability. *Proceedings of the National Academy of Sciences* 109: 13908-13914.

Van der Leeuw, Sander, and Charles L. Redman

2002 Placing Archaeology at the Center of Socio-Natural Studies. *American Antiquity* 67: 597-605.

Van Tilburg, Miranda, and Ad Vingerhoets (editors)

2005 *Psychological Aspects of Geographical Moves: Home- sickness and Acculturation Stress. Amsterdam Archaeological Studies.* Amsterdam University Press, Amsterdam.

Vaughn, Kevin J., Jelmer. Eerkens, and John Kantner (editors)

2009 *The Evolution of Leadership: Transitions in Decision Making from Small-Scale to Middle-Range Societies.* SAR Press, Santa Fe.

Wagner, Andreas

2011 *The Origins of Evolutionary Innovations: A Theory of Transformative Change in Living Systems.* Oxford University Press, Oxford.

Wendorf, Fred, and Romauld Schild

1980 *Prehistory of the Eastern Sahara.* Academic Press, New York.

Wells, Jonathan C. K., and Jay T. Stock

2007 The Biology of the Colonizing Ape. *Yearbook of Physical Anthropology* 50: 191-222.

Wills, Wirt H.

2012 Agriculture and Community in Chaco Canyon: Revisiting Pueblo Alto. *Journal of Anthropological Archaeology* 31: 138-155.

Yoffee, Norman, and George L. Cowgill (editors)

1988 *The Collapse of Ancient States and Civilizations.* University of Arizona Press, Tucson.

Zalasiewicz, Jan, Mark Williams, Alan Smith, Tiffany L. Barry, Angela L. Coe, Paul R. Bown, Patrick Brenchley, David Cantrill, Andrew Gale, Philip Gibbard, F. John Gregory, Mark W. Hounslow, Andrew C. Kerr, Paul Pearson, Robert Knox, John Powell, Colin Waters, John Marshall, Michael Oates, Peter Rawson, and Philip Stone

2008 Are We Now Living in the Anthropocene? *GSA To day* 18 (2): 4-8.

Zeder, Melinda A.

1997 *The American Archaeologist in Profile.* Altamira Press, Walnut Creek, California.

2012 The Broad Spectrum Revolution at 40: Resource Diversity, Intensification, and an Alternative to Optimal Foraging Explanations. *Journal of Anthropological Archaeology* 31: 241-264.

Zeder Melinda A., D. G. Bradley, E. Emshwiller, and Bruce D. Smith (editors)

2006 *Documenting Domestication: New Genetic and Archaeological Paradigms.* University of California Press, Berkeley.

征 稿 启 事

　　为更好地刊发北方地区的考古发现与研究成果、推动考古事业的发展，本刊（原《北方民族考古》）自第 17 辑起，正式更名为《北方考古》。本刊由中国人民大学北方考古研究所、中国人民大学历史学院考古文博系主办，每年出版 2 辑，分别在每年 6 月和 12 月。现向广大考古工作者和学术研究人员征集 2024 年出版的第 17、18 辑稿件。

　　本刊设置栏目包括：①考古新发现；②研究与探索；③考古新视野；④文博与科技；⑤北域撷英；⑥译介与书评等。稿件内容以北方考古研究为主，同时欢迎其他方面的优秀成果投稿。

　　本刊实行匿名审稿，刊用意见将在收稿 3 个月内通知作者。

　　本刊不收取任何版面费用，一经刊用，即奉样刊 2 本。

　　电子邮件投稿地址：ruckaogu@qq.com

　　编辑部地址：北京市海淀区中关村大街 59 号中国人民大学北方考古研究所（人文楼 301 室），邮编：100872

本刊编辑部

2023 年 12 月

图　　版

1. 陶罐（M347：1）

2. 铜带饰正面（M347：2）

3. 铜带饰背面（M347：2）

4. 铜镜（M347：4）

5. 铜带钩（M347：6）

6. 铁刀（M347：3）

M347 出土遗物

M347 出土海贝（M347：5）

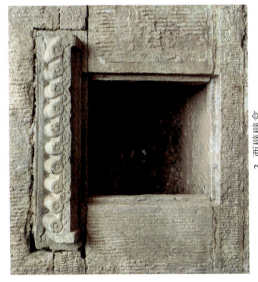

1. M1俯视图（左为北）

2. 东壁壁龛

3. 西壁壁龛

4. 北壁壁龛

M1 俯视图及壁龛

2. 金井口部石板

4. 石构件

1. 棺床及墓底俯视图（左为北）

3. 棺饰

M1 棺床及墓底俯视图及出土遗物